2판

스포츠 속으로

이학준 저

북스힐

머리말(2판)

최근 밴쿠버 동계올림픽이 끝났다. 동계올림픽 출전사상 최고의 성적을 거두었다고 모두가 열광한다. 금메달 6개, 은메달 6개, 동메달 2개를 획득하였다. 사람들은 이제 무슨 재미로 사느냐고 한숨을 마냥 내쉰다. 올림픽처럼 세상에 재미있는 게 없나 보다. 하지만 올림픽은 너무나 강함만을 요구한다. 올림픽의 표어만 봐도 알 수 있다. "보다 빠르게, 보다 높게, 보다 힘차게"를 강요한다. 올림픽은 빠름, 승리, 결과, 기록만을 지향하는 속성을 가지고 있음을 알 수 있게 한다. 이제는 기록과 성적에 매달리는 과정에서 의도하지 않게 상실된 인간성을 회복하기 위하여 느림과 여유를 가지고 "보다 아름답고, 보다 즐거운" 지미지락의 스포츠를 해야 할 것 같다. 어떻게 보면 아름답고 즐거움이 시대의 당위성 같다. 이를 위하여 보람과 의미의 차원에서 스포츠를 바라볼 수 있는 여유가 있어야 한다. 너무 앞만 보고 무한질주 한 모습이다.

우리는 프로선수가 아니기 때문에 프로선수 같이 운동할 필요는 없다. 그런데 사람들은 프로선수를 닮아가려고 너무나 애를 쓴다. 프로선수는 하루아침에 멋진 폼과 실력을 가지게 된 것이 아니다. 그럼에도 불구하고 우리는 프로같이 스포츠를 하려고 한다. 너무 타자를 인식하기 때문에 제대로 된 자세가 나오지 않는다. 프로선수들은 나름의 인고의 과정을 통해서 지금과 같은 모습을 하게 된 것이다. 우리는 연습도 하지 않고 프로가 되려고 한다. 그 얼마나 어려운 과정인지 잘 알지 못하기 때문이다. 프로선수 같이 운동하기 위해서 그들과 동일한 유니폼과 용품을 사지만 프로선수를 따라가기는 불가능해 보인다. 타자의 시선에 감금당하지도 말고, 프로수준의 선수들에게 기죽을 이유는 없다. 당당하게 주체적이며 자율적인 소비자가 되어서 스포츠의 즐거움을 향유할 수 있으면 된다. 그래야 스포츠에 종속되지 않는 주인이 될 수 있다.

독자들의 관심으로 2판을 내게 되었다. 너무나 감사하다. 이 책은 2002년 3월 15일 『인간의 얼굴을 한 스포츠』라는 제목으로 출판하여 2쇄까지 인쇄하였다. 그 후 2004년 8월 30일 스포츠 사진과 일부 내용을 보충하여 『스포츠 속으로』라는 제목으로 출판하여 1판 3쇄까지 인쇄하였다. 『스포츠 속으로』 2판에는 9장, 18장, 23장을 새로운 내용으로 교체를 하였다. 9장은 스포츠 힘의 이해와 활용에 대하여 다루었다. 개인, 사회, 국가차원에서 내향적 힘에 주목하여 알아보았다. 18장은 연구윤리와 표절문제, 정직한 글쓰기에 대하여 다루어 보았다. 특히 체육학연구의 진실성 확보를 위한 걸림돌과 디딤돌에 대하여 알아보았다. 23장은 스포츠의 지속적 성장을 위하여 현대스포츠가 지미지락의 스포츠가 되어야 한다는 내용을 담았다. 끝으로 북스힐의 조승식 사장님과 멋진 책을 만들어 주신 편집실에게 감사드린다. 그리고 아내 김영선 선생과 준이, 율이와 더불어 출판의 기쁨을 함께 하고 싶다.

2010년 3월

이학준

머리말(1판)

‘인간의 얼굴을 한 스포츠’는 저자의 생각을 정리하기 위하여 만들어졌기 때문에 읽고 그리고 읽기를 거듭할수록 고칠 부분이 나타났다. 그래서 재판 찍기를 학수고대하였다. 드디어 재판의 기회를 얻게 되어 내용일부를 수정하고 새로운 내용의 첨가와 사진을 삽입하여 읽는 즐거움과 함께 보는 즐거움을 제공하였다. 초판과는 다른 모습으로 책이 완성되어 ‘스포츠 속으로’라는 제목을 붙였다. 이 제목은 스포츠 속으로 들어가서 스포츠를 좀더 이해하려는 저자의 의도가 담겨있다.

스포츠란 무엇인가를 알기 위해서는 체험과 이해가 필요하다. 지금까지 많은 책들과 연구들이 ‘스포츠의 겉’에 많은 치중을 하였다. 그 이유는 객관성을 유지하기 위한 학문의 유행 때문이라고 볼 수 있다. 스포츠의 자연과학적 연구와 서적들이 넘쳐나고 있는데 반하여 스포츠의 인문학적 서적들과 연구들이 상대적으로 적다. 이런 차원에서 이 책은 스포츠의 대하여 문학, 철학, 역사 등의 관점에서 해석하고 비판하고 이해를 한 스포츠의 인문학적 차원의 서적이라고 할 수 있다.

저자는 학생들과 독자들을 생각하여 읽기를 쉽게 하고 책 속에 재미와 정보 그리고 지혜를 담기 위해서 노력하였다. 글은 읽히지 않으면 그것으로 생명이 다한 것으로 책의 종말을 의미한다. 이 책은 독자들의 관심에 의해서 생명을 지속하기를 바란다. 저자의 바람이라면 독자들이 이 책을 읽고 다른 분들과 더불어 생산적인 대화를 가질 수 있고 그것에 의하여 희망적이 대안이 마련되기를 희망하고 있다. 또한 독자들이 책을 읽고 스포츠 속에 가려진 참 모습을 발견하기를 바란다.

이 책의 내용들은 스포츠의 진리라고 생각하지 않는다. 단지 저자가 지금까지 공부한 내용을 정리 한 것으로 저자의 생각에 지나지 않는 부분도 있을 것이다. 하지만 우리나라 스포츠에 대하여 진지한 고민을 통해서 쓰여진 글이다. 저자는 스포츠가 살맛 나는 세상을 만들 수 있다는 생각은 지금도 변함이 없다. 그래서 '스포츠 권하는 사회' 만들기를 통하여 살맛 나는 세상을 만들어 갈 수 있기를 바라고 있다.

이 책은 한 번에 집중적으로 쓰여진 것이 아니라 여러 해 동안에 시간을 두고 쓰여졌기 때문에 어느 부분을 먼저 읽어도 좋다. 재판은 새롭게 다섯 장의 내용들을 첨가하였다. 5장은 스포츠와 IQ, EQ, MQ, PQ에서 스포츠가 대뇌가 발육기에 있는 어린이들에게 어떤 효과가 있는가를 알아보았다. 제8장은 멋의 형태, 표현, 정신과 스포츠의 관계에 대하여 알아보고, 20장, 21장, 22장은 학생선수의 학업, 죽음, 학벌에 대하여 알아보았다.

끝으로 이 책의 생명을 지속시켜 준 독자들에게 감사하고 이 책을 보기 좋은 책으로 만들어 주신 조승식 사장님과 이창용 편집장 그리고 직원 여러분들에게 감사 드린다. 또한 공부를 지속할 수 있도록 강의를 마련해 주신 교수님들의 배려를 가슴속 깊이 새기고 잊지 않으려고 한다. 그리고 아내 김영선 선생과 아들 준이와 함께 생활하면서 알게 된 가족의 사랑을 이 책 속에 담고 싶다.

2004년 8월

이학준

차 례

제1부 출발선 : 스포츠와 글쓰기

제2부 스포츠 속으로 : 스포츠의 맛과 멋 그리고 행복

제3부 스포츠 곁으로 : 스포츠윤리와 도덕행위

제4부 결승선 : 인간을 위한 스포츠

제1부 | 출발선 : 스포츠와 글쓰기

제1부는 6개의 장으로 구성되었다. 1장에서는 한국사회에서 사람들은 왜 스포츠에 매료되어 그것에 사로잡히는가, 혹은 왜 사람들은 스포츠에 빠져드는가 하는 문제를 놓고 스포츠, 기호, 이미지, 사회의 연관 관계 속에서 우리가 스포츠를 하는 진짜 이유에 대하여 알아보았다. 2장에서 체육공부론을 기의 습득과 도의 체득의 관계 해석을 통해 알아보았다. 3장에서는 체육의 참된 글쓰기와 사람됨의 지향에 대하여 논의하였다. 스포츠 체험에 대하여 좀더 잘 알기 위해서는 서사적 글쓰기가 필요하고 그 바탕 위에서 스포츠를 잘 이해할 수 있음을 밝혀보았다. 4장에서는 몸의 지위에 대하여 인식론적 지위, 존재론적 지위 그리고 가치론적 지위에 대하여 알아보았다. 5장에서는 스포츠와 IQ, EQ, MQ, PQ의 관계에 대하여 알아보고, 6장에서 스포츠가 무엇인가를 체험과 이해 중심으로 탐구해 보았다. 그리고 7장에서는 건강의 올바른 개념에 대하여 알아보았다.

제1장 | 스포츠, 기호, 이미지, 사회

현대사회와 스포츠

현대 사회는 기호의 시대라고 할 수 있을 만큼 많은 기호들이 범람한다. 그 기호들 속에서 우리는 상품을 소비하는 것이 아니라 상품이 가진 기호를 소비하는 것이라고 말할 수 있을 정도로 이제 기호는 우리에게 중요한 소비의 내적인 동기의 요소들 중에 하나가 되었다. 그 한 가지 예로 자동차에 대하여 비유해 보자. 빨간 색 스포츠카를 구입(소비)함으로써 우리는 스포츠카와 아름다운 미녀의 이미지를 소유하게 되는 것과 같은 착각에 빠지게 된다. 여기서 자동차의 성능은 문제가 되지 않는다. 그 차가 가지고 있는 디자인과 이미지가 소비의 핵심 요소이다. 이러한 예는 우리가 기호가치에 노출되어 있다는 사실을 단적으로 입증하는 것이다.

이러한 맥락에서 철학자 데카르트의 '나는 생각한다, 고로 존재한다'는 표현을 빌려 현대 사회를 단적으로 표현한 말이 있다. '나는 소비한다, 고로 나는 존재한다' 여기서 소비는 바로 상품이 갖는 기호의 소비를 말한다. 소비는 물신화된 상품이 지닌 유용성의 소비보다는 그 상품의 기호를 소비하는 것이다. 이런 기호가치가 현대인의 사고체계를 점유하고 있다. 그 가운데 우리는 존재하고 있는 것이다. 그래서 우리가 살고 있는 지금의 현 세계에 대하여 프랑스의 사회학자 장 보드리야르는 소비사회라고 부른다. 이를 풀어 설명한다면 우리는 대량생산과 대량소비로 표현되는 후기 자본주의 사회에 살고 있다.

그렇다면 왜 우리는 스포츠에 참여하는가. 일반적으로 우리가 스포츠를 하는 이유에 대하여 학자들과 많은 사람들은 즐거움, 승리, 건강을 위해서라고 한다. 그러나 저자는 이러한 생각에 전적으로 동의하지는 않는다. 스포츠 참여는 스포츠의 기호 때문에 참여하는 것이라고 생각한다. 예를 들어 NBA 선수들의 덩크슛과 에어 조던의 이미지, 녹색 그린에서의 골프, 그리고 설원의 스키 타기의 이미지를 소비하기 위해 우리는 스포츠에 참여한다. 이런 의미에서 우리가 스포츠에 참여하는 일차적인 원인은 다른 이유보다도 기호의 소비에 있다. 이런 기호는 매스미디어에 인하여 파생된다. 이로 인하여 소비사회에 살고 있는 우리의 의식 속에는 기호의 소비욕구 체계가 점차적으로 형성된다.

무엇보다도 저자는 왜 인간이 스포츠에 참여하는가 하는 원론적인 문제를 알아보기 위하여 보드리야르의 소비의 개념과 기호학을 분석의 틀로 이용하였다. 논의 절차는 스포츠, 이미지, 기호, 사회의 용어를 가지고 풀어 간다. 우선, 스포츠와 소비사회의 관련성에 대하여 알아보고 스포츠와 기호, 스포츠와 이미지, 그리고 스포츠와 광고에 대하여 알아본다.

스포츠와 소비사회

우리는 일상의 단조로움 속에서 기계화된 동작을 거듭하고 생각 또한 반복적인 사고의 연속을 이루며 살고 있다. 이미 우리는 진지함을 상실하고 일상 속에서 생존을 위한 투쟁을 하고 있으며 각종 위험에 대한 스트레스에서 벗어나기 위해 술과 스포츠로 자신의 여유시간의 대부분을 소비한다. 이러한 과정에서 우리는 살아 있다는 의미를 종종 망각하며 아무 생각 없이 편리한 생활과 물질적 풍요의 향유를 지속하면서 행복하게 살고 있다. 뿐만 아니라 우리의 사고는 획일화되고 행동은 표준화되고 있다. 이는 몰개성화된 모습으로서의 나, 아니 우리를 만들어 가고 있다.

과연, 우리가 살고 있는 사회는 어떠한 사회인가? 어떤 학자는 현대 사회를 탈공업화 사회, 후기 자본주의사회, 스펙터클의 사회, 테크놀러지의 사회 등으로 부른다. 그러나 이 글에서 논의하는 사회는 '소비사회'를 말한다. 소비사회는 저자가 정의한 개념이 아니라, 프랑스의 철학자이며 사회학자인 장 보드리야르가 현대를 정의한 개념이다. 그는 소비개념을 분석의 틀로 삼아 현대사회를 분석한다. 그의 입장은 일반적인 경제학의 소비개념과는 분명히 다르다. 그에 의하면, 상품(사물)의 소비는 사용가치의 소비를 포함하면서도 그것을 훨씬 넘어선다. 사용가치로서의 소비는 이차적인 현상적 의미로 남을 수밖에 없다. 그의 소비는 행복, 안락함, 풍부함, 성공, 위세, 권위, 현대성 등에 대한 소비를 말한다. 그는 이것이 소비의 본질적인 의미라고 말한다.

이러한 기발한 착상은 사물을 기호로 파악하게 한다. 그리고 사회를 의미작용의 체계로 파악한다. 그래서 그는 인간의 욕구를 특정한 사물에 대한 욕구로 해석하지 않고, 차이에 대한 욕구(즉 사회적 의미에 대한 욕망)로 해석한다. 이러한 해석방식을 가지고 그는 사회적 차이화의 논리를 만들어낸다. 사회적 차이화의 논리란, 사람들은 상품(사물)의 구입과 사용을 통해 자신을 돋보이게 하며 동시에 사회적 지위와 위세를 나타낸다는 것이다. 이렇게 본다면 소비란 생산적인 활동이 된다. 소비는 자율적인 주체의 자유로운 활동이 아니다. 그것은 욕구의 체계를 발생시키고 관리하는 생산질서와 상품의 상대적인 사회적 위세 및 가치를 결정하는 의미작용의 질서에 지배받고 있다. 이러한 상황에서 소비자는 더 이상 자율적인 주체가 아니다.

> "소비 지향의 인간은 사물에 의해 지배받으며, 그 결과 자율성과 창의성을 박탈당한 사물과 같은 존재이다. 보드리야르는 이러한 사태를 루카치와 프랑크푸르트학파를 따라서 물상화의 과정으로 서술한다. 인간은 더 이상 자신들의 진정한 욕구도 알 수 없고 또 다른 방식의 생활도 찾을 수 없으며, 오로지 기호의 발신과 수신만이 존재하는 상태에 있게 된다는 것이다"(이상률 역, 1991 : 315).

소비사회라는 말은 풍요로움에 도달하게 된 사회를 가리키는 것이 아니다. 보드리야르는 다음과 같이 말한다. 언제 어느 시대나 사람들은 사물을 사고, 소유하고, 향유하고, 사용하였다. 그렇지만 소비하지 않았다. 실제로 소비사회를 규정하는 것은 우리가 쓰는 사물의 양도 아니며 욕구의 수도 아니다. 또한 사물을 소모하고 사용하고 파괴하는 것도 아니다. 소비사회를 소비사회로서 특징짓는 것은 사물이 본질적으로 기호가치를 가지고 있다는 사실이다.

기호는 재현하는 기능, 다른 사물에 대해서 가치를 나타내는 기능, 다른 사물이 없을 때 그것을 말해주는 기능, 즉 그것의 부재를 환기시켜 주는 기능을 가지고 있다. 예를 들어 한국적 현실에서 단지 스포츠가 상류층, 고급, 지배계층의 기호의 차이가 갖는 지위라는 이유 때문에 우리들은 골프, 스키를 하기 위해 많은 비용을 투자하면서 먼 거리를 이동한다. 이러한 기현상은 골프와 스키가 대중화되어 있지 않은 상태에서 기인한다. 우리는 여기서 일종의 희극적인 불합리성을 느낀다. 골프, 스키는 더 이상 기능을 지니는 것이 아니다. 하나의 힘을 갖는다. 이것은 기호가치이다. 다른 사람들에게 상류층이란 기호를 가졌다는 의미를 표시할 수 있는 힘이다. 중요한 것은 더 이상 스포츠 자체가 아니라 다른 스포츠와의 차이이다. 스포츠는 그 물질적 유용성이 아니라 차이에서 소비된다.

다른 예를 들어보자. 골프채는 객관적이고 유용한 기능을 갖고 있다. 그것은 도구로 쓰인다. 그러나 골프채는 도구라는 기능만을 갖고 있는 것이 아니라 다른 의미 작용도 가지고 있다. 그것은 위세, 과시 등의 요소로서 역할을 한다. 그리고 이것이 소비사회를 규정하는 것이다. 그 어떠한 사물로도 골프채를 대신할 수 없다. 왜냐하면 이 경우에는 하나의 특정한 욕구나 대상에 관계하는 것이 문제가 아니기 때문이다. 사물은 사회적 논리나 욕망의 논리가 나타나는 기호에 불과하다. 우리는 점점 더 기호를 소비할 수밖에 없게 된다. 왜냐하면 이것이 소비사회의 본질적인 특징이기 때문이다.

우리 사회에서도 사물과 욕구는 서로 대체될 수 있다. 문자 그대로 하나의 욕구를 충족하는 것은 그것을 다른 곳에서 다시 나타나게 하는 것이다. 따라서 무의식적인 사회적 논리는 우리로 하여금 기호로서의 사물을 따라 이동하게 하는데 이것은 무한히 계속된다(이상률 · 양운덕 역, 1993 : 197～198). 우리는 사회가 지속적으로 생산해내는 기호를 쫓아 소비하고 또 다른 기호를 찾아서 나선다.

스포츠의 이미지는 보드리야르가 말한 것과 같이 현실에는 존재하지 않는 환상, 즉 시뮐라크르이다. 그가 주장한 현대 사회에서는 시뮐라크르의 원본은 없고 이미지만 남은 인공물이 현실을 대체하고 현실이 오히려 그 이미지에 의해 지배당한다. 이 말은 스포츠를 이야기하는 데에도 그대로 적용될 수 있다. 즉 사람들이 스포츠를 좋아하는 부류와 그렇지 않은 부류가 있는데 후자의 부류들은 다른 여타의 스포츠를 싫어하면서도 유독 골프나 스키와 같은 스포츠를 선호한다. 그렇다고 그들이 그러한 것들을 즐길 정도로 잘 치고 잘 타는 것은 아니다. 다만 스키와 골프가 가지고 있는 차이의 가치를 선호하기 때문이다. 다시 말해서 그들은 과시적인 즐거움을 얻고 스포츠 자체가 가지고 있는 본질적 가치와 즐거움은 모른다.

스포츠와 기호

우리가 눈으로 보고, 귀로 듣는 모든 것들은 기호이다. 그러므로 기호를 통하여 세계를 보고, 이해하며, 나아가 음미하고 기호를 가지고 다른 사람들과 의사소통을 한다. 기호에 의해서 우리가 꿈꾸는 새로운 사회와 새로운 꿈을 가져본다. 기호가 없는 인간은 상상할 수 없고, 기호가 없는 세계란 존재하지 않는다. 인간 자체가 기호이고, 인간의 생각이 미치는 모든 것에 기호의 망이 펼쳐진다. 이 속에서 우리는 생존하고, 실존을 향해 삶을 일구어낸다.

기호학은 상징체와 창조 그리고 의미작용이 어떻게 이루어지는가를 연구하는 학문이다. 다른 한편으로는 연구의 대상이 되는 상징체가 어떤 구조로 만들어져 있으며, 어떤 의미를 품고 있는가를 분석하는 것이 기호학이다. 기호들은 우리의 일상성 속에 깊숙이 자리잡고 있어서 마치 당연한 것들처럼 보이지만, 그 안에는 여러 가지 신기한 것들이 숨어 있다. 우리가 사용하는 기호의 의미가 바뀌면, 우리의 인간성 자체가 바뀐다. 인간과 세계는 처음부터 끝까지 기호로 이루어져 있기 때문이다(김경용, 1994 : 12).

기호는 기표와 기의로 구성된다. 그러면 스포츠와 기호는 무슨 관련이 있는가 하는 의문이 생기게 된다. 우리가 올림픽에서 금메달을 목에 걸기 위하여 전력투구하는 것은 금메달이 가지고 있는 기호 때문이다. 금메달이라는 것은 기표 「영웅, 스타, 부, 명예」가 될 수 있다. 기의는 우리 일반 사람들의 머리 속에, 또는 가슴속에 들어있는 정신적 의미이기 때문에 이것을 나타내기 위해서는 의미의 운반체가 필요하다. 의미의 운반체를 기표라고 부른다. 기표를 기호의 이미지라고 일반화해서 이해하는 것이 중요하다. 기표로 쓸 수 있는 이미지 중 중요한 것은 두 가지이다. 기호는 음성 이미지이고, 다른 하나는 시각 이미지이다. 이 두 가지 모두 기호의 물질적 형태를 취하고 있다. 스포츠라고 소리내어 읽을 때 들리는 소리는 스포츠에서 열광과 환호하는 것의 음성이미지이다. 음성이미지는 귀로들을 수 있다. 시각 이미지는 대체로 두 가지로 이해할 수 있다. 한 가지는 스포츠 자체로서 우리가 눈으로 볼 수 있고, 다른 한 가지는 스포츠라고 쓴 글자로서 역시 눈으로 볼 수 있다. 기표가 기의와 합쳐져서 기호가 된 후에는 그 자신이 하나의 압축된 기표가 되어 지각 있는 인간의 두뇌에 도장을 찍듯이 각인된다.

기의는 마음속에 일어나는 정신적, 추상적 개념이다. 기의는 '어떤 것에 대하여 언급된 말' 즉 기표에 대응하는 말이라고 더 쉽게 이해 할 수도 있다. 소쉬르는 바로 기표와 기의의 총체를 기호라고 정의한 것이다. 따라서 소쉬르의 기호는 세 가지의 다른 요소들로 이루어져 있다. 첫째는 외부세계가 공급하는 기표, 둘째는 마음이라고 하는 내부세계가 공급하는 기의, 셋째는 이 두 가지가 합성되어 표상의 세계에 편입되는 기호다. 이것을 도식으로 표현하면 다음과 같다.

표상세계

↑

기호

||

외부세계 → 기표 + 기의 ← 내부세계

〈기호, 기표, 기의와의 관계, 김경용, 1994 : 27〉

그러면 전체적 의미작용은 어떻게 해서 가능한가? 여기에서 결정적인 요소는 내부세계에 축적되어 있는 기의이다. 어떤 기표가 주어질 때, 그것에 연결시킬 적당한 기의가 없으면 의미작용은 일어나지 않는다. 내부세계, 즉 마음은 문화적 체험의 창고라고 볼 수 있다. 거기에는 잡다한 관념, 이미지 등 지각요소의 계열체가 들어 있다. 이것은 모두 기의이기 때문에 위의 그림에서 인간은 그 자체가 하나의 커다란 기의라는 것을 알게 된다. 그래서 바르트(1985)는 인간을 이미지 저장소라는 말로 표현한다.

스포츠 또한 기호의 세계에서 벗어나지 못한다. 이런 차원에서 스포츠세계에서 기호가 잘못 해석된다면 스포츠를 이해하는데 장애 요소로 작용할 수 있다는 점이다. 흔히 우리는 한국선수들에게 '2등은 없다'는 말이 일반화된 말처럼 통용되는 것을 볼 수 있다.

한 예로 우리는 애틀랜타 하계올림픽에서 은메달을 받고 기쁨보다는 불만에 가득 찬 선수의 모습과 시상대에서 일등 한 선수와 악수를 거부하는 한국선수의 모습은 기호에 의한 부작용이었다. 이것은 스포츠의 금메달이 가진 기호에 의한 잘못된 단면을 볼 수 있는 예이다. 또한 TV 광고에 의한 이미지에 현혹되어서 사람들은 스포츠 그 자체보다는 스포츠를 하는데 필요한 용구나 스포츠 웨어에 더 관심을 둔다. 이것은 스포츠 스타와 같은 용구를 사용함으로써 스포츠 스타와 동일시하는 이미지에 의한 기호가치를 소비하려고 하기 때문이다. 그러나 문제는 스포츠가 가지고 있는 본질적 가치를 모르는데 있다.

스포츠와 이미지

> "흔히 이미지란 시각적 표상을 지칭하는 말로만 오해되고 있다. 물론 시각적 이미지는 매우 중요한 이미지임에 틀림이 없지만, 이미지는 도형적 이미지(그림, 사진, 조상, 도안), 광학적 이미지(영상, 투사), 지각적 이미지(감각자료, 외모), 정신적 이미지(꿈, 기억, 관념, 환상), 언어적 이미지(은유, 서술) 등을 포함한다"(Mitchell, 1986 : 10).

이미지란 무엇인가? 이미지를 정의하는 것은 어려운 일이다. 이미지를 정의하는 데에는 두 가지 방법이 있다. 즉 기본 실재와 이미지의 특성에 초점을 맞춤으로써 이미지의 정의는 가능하다. 이미지에 대상은 마음 이외의 것이다. 대상과 마음에 새기는 자국(인상)이다. 그리고 대상과 자국 사이에는 유사성이 존재한다. 결국 이미지는 대상체가 마음에 새기는 비슷한 자국(인상)이다.

그러면 스포츠와 이미지는 어떠한 관련이 있는가? 우리가 생활하는 생활세계는 스포츠와 이미지에 의하여 점유당하고 있으며 그 속에서 인간 군상들은 스포츠의 이미지에 노출되어 있다. 그래서 인간들은 스포츠의 이미지에서 벗어나지 못한다.

우리는 왜 스포츠에 참여하는가 하는 것은 본질적인 의문이다. 이러한 질문에 해결책을 제시하는 기존의 연구들은 즐거움, 승리, 건강에서 답을 얻으려고 시도해 왔다. 과연 우리가 스포츠를 하는 이유는 놀이, 건강 그 자체에 있는가? 아니다. 현대 사회 속에서 우리가 스포츠를 하는 것은 즐거움, 건강, 그리고 승리를 떠나서 스포츠 참가가 우리에게 주는 기호가치를 소비하기 위한 것이라 생각된다. 이러한 생각을 가지고 다음을 논의해 보자.

첫째, 스포츠를 하는 이유 중의 하나는 건강이다. 스포츠 참여자 중에 대다수가 건강을 위하여 스포츠를 한다고 말한다. 이것은 스포츠가 가지고 있는 그 자체의 고유한 가치를 망각하고, 스포츠를 매개체로 이용하여 건강을 도모하려는 것이다. 따라서 스포츠는 건강을 위한 하나의 소도구일 뿐이다. 이것은 스포츠에 대한 이해와 음미를 방해하는 요소로 작용한다. 건강을 위하여 인내력으로 스포츠를 하는 것은 스포츠를 재미없게 만드는 것이 될 수 있다. 이러한 모습들은 학교 운동장이나, 도시인접 공원에서 쉽게 찾아 볼 수 있다. 단지 건강 지상주위에 입각한 맹목적인 스포츠 행위는 스포츠를 이해하고 음미하는 데 장애 요소로 작용할 뿐이다.

둘째, 스포츠를 하는 중요한 요소 중에 하나는 승리이다. 승리는 스포츠의 최종목표이다. 이를 부인할 사람은 없다. 그러나 이 글에서는 이러한 오해의 소지를 없애기 위하여 키팅이 스포츠맨십의 이해를 위해 스포츠와 운동경기를 구분한 것처럼, 스포츠에 참가하는 이유를 분명히 하기 위해서 운동경기와 스포츠를 구분해야 한다. 운동경기에서는 승리를 위하여 끊임없는 연습과정을 거쳐 승리를 위해 전력투구한다. 여기서 승리가 제일 목적이 된다. 반면에 스포츠는 승리보다는 즐거움에 목적을 둔다. 스포츠를 함으로써 즐거움을 향유하려 한다. 즐거움은 스포츠 참가의 목적이 될 수 있다. 즐거움 그 자체는 스포츠를 이해하고 음미하는데 도움을 준다.

셋째, 우리는 스포츠를 기호 가치의 소비행위로 보고 이러한 가치를 소비하기 위하여 스포츠에 참여한다. 스포츠, 아니 운동선수를 가장 무식하고 비천한 부류로 인식하고 있는 지식인층, 정치인들, 사업가들이 골프장에서 골프를 치는 이유는 무엇인가. 그들이 가장 혐오하는 스포츠를 하는 것은 무엇을 말하는 것인가. 앞뒤가 맞지 않는 모순이 아닌가. 중요한 사회적 관계, 즉 사업, 정치, 외교 등이 주로 골프장에서 행해진다. 그곳에서 운동이라면 질색을 하던 이들이 모여 골프를 치는 것은 골프가 재미있어서 하는 것일까. 아니면 놀이로서 충분한 가치가 있기 때문에 하는 것일까. 그것도 아니면 골프가 가지고 있는 기호가치 때문에 골프를 치는 것일까. 예를 들어보자. 골프채로 집에서 골프를 연습하는 이유는 무엇일까? 그가 몇 천 만원을 호가하는 골프장 회원권을 구입하는 것은 운동이 좋아서가 아니다. 단지 골프가 수반하는 지위와 과시, 즉 기호가치 때문에 많은 돈을 투자하고 구입하는 것이다. 왜냐하면 골프＝상류층이라는 등식이 성립되기 때문이다.

따라서 우리가 운동을 하는 것은 놀이나 즐거움을 떠나 기호를 소비하기 위해서 스포츠를 한다고 말할 수 있다. 여기서 스포츠는 하나의 장식품이고, 자신의 권위와 지위를 과시하려는 소도구로 작용할 위험이 도사리고 있다. 스포츠는 단지 그 자체가 가지고 있는 즐거움을 위하여 행하는 것이 가장 중요하다. 이를 통하여 스포츠를 바르게 이해하고 음미할 수 있는 기회를 얻을 수 있다. 우리는 스포츠를 이해하려고 하지 않고 단지 스포츠를 수단적 목적을 위한 도구로 사용하려고 한다. 분명히 스포츠의 고유한 가치를 망각하는 행위들이다.

스포츠와 광고

광고는 경쟁에서 승리하고 유통시간을 단축하는데 한 몫을 하고 있다. 오늘날 자본주의 상품은 광고의 도움 없이는 이윤실현이 불가능한 정도이다. 이러한 특성상 광고는 자사의 제품판매촉진이나 이미지 제고를 위한 광고를 제작하기 위해서 시청자들의 눈길을 끌기 위한 감각적인 소재를 자주 등장시키고 있다. 그 중에서도 스포츠를 소재로 한 광고는 강하고 깨끗한 이미지를 부각시키는데 적격이다. 또한 시청자들도 이러한 스포츠 소재 광고를 부담 없이 받아들여서 스포츠 소재 광고는 스포츠 중계방송의 인기에 편승해 점차 증가 추세에 있다.

광고는 사람들의 의식을 점령한다. 즉, 모든 사람들의 의류, 헤어스타일 등의 생활스타일을 이끈다. 우리는 매순간마다 TV, 라디오, 포스터 등에서 광고를 접하기 때문에, 광고에 대해 의식하고 배제하지 않는 이상 광고의 영향을 받으며 살수밖에 없다. 그만큼 광고는 우리 일상의 생활세계에 침투하여 우리의 의식을 형성하는 대표자가 되었다. 수많은 광고는 일단 무엇인가 강력한 메시지를 전달한다. 즉 강한 각인을 통한 세뇌로 구매충동을 유발시켜 소비를 하게 만든다. 다시 말해서 자본가의 팔아먹기를 위한 고도의 두뇌 플레이가 밑바닥에 깔려 있다. 그래서 광고가 자극적이기만 한 것으로 전락해 버릴 수 있는 위험성을 가지고 있다. 특히 광고가 스포츠 생활세계에 침투한 예를 들어 살펴보자.

"골프신동 타이거 우즈는 또 하나의 나이키 신화의 주역이

> 다. 그는 다 죽어가던 나이키 골프 부분을 회생시켰다. 96년 1월 지금 같은 스타가 아니던 우즈를 나이키는 5년 동안 후원하기로 하고, 거금 4천만달러를 지원하기로 했다. 이 도박은 그대로 적중하여, 우즈가 필드에서 나이키 옷과 신발을 신는 것만으로도 나이키는 지난해 골프 웨어 시장 점유율 1위, 골프 신발 2위로 올라섰다. 매출액은 95년보다 60% 상승했다. 올해 5월 결산에서 나이키는 매출액은 91억9천만달러, 순이익만 7억9천5백80만 달러로 집게 됐다. 그리고 최근 미국 맥도널드 LPGA에서 우승해 '여자 타이거 우즈'로 떠오른 프로골퍼 박세리의 경우 역시 스포츠 마케팅의 대표적인 성공 사례이다. 그녀를 후원하는 삼성이 이번 대회를 통해 거둔 광고효과만 1억 달러 이상이며, 그밖에 기업경영 전반에 미칠 시너지효과를 계산하면 그 효과는 10억 달러 이상이라는 분석도 나오고 있다"(중앙일보, 1998년 5월 20일자).

이러한 경제적 이익에 대하여 유선영(1995)은 사람들의 스포츠이미지에 대한 기호의 소비로 인한 것이라고 말한다. 패션, 스포츠, 레저활동, 상품소비 등도 언어적 실천이다. 왜냐하면 그것들은 자신이 누구인지를 나타내는 기호들이기 때문이다. 테니스를 하는 것과 골프를 하는 것은 나름대로 의미하는 내용을 가지고 있다. 사람들은 그가 하는 스포츠의 종류에 따라 다른 의미를 해독해 내는 것이다. 따라서 취미로 하는 스포츠도 그가 누구인가를 표시하는 기호 역할을 한다(1995 : 63).

장 보드리야르는 사물(상품)의 소비를 사용가치의 소비보다는 행복, 안락함, 사회적 권위, 현대성 등의 소비로 규정한다. 이러한 새로운 소비개념을 통해 현대 대중사회를 예리하게 분석한다. 소비가 관계(단지 사물과의 관계만이 아니라 집단 및 세계와의 관계)의 능동적 양식이라는 것, 즉 우리의 문화체계 전체가 기초를 두고 있는 체계적 활동 및 포괄적 반응의 양식이라는 것을 먼저 인식해야 한다.

변화된 삶의 관점은 스포츠에 대한 관심을 눈에 띄게 높였으며 수동적인 스포츠 참여를 아주 능동적인 스포츠 참여로 바꾸어 놓았다. 재미, 기쁨, 즐거운 시간 운용은 아주 중요한 슬로건이 되고 있다. 그 결과 스포츠 행사와 관련된 열광적인 행위는 어떠한 경우에도 줄어들지 않고 있다. 스포츠에 대한 이러한 열광적 행위는 재미와 오락이라는 두 가지 특성이 뒷받침하고 있다. 동시에 오락과 스포츠가 관련이 있지만 계획된 쇼가 아니라는 것이 무엇보다 중요하다. 스포츠가 개인적인 목적을 성취하는데 높은 유용한 위상을 가지고 있으며 이러한 형태로 현재 우리의 여가시간에서 폭넓은 공간을 차지하면서 매우 높은 감정적인 이입현상으로 만들어지고 있다. 그래서 스포츠는 기업, 특정상품 그리고 서비스를 현시 시키는 능동적인 영역이 되고 있는 것이다. 즉 상표에 관심을 기울이도록 하며 경쟁적인 서비스 제공이 이루어지도록 차별화 시키는 데 적합한 영역이 되고 있다(송해룡, 1997 : 57～58).

인간들은 왜 스포츠를 하는가

이 글은 인간들이 왜 스포츠를 하는가 하는 질문에서 시작하였다. 이 질문에 대한 실마리를 찾기 위해 우리들이 살아가고 있는 현시대를 조명하였다. 현대사회는 이미지, 기호라고 하는 단어로 요약할 수 있었다. 이미지와 기호의 연관관계에서 인간들은 스포츠에 참가하고 있다. 특히, 실제 생활 속에서 우리에게 피부로 느끼게되는 것을 광고라고 할 수 있는데 광고는 이미지와 기호의 상호작용에 따른 효과를 경제적 측면에서 활용하는 것이다. 이러한 사회환경 속에서 앞에서 제기한 문제에 대한 실마리를 어느 정도는 찾을 수 있었다.

우리가 스포츠를 하는 이유는 아마도 건강, 승리, 즐거움에 있다고 생각하는 것이 일반적인 대답이다. 그러나 이러한 생각은 본질적인 물음에 대한 답변이 될 수 없고 단지 현상적인 수치에 따른 해석에 지나지 않는다. 우리가 스포츠에 참가하는 진짜 이유는 시대적 상황과 그 시대가 가지고 있는 가치체계에 의해서 파생되는 의식에 영향을 받는다는 점이다.

그래서 저자는 현대사회를 소비의 사회라고 보는 장 보드리야르의 견해에서 문제해결의 실마리를 얻었다. 여기서 소비라는 개념은 사물의 유용가치를 말하는 것이 아니다. 그 이면에 있는 행복, 위세, 권리 등과 같은 이미지의 기호를 소비하는 것이다. 따라서 우리가 골프나 스키를 다른 운동보다 선호하는 것은 동시대 환경과 일치하는 차이의 기호가치를 가지고 있기 때문이다.

우리 사회는 대량생산과 소비의 사회로 이미지 생산과 그것에 대한 소비의 반복적인 생활이 주류를 형성하고 있다. 물론 스포츠에 참여하는 동기는 여러 가지가 있겠지만 우선 현 시대상황을 고려하여 조망해 볼 때 가장 중요한 동기는 스포츠의 이미지에 기인한다고 보아야 한다. 좀더 상세하게 살펴본다면, 왜 우리가 스포츠에 참여하는가 하는 물음의 해답은 바로 소비사회의 다른 것과 구별되는 차이의 기호가치에서 이다.

간과해서는 안 되는 것은 우리가 스포츠를 하는 것은(어떤 목적, 즉 기호는 다르지만) 무엇보다도 기호가치의 소비가 아니라, 스포츠 그 자체가 가지고 있는 고귀하고 진귀한 가치를 체득하기 위함이 되어야 한다는 사실이다. 건강, 승리, 기호 등은 스포츠 그 자체의 현상적인 외곽에서 맴도는 부차적인 것에 불과하다. 무엇보다도 스포츠 안으로 들어가 스포츠의 본질적 가치를 체득함으로써 체화된 앎을 인식해야만 한다. 그것이 시대는 변해도 스포츠의 본질은 변하지 않고 존재할 수 있는 유일한 지름길이다.

포스트모더니스트들은 스포츠의 개념에 대하여 말할 때 스포츠는 변화 과정 자체라고 말한다. 그러나 그 변화는 스포츠 밖에서 일어나는 현상적인 변화에 불과하다. 우리가 기대하는 것은 변화지 않는 스포츠 안에서 스포츠를 스포츠이도록 하는 그 가치를 말하는 것이다. 그 가치가 변화한다면 스포츠는 더 이상 우리가 바라는 것이 아니라 기호만 있는 것으로 남을 뿐이다. 또한 스포츠가 하나의 산업의 상품으로 소비되어지는 시대이지만 우리가 짚고 넘어가야 할 것은 우리가 스포츠의 기호 가치를 소비하는 것이 아니라 주체적으로 스포츠 안에 내재되어 있는 본질적 가치를 소비해야 한다는 것이다. 즉 스포츠 이미지에 현혹되지 말고, 스포츠가 가지고 있는 본질을 이해하고, 음미할 수 있어야 한다.

제2장 | 체육의 공부론 : 기의 습득과 도의 체득

"우리가 현재 필요로 하는 것은 변화는 기술시대에도 불구하고 변하지 않는 삶의 토대이다. 역사 속에서 면면히 계승되고 있는 인간다움의 길에 관한 성찰, 그것이 바로 정보사회의 속도로부터 우리를 지켜줄 수 있는 인문정신이다. 조급해할 필요는 없다. 속도의 시대에 조급함은 우리를 더욱 공포의 수렁으로 몰아넣을 뿐이다. 앞으로 나아갈 방향을 우리가 진정으로 생각한다면, 미래를 바로 우리의 역사 속에서 찾을 줄 아는 '느림'과 '여유'가 인문주의적 가치로서 요청된다"(이진우, 2000 : 268).

삶과 앎

우리가 살아가는 삶 가운데에서 배움의 기간은 적어도 인생의 삼분의 일에 해당한다. 물론 이 보다 더 긴 교육을 받는 사람이 있는가 하면 아주 짧은 교육을 받은 사람도 있다. 그 교육이 제도화된 교육을 통해서든 아니면 제도권 교육에서 벗어난 교육을 받든 인간의 삶은 끊임없는 배움의 연속과정이기 때문에 배움 그 자체라고 말할 수 있다.

공부는 인간의 생존을 위해서 필요한 실용적인 기술공부가 있는가 하면 자신의 삶의 교양을 쌓기 위한 교양공부가 있다. 그것도 아니면 수학이나 영어와 같이 대학을 진학하기 위하여 문제를 풀고 정답을 맞추기 위한 공부가 있다. 이 글에서 말하는 공부는 이런 공부가 아니라 인간다움의 길에 관한 성찰을 의미하는 사람됨의 참된 공부이다. 지금까지 우리가 알고 있는 공부는 수학이나 영어공부에서 벗어나지 않았다. 그래서 항상 공부라는 말은 우리들의 의식 속에 영어 혹은 수학공부라는 말로 차지하고 있기 때문에 공부는 지적학습이란 의미가 강하게 작용하고 있다.

이런 공부에 대한 오해에서 좀더 벗어나서 참된 공부는 자신의 몸(정신과 육체가 분리되지 않는 총체적인 상태)의 성장과 성숙을 수행, 즉 사람됨의 공부에 대하여 말하려는 것이다. 사람됨이란 체육공부 뿐만 아니라 모든 공부가 지향해야 할 이상이며, 가야 할 최고의 목적지이다. 이런 차원에서 체육공부 역시 가야할 길은 사람됨의 공부이다. 공부는 다른 말로 수양, 수련, 도야, 수행 등이라고 불린다.

공부(工夫)라는 원뜻은 "덕(德)을 득(得)함을 지향하는 훈련"을 의미한다. 우리말의 공부(工夫)의 중국발음이 kung-fu 이며 이것을 우리말로 개화하여 표기한 것이 곧 "쿵푸(후)"다. 인간의 몸의 달인적 경지에 대하여 광범위하게 두루 쓰이는 표현으로서 우리가 지금 "쿵푸(후)"라고 부르는 무술이 한 형태는 쿵푸(후)라는 일반명사의 개념에 포섭되는 광범위한 개념중에 하위개념이다. 이 쿵푸(후)는 오랜 시간의 축적을 통하여 고수의 몸이 얻은 덕(德)인 것이다(김용옥, 1994 : 48～49).

우리는 공부를 학습으로 오해하는 경우가 있다. 그것은 공부(工夫)와 학습(學習)의 차이를 이해하지 못하기 때문이다. 공부는 일종의 지혜를 추구한다면 학습은 지식을 추구하는 의미를 가지기 때문에 목적의 차이를 발견할 수 있다. 학습은 원리를 찾는 차원에서 배우고 익히는 것을 의미한다. 여기서 익힌다는 것은 잘 듣고, 잘 읽고, 잘 말하고 잘 쓰기 등을 의미한다. 이 모든 것은 외우기에 의존한다. 이에 비하여 공부는 설명하기가 쉽지 않지만 정성을 다함 혹은 혼(魂)을 쏟아 부어서 무엇을 해나감을 의미한다(임무수, 1994, 2002 : 1). 이런 차원에서 운동학습은 기능의 원리를 찾는 배움이라고 할 수 있다. 그렇기 때문에 이 글에서 말하는 체육공부와는 구별해서 사용함이 필요하다.

이 연구의 필요성은 학교체육이 학생선수 중심의 엘리트체육에 중점을 둔 반쪽 공부에 머무르고 있고 경기력 향상과 이를 통해 학교의 명예를 알리는 것에 치중한 나머지 보통학생들을 위한 체육, 학생선수들의 인성교육은 현실에서 멀어지고 있기 때문에 학교체육의 정상화를 유도하는데 있다. 특히 학원스포츠는 학교 교육의 테두리 안에 있으면서도 학교가 지향하는 지 · 덕 · 체를 고루 갖춘 이른바 전인교육의 성취와는 관련 없이 오히려 학교 교육의 취지와는 동떨어진 기이한 형태로 자라나고 있는 것이 오늘의 실정이다(강신복, 2003 : 104).

이러한 학교체육의 정상화를 위해서, 강신복(2003)은 학교체육의 문제는 특히 학생선수의 경우가 심각한 문제로 나타나는데 자녀의 전인적 성장에 관심이 없기 때문이며, 비교육적인 학원스포츠의 문제, 능력만능주의에 대한 올바른 이해가 부족하기 때문에 비정상적인 학교체육이 행해지고 있다고 지적하였다. 특히 천안초등학교 합숙소 화제와 같은 문제들이 발생한 것은 그 동안의 학교체육의 위험이 표면화되었을 뿐이지 이와 같은 유형의 사고는 지금도 학교체육에 잠재하고 있다고 볼 수 있다.

그렇기 때문에 체육공부는 이론가 실천, 장자의 용어로 사용한다면 기의 습득과 도의 체득의 합일이 이루어지고 있지 않는 현실에서 운동학습, 즉 운동기능만을 교육하고, 과잉경쟁을 부추기고, 결과만능주의, 승리지상주의로 치닫고 있는 현재의 체육공부에 문제점이 있음을 발견할 수 있다. 뿐만 아니라 체육에서 교육은 사라지고 학생선수들의 경기력 향상만을 강조되고 있다. 적어도 학교체육에서 개성과 독창성, 도전정신과 비판적이고 합리적인 사유능력, 자유와 평등과 평화의 체험을 지닌 높은 도덕적 품성을 갖춘 체육인 또는 교양인을 육성하기 위해서는 기능교육을 넘어서는 사람됨의 교육이 요구되어진다.

이 글의 목적은 첫째, 체육공부의 목적은 무엇인가? 이에 대한 문제의 해결은 장자의 공부론에서 시작된다. 장자에 의하면 공부는 실천으로 자유자재에서 찾고 있다. 성심(成心)이란 선입견을 버리고 소요, 좌망, 무대의 경지에 도달하는 것에 공부의 목적을 두고 있다. 둘째, 체육인이라고 자부하는 우리는 체육에서 무엇을 공부한다는 것인가? 기의 습득(실기)이냐 아니면 도의 체득(이론), 그것도 아니면 기의 습득과 도의 체득의 합일인가. 셋째, 체육공부의 방법은 무엇인가? 기와 도의 합일을 통한 사람됨에 도달하기 위한 방법으로 반성적 차원의 글쓰기, 혹은 인문학적 글쓰기에서 찾을 수 있다. 이 연구에서는 세 가지 문제에 대한 과제를 해결하는데 있다.

이 글의 연구방법은 아무래도 우리가 살고 있는 이 땅의 사상의 중심을 형성하는 동양고전(노장철학)의 문헌에 나타난 공부론을 바탕으로 체육공부를 재해석하는 해석학적 방법을 사용하였다. 방법론적 절차는 공부의 일반이론에 대하여 검토하고, 체육공부란 무엇을 의미하는지를 장자가 말하는 기의 습득과 도의 체득과의 관계에 대하여 알아보았다. 그 다음으로 체육공부의 방법으로서 반성적 차원의 글쓰기에 대하여 구체적인 예를 들어 설명하고, 마무리는 전체의 요약과 향후의 과제를 제시하였다.

공부론

우리의 일상용어 속에서 몸은 어떤 존재자의 본체라는 의미를 지니고 있다. 몸체, 몸통 등이 여기에 해당한다고 볼 수 있다. 컴퓨터 본체는 바로 컴퓨터 몸체와 동일한 의미이다. 몸체가 본체와 동일한 의미라면 그것은 존재자의 중심이라는 의미와 거의 동일하다. 몸체가 중심이라는 의미로서 사용된다면 그것은 마음과 동일하다란 의미를 지니게 된다. 즉 몸 = 마음 = 맘이라는 등식이 성립될 수 있다(김성태, 1995 : 37).

우리가 일상적으로 사용하는 체육공부는 몸의 공부이기도 하다. 이런 차원에서 몸=마음의 등식이 성립하기 때문에 몸 공부와 마음 공부를 말하는 것이다. 이와 같이 체육공부 역시 마음의 공부에서 벗어나지 않는다. 체육공부의 구성은 이론과 실천의 영역으로 나눌 수 있는데, 그 이론과 실천이 분리되지 않고 함께 할 수 있는 종착점이 '사람됨'이다. 사람됨은 다른 말로 인간형성을 의미하는데 이는 동양 철학의 궁극적 도달 목적인 성인(聖人)에 해당하기도 한다.

체육공부는 자신의 움직임의 과정 그 자체에서의 도(道)의 깨달음을 일상의 삶에서 실천으로 이행하는 것이다. 즉, 몸으로 배우는 것은 항상 실천의 문제로 귀결된다고 할 수 있다. 이러할 때 앎과 삶이 소통하는 사람됨의 공부로서 체육공부는 제자리를 찾는 일이 될 수 있다. 그렇다면 이러한 의미에서 공부론 일반에 대한 학자들의 견해를 살펴볼 필요가 있다.

김용옥은 그의 저서 『태권도 철학의 구성원리』에서 공부란 개념적 조작에 의한 지식의 체계만을 의미하는 것이 아니라 몸의 길의 덕을 얻는 모든 학문을 의미하는 것이라고 하였다(1989 : 137). 몸은 기의 유기적 단위이며, 몸은 생명이다. 따라서 몸은 움직인다. 움직임이 없으면 그것은 죽음을 의미하는 것이기 때문이다. 몸의 움직임에는 반드시 '길'이 있다. 그 길을 우리는 '도'라고 말한다. 그리고 이 도가 반복되어 몸에 쌓인 것(畜)을 덕이란 한다. 달리 말해서 도는 생겨난 대로 자연스러운 것이고(道生之), 德은 道를 몸에 축적하여 얻는 것이다. 德은 곧 得(얻음)이다(老子, 38章).

한편 동아시아 학문론은 우선 윤리적 주체와 지식을 분리하지 않는다. 주체는 지식 속에 내면화되며, 지식은 주체의 한 역동적 과정이다. 그래서 안과 밖, 몸과 마음이 통일적으로 이해된다. 더 나아가 천지만물과 우주는 인간의 '몸－마음'과 서로 연결되어 있다는 전제 위에 서 있다. 그러므로 동아시아 학문론에서 지식은 죽은 지식일 수 없으며, 윤리적 주체의 心身과는 물론 이러니와 천지만물의 역동적 움직임과 살아있는 연관을 맺지 않으면 안 된다. 이점에서 體得 곧 몸으로 깨닫는 것이 중시된다. 몸으로 깨닫는 것은 동시에 마음으로 깨닫는 것이다. 마음으로 깨닫는 것은, 그저 지식을 대상화하여 바라보는 것이 아니라 지식과 윤리적 주체를 통합함을 의미한다. 이것이 이른바 공부의 활용법이다. … 뿐만 아니라 工夫란 특별한 것이거나 억지로 해야하는 것이 아니며, 살아있는 동안에 끊임없이 해나가면서 그것을 통해 자신의 인격을 향상시키고, 세상을 밝히며, 인간과 우주의 도를 깨달아 가는 과정이다(박희병, 1997 : 6～7).

현재 체육에서 이론과 실천의 분리는 체육의 위기의 한 단면을 잘 볼 수 있다. 이런 의미에서 김영민의 말은 시사하는 바 크다고 할 수 있다. 삶과 앎의 소통, 이론과 실천의 이음매 없는 순환이 나름의 무늬를 만들어 자연스럽게 허위의식이 사라지고 이른바 '평상심의 도'라는 지경에 이를 것이다 … 만남도, 사귐도, 시간도 없었고, 관념과 논리에 위계로 환원된 건조하고 성마른 경합의 공간만이 있었을 뿐이다 … 인식주의에 빠져있는 우리는 늘 그러하듯이 논리의 일관성, 관념의 정합성, 이해의 확실성에만 연연한다면 당연히 오해란 답답하고 성가시며 심지어 불쾌한 경험일 것이다(김영민, 1998).

또한 이진수의 체육공부는 체육에서 몸 닦기에 해당한다. 몸을 닦는 행위는 수신이요, 마음을 닦는 것은 치심이다. 과거와 현재의 용어는 다르지만 오랜 옛날 우리의 조상들은 몸과 마음이 하나라고 언제나 생각하였기 때문에 몸 닦기는 그대로 마음을 닦는 것이었다. 수신이 바로 치심이었던 것이다(이진수, 1999 : 21).

이러한 의미에서 체육공부는 마음 닦기라는 말로 연결된다. 이러한 지적은 지금까지 체육에서는 몸 닦기에 대한 오해를 지적하는 것으로 몸 닦기=신체단련이라는 인식에 근거하여 신체단련에 치중했음을 알 수 있다. 이 말은 기술의 습득에만 몰두하였다는 것인데 技의 습득은 道의 체득이라는 마음의 수행이 뒤따르는 않으면 온전한 기술이 되지 않는다는 것을 간과한 것이다. 그러므로 체육에서의 몸 닦기는 바로 체육공부가 무엇인가를 답하는 것이다.

최의창은 운동을 가르치는 방법을 技法과 心法으로 구분하여 사용하고 있다. 그의 기법과 심법에 대하여 알아보자 : 운동은 기능, 전술, 규칙으로 구성되어 있기도 하고, 진선미로 이루어져 있기도 하다. 전자의 경우 우리는 기능과 전술을 잘 활용하도록 지도하며, 후자의 경우 우리는 운동을 형이상학적 가치, 윤리적 의미, 미학적 아름다움을 느끼고 발견할 수 있도록 한다. 운동은 하나이되 그것을 바라보는 시각은 두 가지이며, 어떤 시각을 갖는가에 따라 우리는 운동을 전혀 다른 실체로 이해하고 대면하게 된다. 게임으로서의 운동에서 배워야 할 중요한 것은 기능과 전술이나, 삶의 형식으로서의 운동에서는 그 운동종목에 담겨져 있는 그 운동만의 "전통, 정신, 안목"에 자신을 맡기고 그것을 온몸으로 체험하는 것이다. 우리가 운동을 가르칠 때 우리가 전달하는 내용은 기능, 전술, 규칙일 수도 있고, 전통, 정신, 안목일 수도 있다(최의창, 2002 : 258). 이처럼 기법과 심법은 장자의 공부론에 아이디어를 얻어서 운동 혹은 체육에서 구분하여 사용한 것이다. 최의창의 구분처럼 지금까지 우리는 기능중심의 학습에만 체육공부의 모든 것인지 알고 있었다. 물론 실기와 이론으로 구분하여 가르치고 있지만 어떻게 보면 실기와 이론은 모두가 기능중심의 학습에 지나지 않았다. 왜 우리는 그동안 최의창이 말하는 심법에 대하여 관심을 가지지 못했는가. 그것은 결과, 기록, 경쟁, 승리의 틀 안에서 학습이 이뤄져왔기 때문이다.

이상에서 알 수 있는 것은 공부의 궁극적 지향점은 사람됨에서 찾을 수 있다. 그냥 생존을 위한 공부가 아니라 공부일반 속에서 배우게 되는 마음공부 즉 덕(德)의 공부가 필요하다는 말이다. 이런 의미에서 학생운동선수에게 필요한 것 중에 하나가 인성교육이다. 승리, 기록, 결과, 경쟁에 대한 강박 관념으로 사로잡혀 있는 이들에게 덕의 공부인 체육공부가 절실하다. 즉 사람됨이 형성되지 않는 학생선수는 운동기계에 지나지 않는다. 승리보다는 사람됨이 더 중요하다는 사실을 학생선수에게 인식시킬 필요가 있다. 그렇다며 체육공부란 무엇인가?

체육의 공부론 : 기의 습득과 도의 체득

체육을 행하는 사람의 목적에 따라 운동행위 혹은 신체활동은 기술의 습득이 될 수도 있고 혹은 도의 체득이 될 수도 있다. 여기서 기술의 습득은 신체기법을 몸에 익힌다는 말이다. 예를 들어 수영을 한다는 것은 수영의 여러 영법을 몸에 익혀 자신의 기술로 체현함을 의미한다. 이처럼 끊임없이 시행착오의 체험을 통해 자기화 하는 작업이 체육에서 실기를 배우는 일이다.

이에 관하여 존 듀이의 경험의 개념에서 차용하여 해석한다면 시행착오식의 기술의 습득은 경험의 성장과 확장에서 도움이 되지 않는 무의미한 활동이라고 할 수 있다. 반면에 자기화 하는 지성의 작용을 통한 기술의 습득은 경험의 성장과 연결된다. 이때 배운다는 것은 기술을 습득한 것에 지나지 않지만, 보다 더 낳은 체육공부를 위한 토대가 된다고 할 수 있다.

장자의 의하면 무엇보다도 기술에 대한 습득을 일종의 수행과정으로 받아들임으로써 기술을 삶의 행위로부터 따로 분리시키지 않았다는 점을 들 수 있다. 기술을 익히거나 기술을 쓰기 위해서는 내면의 성숙이라든가 마음을 재계하는 수행이 필수적이라는 것이 장자의 확고부동한 입장이다. 장자에게 기술이란 삶과 떼어놓을 수 없는 행위로서 인간 내면의 성숙을 도모하는 일종의 수행이다.

또한 기술 연마를 통해 도를 겸해야 한다는 장자의 말은 수행을 통해 도를 얻는 것과 기술의 연마가 조금도 다름 없음을 제시하고 있다. 기술을 익히거나 쓸 경우 옳고 그름, 칭찬이나 비난, 다른 사람과의 경쟁심, 자기 자신의 몸과 마음 등을 잊어야 제대로 기술을 발휘할 수 있다.

이처럼 기술 쓰는 법은 마음으로 터득하는 것이지 단지 손놀림이나 몸 동작으로 익히는 것은 결코 아니다. 기술의 터득과 발휘는 몸이나 손의 간단한 움직임이 아니라 자기존재 전체를 불어넣는 마음의 문제이다. 그래서 「천도편」의 명공도 수레바퀴를 알맞게 깎는 것은 자기 자신이 직접 손으로 터득하고 마음으로 감응해야지 입으로 전할 수 있는 것은 아니라고 말한바 있다. 기술을 부리는 나의 천성과 재료에 부여된 천연의 품성이 합일되어야 한다는 것이다. 이런 맥락에서 체육의 목적은 어디에서 찾아야 하는가. 기술의 습득에 있는가 아니면 도의 체득에 있는가.

우선 체육공부의 대상에 대하여 알아보아야 한다. 체육공부는 '몸'을 대상으로 하는 '몸'공부에 해당하는데 여기서 몸을 어떻게 보느냐 하는 문제가 제기된다. 몸은 정신과 육체를 구별할 수 없는 실체이다. 둘로 나눌 수 있는 대상이 아니라 하나의 실체라고 할 수 있다. 따라서 '몸'공부에서 말하는 공부는 몸을 통한 기술의 습득이냐 아니면 몸 자체의 공부인 도의 체득이냐의 문제로 나누어 질 수 있다. 결론을 말하면 저자는 체육공부는 기술의 습득과 도의 체득의 합일이라고 본다.

이처럼 기와 도의 합일을 지향하는 체육공부는 사람됨의 공부에서 벗어나지 않는다. 체육의 구성은 이론과 실천의 영역으로 나눌 수 있다. 그 이론과 실천이 분리되지 않고 함께 할 수 있는 것이 '사람됨'이다. 사람됨은 다른 말로 인간형성이 된다. 인간형성은 동양철학의 궁극적 도달 목적인 성인(聖人)을 말한다. 자신의 움직임의 과정 그 자체에서의 도의 깨달음(體得)은 일상의 삶에 실천으로 이행된다. 즉 몸으로 배우는 것은 항상 실천의 문제로 남는다. 이러할 때 앎과 삶이 소통하는 사람됨의 공부로서 체육공부는 제자리를 찾는 일이다.

좀 더 이해를 돕기 위해서 체육공부를 기술의 습득과 도의 체득으로 구분한다면, 기술의 습득은 운동기술을 배우는 것 자체를 의미한다. 예를 들어 수영을 배운다고 한다면 수영의 영법들을 배우는 것 그것이 기술을 습득하는 것이다. 기술의 습득 자체가 수영을 잘하고 못하는 평가의 기본이 되지만 우리는 그 이상에 대해서는 망각하고 있는데 그것은 체육공부라는 것이 기술의 습득만을 의미하지 않음을 말하는 것이다. 그 무엇은 바로 도를 의미하며 체육의 의미라고 할 수 있다. 여기서 도는 덕을 의미한다. 달리 말하면 도의 체득은 다름 아닌 덕의 체득이다.

도와 덕의 관계에 대하여 살펴보면, 천지가 순환하고 만물이 생성변화해 가는 '길 자체'가 도라면 덕은 그러한 길을 한 개체가 얻은 것, 곧 체득함이다. 도와 덕의 이러한 관계에 대해서 우리는 먼저 『도덕경』51장을 왕필주와 함께 살펴 볼 필요가 있다. "도는 생성하는 것이다. 덕은 쌓는 것이다. 사물은 형성된 것이다. 세는 이루는 것이다."란 구절에 대해 왕필은 다음과 같이 풀이했다 : "사물이 생성된 이후 길러지고 길러진 이후 형성되고 형성된 이후 이루어진다. 무엇으로 인해서 생성되는가? 도(道)이다. 무엇으로 인해서 길러지는가? 덕(德)이다. 무엇으로 인해서 형성되는가? 사물(事物)이다. 무엇이 그렇게 이루어지게 만드는가? 세(勢)이다"(老子翼, 王弼註 3卷 "物生而後畜, 畜而後形, 形而後成, 何由而生 道也, 何得而畜, 德也. 何由而形, 物也. 荷使而成, 勢).

59장에 '덕을 거듭 쌓는다(重積德)는 말이 나온다. 그러므로 덕은 결국 한 사물이 생성해 가는 길이 반복하여 자신에게 쌓인다는 의미가 된다. 왕필의 명확한 풀이로 볼 때도 한 사물이 이루어지기 위해서 그 길의 거듭 그 사물자신에게 점점 쌓여가야 한다. 이것이 현덕인데 현덕에 관해 장자는 "태초에 무가 있었다. 있음도 없고 이름도 없었다. 그런데 하나가 생겨났는데 하나는 있지만 아직 형성되지는 않았다. 만물이 이 하나를 얻어 생성하는 것, 이것을 덕이라 한다. 또한 이것을 현덕이라 하고 큰 순응과 같다고 한다."고 설명하였다.(天地, "泰初有無 有無無名 一之所起 有一而未形 物得而生 謂之德 ..... 是謂賢德 同乎大順).

덕을 체득한다는 것은 사람됨, 인간다움의 길을 간다는 것이다. 사람다움, 운동선수다움, 아버지다움이 바로 도의 체득이라고 설명할 수 있다. 이러한 의미에서 체육공부의 도는 어디서 찾을 수 있을까. 그 도의 목적은 사람됨, 인간완성, 인간형성의 길을 말한다.

또한 도를 체득한다는 말은 다른 말로 한다면 덕을 함양하는 것을 의미한다. 덕성의 함양은 덕을 체득한다는 의미를 내포하고 있다. 체육을 통해서 체득될 수 있는 덕의 내용은 인의예지의 습득이다. 이러한 맥락에서 도의 체득이 무엇을 의미하는가에 대해서는 다음의 글에서 찾을 수 있을 것이다 : "노장의 개념으로 말한다면 도는 곧 덕의 문제이다. 덕으로 돌아간다는 노자의 궁극적인 수양의 목표도 그 형평의 질서를 자신 속에 구현하는 것이라고 할 수 있고, 같은 맥락에서 자아의 완성도 자아로 하여금 늘 그런 형평의 상태에 있게끔 하는 것을 의미한다고 정리해도 무방하다. 왜냐하면 그처럼 덕(德)을 끌어안고 화(和)를 길러 세상에 대해 순응하는 사람이 바로 최고의 인격체인 진인이기 때문이다"(박원재, 1996 : 97～105).

이처럼 체육공부를 하는 우리는 운동장이 혹은 예술가, 장자가 말하는 진인(眞人)이 될 수 있다는 말이다. 이들의 차이에 대하여 알아보자. 극장에서 영화간판을 그리는 사람은 영화주인공을 실사하는 손재주로 간판을 그린다. 우리는 그를 예술가 혹은 화가라고 하지 않고 간판장이라고 한다. 왜 우리는 그런 사람을 화가 혹은 예술가로 평하지 않는가. 왜냐하면 그의 그림에는 어떤 사상이나, 관념의 표현도 들어있지 않기 때문이다. 단지 그가 그린 그림은 손 그 자체를 사용한 전문적 기술로 그린 그림일 뿐이지 그 이상과 그 이하도 아니다. 반면에 화가의 그림은 개성과 독창성의 정신세계를 손을 통하여(도구) 표현한 것이다. 이에 관하여 오진탁은 다음과 같이 말하였다 : "기술 쓰는 법은 마음으로 터득하는 것이지 단지 손놀림이나 몸동작만으로 익히는 것이 결코 아니며, 기술의 터득과 발휘는 몸이나 손의 간단한 움직임이 아니라 자기 존재 전체를 붙어놓는 마음의 문제라고 한다. 그래서 장자의 〈天道〉 편의 명공도 수레바퀴를 알맞게 깎는 것은 자기 자신이 직접 손으로 터득하고 마음으로 감응해야지 입으로 전할 수 있는 것이 아니라고 말한 바 있다. 이와 같이 기술의 터득은 당사자의 마음과 관련된 것이므로 마음으로 익혀야 한다(오진탁, 1987 : 335)."

이와 같은 의미에서 운동선수 또한 기술의 습득만을 공부한다면 그도 역시 간판장이 같은 운동장이, 혹은 운동기계일 뿐이다. 왜냐하면 그에게는 마음의 문제가 별로 중요하지 않게 생각되기 때문이다. 체육 하는 사람들이 염두에 두어야 할 사실은 만약 체육공부가 단지 기술의 습득에만 머문다면, 체육인은 운동기계가 될 수밖에 없다는 것이다. 따라서 운동수행의 중요성을 인식하고 도의 체득, 즉 사람됨의 공부에 관심을 가져야 한다. 이러한 과정을 통해서 운동선수, 체육인은 인간다운 훌륭한 인간(聖人)이 될 수 있다. 이러한 맥락에서 브라질의 펠레와 아리헨티나의 마라도나의 비교를 통해서 쉽게 기의 습득과 도의 체득의 차이를 발견할 수 있다 : "2000년 12월에 FIFA

는 20세기 최고의 축구선수로 펠레와 마라도나를 공동수상자로 선정했다. 1970년 이탈리아 월드컵 결승전에서 펠레가 기도하는 자세로 터뜨린 헤딩 동점골과 1986년 월드컵 준준결승전 잉글랜드와의 경기 때 마라도나의 이른바 '신의 손'에 의한 득점은 이 둘 사이의 차이를 상징적으로 보여준다. 금지약물과 마약복용으로 지금도 화제를 뿌리고 다니는 마라도나는 인간적으로 실패한 삶을 살고 있다고 봐야할 것 같다. 반면에 펠레는 사업가로, 행정가로 이미 성공했고 대통령 출마설까지 나돌고 있다(조선일보, 2001년 1월 4일자)."

이상에서 살펴 본 체육을 행하는 두 가지 의미가 있는데 그것은 기의 습득과 도의 체득이다. 만약 체육공부의 목적을 기의 습득에서 찾는다면, 몸의 기계적인 훈련과정을 통해서 얻게 된 기술의 완벽성과 신체의 탁월성의 완성에 불과하다. 이러한 예는 축구선수 마라도나의 예에서 알 수 있었다. 기의 습득과 도의 체득이 함께 해야 하는 이유가 바로 거기에 있다. 따라서 체육공부는 기의 습득과 도의 체득의 합일이라고 할 수 있는데 여기서 말하는 합일은 사람됨을 의미한다.

체육의 공부방법 : 반성적 차원의 글쓰기

사람됨은 기의 습득과 도의 체득의 합일에서 가능하다. 이 말은 이론과 실천의 조화와 일치에서 사람됨에 다가갈 수 있다는 의미이다. 그렇다면 지금까지 살펴본 것과 같이 체육공부의 길은 사람됨이라면 이 길에 가까이 갈 수 있는 방법은 무엇인가. 그 방법은 반성적 차원의 글쓰기 혹은 인문학적 글쓰기에 해당한다. 인문학적 글쓰기는 자신의 내면적 체험세계를 잘 들러낼 수 있기 때문에 체육공부에 적합한 방법이다.

체육학이 다른 학문과 구분할 수 있는 방법은 운동자의 체험세계를 연구대상으로 하는 방법이다. 이 점에서 김정명(1995 : 9～11)은 삼자적 관점의 실증주의 연구방법보다는 운동자 자신의 관점에서 현장속에서 이루어지는 질적연구 내지는 체험연구가 활성화 될 필요가 있다고 한다. 그 근거에 대하여 그는 다음과 같이 제시하고 있다 : "체육학은 실기가 중요시되고 그것을 통하여 타주지학문과 차별화 되는 이유는 바로 우리에게 운동자의 관점상 연구가 요구되기 때문이다. 그 구체적인 방법으로는 현상학적 체험연구법, 상징적 상호작용론에 입각한 접근법, 참여관찰, 사례연구, 심층면담, 민속학적 접근법 등 연구자의 의미 있는 체험을 바탕으로 연구될 수 있는 질적 연구 방법들이 있고 그 타당성은 학문 공동체에서 이미 인정받고 있다(김정명, 1995 : 11)."

이러한 질적연구 혹은 현상학적 연구방법들에서 요구되는 것은 자신의 현장이나 체험을 논리적으로 서술할 수 있는 글쓰기 능력이다. 이러한 글쓰기는 운동경험을 가진 이들에게는 쉽지 않은 일이다. 그 이유는 글쓰기에 대한 교육의 부족과 운동자들의 게으름이 그 원인일 것이다. 이 문제는 차후의 과제도 남겨놓고 이 논문에서 해결해야 할 기의 습득과 도의 체득을 가능하게 하는 것이 다름 아니라 글쓰기이다.

사람됨의 공부를 위한 구체적인 방법을 찾는다면 아마도 기의 습득과 도의 체득을 함께 추구할 수 있는 방법들 중에 그 하나가 글쓰기이다. 글쓰기란 자신의 행위를 돌아볼 수 있는 반성적 차원의 형태를 지닌 행위이다. 이러한 맥락에서 박기동(1999)은 몸의 교육인 체육, 그 중에서 체육인문학에서 글쓰기에 대하여 다음과 같이 제시하고 있다 : "우리가 체험현장연구를 비켜갈 수 없다면 여기에 필요한 최소한의 글쓰기로부터 나온다고 생각된다. 그러므로 우리 체육인문학에서 이러한 실천적인 글쓰기의 시급한 적용이 필요하다고 나는 여기서 주장한다. 궁극적으로 몸의 길은 공부론으로 귀결되며, 따라서 몸의 교육학이 성립할 수 있는 것이다. 몸의 교육학이라는 운동장을 가로지르는 지름길은 글쓰기라고 할 수 있겠다."

이러한 글쓰기는 자신의 몸의 움직임의 길을 확장하는 것은 물론 사람됨의 길을 인식하는 차원으로 전이 될 수 있다. 그렇다면 어떻게 글을 써야 한다는 문제인데 이점에 대해서는 다음의 글에서 찾을 수 있다 : "체육에서의 참된 글쓰기는 스포츠체험을 통하여 진리를 체득한 운동하는 주체의 반성적 행위이며 사람됨의 지향활동이다. 이것은 이론과 실천의 통합적 행위이며, 살아있는 우리(나)가 현실을 직시하고 그 속에서 대두되는 스포츠의 문제점을 발견하고 그것에 대하여 비판하고 대안을 제시하는 행위이다(이학준, 1999)."

글쓰기에 대하여 좀더 알아보기 위해서 사르트로의 예를 살펴볼 수 있다. 그는 글쓰기에 대하여 글쓰기는 다시 쓰는 작업(다시 생각하고, 다시 고찰하고, 다시 인식하는 과정)이라는 복합적인 과정을 거쳐야 한다고 보았다. 특히 그는 글을 쓰고, 다시 쓰는 것이 어떻게 깊이 있는 글쓰기를 지향하게 되는지에 대해 다음과 같이 말하고 있다 : "계속해서 고쳐 나가고, 의미를 중층적으로 쌓아 나아감으로써 본질적인 의미의 모호성은 유지한 채 어떤 진실을 드러나게 하는 것이다. 이와 같이 글쓰기는 일사천리로 단번에 이루어지는 것이 아니다. 글을 쓰고(개정하고, 편집하는 과정까지 포함해서), 다시 쓰는 과정은 오히려 하나의 예술품을 만들어 내는 예술적인 행위를 연상시킨다(신경림 · 안규남 역, 1994 : 175).

이상과 같이 진정한 체육공부를 위한 방법으로 글쓰기에 대하여 알아보았다. 여기서 말하는 글쓰기란 인문학적 글쓰기로서 개인의 운동경험에 대한 체험기술의 방법으로 글쓰는 자신의 일인칭화법으로 일기, 수상록, 운동일지 등 개인중심의 글을 의미한다. 자유롭게 자신이 경험한 바를 활자화하는 작업이다. 이를 통해서 자신의 덕을 쌓는 반성적 행위를 수반할 수 있을 것이다. 그래서 사람됨을 위한 방법으로 글쓰기를 제시하고 싶은 것이다. 다음의 글에서 글쓰기의 목적을 알 수 있다 : "글쓰기 혹은 자서전 쓰기를 통해 자신의 삶을 밀도화 시키자는 것이다. 글쓰기는 삶을 수세에서 공세로 수동성에서 능동성에로 전환시키는 탁월한 방법이다. 사회와 역사 안에서 자신의 삶과 존재를 돌보는 사람됨의 공부를 실천하자는 것이다(이왕주, 1998)."

맺음말 : 체육공부의 활법

이 글에서 해결하고자 하였던 과제는 체육공부란 무엇인가였다. 이에 대하여 알 수 있었던 사실은 체육공부는 기의 습득 혹은 도의 체득, 어느 한쪽만을 의미하지 않고 모두를 의미한다는 것이었다. 이와 같은 사실은 지금까지 우리가 해왔던 체육공부를 살펴보면 잘 알 수 있다. 우리는 단지 체육공부는 기의 습득이라고 이해하고 이를 공부하여 왔을 뿐이다. 이 같은 공부는 한마디로 말한다면 반쪽공부에 지나지 않는다. 적어도 제대로 된 진정한 체육공부는 기의 습득과 도의 체득, 이 모두에서 찾아야 한다.

우리가 체육에서 찾아야 하는 것은 경쟁을 통해 승리하고, 국위선양하고 자신의 명예를 얻는 차원에서 벗어나서 모두가 함께 더불어 즐겨야 한다는 생각을 가지고 체육을 통한 사람됨을 추구하는데서 체육공부의 목적을 찾을 수 있어야 한다. 그 방향이 체육공부의 핵심이며 중심체이다. 이러한 목적을 이루기 위한 구체적인 작업 중에 하나로 나는 반성적 차원에서의 글쓰기를 제안하였다.

글쓰기는 일반적으로 자신의 행위를 돌아볼 수 있는 반성적 차원의 행위를 요구하기 때문에 체육공부에서 요구되는 글쓰기 형태는 일기 형식에 해당되는 것이 아마도 적당하다. 왜냐하면 일기 형식의 글쓰기는 자신의 움직임에 대한 체험을 진솔하게 표현할 뿐만 아니라 자신의 행위를 돌아볼 수 있는 성찰의 형태를 지닌 행위로서의 글쓰기 종류이기 때문이다. 이러한 글쓰기는 움직임의 길뿐만 아니라 사람됨의 길을 인식하고 실천하는 차원으로 전이 될 수 있다.

결국 체육공부는 기의 습득 혹은 도의 체득 어느 하나를 가르치는 것이 아니라 양자를 함께 공부하는 것이다. 여기서 기의 습득은 몸의 성장을 지향하고 도의 체득은 인간의 내면의 성숙과 개인의 인격함양을 지향하는 몸의 성숙에 해당한다. 여기서 도의 체득은 덕의 체득이라고 바뀌어 말할 수 있는데 덕은 사람됨을 의미한다.

체육공부는 사람됨 혹은 인간다움의 길에 대한 공부, 움직임의 길의 공부이며 깨달음의 공부이기도 하다. 이와 같은 체육공부는 현재의 체육이 '보다 빠르게, 보다 높게, 보다 힘차게'라는 이념에서 자기자리를 상실하고 있는 현재에서 제자리를 찾을 수 있는 방법 중에 하나이다.

이와 같은 체육공부는 체육적 앎과 삶에서 기의 습득과 도의 체득을 실천하는데서 찾을 수 있다. 다음은 체육공부의 방향을 이해할 수 있는 글이다 : "배움은 사람됨의 공부에서 시작해야 한다. 우리는 배운 만큼 달라지고 아는 만큼 변화할 수 있어야 한다. 앎 따로 삶 따로인 존재의 역사를 청산하지 않으면 안 된다(이왕주, 1998)."

제3장 | 체육의 참된 글쓰기

읽기와 쓰기

최근에 발표된 '읽는 스포츠의 매혹 : 서사적 글읽기를 통한 스포츠이해'를 읽은 후에 나의 생각을 이 글을 통하여 표현하려고 한다. 최의창의 '읽는 스포츠'에 대하여 많은 것들을 공감할 수 있었지만 아쉬운 점이 있다면 스포츠에 관한 글을 읽고 싶어도 우리의 구미에 맞는 책을 찾기란 쉽지 않다는 것이다. 이와 같은 경험을 해본 사람들은 아마도 알 것이다. 물론 최의창의 노력에 의하여 여러권의 번역서적들을 읽을 수 있지만 우리의 운동선수들 자신의 운동체험에 대하여 직접적으로 언급한 책들은 쉽게 찾아 볼 수가 없다는 것이다. 그 이유는 운동선수에게 글쓰기가 쉽지 않은 일이기 때문이다.

이런 점에서 나는 읽기보다는 쓰기가 더 필요하다고 말하고 싶다. 읽기는 쓰기 이후의 이차적인 문제이다. 물론 쓰기가 먼저냐, 읽기가 먼저냐 하는 문제는 닭이 먼저냐 계란이 먼저냐 하는 풀리지 않는 문제일 수 있다. 그러나 나에게 있어서는 쓰기가 읽기보다 선행한다는 것이다. 그 이유는 쓰기 스포츠가 제대로 된다면 읽는 스포츠의 즐거움은 그 다음 차원에서 다양하게 즐길 수 있기 때문이다.

운동선수들이 운동체험을 쓰지 않고는 도저히 그들의 수준 높은 스포츠체험의 깊이를 알아 낼 방법이 없다. 그들의 체험의 깊이를 알기 위해서는 내가 그들과 같은 수준의 스포츠 수준에 도달해야 하는데 그것은 불가능한 일이기 때문이다. 이런 차원에서 운동선수 혹은 스포츠참여자의 글쓰기가 제대로 이루어지지 않는다면, 도대체 어떻게 우리가 읽기 스포츠의 즐거움을 경험할 수 있다는 말인가.

우리는 그들의 체험에 대하여 제대로 이해 할 수 있는 방법이 없다. 가장 시급한 일은 읽는 스포츠 이전에 글쓰기가 필요하다는 것이다. 제대로 된 글쓰기가 쉽지 않은 운동선수들에게 이것은 어려운 과제라고 할 수 있다. 물론 이와 같은 사항은 정상적인 교육을 받지 않고 파행적으로 치닫고 있는 한국의 학교교육의 문제일 수 있다. 왜냐하면 최의창이 소개한 글 속에서 그가 인용한 대부분의 책들은 미국의 예기들뿐이다. 물론 예외적인 사항으로 양선규에 대하여 얘기하고 있지만 그는 글쓰는 일을 주업으로 한 소설가이지 운동선수는 아니라는 것이다. 그 만큼 우리 현실에서는 서사적 글쓰기를 제대로 하는 이들이 별로 없다는 얘기다. 특히 최의창이 말하는 서사적 스포츠는 아직은 미국에 국한된 것이고 우리에게 먼 나라 얘기에 불과하다는 것이다.

이와 같은 현실의 원인을 학생들의 공부형태에서 찾아 볼 수 있다. 학생들에게 과제를 내주면, 학생들은 오려내고 오려붙이기 식의 리포트에 익숙해져 있기 때문에 자신의 얘기를 논리적으로 쓰기란 어려운 일이다. 자신이 이해한 것과 자신의 생각을 자신의 언어로 표현하는 것이 무엇보다도 필요하고 그것이 자신의 주체성을 확립하는 일이기도 하다. 그럼에도 불구하고 제대로된 글쓰기를 배우기가 어렵다는 것이다. 특히 운동선수에게 있어 글쓰기는 쉽지 않다. 정규수업시간 뿐만아니라 각종시합과 시합준비를 위한 수업결손은 운동선수들에게 공부할 시간을 빼앗고 있는 현실에서 그들에게 글쓰기 교육을 시킨다는 것은 아주 어려운 일이다.

한학기의 학생들의 제출한 수백편의 리포트를 읽다보면, 대부분이 다른 사람의 글을 자신이 쓴 글인 것처럼 적고 있다. 자신은 어디에 두고 남의 얘기만을 하는 경우가 많다. 이렇게 훈련된 학생들에게 정상적인 글쓰기란 도대체 어려운 일이 아닌가. 이런 차원에서 나는 운동선수 혹은 체육을 전공하는 학생들에게 글쓰기 교육이 필요하다고 생각한다.

이런 차원에서 우선적으로 체육의 참된 글쓰기의 조건에 대하여 알아보고 다음으로 체육의 참된 글쓰기는 어떻게 해야 하는가에 대하여 다루고자 한다.

체육의 참된 글쓰기 조건

글을 쓴다는 것은 어려운 일이다. 체계적인 글쓰기의 훈련도 없이 글을 쓴다는 것은 아무튼 힘든 일이다. 그것도 자신의 생각들을 말과 글을 통해 표현한다는 것은 여간 힘들지 않을 수 없다. 그러나 우리의 현실은 어려운 과정 속에서나마 많은 글들이 발표되고 있다. 이런 글들에 대한 문제점은 여전히 유효하다.

여기서 문제점이란 무엇인가? 이러한 글들 가운데에는 자의식이 없고, 무엇을 말하려고 하는지 논의에 대한 빛깔을 잃고 있는 국적, 정체불명의 글들을 발견할 수 있다. 이런 종류의 글들은 고민의 흔적과 치열한 노력의 과정을 찾아보기가 어렵다. 단지 글을 위한 글에 불과하고, 다만 편집의 세련미를 찾아 볼 수 있을 뿐이다.

여하튼 우리는 우리의 말과 글을 가지고 우리의 생각을 표현해야 하는 것을 주임무로 하고있다. 그것은 우리가 체육에 대한 사랑과 열정을 가지고 맺어진 상태에서 비롯된다. 현실적 경험을 통해 잉태한 생명체(글)는 소중한 우리의 지적 자산이 된다. 그렇지 않고 국적불명과 우리현실을 벗어나 이루어진 결과물(글)에 대하여 우리는 좋은 시선을 보낼 수 없다. 그것들은 우리들의 현실에 대하여 외면하고 먼 나라의 얘기에 불과하기 때문이다. 우리가 공부를 하는 것이 현학적이기보다는 현실적인 문제에 대한 해결과 그 결과를 통해 사회변혁을 시도하여 보다 좋은 삶을 이루려고 하는데 있다. 이런 관점에서 이성용은 다음과 같이 말한다.

> 오직 서구화됨으로써 모든 한국의 문제는 해결된다는 것이다. 우리의 주체성은 없다. 이런 사고는 주입식 암기 위주 교육방식에 의해 더욱 강화되었다. 결과적으로 외국 사회과학이론을 목표로 삼고 우리 사회 현상을 수단으로 삼을 경우, 이론과 실제의 괴리는 영원히 해결될 수 없는 숙제로 남기 쉽다. 그러한 비현실적 사회과학은 우리 국민에게 실망만을 안겨주는 학문이 되기 쉽다(이성용, 1999 : 263).

이와 같이 우리체육 혹은 한국체육의 이론을 위해서 우리가 어떻게 체육에서 글쓰기를 해야 하는가에 대한 생각들을 모아서 나름대로의 의견을 다룬다.

첫째, 글쓰기는 머리와 기교가 아니라 마음 속의 심안과 느낌의 감동으로 써야 한다고 말하면 무슨 괴변이라고 반박하는 사람들이 있을 것이다. 지금까지 우리는 논리와 형식에 고려하여 글을 써야 한다고 배워 왔기 때문이다. 어째든 여기서 말하고자 하는 바는 머리와 기교의 논문 쓰기는 형식에 고정되어 내용과 뜻을 죽일 수 있음을 경계하여 극단적으로 말한 것이다. 논문은 뜻의 전달에 있지 형식에 치우쳐 보기 좋은 모습으로 치장하는 것에 있지 않기 때문이다.

둘째, 체육, 스포츠에 사랑과 열정이 없이 쓰여지는 글은 죽은 글이다. 글 속에 고민의 흔적이 베여있어야 한다. 자의식 없는 글자의 나열은 생명력이 소실된 무표정한 허수아비의 모습을 한 글자로 남을 뿐이다. 이러한 글은 논문을 위한 논문, 평가, 업적을 위한 글 일 뿐이다. 또한 읽히지 않는 글은 글의 생명력이 손실된 미아이다. 우리는 홀로된 시간과 공간 속에서 치열한 자기 투쟁의 과정에서 산모가 아기를 분만할 때의 산모의 고통에는 버금가지 못하지만 일정한 고통 속에서 글에 생명을 부여한다. 만약 그러한 글이 읽히지 않는다면, 그 글은 생명을 잃고 성장하지 못하고 쓰레기통 속으로 사라져 버리고 말 것이다. 글은 읽히고 그것을 토대로 논의와 비판을 통해 성장하고 성숙한 생명체로 존재할 수 있어야 한다. 그러한 글들은 다시 현실과 결합하여 새로운 생명체를 탄생시킬 수 있다. 그렇지 않고 홀로 존재한다면 글은 현실인식이 결여된 이유로 더 이상 존재하지 못하고 버림받고 만다.

셋째, 더 이상 자기를 죽이지 말자. 우리는 자신의 목소리 심지어 자신을 죽이고 심지어 학대를 한다. 우리가 생산하는 글 속에는 서양 학자들의 이름이 즐비하게 나열되어 있다. 과연 그들의 목소리에 우리는 순종하고 그들을 학문적 아비로 불러야 하는가. 엄연히 우리는 이 땅에 아비와 어미를 가지고 있는데 그러한 모순을 자초하지 말아야 한다. 더 이상 자기를 죽이는 일은 하지 말아야 한다. 자신의 목소리를 내자. 자신의 살아있는 생동감 넘치는 목소리로 자신이 경험하고 고민하고 후배에게 들려주고 싶은 이야기를 술자리가 아니라 글을 통해 말할 필요가 있다. 그러기 위해서 우리는 우리의 문화와 학문을 위해 분투해야 한다. 그 긴 시간 동안 힘없이, 아무 저항 없이 우리의 아들딸들에게 또 다시 학문적 식민지의 노예로 만들지 말아야 한다. 그들이 살아야 할 곳은 자유와 해방된 공간에서 우리의 아비와 어미의 자양분을 가지고 살아갈 수 있는 토양을 만들어야 한다. 그래야 한국적 체육이론이란 풍성한 곡식을 거두어 들일 수 있다. 그렇다면 참된 글쓰기란 무엇인가?

체육의 참된 글쓰기

참된 글쓰기는 고전과 현대, 전통과 미래 사이에서 균형을 잡는다. 사유한다는 것, 그것은 사유의 역사와, 철학사와 끊임없이 대화하는 것이며, 동시에 변화해 가는 현실과 닥쳐오는 미래를 응시하는 것이다. 철학사와의 대화가 없는 사유(비사유)는 문명비판, 평론, 수필 등은 될지 몰라도 철학은 아니다. 반면 지금 살아 움직이고 있는 현실에의 응시가 없는 사유(비사유)는 죽은 언어를 나열하는 훈고학이다. 사유는 문화평론도 훈고학도 아니다. 참된 사유는 철학사와 끊임없이 대화하면서 지금 우리의 현실을 응시할 때 성립한다. 그것이 살아있는 사유의 글쓰기이다(이정우, 1997 : 185～186).

이정우의 말처럼 우리는 서양 양아비를 섬겨야 하는가. 우리가 하고 있는 학이란 선진학문을 접한 이들의 수입된 수입품이다. 그것들을 진리로 여기고 우리 현실과는 괴리가 있는 것을 우리 현실에 적응시키려고 분투한다. 외국인의 멋있는 신발은 그들의 발에 맞는 신이지 우리에게는 신을 수 없는 무용지물에 불과하다. 학이란 그 시대의 상황과 맥락에서 크게 의존하는 것이다. 그러한 씨를 우리 땅에 뿌린다고 같은 수확을 기대할 수 없다. 토양과 기후가 맞지 않은 상태에서 더 이상 성장을 바라는 것은 무모한 짓이다. 우리는 더 이상 현실에서 벗어난 죽은 언어를 나열하는 훈고학을 해서는 안 된다. 그러한 행위는 아무런 도움을 줄 수 없는 맹목적이고 현학적인 글쓰기의 태도이다. 그것은 죽은 언어이고 아무도 관심을 가지지 않는 버려진 것에 불과하다.

우리 주위의 논문들에 대하여 관심을 가지고 한번이라도 본 사람이라면 이상한 점을 발견할 수 있을 것이다. 무조건 사대주의적 사고에서 비롯된 글쓴이들의 모습(글)을 볼 수 있을 것이다. 참고문헌은 영어로 된 글들이 태반이다. 우리가 50년 이상 이 땅에서 체육이란 것에 고민하고 생산해 놓은 글들이 많은 데 우리는 스스로 그런 글들을 텍스트로 삼지 않는다. 그 글들은 우리의 현실을 통하여 잉태해

낸 결과물들인데도 불구하고 우리는 그것들을 홀대한다. 그리고 외제만을 선호한다. 외제가 우리 몸에 맞지 않아도 외제상표를 과시하고 현학적이고 싶어서 상표는 항상 우리 몸을 감싸고 생활한다. 그렇다고 우리가 외국인이 되는 것은 더군다나 아니다. 우리의 몸은 우리의 몸에 맞는 옷을 입자. 그래야 멋이 나고 기품도 생기는 것이다. 이런 의미에서 참된 글쓰기에 대하여 알아보자.

> 참된 글쓰기는 미국의 패권주의에 저항한다. 미국문화에서 하루빨리 벗어나야 한다. 오늘날 한국의 지식인들은 미국분교에서 강의하고 있다. 그들이 사용하는 교재, 구사하는 어휘, 나아가 사고 방식 자체까지도 철저히 미국적이기 때문이다. 우리는 영어 지상주의에서 벗어나지 못하고 있다. 오늘날 한국에서 참된 글쓰기란 이러한 영어 지상주의, 미국 패권주의에 대항하는 것이다. 이는 미국을 배제하는 것이 아니라 세계문화에 대한 균형 잡힌 시각을 가지고서 학문해야 함을 의미하는 것이다(이정우, 1997 : 183).

이상으로 인문학에서 논의되고 있는 글쓰기에 대한 이정우의 생각을 교감하면서 체육에서 글쓰기를 어떻게 해야 하는가 하는 생각들을 나열했다. 글쓰기는 현실과 현상을 직시하여 과거와 교감하고 미래를 투시할 수 있는 것이 되어야 한다. 더 이상 한국적 현실을 떠나는 글을 써서는 안 된다. 왜냐하면 우리는 이곳 한국에 살고 있고, 한국인의 삶의 질과 문화에 일조 하여야하기 때문이다. 그래서 한국적 상황에서 고민과 사랑으로 체육을 위해 글쓰기를 통하여 서로의 고민을 토해내어야 한다. 이러한 관점에서 이정우는 다음과 같이 말한다.

참된 글쓰기는 과학, 철학, 예술의 교차점에서 성립한다. 무엇보다도 참된 글쓰기는 철학적 깊이를 갖춘 글쓰기이다. 논리적 분석, 개념의 명료화, 사유의 깊이를 담고 있는 글이야말로 참된 글쓰기인 것이다. 철학적 글쓰기는 언어의 뼈대를 형성한다. 나아가 참된 글쓰기는 과학적 정확성을 추구한다. 자신이 하는 말의 실증적 근거를 추구하는 것이다. 과학적 글쓰기는 언어의 살을 형성한다. 더 나아가 참된 글쓰기는 문학적 생동감을 추구한다. 참된 글쓰기는 음악적 율동과 기의 응축을 담고 있는 문학적 글쓰기를 추구한다. 문학적 글쓰기는 언어의 피이다. 철학적 뼈대, 과학적 살, 문학적 핏기가 제대로 갖추어졌을 때, 이상적인 글쓰기는 이루어진다. 철학적 깊이, 과학적 정확성, 문학적 생동감을 동시에 갖춘 글쓰기의 이상적인 글쓰기로 나아가야 한다(이정우, 1997 : 186～187).

이러한 참된 글쓰기를 위해서는 자기 목소리를 가지고 글쓰기를 할 필요가 있다. 그리고 자의식 있는 글쓰기가 되어야 한다. 자기도 모르는 글을 나열하거나 현학적이 되어서는 안 된다. 독자를 생각하고 읽기 쉽게 글쓰기를 하여야 한다. 글은 한번에 만들어지는 것이 아니다. 끊임없는 문제의식과 고민과 그리고 체육의 사랑과 열정 속에서 글쓰기는 시작될 수 있다. 그리고 지속적인 수정과 첨삭의 퇴고 과정을 거쳐 글의 생명을 얻고 세상에 나올 수 있어야 한다. 거기에는 거짓도 허위의식도 개입하지 말아야 한다. 글쓰는 사람의 양심을 기준으로 삼아 표절과 남을 현혹하는 글쓰기 철학은 버려야 할 것이다.

현재 체육에 관련된 601권의 도서가 발행되어 유통되고 있다. 이 중에서 연구서적은 좀처럼 찾아보기 어렵다. 대부분이 개론서들로 주류를 이루고 있다. 문제는 개론서의 내용이 상호간 비슷하다는 것이다. 아니 그 보다 문제는 내용이 같은 서적도 볼 수 있다. 많은 책들이 발행되는 것은 좋은 일이다. 그러나 자신의 지식이 아닌 것을 자신의 지식인양 표절하여 짜깁기로 엮어 놓은 책들이 유통되는 현실이 마음을 아프게 한다. 또한 교수평가제로 인한 업적 쌓기를 위한 책 만들기가 횡행하고 있다. 책은 학문적 열정에서 생산되어야지 업적과 이익을 위한 수단으로 생산되어서는 안 된다. 다음의 글은 우리가 어떤 입장에서 책을 생산해야 하는가를 자세히 나열하고 있다.

> 내가 보기에 너는 일찍 죽을 것 같지도 않은데 무엇이 바빠서 저술에 급급해 하는가? 육십 이전에 책을 쓰지 말아라. 꾸준히 논문을 써 가되, 너의 학설을 결론짓지 마라, 지금 너의 학문이 대성한 양 저술을 하면 이 담에 늙어서 후회하게 된다. 그때 가서 너의 지난날의 저술을 수거하거나 고치는 데 어려움을 겪을 것이며, 그보다도 중요한 문제는 너의 글이 결국은 남을 속이고 남에게 미혹을 주는 것이 될 것이니 그 책임을 어떻게 지려하는가?(김충렬, 1994 : 4).

서사적 글쓰기와 사람됨의 지향

문장이 정확한가 그렇지 않은가 하는 문제는 그 문장을 생성한 인격의 가치를 시험하는 수단이 될 수 있다. 언어가 정확하다는 것은 삶의 중요한 목표이다. 언어가 정확하지 않다면 아무 것도 유효하게 전달할 수 없기 때문이다. 바른 문장을 쓸 수 있다는 것은 어떤 의미에서는 인격 연마의 결과라고 할 수 있으며 문장에 대한 훈련은 인간성 교육의 시작이라고 할 수 있다. 우리는 글쓰기를 전생에 비유해 볼 수도 있을 것이다. 전쟁에 과학적인 장비와 원활한 병참 체계를 갖추어야 하듯이 정확한 지식과 많은 훈련이 필요하듯이 글짓기도 독자가 이해하기 쉽게 표현되어야 한다. 나폴레옹은 총으로 싸우지 않고 병사들의 발로 싸웠다고 말했지만, 글쓰기에도 단순한 지식만이 아니라 몸소 겪는 체험이 중요하다. 한 지점에 화력을 집중해야 하듯이 핵심을 향해 한 방울도 남김 없이 집중할 수 있어야 하며, 분산 고립된 적을 공격한 후에 집결된 적을 공격하듯이 용이한 내용을 먼저 논술하고 심오한 내용을 논파해야 한다(고려대학교 대학국어편찬실, 1995).

글짓기는 관련문헌의 숙지도가 필요하다. 읽지도 않고 말할 수 없다. 같은 문제도 누군가 발표했던 것을 다시 반복하는 경우도 생긴다. 이것은 시간낭비라고 말할 수 있다. 우리는 글짓기를 하기 전에 관련 논문이나 서적의 철저한 읽기만이 참된 글쓰기의 지름길이다. 그러한 절차가 필요하다. 이러한 일련의 절차를 하지 않고는 글쓰기를 잘하려고 생각하는 자체도 무리한 바람이라고 할 수 있다. 읽고 말하고 써야한다. 이것이 참된 글쓰기의 핵심이다. 더불어 선배와 동학들에 대한 글쓰는 예의이기도 하다.

또한 글쓰기를 잘하려면 현장체험이 필요하다. 운동을 잘하려면 몸의 훈련과정이 필요한 것처럼 그 만큼의 글쓰기 훈련이 필요하다는 뜻이다. 자신을 죽이는 일보다는 자기를 살리는 글이 필요하다. 이것은 체육에 대한 사랑과 열정에서 비롯되는 자의식이 투철한 글쓰기이다. 더 이상 자의식이 상실된 글쓰기는 지속되지 말아야 한다. 그것은 사생아를 낳는 것과 다르지 않다. 그래서 풍부한 인문학적 토양을 쌓아야 할 것이다.

이 외에도 참된 글쓰기는 한번에 완성하는 것이 아니라 여러 번의 개작 작업을 통하여 하나의 의미체를 만들어 내는 일이다. 다시 말해서 글쓰기 작업은 다시 쓰는 작업(다시 생각하고, 다시 고찰하고, 다시 인식하는 과정)이라는 복합적인 과정을 거쳐야 할 것이다. 사르트로는 글을 쓰고, 다시 쓰는 것이 어떻게 깊이 있는 글쓰기를 지향하게 되는지에 대해 다음과 같이 말한다. "계속해서 고쳐 나가고, 의미를 중층적으로 쌓아 나감으로써 본질적인 의미의 모호성은 유지한 채 어떤 진실을 드러나게 하는 것이다." 이와 같이 깊이 있는 글쓰기는 일사천리로 단번에 이루어지는 것이 아니다. 글을 쓰고(개정하고, 편집하는 과정까지 포함해서), 다시 쓰는 과정은 오히려 하나의 예술품을 만들어 내는 예술적인 행위를 연상시킨다. 그 예술품은 작가의 개인적인 서명이 들어가는 정교하게 다듬어진 작품의 경지에 도달하기 위해서 어느 방향에서든지, 전체와 부분의 조화를 살피면서 계속 접근해야할 대상이다(신경림 · 안규남 역, 1994 : 175 ~176).

또한 글쓰기는 반성적 행위에서 비롯되는 일이다. 반성적 차원의 과정을 거치지 않고는 참된 글쓰기에 도달하기가 어렵다. 인문학의 글쓰기(서사적 글쓰기)는 주관적인 글쓰기이며 이는 철저한 반성적 행위에서 비롯된다. 이는 철학사에서 일관된 모습을 볼 수 있다. 플라톤, 데카르트, 하이데거, 니체의 글들은 주관적인 글쓰기의 결과물이다. 자신의 반성적 고찰을 통해 자신을 연구의 주제로 선택하여 반성하고 그 가운데 얻는 결과로 글을 쓴 것이다. 체육에서도 역시 개인의 스포츠 참여를 통하여 얻게 되는 스포츠 체험의 세계를 바탕으로 반성적 행위에서 글쓰기는 시작되고 그 가운데 참된 글쓰기가 이루어진다.

맺음말 : 쓰기 스포츠의 시작

이상의 내용을 정리한다면 체육에서 참된 글쓰기란 스포츠 체험을 통하여 체득된 지식을 가진 운동하는 주체의 반성적 행위이며 그것을 통해 사람됨의 지향 활동이다. 이것은 이론과 실천의 통합적 행위이며, 살아있는 우리(나)가 스포츠현실을 직시하고 그 속에서 대두되는 스포츠의 문제점을 발견하고 그것에 대하여 비판하고 대안을 제시하는 행위이다.

이와 같이 참된 글쓰기(서사적 스포츠)를 위해서는 운동하는 이들의 글쓰기 교육이 일차적으로 선행되어져야 할 것이다. 제대로 된 글쓰기 교육을 받지 않고서 참된 글쓰기란 먼 나라의 이야기에 불과하다. 지금부터라도 운동선수 혹은 운동하는 사람들의 현장체험의 바탕으로 한 글쓰기가 이루어질 필요가 있다. 그런 다음에 읽는 스포츠의 즐거움을 향유할 수 있는 것이다.

이를 위해서는 학교체육, 교양체육 수업을 듣는 학생들에게 자신의 운동일지를 적게 해서 그들의 운동학습의 문제점을 반성할 수 있는 계기를 만들어 주어야 한다. 그래야 각자 스스로 문제를 제기하고 그것을 해결하고, 자신의 사람됨을 형성하는데 도움을 받을 수 있다. 형식적 운동일지가 아니라 진실한 운동경험에 대한 자신의 평가를 스스로 작성할 수 있게 할 수 있는 그러한 운동일지가 되어야 한다. 그것이 인문학적 혹은 서사적 글쓰기의 이유이며 사람됨을 형성할 수 있는 토대가 되기 때문이다. 이처럼 쓰기 스포츠가 제대로 이루어진다면, 그 다음으로 최의창이 말하는 읽기 스포츠의 즐거움이 가능하다고 생각한다. 늦었다고 생각될 때가 가장 빠른 시기라는 옛말을 상기해보자.

제4장 | 몸의 지위

몸에 대한 사회적 관심의 증가

몸이란 정신과 육체가 하나로 이루어진 총체적 실체로서 사회적 산물임과 동시에 생물적 실체이다. 몸은 살아있는 유기체로서 생명적 삶과 감각적 삶, 그리고 정신적 삶의 행위적 주체이다. 동물들의 몸은 생물학적 대상인 육체에 불과하지만 인간의 몸은 윤리적 행위주체와 심미주체 그리고 인식주체로서의 지위가 가능하다.

몸은 사회학, 생물학, 의학 등 여러 학문분야에서 관심의 초점이 되고 있다. 그러나 현실적으로 몸에 대한 관심은 다이어트와 건강, 장수에 대한 관심에만 집중되어 건강산업과 다이어트산업의 성장을 가져왔다. 우리 주변에서 흔하게 볼 수 있는 체형관리소, 비만 크리닉, 헬스장 등은 바로 몸에 대한 사회적 관심도를 보여주는 단적이 예가 된다고 할 수 있다. 그만큼 오늘날 사람들의 몸에 대한 주된 관심은 보여지는 몸에 대한 분명한 결과를 얻을 수 있는 외모, 현상적인 면에 관심을 집중되고 있음을 알 수 있다. 뿐만 아니라 인터넷을 통한 사이버 세계의 출현으로 몸의 개념이 변질되고 있다. 모든 인격적 관계가 정보적 관계로 환원되면서 기존의 몸 개념이 소멸하고 있으며, 인간관계 중에서 성(性)관계만이 신체성을 구현하는 것으로 간주된다. 이로 인하여 성관계에 못지 않게 인간관계에서 가깝게 구체적으로 경험되는 스포츠의 의미도 퇴색되고 있다.

이 글의 목적은 몸의 지위를 확보하기 위한 방법을 스포츠에서 찾는 데 있다. 이를 위하여 몸을 과거의 몸, 현재의 몸, 그리고 미래의 몸으로 구분하였다. 과거의 몸은 몸의 상실의 시대였지만 현재의 몸은 몸의 회복을 가져왔다고 할 수 있다. 그러나 그것이 몸의 진정한 회복이 될 수 없다. 몸의 지위를 확보하는 길로서 스포츠를 통한 그 가능성을 확인하고 또 다른 측면에서 진정한 스포츠의 길이 몸의 지위를 회복하는 일이라는 것을 논의해 보고자 한다.

과거의 몸 : 몸의 상실

몸은 겉으로 나타나며 보여지고 또한 접촉할 수 있는 대상인 반면에 정신은 보여지지 않으며 겉으로 확인할 수 없기에 몸과 정신은 대립되며, 일반적으로 정신을 가진 살아 있는 몸과 정신이 없는 시체는 쉽게 구분될 수 있다. 몸에 대한 담론은 소크라테스 이전 그리스 철학자들의 사유까지 거슬러 올라간다. 그리스 시대의 플라톤은 몸을 영혼의 감옥으로 생각한 나머지 육체 혹은 육체적 기능은 초감각적 현실계에 도달하는 데 방해가 되며 이성적 작업을 위해서는 벗어나야 할 대상으로 간주하였다. 정신적 영역 내에 거주하는 이데아가 불완전한 감각계의 대상을 통해서 현상화 될 수 있는 방법이 없었다.

그는 육체와 정신을 이원화하였고 정신적 영역의 실현을 이데아에서 찾았다.

중세 기독교적 전통에서는 정신을 육체에서 분리하여 정신은 우월하고 육체는 천박하다고 보았다. 그것은 정신과 몸의 주종관계를 의미한다. 이런 맥락에서 이 당시의 신체활동을 요구하는 운동, 혹은 스포츠의 위상은 이전 시대와 비교하여 볼 때 현저하게 떨어지게 되었다.

근대 서양철학에서 데카르트는 인간을 물리적 대상으로서의 연장적 실체인 육체(물체)와 심리적 주체인 정신의 이원론으로 양분하면서 일반적인 인식론의 문제와 인간의 본질을 육체보다도 정신에서 찾았다(양해림, 200 : 108). 이처럼 플라톤에서 데카르트까지의 몸에 대한 인식은 인식주체보다는 인식대상으로 정신보다 하위의 실체로 파악하였다.

현재의 몸 : 몸의 회복과 변화

1. 몸의 회복

고대 플라톤에서부터 근세의 데카르트에 이르기까지 몸에 대한 담론의 대부분은 몸의 천시, 몸의 지위 상실의 전형을 보여주었다. 이처럼 정신 중심의 이원론적 세계관은 지난 수백 년간 서양 문명을 떠 받들어온 기둥이었고, 이성의 들러리 노릇을 해왔던 몸이 그 위상을 찾기 시작한 것은 19세기초 프랑스 철학자인 멘 드 비랑(Maine de Biran : 1766～1824)에서부터였다(양해림 200 : 108). 그 후 20세기 후반의 니체, 후설, 메를로-퐁티, 푸코 등에 의한 현상학과 실존주의, 구조주의 철학자들에 의해서 몸은 인식대상이 아니라 인식하는 주체로서 제자리를 찾기 시작하였다.

니체는 그의 저서『차라투스트라는 이렇게 말했다』에서 육체의 존재 가치와 육체의 사회적 현상을 고려하지 않은 자아와 이성 중심적인 이성론에 강한 비판을 가했다. 니체는 이제까지의 철학은 몸을 주석하는 데 불과했으며 몸을 오해했다. 니체는 "나의 육체는 나의 전부다. 나는 나의 육체 이외에는 아무것도 아니다. 영혼이란 몸의 어떤 면을 말해주는 것에 불과하다."하는 파격적인 선언을 통해 육체 속에 이미 정신의 지혜보다 더 많은 이성이 깃들어 있다고 주장하였다(양해림, 2000 : 107).

후설에 의하면, 신체는 순수자아의 의지대로 직접 자발적으로 움직이는 의지기관이다. 신체는 감각의 담지자로서 심리와 더불어 구체적 통일체를 형성한다. 외적 태도에서 보면 신체는 나머지 물질세계와 주관적 영역사이를 가르는 특유한 현출 방식의 물질적 사물이며 그 주위로 나머지 공간세계가 둘러싸는 중심이 실재적 외계와 인과적 연관 속에 있다. 뿐만 아니라 후설은 신체를 생물적으로 파악하기보다는 인격이 인식하고 실천하는 데에 함께 참여하는 것으로서 파악하였다. 그래서 신체의 본질은 모든 지각과 수단, 지각기관이다. 신체는 모든 지각에 필연적으로 함께 참여한다고 보았다.

메를로-퐁티의 현상학에서 인식주체는 순수의식도 물리적 존재로서 육체도 아닌 육화된 의식으로서 몸이며, 이 몸 속에서 정신과 육체, 영혼과 자아, 인간과 자연은 형이상학적 구별이 불가능한 단하나의 세계 혹은 존재일반으로 된다. 인간의 존재양태가 신체이기 때문에 그에게 있어서 신체는 곧 인간이 된다. 이러한 신체는 존재론적 관점에서 세계-내-존재, 인식론적 관점에서 인식주체로서의 신체에 해당한다.

푸코는 그의 저작 "감시와 처벌"에서 신체는 영혼의 감옥이라는 말 대신에 영혼이 신체의 감옥이라고 주장하였다. 그에 의하면 인간의 자유는 우리의 신체적 생활에 있으며, 이는 사회적 규율에 의하여 식민화 되지 않은 우리의 신체적 활동에 있다는 것이다. 그러나 우리의 신체적 자유는 사회의 발달로 지칭되는 근대화의 과정에서 권력과 지식의 거미줄 같은 감시와 처벌, 훈련 등으로 인하여 규제되고 억압되어 왔음을 지적하였다. 또한 그의 다른 저작 「성의 역사」에서 신체의 정치학이라는 표현을 사용하여 심리학, 의학, 인구통계학 등과 같은 인간과학이 권력과 동맹을 체결함으로써 부단히 교육과 훈련으로 인간의 자유로운 신체를 권력에 순응하는 온순한 인간으로 만들어 왔음을 주장하였다(오생근 역, 1994).

이처럼 20세기 이후의 몸에 대한 인식들이 인식대상에서 인식주체로 점차적으로 변화되었고 상실되었던 몸은 몸의 회복으로 제자리를 잡아가게 되었다. 게다가 니체, 후설, 메를로-퐁티, 푸코 등의 철학자들에 의하여 몸은 정신과의 관계에서 중심의 자리로 위치하게 되었다. 이러한 변화 속에서 몸에 대한 문제가 발생하게 되는데 그것은 바로 몸에 대한 지나친 숭배와 광기라고 할 수 있다. 지금의 몸에 대한 지나친 관심과 투자로 대변되는 몸의 변화는 역설적으로 몸에 대한 또 다른 몸의 상실과 천시를 가져오게 되었다.

2. 몸의 변화

미디어가 제시하는 멋진 몸은 인위적으로 베고 오려내는 방식으로 조작되어진 몸이다. 한 예로 멋진 몸의 소유자인 모델들의 몸은 카메라 앵글에 잘 보이기 위하여 인위적으로 조작된 몸에 불과하다. 실제로 그들의 몸은 불균형적인 면이 많이 노출된다. 영상 속의 몸과 실제 생활에서의 몸의 차이점을 찾아 볼 수 있게 한다. 그러나 모델과 같은 몸을 영상을 통해서 접하게 되는 일반인들은 누구나 노력을 하면, 아니 성형수술과 다이어트를 하면 모델과 같은 몸을 가질 수 있다는 환상을 갖게 만들며 더 문제가 되는 것은 허상을 쫓아 성형외과와 다이어트 산업에 몸을 던지는 것이다. 모델과 같은 몸은 거의 불가능하다는 생각은 조금도 가지지 않는다는 데에 문제가 있다. 이처럼 몸에 대한 인위적인 조작은 사실상 몸의 상실, 몸의 학대, 몸의 빈곤을 가져오게 하였다.

> "근면한 노동을 위한 도구로서의 근대적인 몸, 고귀한 정신을 담는 그릇으로서의 고전적인 몸은 이제 없다. 지방 흡입술과 주입술, 뼈를 깍는 미용 성형 수술 같은 현대의학기술이 가세, 몸은 이제 하나의 '프로젝트'가 되었다. 몸이야말로 지각이 살아있는 현장이며, 철학의 출발점도 의식이 아니라 몸이라는 주장이 등장했지만, 정신과 몸의 이분법이 사라진 상황에서 몸은 더욱 거센 권력다툼의 현장이 되고 있다. 현대 미술가 바버라 크루거가 "너의 몸은 전쟁터이다" 라고 선언했듯이, 몸을 둘러싼 소유와 통제의 싸움은 성적 욕망과 매력 같은 것을 생산해내는 자본주의 사회의 여러 장치들-미모산업과 대중문화, 미디어-덕에 더욱 치열해지고 있다"(조선일보, 2001년 6월 7일자).

몸에 대한 투자는 다이어트 산업과 성형수술의 호황을 가져오는 기형적인 모습으로 한국사회에 나타나게 되었다. 이와 같이 과거에 찾아볼 수 없었던 몸에 대한 관심의 증가와 투자의 확대는 몸의 지위를 확보하는 것이 아니라 역설적으로 몸을 상실하게 하는 몸의 천시에 불과하다. 특히 이러한 몸에 대한 투자는 몸의 주체성의 향유를 방해하는 하나의 거대한 장벽으로 존재하게 되었다. 이제 한국에서 몸은 하나의 규격화된 상품으로 태어나게 된 것이다. 대형 마트에 진열된 물건처럼 우리들의 몸은 허상의 왜곡된 이미지의 신체상을 쫓게 되었다. 그래서 복사품처럼 비슷한 화장과 옷, 그리고 몸을 가진 사람들을 길거리에서 쉽게 만날 수 있게 되었다. 그러나 이러한 현상은 우리에게서 몸의 주체성의 향유라는 큰 재산을 훔쳐가게 되었다.

> "근대성에 대한 비판적 성찰로서 포스트모더니즘의 도래는 그 동안 철학의 주변부에 버려졌던 육체, 곧 몸을 일으켜 세워 사유의 중심부로 불러들였다. 이제 막 21세기에 들어선 지금 새로운 최첨단 과학기술의 문명, 정보문명의 발달로 인해 인간의 몸에 대한 담론은 계속화 될 조짐을 보이고 있다. 그 이유는 "정보 혁명의 시대"라 불리는 정보통신의 눈부신 발전의 산물인 사이버스페이스와 가상인물인 사이버 스타의 출현, 인간과 기계를 합친 사이보그의 출몰 및 인공지능 컴퓨터 등을 위시한 인지과학의 비약적인 발전으로 신체의 위상이 흔들린다는 사실도 몸 담론의 배경이 되고 있기 때문이다"(양해림, 2000 : 109).

미래의 몸 : 스포츠를 통한 몸의 지위 확보

몸의 지위를 확보하기 위해서는 몸의 인식론적 지위(인식주체로서의 몸), 존재론적 지위(주체성 향유로서의 몸), 그리고 몸의 가치론적 지위(윤리적 관점에서 본 도덕주체로서의 몸)와 몸의 미학적 지위(심미주체로서의 몸)에 대한 성찰이 필요하다.

1. 몸의 인식론적 지위 : 인식주체로서의 몸

몸은 서양문명에서 항상 회피와 은폐의 대상이었다. 20세기 이후의 몸은 인식론적으로 볼 때, 인식 대상이 아니라 인식주체가 된다는 점에서 20세기 이전의 몸에 대한 담론과 구별된다. 고대 플라톤에서부터 근세의 데카르트에 이르기까지 몸에 대한 담론의 대부분은 몸의 천시, 몸의 지위 상실의 전형을 보여주었다. 그러나 20세기 후반의 후설, 메를로-퐁티, 마르셀, 하이데거, 사르트르, 푸코 등에 의한 현상학과 실존주의, 구조주의 철학자들에 의해서 몸은 인식대상이 아니라 인식하는 주체로서 제자리를 찾기 시작하였다. 몸의 지위를 회복하는 길은 몸이 인식대상이 아니라 인식주체로서의 몸의 지위를 확보하는 길이다. 이러한 일은 스포츠를 통해서 인식주체로서의 몸의 지위를 확보할 수 있을 뿐만 아니라 스포츠 속에서 인식주체로서의 몸의 자유와 해방을 구현할 수 있다.

2. 몸의 존재론적 지위 : 주체성 향유로서의 몸

몸의 주체성을 향유하기 위해서는 다른 무엇보다도 운동을 행해야한다. 여기서 몸의 주체성 향유의 길은 인간이 희구하는 일종의 행복감을 찾는 길이기도 한다. 이는 다시 말해서 몸의 주체성을 찾는 일은 다름 아니라 스포츠를 통해 행복한 삶을 영위하는 일이다. 스포츠를 하는 것은 잊고 살고 있는 몸의 상실에서 잠시동안 몸으로 사는 것을 인식하는 시간이다. 우리가 잊고 혹은 망각하며 살고 있는 몸에 대한 주체성의 확보의 시간은 자신의 존재 확인의 길이며 이러한 존재 인식의 시간은 스포츠 하는 시간 속에서 찾을 수 있이다.

3. 몸의 가치론적 지위 : 도덕주체와 심미주체로서의 몸

몸의 지위를 회복하는 일은 스포츠에서의 도덕주체로서의 몸과 심미주체로서의 몸을 확보하는 일이다. 그렇지 않고 도덕적이지 않고 심미적 감수성을 가지지 못한 스포츠 행위는 기계적인 행위에 지나지 않는다. 그러한 몸은 이미 인간으로서의 인격에서 탈주한 동물들의 육체에 비견될 수 있을 뿐이다. 비도덕적 행위는 바로 스포츠를 타락하게 만들 수 있고 유치한 몸싸움으로 전락할 수 있을 것이다. 그렇기 때문에 인간의 혹은 스포츠 하는 인간의 몸의 지위를 얻을 수 있는 길은 몸의 도덕성과 심미성을 회복하는 일이며 찾는 일이다.

몸의 지위 : 진정한 스포츠의 길

지금 많은 사람들이 몸에 대한 관심과 투자는 바로 플라톤에서 데카르트에 이르기까지 그 동안 천대받아 왔던 몸의 제자리를 찾는 일의 반증이라고 할 수 있다. 그러나 문제는 이러한 몸에 대한 많은 관심은 보여지는 몸에 한정하여 투자하고 인위적으로 조작하는 데 집중되고 있다는 것이다. 이것은 역설적으로 회복한 몸의 지위를 사실상 상실하게 하는 일이며 또 다른 측면에서 보면 몸의 상실과 학대를 의미한다.

몸의 상실에서 회복하고 나아가 지위를 확보하는 길은 몸이 객관적 대상으로서의 몸이 아니라 인식주체, 주체성의 향유 그리고 도덕주체와 심미주체로서의 몸을 확보하는 것이다. 이러한 몸의 지위 확보는 스포츠를 통해서 가능할 뿐만 아니라 진정한 스포츠의 길이며 기존의 운동하는 몸에 대한 기계적이고 이분법적인, 그리고 수동적인 대상으로서의 몸에서 해방되는 길이다.

인간의 몸은 단순한 고기 덩어리, 동물적인 몸, 육체로 치부되는 그러한 몸과는 물질적, 질료적 차원에서는 동일하지만 차이점은 인식주제, 주체성 향유, 도덕주체, 심미주체로서의 몸에서 찾을 수 있다. 이것은 막스 셀러가 그의 저서 『우주에서 인간의 지위』에서 인간은 인격을 갖춘 윤리적 실체이기 때문에 이 지상에 존재하는 여타의 다른 동물보다도 고귀하고 귀중하다고 한 말과 상통한다.

이제 플라톤이나 데카르트의 생각하던 몸, 즉 천하고 영혼의 감옥이며 볼 것 없는 그런 몸이 아니라 인간의 인격이 포함되어 있는 실체로서의 그런 몸의 지위를 확보해야 할 것이다. 이와 같은 몸의 지위는 몸을 생물적으로 파악하기보다는 인격과 실천하는 실체로 파악하는데서 시작된다. 이런 의미에서 진정한 스포츠의 길은 몸의 지위를 찾는 길이다. 이는 인간의 지위를 높이는 길이며 나아가 인간을 위한 스포츠의 길이기도 하다.

제5장 | 스포츠와 IQ, EQ, MQ, PQ

스포츠비전

우리사회에서 새로운 EQ(감성지수)에 대한 호기심이 팽배하고 이에 대한 관심과 감성교육의 중요성이 사회일각에서 부각되고 있다. 과거의 우리는 IQ 검사를 통하여 학생들의 지능지수를 고려한 교육을 받아왔다. 물론 교사는 교육현장에서 지능지수를 부분적으로 참조하였다. 자기 자신의 능력에 대한 첫 번째 측정 대상이 IQ(Intelligence Quotient)이었다. 그 이후에 EQ(Emotional Quotient), MQ(Moral Quotient) 등이 개발되어 감성영역과 도덕영역을 교육에 응용되고 있다.

여기서 관심을 가지고 지켜본다면 IQ, EQ, MQ는 모두 인간의 정신영역에 집중되어 있다. 이것은 상대적으로 몸(body)에 대한 관심이 부족함을 여실히 알 수 있게 한다. 이에 저자는 신체활동지수 또는 신체지수라는 PQ(Physical Activity Quotient, Physical Quotient)라는 용어를 제시하여 플라톤 이후 신체발육발달에 합당한 체계적인 교육을 실시할 수 있는 근본적인 토대를 확립하려고 한다. 물론 과거에도 체력장제도, 또는 체력검사 등이 있었다. 이러한 제도는 학생들의 체력에 관하여 수량화를 통해 점수 화와 그에 따른 체력급수를 설정하였다. 그러나 현재 이와 같은 체력장, 체력검사는 사실상 실시되지 않고 있다.

신체지수를 이용하기 위하여 기초체력검사에 부응하는 민첩성, 순발력, 근력, 협응력, 근지구력 등의 항목간 점수화하여 일반화와 표준화 할 필요가 있다. 이를 이용할 수 있다면 효율적인 체육교육과 운동처방을 실시할 수 있다. 간단히 말해서 몸에 맞는 운동을 하자는 것이다. 이런 의도에서 이 글은 다가오는 새 천년의 스포츠비전을 제시하기 위하여 지능지수, 감성지수, 도덕지수 그리고 신체지수의 스포츠의 적용을 대하여 말한다. 물론 이중에서도 신체지수의 개발의 필요성에 대하여 무게를 실어 말 할 것이다.

따라서 이 글의 목적은 지능지수, 감성지수, 도덕지수 그리고 신체지수의 스포츠에 적용에 대한 내용의 전개와 그 중요성에 대하여 언급하는데 있다. 논의를 위한 절차는 우선 지능지수와 창의성 교육, 감성지수와 감성의 체육, 도덕지수와 스포츠 윤리교육 그리고 신체지수와 체육학과의 관련성 논의를 중점적으로 다룬다. 이 중에서 신체지수의 체육학에 적용가능성으로 신체지수와 스포츠교육, 운동처방, 체육학과계열 대입시험 등에 관하여 알아보고, 끝으로 신체지수의 체육학 적용의 한계를 알아본다.

스포츠와 IQ, EQ, MQ, PQ

다가오는 새 천년에는 정치, 경제, 사회의 변화와 더불어 체육(학)

의 모습 또한 변모할 것이다. 이 때에는 시대 조류에 부응하는 체육(학)의 교육체계가 형성되고 합당한 이론이 구성될 것이다. 분명한 사실은 현재의 체육학과는 차별성을 가진 새로운 형태의 학문으로 변화가 있을 것이다. 이에 저자는 IQ(지능지수), EQ(감성지수), MQ(도덕지수) 그리고 PQ(신체지수)의 영역을 체육학과의 관련성에 관한 논의를 통해 스포츠비전을 예견해 보았다.

1. IQ와 창의성 교육

인간의 종합적 지능을 측정하는 데 사용되는 것은 지능지수(IQ=Intelligence Quotient)이다. IQ는 지금으로부터 70년 전에 프랑스의 심리학자 알프레드 피네 박사가 개발한 것인데 인간의 연령을 그 사람의 달력연령으로 나누어 100을 곱한 것이다. 이것을 도식으로 나타내면 다음과 같다. (지능연령÷그 사람의 달력연령)×100 = 지능지수(IQ)가 된다. 지능연령을 조사하려면 언어적 테스트와 수적테스트, 그리고 공간적 테스트를 하는데 IQ가 90～100이라면 보통의 지능이 되고 130이상은 우수, 70이하는 정신박약이 된다.

지능지수는 지적학습능력을 말하는 것이다. 지능지수의 검사영역은 상당히 많은 영역을 내포하고 있다. 그 중에서 창의성 교육은 지능지수 향상을 위해 도움을 줄 수 있는 교육 방법이다. 지금 우리 시대의 교육의 화두는 창의성 중심의 교육에 초점을 맞추고 있다. 그만큼 창의성 교육은 지금까지 제대로 진행해 오지 않았다는 이야기이다. 무엇보다도 스포츠에서는 창의성 교육은 불가능하다는 인식이 지배적이었다. 그것은 스포츠가 획일적이고 기계적인 반복 활동과 무비판적이고 순종적인 교육 일변도를 지향해 왔기 때문이다.

그러나 이제는 지능지수를 향상시킬 수 있는 창의성 교육 모델을 중심으로 초등학생 시절부터 스포츠교육이 체계적 교육이 실시된다면 그 만큼 학생의 지능의 발달에 도움을 줄 것이다. 스포츠교육은 신체의 기능중심의 교육과 체력증진을 위한 일변도에서 정신세계에 대한 인식을 새롭게 하여야 한다. 또한 이에 관심을 가지고 학생들의 지능향상을 위한 창의성 교육 모델을 발전시켜 교육현장에 적용해야 한다. 다음은 일본의 의학박사 요시마쓰 준히찌의 저작인 "IQ와 EQ를 높이는 86가지 스포츠이야기"에서 핵심사항을 요약 한 것이다.

> 창조력과 창의성을 가꾸어 주는 것은 놀이이며 스포츠인 것이다. 예를 들어 야구에서 항상 3진만 당하고 있는 타자는 '어떻게 하면 안타를 칠 수 있을까'라고 여러 가지로 궁리를 한다. 달리기에서도 흔히 뒤지기만 하는 아이는 빨리 달리는 요령을 어떻게든지 익히려고 머리를 쓴다. 달리는 방법을 바꾸어 보기도 한다. 특히 신경계의 발달이 활발한 유아에 있어서는 스포츠를 잘하는 아이 쪽이 지능이 발달해 있다. 또 하나의 예를 들어보면 놀이에서도 제대로 하지 못하는 아이는 고무줄 놀이를 잘하는 아이의 놀이 법을 보고 그 놀이 방법을 연구하거나 곰곰이 생각하는 것도 필요하지만 실제로밖에 나가 몸을 직접 움직여 연습하면 몸의 신경계가 대뇌를 자극하여 몸 → 대뇌 → 대뇌의 연결고리에서 발견의 시간도 짧고 그 때마나 대뇌는 활성화되는 것이다. 대뇌는 스포츠에 의해 쓰면 쓸수록 좋아진다. 학습의 경우는 대뇌 막을 쓰고 스포츠를 하면 대뇌 → 몸 → 대뇌

와 같이 몸을 중간에 두고 대뇌에 이중작용을 하므로 대뇌는 보다 활성화된다(홍영의 역, 1999).

이상과 같이 스포츠는 대뇌의 발달기에 있는 어린아이들의 머리를 좋게 한다. 특히 어린이들이 몸의 활동을 하면 대뇌는 자극 받아서 활성화된다. 이러한 경로를 통해서 스포츠는 어린이들의 궁리와 창의성을 높여준다. 이미 스포츠와 IQ의 관련성에 대하여 많은 연구들을 통해서 상관관계가 있음을 밝혀주고 있다.

2. EQ와 감성의 체육

인류는 급격한 산업화와 정보·전산화의 후기 산업 사회를 진행하고 있다. 이성 철학이 낳은 기술적 합리성과 자본주의가 결합된 후기 산업사회에서 완성된 대량 생산으로 인해 대중의 대량소비 사회가 확립되었다. 그래서 어떤 학자는 현대를 대량 소비사회로 규정하고, 데카르트의 말을 수정하여 '나는 소비한다. 그러므로 존재한다' 면서 현대 사회를 단적으로 표현한다. 그러나 대량 소비 사회에서는 문제들이 산재해 있다. 이성주의 인간들은 감각과 쾌락, 그리고 물신화에 길들여져서 도덕적 비판 능력을 상실하고 획일화된 인간으로 전락하여 인간성이 상실되기에 이른 것이다. 인간 이성이 인간을 여타의 구속으로부터 해방시키지는 못하고 오히려 예속하고 몰락시키기에 이른 것이다.

서구 합리주의 상징인 '이성'의 한계에 직면한 인류는 '감성'의 영역에 관심을 집중하게 되었다. 체육에서도 예외가 아니다. 체육에서 인간성 회복을 위한 감성의 체육의 구체적 실현 방법과 현실 개선책을 생각하지 않을 수 없다. 체육은 현실과 유린된 학문이 아니라 현실과의 밀접한 관계에서 자생된 학문이기 때문이다. 체육에서 학습자들의 감성을 향상시키고 유지하기 위해서는 학습자들이 승패를 떠나 자기 만족을 위한 체육 수업과 창의적인 수업 방식을 받을 수 있도록 하는 교육이 요구된다.

검사 방법이 개발된 IQ와는 달리 '감성 지능'(EQ)은 수치화가 어려운 미완의 개념이다. EQ가 주목받는 것은 개발 가능성 때문이다. 평생에 걸쳐 획기적으로 변화하지 않는 IQ와는 다르게 EQ는 심성 교육을 통해 높일 수 있다. 교육학자 문용린은 지금까지의 교육 현실에서는 IQ로 대변되는 이성적 사고 능력은 강조하면서 보다 기초적인 감정 통제와 조정 능력을 교육 대상으로 생각하지 않았다고 꼬집고 있다. 다가오는 새 천년의 스포츠는 감성 교육의 측면이 강조되는 인간성 회복 교육이어야 할 것이다.

이에 학교 및 단체의 인간성교육으로서 감성의 체육을 제안한다. 감성의 체육은 인간 개개인의 존엄성을 강조하고 각 개인의 특유의 경험 세계를 있는 그대로 의미 있게, 그리고 가치 있게 연구하고 이해하는 기풍이 확립된 체육교육을 말한다. 이 교육방식은 특정한 이론가나 체육학자가 생산해 낸 가설이나 이론에 부합되는 영역만을 중요시하고 체육학으로서의 가치 있다고 보는 기존의 생각을 비판한다. 특정한 인간 움직임의 현상이 나름대로 보유하고 있는 의미 있는 세계를 있는 그대로 인정하고 이해하고 탐구하는 자세를 강조한다. 뿐만 아니라 각 개인의 풍부하고 다양한 경험 세계가 연구자에 의해

임의로 선정된 특정한 척도에 맞추어 추상적이고 무감각적인 교육 방식으로 전환될 때 야기될 수 있는 위험성과 오류를 지적한다. 이러한 교육 방식을 감성의 체육이라고 부르고자 한다.

체육, 스포츠에서 신체, 신체 활동에 대한 주지주의적 방법에 의하여 교육하는 것이 아니라 미술, 음악의 교육방법과 같은 예술적 차원에서 교육해야 한다. 이러한 교육 방식이 스포츠의 윤리적 위기를 극복할 수 있는 방편으로서의 체육학의 독창성을 획립하는 바람직한 길이 될 것이라고 생각한다.

3. MQ와 스포츠윤리교육

MQ는 도덕지수를 말한다. 인간의 도덕성을 수량화하여 파악하는 것이다. 또 이것을 도덕교육에 적용하기 위하여 개발되어진 것이다. 이러한 도덕지수를 체육학에 적용한다면 스포츠 윤리교육에 가능할 것이다. 스포츠는 단지 신체활동을 통한 교육으로 건강증진, 기능향상의 교육목적 이외에도 도덕교육, 윤리교육, 인격교육이 목적이 될 수 있다. 미국과 같은 나라는 도덕 교과서가 따로 없다. 물론 미국인들은 스포츠 활동에서의 룰과 규칙준수에 대한 정신을 자연적으로 체득하도록 교육한다. 그들에게 도덕교과서는 다름 아닌 스포츠 활동이다.

여기서 스포츠 윤리교육이란 스포츠 활동을 통하여 학생들 또는 선수들에게 규칙에 대한 준수와 상대방에 대한 상호존중 그리고 공명정대한 게임 등에 대한 윤리교육을 실시하여 학생들이나 선수들이 보다 윤리적인 인간이 되게 하는 것을 목적으로 하는 교육적 노력이다. 따라서 스포츠 활동을 통한 윤리교육에서 개인별 도덕지수는 이를 참고로 하여 학생들이나 선수들에게 합당한 윤리교육을 실시하는데 용이한 자료로 활용할 수 있다. 그러므로 지금 한창 유행하고 있는 도덕지수를 체육학에 적용하여 인격교육이나 정신건강에 중요한 역할을 할 수 있으며 성과 또한 클 것이라 예견되어 진다.

4. PQ와 체육학의 적용

인간의 신체의 능력을 수량화하여 일정한 범위를 설정하는 것이다. 이것은 과거 체력장제도와 같은 맥락이지만 이보다 더 상세하게 IQ와 같이 항목간 점수화하여 일반화시키는 일이다. 인간의 신체능력은 저마다 다르다. 그것은 우리가 지금까지 단지 운동신경이 있고, 없고 하는 문제와 '저 학생은 둔하다'하는 식의 구별을 해왔다. 이보다 좀더 구체적으로 구별할 필요가 있다. 그래서 신체지수의 높은 스포츠천재는 특수학교인 체육중, 고등학교에서 영재교육을 조기에 실시한다면 국가적 이익과 개인의 성장에 도움을 줄 수 있을 것이다. 반면에 신체지수가 낮은 신체무능아에 해당하는 이들에 대하여 눈높이 교육을 실시하기 위한 구별이 필요하다. 이때 신체지수는 눈 높이를 구별하는 판단 틀이 될 수 있다.

따라서 PQ를 체육학에 적용한다면, 신체지수의 개발과 스포츠교육 현장에서 개인차별화 교육의 준거 틀로 활용할 수 있으며, 운동처방에 있어서 일반화된 운동프로그램의 테이터 베이스에 구축하여 자료를 정리하는데 도움을 줄 것이다. 그리고 지금 가장 문제되는 체육계열 대학입학 실기고사의 공정성의 문제점을 예방할 수 있는 방안이 될 수 있다.

맺음말

새 천년의 스포츠비전은 IQ, EQ, MQ, 그리고 PQ와 스포츠의 관계성 논의에서 찾을 수 있다. EQ는 감성지수를 말하며 체육학에 적용한다면 감성의 체육을 말한다. MQ는 도덕지수에 해당하며 이를 체육학에 적용한다면 스포츠 윤리교육에 적용할 수 있다. 다음으로 저자는 PQ을 신체지수, 운동지수 혹은 신체활동지수 라고 명명한다. 이는 영어 Physical Quality 혹은 Physical Activity Quality를 지칭한다. PQ을 체육학에 응용할 수 있는 사항은 운동처방, 대학교 체육계열 입시부정 예방, 학교체육, 스포츠 영재교육에 적용할 수 있다.

그러나 PQ는 인간의 신체활동능력의 현상적인 결과만을 이용하는 것에 데에서는 비인간화를 조장할 가능성이 있으며, 신체활동을 어느 정도 수량화 작업을 통해 객관적인 표준점수화 하는데 한계가 있다. 전국학생의 신체활동의 수치화 작업을 통해 일정한 기준을 설정하는 것이 필요하다. 과거 우리가 체력장 제도에서 수량화하여 점수를 부여한 것과 같이 신체를 지수화 할 수 있어야 한다. 그러나 이 지수가 얼마나 정확히 객관성에 접근할 수 있는가 하는 것이 하나의 한계로 남는다.

또 신체지수는 개인의 기초운동 능력에 대한 평가이기 때문에 어느 스포츠 종목에 적합한지에 대한 해답을 제시하지 못할 수 있는 한계도 있다. 그러나 이것도 신체지수가 높다고 해서 반듯이 일류 선수가 된다고 보장하는 것은 아니다. 개인의 노력이 전재되지 않고는 천재는 둔재가 될 수 있다는 것을 망각해서는 안 된다. 특정 운동종목에서의 성장은 개인의 신체지수와 신체적성과 그리고 선수의 노력에 의하여 달성된다. 새 천년과 스포츠비전에 대한 저자의 의견제시와 특히 PQ의 개발가능성에 대한 아이디어를 제안하는 것으로 이 글의 소임은 다한다. PQ를 일반화하여 구체적인 신체지수의 항목을 정립하고 교육현장에 적용할 필요성은 여전히 과제로 남는다.

제6장 | 스포츠란 무엇인가 : 체험과 이해

스포츠란 무엇인가

현대사회에서 스포츠는 하나의 독자적인 문화를 형성하고 있는데 이와 같은 스포츠문화는 현대만의 특색이 아니라 고대에서 현대에 이르기까지 문화, 정치, 경제, 윤리적 요인들을 내재하고 있는 문화임이 틀림없다. 그래서 각 민족 특유의 스포츠문화는 그들의 전통의 용광로 혹은 문화가 내면화 된 작은 사회라고 규정할 수 있을 정도로 각 지역과 민족의 독자적인 생활양식과 문화생활이 스포츠 속에 잘 보전하고 있음을 알 수 있다.

스포츠는 이제 하나의 문화로서의 모습과 자리를 잡아가고 있다. 그러나 문제는 우리 사회에서 '스포츠'란 말을 너무 많이 오인하여 사용하고 있다. 스포츠신문, 스포츠웨어, 스포츠 음료, 스포츠카 등 스포츠와 관련된 합성어를 우리 주위에서 쉽게 찾아볼 수 있다. 과연 스포츠의 개념을 제대로 이해하고 사용하는 것일까? 이와 같은 혼돈된 시대적 상황에서 스포츠란 무엇인가? 스포츠를 안다는 것은 무엇을 의미하는가? 이러한 문제의 제기를 통하여 진정 스포츠를 안다는 것이 무엇을 말하는지를 규명할 필요가 있다.

일상적인 용어에서부터 학술적 용어 사용까지 스포츠, 체육, 사회체육, 레크리에이션 등의 용어들을 전공자조차도 명확한 용어 정의를 가지고 사용하지 않은 경향이 있다. 그 이유는 용어들이 가지는 유사 개념의 혼돈 때문이다. 그렇다면 스포츠 개념만을 안다고 할 때 스포츠 그 자체를 안다고 할 수 있을까? 그렇지는 않다. 스포츠를 안다는 것은 개념, 즉 명제적 정의뿐만 아니라 인간 움직임과 신체 활동을 통해 얻어지는 전반성적, 암묵적인 앎을 병행하여 포괄적인 앎을 이룰 때 비로소 안다고 말을 할 수 있다. 다시 말한다면 신체활동을 통한 살아 있는 생생한 인식 주체적 신체를 통해서 체험되는 앎이라고 볼 수 있다.

이러한 문제 제기를 통하여 이 장에서는 스포츠를 안다는 것이 진정 무엇인가, 즉 스포츠의 맛이란 무엇인가 하는 의구심과 지적 호기심을 풀어 보려고 한다. 이를 위해서 스포츠의 명제적 정의를 살펴보고, 스포츠 맛(앎)의 함축적 의미를 고찰함으로써 스포츠를 안다는 것, 즉 진정한 스포츠를 안다는 것이 무엇인가를 제시하려고 한다. 이와 같은 일은 일차적으로 용어에 대하여 바로 알고 사용하자는 의도와 다른 하나는 혼돈에서 질서를 부여하려는 의도에서 비롯되었다.

스포츠 이해하기 : 명제적 지식=스포츠의 뜻

스포츠(sport)란 용어는 어원이 영어의 고어인 'disport'(즐기는 것,

기분을 경쾌하게 하는 것)에서 유래하였고, 불어의 'desporter'나 라틴어 'disportare'란 용어와 함께 심신의 전환, 오락의 뜻을 내포하고 있다. sport라는 용어는 그 개념과 내용에 있어서 다양하고 광범위하게 쓰여지고 있음을 알 수 있다. 예를 들어 sport는 즐기는 것, 기분전환, 오락, 레크리에이션은 일에서 해방된 상태에서 즐기고 있는 활동을 뜻하고 있는가 하면, 운동 규칙에 의해서 이루어지는 경쟁적 요소를 지나 운동경기(축구, 야구, 배구 등)를 말하고 있다. 그런가 하면 이외에도 경쟁이 따르지 않은 캠프, 하이킹, 사이클, 등산 등은 야외 스포츠에 포함시켜 이를 스포츠라 말하고 있다.

우리는 프로야구 선수나, 프로 축구 선수들이 스포츠를 잘 안다고 생각한다. 그러나 그렇지 않다고 생각한다. 왜냐하면 프로 선수들은 단지 기계적 반복 숙달로 운동 프로그램화시켜 자동적으로 동작을 수행할 뿐이라고 생각한다. 즉 기쁨을 동반하지 않는다면 그것은 이미 스포츠의 의미에서 떠난 상태이다. 그러므로 스포츠를 일(노동)과 비교하면 이해는 분명해진다. 일은(노동) 대근 활동과 경쟁을 동반하지만 일 그 자체에서 즐거움을 찾는 사람은 별로 없다. 그러나 스포츠는 대근 활동, 경쟁, 규칙과 더불어 즐거움이 함께 한다. 이 즐거움이 바로 스포츠와 일을 구별해 주는 준거가 된다.

스포츠의 어원을 찾다 보면 스포츠라는 용어는 유희(Play)라든가 오락(Pastime)을 뜻하는 것을 알 수 있는데 이는 스포츠 그 자체의 용어에 이미 오락적인 요소가 개입되어 있다는 의미이다. 이런 문맥에서 스포츠의 본질은 유희의 요소를 지니고 있으며 유희의 요소를 잃게 된다면 스포츠로서 존재할 수 없다는 것을 알 수 있다. 이런 기본적 사실을 가지고 체육학자들은 과연 어떻게 스포츠 정의하고 있는지를 살펴보자.

- Carl Diem(1980)은 스포츠는 목적에 구속받지 않고 희열을 느끼며 능력을 높이고자 노력하는 유희라고 정의한다. 따라서 단순한 유희는 결코 Sport가 아니며 유희는 계획적으로 행할 때 비로소 스포츠라고 할 수 있다. 이것은 스포츠의 본질은 유희에 있으며 유희는 반듯이 조직적, 계획적인 과정이 전재되어야 한다. 이러한 조건하에서 스포츠는 성립하는 것이다.
- Bernard Gillet(1983)은 스포츠는 본질적으로 유희라고 말하고 스포츠는 경쟁심 없이는 존재할 수 없다고 말한다. 그리고 하나의 운동을 스포츠라고 인정하는데 있어서는 3대 요소인 유희, 경쟁, 대근 활동을 요구한다. 이는 스포츠의 경쟁적인 요소를 강조하는 것이다. 스포츠에서 경쟁이 없이는 유희적 요소가 상대적으로 감소한다. 그러므로 경쟁은 스포츠의 필수 요소라고 할 수 있다.
- MeInTosh(1980)은 요한 호이징가와 로저 가이요와의 유희론을 계승하면서 스포츠의 기본적 성격을 유희로 보고 그 가운데 경쟁과 결부시키면서 유희 가운데 어떤 탁월성을 찾고자 노력하는 것이라고 말하고 있다. 그리고 Kenyon(1974)는 스포츠를 조직화되고, 경쟁적인 총체로서의 신체 활동이라고 정의하고, Ruskin(1981)은 스포츠를 신체적 기능, 전략 혹은 우연에 의하여 특수화되고 제도화된 유희적 경쟁이라고 정의한다. Spear와 Swanson(1983)은 스포츠를 모든 참가자들에게 즐거움과 만족을 주며 힘과 기술, 경쟁, 전

략과 승산을 동반하는 신체 활동이라 정의하고 그리고, Nixon (1984)은 스포츠는 둘 또는 그 이상의 공식적인 조직체에 참가하거나 또는 그 조직체를 대표하는 경쟁자와 수행하는 제도화된 경쟁적 신체 활동이라고 정의하고 있다. 국내 체육학자 김오중(1995)은 '스포츠는 유희성과 기술성을 바탕으로 경쟁적 요소와 운동 규칙이 따른 신체 활동이다' 라고 정의한다. 이것은 그가 위의 세 학자의 공통 요소인 유희, 경쟁, 신체 활동 이외에 기술성과 자발성을 첨가하여 정의한 것이다.

결과적으로 스포츠의 명제적 정의는 스포츠는 경쟁, 유희 그리고 기술성과 자발성 운동 규칙이 총체적으로 결합하여 작용하는 신체 활동을 의미한다. 신체 활동을 통하여 유희적 요소가 없다면 일과 같다. 따라서 이러한 스포츠의 기본적인 요소가 상호보완적으로 작용할 때 스포츠는 성립한다. 스포츠는 곧 자발적인 신체 활동을 통하여 유희를 동반하는 것으로 탁월한 기술과 경기 규칙의 총체라고 정의할 수 있다. 이런 명제적 정의를 가지고 스포츠 앎(맛)의 함축적 의미를 살펴보자.

스포츠 체험하기 : 실천적 지식=스포츠의 맛

스포츠를 안다는 것은 신체 활동의 외면적인 명제적 정의를 아는 것만이 아니라 스포츠 체험을 통해 습득하는 살아 있는 생생한 앎을 안다고 할 수 있다. 이 앎은 인식 주체적 신체가 인식하는 체험의 앎이다. 이때 비로소 스포츠를 안다고 할 수 있다.

스포츠를 알기 위해서는 기본적인 전체 요건은 신체 활동을 통해서 알 수 있다는 것이고, 개인의 스포츠 수행 능력에 따라서 '스포츠의 맛'의 강도는 다르다는 점이다. 이는 『나의 문화유산답사기』의 저자 유홍준(1995)의 '아는 만큼 느낀다'는 말처럼 스포츠 이론을 많이 알고 있다면 보는 재미의 그 강도가 더 클 것이라는 점과 같다.

나아가 스포츠 경기 종목이 다양하므로 각 종목마다 느끼는 근원적으로는 같으나 더 세분해 보면 과일의 맛이 종류마다 틀린 것처럼 더 세분된 맛이 있다. 그러므로 TV만을 통해 얻을 수 있는 보는 스포츠의 즐거움, 즉 간접적인 스포츠 행위만으로는 스포츠를 안다고 말할 수 없다. 아무리 체육학의 석학이라도 스포츠 활동을 하지 않고는 스포츠를 안다고 말할 수 없다고 생각한다.

다시 말해서 스포츠를 안다는 것(앎)은 신체 활동을 통해 땀을 흘리고 그 과정 속에서 느끼는 체험을 안다고 할 수 있다. 스포츠 제현상을 관찰하여 추론해 볼 때 스포츠를 안다는 것은 단지 스포츠의 개념을 아는 것이 아니라 스포츠의 독특한 '맛'을 안다는 것이다. 흔히 운동선수 출신 학자들은 이론적 지식만을 가지고는 스포츠를 제대로 알지 못할 것이라고 말한다. 이것은 스포츠가 이론적 측면뿐만 아니라 실천 과정에서 알 수 있는 함축성이 매우 강하게 작용한다는 것을 알 수 있다.

스포츠를 안다는 것은 스포츠 현상 속에서 참가자들의 몰입 단계에 도달된 상태에서 얻는 기쁨을 '맛'이라는 용어로 규정하려고 한다. 즉 토마스는 완전한 순간(Perfect Moment), 칙센트미하이는 몰입경험(Flow experience), 마슬로우는 절정체험(Peak experience), 불교의 열반, 사토리 등으로 표현되는 이런 용어를 '스포츠의 맛'이라고 정의한다.

'스포츠의 맛'은 운동선수들이 어떤 절정 체험을 경험했을 때 그 맛은 아무도 모를 것이라고 말할 때 맛은 스포츠 앎의 총체적인 함축된 용어이다. 스포츠는 많은 운동선수들이나 비운동선수들이거나 매일 참여하는 것은 이런 맛을 느끼기 때문이다. 예를 들어 음식을 먹을 때 우리는 맛있는 음식에 젓가락이 가고, 입으로 향한다. 맛은 먹었을 때 체험하는 인식 주체적 신체가 작용을 통하여 앎을 습득하는 이때의 맛은 주관적인 앎이다. 이 맛은 사람들은 각자 체험된 앎으로 인지하고 있기 때문에 같은 음식, 맛있는 음식점을 찾는 것은 순수한 '맛' 때문이다. 그러나 이러한 '맛'은 말해 버리면 그때 그 맛은 이미 사라지고 만다. 즉 본래적인 앎의 의미를 떠나 버린다. 한번 맛본 음식은 먹고 나서 과학적으로 분석하여 성분을 파악하고, 그것을 합성해서 음식을 만들 때 이전에 '맛'과 거리가 멀어진 음식일 뿐이다.

이런 예와 같이 스포츠 장을 통해 얻어지는 인식 주체적 앎은 '스포츠의 맛'이라 말할 수 있다. '스포츠의 맛'은 체험을 통해 알 수 있는 것으로 음식의 맛과 이런 점에서 같다. 그러나 '스포츠의 맛'은 대근 활동을 통해 얻는 생생한 살아 있는 앎이다. 이런 맛은 스포츠 참가자들의 지속적인 운동을 가능하게 한다. 이것은 음식의 예처럼 한 음식의 맛을 본 사람은 맛있는 음식을 찾는 것과 마찬가지로 '스포츠의 맛'을 한번 맛본 사람은 지속적으로 스포츠 활동을 한다. 이는 '스포츠의 맛'이 촉매제 역할을 하기 때문이다. 결국 진정한 스포츠를 안다는 것은 '스포츠의 맛'(실천적 측면)과 명제적 정의(이론적 측면) 둘 다를 안다는 것이다.

스포츠란 무엇인가 : 체험과 이해

이상의 논의에서 스포츠는 우리 생활 세계에 침투하여 하부 문화를 형성하고 있음을 확인할 수 있었다. 매일 스포츠 신문을 보고, TV스포츠 중계를 시청하고 일상적인 대화에서도 일기예보 보다 스포츠가 대화의 공통 주제로 자리잡고 있다. 이는 스포츠가 생활 세계에 침투하여 작용하고 있음을 단적으로 보여주고 있다. 곧 스포츠는 생활화되어 있다.

그런데 문제는 스포츠에 대한 용어의 사용에서 모순과 혼돈 속에서 벗어나기 위해서는 스포츠의 명확한 정의가 필요하다. 이러한 상황에서는 스포츠의 바른 인식만이 진정한 스포츠를 알 수 있고, 무엇이 잘못된는지를 가릴 수 있는 비판적 시각이 자리잡는다.

이 글에서 스포츠의 명제적 정의로 칼디임, 질레, 메킨토시, 김오중 등의 체육학자들의 정의를 살펴보면, 스포츠는 유희가 본질이고 경쟁, 대근 활동, 자발성, 기술성 등이 총체적 결합된 것을 의미한다는 사실을 알 수 있었다. 이와 같은 스포츠의 명제적 정의는 스포츠 지식의 기초가 된다. 다시 말해서 스포츠를 안다는 것은 명제적 정의를 바탕으로 함축적인 의미를 알 때 비로소 스포츠를 알 수 있다고 할 수 있다.

결국 스포츠의 함축적 의미는 '스포츠의 맛'이라고 볼 수 있으며 여기서 스포츠의 맛이란 인식 주체적 신체가 스포츠 현장에서 체험을 통해 얻는 살아 있는 생생한 지식이다. 이는 폴라니의 암묵적인 지식에 비유될 수 있으며 그것은 말 할 수 없는 그 무엇이라고 할 수 있다. 이처럼 스포츠를 안다는 것은 명제적 정의와 인간 움직임을 통한 암묵적인 지식인 스포츠의 맛이 상보적 관계가 성립될 때 비로소 우리는 스포츠를 안다고 할 수 있다.

덧붙여 누군가 스포츠란 무엇인가를 묻는다면 질문자에게 공을 주고 직접 운동장에서 땀을 흘리면서 뛰어 보라고 말할 것이다.

제7장 | 건강개념의 오해와 이해

우리시대의 화두, 건강

건강은 우리 시대의 화두이며 인간이 꿈꾸는 최고의 목표이다. 또한 우리들은 건강을 행복한 삶을 위한 일차적인 것으로 주목한다. 대부분의 사람들이 현세의 삶에서 바라는 이상적인 소망은 자신의 건강은 말할 것도 없이 대부분이 가족의 건강을 손꼽는다. 그 만큼 한국인에게 건강은 무엇보다도 중요하다고 인식되고 있다.

그 이유는 한국의 역사적 배경과 같이 한다. 위생과 건강에 대한 부족한 지식과 경제적 비용 때문에 병으로 가족을 잃은 시대적인 과거의 아픔이 우리의 내면에 쌓여있기 때문이다. 이러한 역사적 배경에 더하여 아직도 많은 사람들은 여전히 건강에 대한 이해부족을 경험하고 있다. 이런 건강에 대한 오해 때문에 건강하다는 이미지가 왜곡되어 통용되고 있는 실정이다.

그 왜곡된 문제가 건강지상주의이다. 이미 선행연구들에서 건강지상주의 문제점을 지적하였다(유헌식, 2003 : 김영선 · 함정혜, 2004 :

김은영, 2004, 2005 ; 송형석, 2000, 2004 : Wachter, 1985). 너무 먹어서 문제가 되는 시대에 우리는 살고 있다. 먹을거리의 과다로 인한 비만과 그로 인한 질병을 현대병이라고 할 수 있을 정도로 건강을 해치고 있다. 몸에 좋다면 무엇이든지 먹는 잘못된 식습관 때문에 생활 습관병이라는 성인병이 나타났다. 운동만 하면 건강할 수 있다는 잘못된 지식은 역으로 과도한 운동으로 인한 몸의 건강을 해칠 수 있다. 과하면 몸에 도움이 되기보다는 화를 가져온다는 사실에 대한 이해가 필요하다.

흔히 우리는 근육형의 남자의 몸을 보고 건강한 신체를 소유한 이상적인 모델로 간주하여 왔다. 그러나 그것은 건강개념이 신체적인 한 부분에 초점이 맞추어 졌을 뿐이지 전체를 대변하는 것은 아니다. 건강은 복합적인 개념의 중층적 의미를 가지고 있다. 현대 통용되고 있는 세계 보건기구의 따른 건강 개념은 신체적, 정신적, 사회적, 도덕적, 영적 등의 범위를 포함하고 있다. 그러나 지금까지의 건강개념은 신체적 건강이 대표하여 왔다. 이는 많은 사람들로 하여금 건강에 대한 오해를 낳게 하였다.

특히 우리나라 사람들은 인생의 목적을 오직 건강과 무병장수에 두고있다. 건강을 위해서라면 보양식이나 건강식품을 소비하는데 들어가는 돈조차도 아까워하지 않는다. 심지어 건강을 위하여 동남아시아로 보신관광을 떠나는 정도이다. 그 결과 동남아시아에서 한국인의 이미지는 실추되었다. 곰의 쓸게, 뱀 등 몸에 좋다고 하면 가리지 않고 먹는다. 이와 같이 건강을 쫓는 현상에서 우리나라 사람들의 건강에 대한 이해수준을 확인할 수 있다.

이 글의 목적은 두 가지이다. 하나는 건강한 신체에 대한 개념 정립이다. 잘못 인식되어 오는 건강개념에 대한 오해를 지적하고 올바른 이해를 시도하는데 있다. 다른 하나는 송형석(2000)의 '건강의 목적에 관한 철학적 소고'에 나타난 연구결과의 한계를 지적하고 다른 해석을 제시하는데 있다. 이 글은 건강개념에 대한 올바른 이해를 통해 건강한 삶을 추구할 수 있는 좌표를 찾는 일이다. 잘못된 오해가 부작용을 초래할 경우가 생길 수 있기 때문에 정확한 이해를 통하여 건강한 삶을 추구하는 것이 현실적으로 현명한 일이다. 건강에 대한 잘못된 생각이 지금과 같은 건강지상주의라는 이상한 현상으로 나타나고 있다.

연구방법은 건강에 관련된 문헌을 수집하고 그것을 중심으로 건강의 잘못한 인식을 찾아보고 올바른 이해를 위한 건강개념을 분석하였다. 우리사회의 건강을 위해서는 건강에 필요한 의료시설을 완비와 전 국민을 대상으로 하는 국민건강보험 제도를 실시하는 것, 이외에 건강에 대한 올바른 이해가 우리사회에서 일차적으로 요구되어진다. 이 중에서 마지막 부분에 이 연구는 주목한다.

연구절차는 건강에 대한 오해 때문에 나타날 수 있는 우리사회의 건강지상주의의 과열현상에 대하여 알아보고, 이러한 현상은 건강에 대한 오해에서 기인하며 그 대안은 건강에 대한 올바른 이해를 통해서 해결될 수 있다는 것을 알아본다. 건강에 대한 오해 때문에 건강지상주의가 등장하였다.

건강지상주의

참 살이라는 웰빙 열풍이 우리사회의 중요한 화두가 되었다. 어떻게 하면 건강하게 오래 살 수 있을까 하는 생각이 우리의 주된 관심사항이다. 그래서 건강한 삶을 위해서 운동을 하는 것이 당연한 일로 간주한다. 이런 사회분위기 때문에 운동을 하는 사람들을 주변에서 쉽게 발견할 수 있다.

이는 운동하면 건강해질 수 있다는 운동과 건강의 인과관계가 성립된다는 것을 의미한다. 이러한 생각들이 이제는 자연스럽게 우리 의식을 지배하게 되었다. 돈이 문제가 아니라 몸에 좋은 유기농 식품, 심천수, 요가, 기, 태극권 등 몸 살림 운동이 펼쳐지고 있다. 과연 운동만 하면 건강해질 수 있을까. 운동만하면 무조건 건강이 보장되는 것은 물론 아니다. 그럼에도 불구하고 건강하기 위해서 행해지는 건강스포츠는 역으로 건강을 해칠 수도 있다는데 주목하게 된다.

운동만 하면 건강해질 수 있다는 일종의 강박관념이 우리 의식을 점유하고 있다. 몸이 조금만 좋지 않아도 운동을 해야 된다는 생각을 갖게 되는 것이 지금의 현실이다. 이는 일종의 건강에 대한 강박관념에 의해서 나타나는 현상이다. 운동만 하면 건강하고 오래 살 수 있다는 맹신에 가까운 생각이 우리의 일상적 세계를 점유하고 우리의 의식과 행동을 규제한다. 과연 운동을 하면 건강할 수 있을까.

'스포츠는 몸에 나쁘다'는 책의 저자 카토쿠니히코(1995) 박사의 말을 인용하면, "스포츠를 하면 활성산소라는 산소독이 생겨나고 이것이 노화를 촉진하기 때문에 건강에 해로울 수 있다고 한다." 활성산소와 운동에 대한 과도한 스트레스가 문제가 될 수 있다. 이와 더불어 마라톤을 하다가 심장마비로 죽은 이들에 대한 뉴스가 언론에 보도되는 것을 보아도 운동만이 만병통치약은 아닌 것 같다. 그럼에도 불구하고 우리는 운동을 해야지 건강해진다고 굳게 믿고 있다. 이 현상에 대하여 다시 생각해 볼 필요가 있다.

건강만을 위해서 운동을 하는 것을 건강스포츠라고 한다. 건강스포츠는 역으로 건강하지 못하게 할 수 있다는 것이다. 아무 재미도 찾지 못하고 건강하게 오래 살겠다고 무조건 건강을 목표로 운동만을 하는 것은 일종의 과도한 스트레스가 쌓여서 건강에 해가 될 수 있다(송형석, 2003).

스포츠 그 자체를 그냥 즐기는 가운데 건강은 보너스로 주어지는 것이지 운동만을 한다고 얻어지는 것이 아니다. 건강하기 위하여 운동을 하는 것은 건강에 도움이 되기보다는 해가 될 가능성이 높다. 그냥 즐기는 운동은 스트레스가 쌓일 일이 없으며 즐거우면서 건강해질 수 있다.

그런데 건강을 목표로 운동을 하다보면 과도한 경쟁심이 생겨나고 그것이 자신의 건강에 나쁜 영향을 줄 수 있다. 몸에 맞는 운동이라는 처방이 그래서 필요하다. 몸에 독이 되는 운동이 있고 약이 되는 운동이 있다. 무조건 운동만 하면 건강한 것이 아니다. 이는 운동의 소비 대상으로 구매 가능한 것으로 착각하고 있기 때문에 나타나는 현상이다.

운동이 부족해서 발생하는 운동부족병으로 비만, 당뇨, 고혈압 등이 있다. 이것은 일종의 성인병으로 잘못된 생활습관 때문에 발생하는 생활 습관병이다. 성인병은 물론 움직이지 않아서, 활동하지 않아서 생긴다고 할 수 있지만 무리한 운동만으로 건강할 수 있다는 단순한 생각은 잘못된 생각일 수 있다.

뿐만 아니라 운동을 해야 한다는 강박관념 자체가 건강을 해칠 수 있기 때문에 이를 경계해야 한다. 건강은 즐거운 스포츠 활동 자체에서 보너스로 주어지는 것이기 때문에 일차적으로 운동을 즐기는 것에 익숙해져야 한다. 즐기기보다는 오직 건강만을 위하여 운동을 한다면 몸에 득이 되기보다는 역으로 스트레스를 받아 해가 될 수 있다. 그렇기 때문에 운동을 통해서 건강해지기 위해서는 스포츠 속의 놀이 정신을 찾아야 한다.

운동에서 놀이 정신이 아닌 경쟁정신만을 강조하기 때문에 건강에 해가 되는 일이 발생한다. 운동을 통해서 무엇인가 얻기 위한 운동은 운동 자체가 수단이 아닌 목적이 되어야 한다. 운동을 수단으로 생각하기 때문에 일종의 일이 된다. 이 때문에 몸에 스트레스란 부담을 주게 된다. 그러므로 운동 그 자체에 목적을 가지고 하다보면 건강하게 될 수 있다.

건강을 위해서 너무 먹어서 병이 되는 경우도 있다. 건강하기 위하여 무조건적으로 몸에 좋은 음식과 건강스포츠에만 맹신하는 것은 역으로 건강을 해롭게 할 수 있다. 너무 먹어서 몸을 살리는 것이 아니라 오히려 몸을 죽이는 경우가 생기고 너무 운동해서 몸에 해가 되는 일이 생긴다.

과거에는 못 먹어서 영양실조로 생명을 잃은 경우가 있었지만 지금처럼 과잉된 음식으로 인하여 생명을 단축하는 일이 생겨나고 있다. 이러한 현상은 건강에 대한 일종의 지나친 맹신에 의해서 생겨난다. 건강에 대한 강박관념은 역으로 우리는 건강하지 못하게 한다. 이러한 관념에서 벗어나 일상의 일에서 즐거움을 찾고 즐거운 활동을 하다보면 자연스럽게 건강해진다.

건강하기 위하여 운동에만 몰두하다 보면 역으로 건강을 잃게 될 수도 있다. 건강을 위한 보양보다는 일상의 거친 밥상을 즐겨 먹으며 운동을 즐긴다면 건강하게 살 수 있다. 우리가 경계해야 할 건강의 적은 건강에 대한 일종의 강박관념이다. 이 같은 강박관념은 과연 누가 주도하였는가. 건강관련 기업들을 의심해봐야 한다. 결국에 건강으로 돈을 벌어들이는 것은 건강관련 기업들이다. 이제 운동을 해야 한다는 것과 잘 먹어야 한다는 강박관념에서 자유로울 때 건강은 이미 시작되는 것이다.

이런 차원에서 건강개념에 대한 정확한 이해가 필요하다. 지금 건강개념에 대한 오해 때문에 건강지상주의가 넘쳐 나고 있다. 건강한 삶을 위해서 건강개념에 대한 오해에서 이해에로의 전환이 필요하다.

건강개념의 오해와 이해

누구나 무병장수하기를 꿈꾸지만 현실은 바람대로 되지 않는 경우가 많다. 천재지변 앞에 인간의 생명은 촛불과 같이 쉽게 사라질 수 있는 무기력함을 발견한다. 영혼불멸을 갈망하지만 인간은 언젠가는 죽어야 한다는 진실 안에 자꾸만 작아진다. 건강하게 오래 살기를 바라지만 건강이 무엇인지 명확히 아는 사람 또한 많지 않다.

많은 사람들에게 건강이 무엇이며 건강한 사람은 어떤 사람인가에 대하여 물어본 일이 있다. 대부분의 사람들이 보디빌더의 우람한 역삼각형의 넓은 가슴과 임금 왕자가 새겨지는 복근을 가진 남자라고 말한다. 물론 이런 유의 사람도 건강한 사람이지만 엄격히 구분한다면 신체적으로 건강한 사람, 체력이 뛰어난 사람일 뿐이다.

근육형의 남자가 건강한 사람의 대명사일수 있는가 하는 의문을 갖게 한다. 건강 관련 잡지의 표지모델들은 근육형의 남자가 대부분을 차지한다. 하지만 나는 건강힌 사람으로 보디빌더보다 신부나 농부의 모습을 생각하게 된다. 그 이유는 신체적 건강뿐만 아니라 정신적, 사회적, 영적 건강을 생각하기 때문이다. 이러한 맥락에서 심리학자 김교헌(1999)의 연구에서도 건강개념을 생물－심리－사회－영적 수준의 다차원적 건강개념과 전인적 관점의 건강개념을 제안하였다.

WHO(세계보건기구)의 따르면 건강은 신체적, 정신적, 사회적, 영적으로 문제가 없는 상태라고 정의하고 있다. 우리가 이제까지 생각하고 있는 건강과는 차이가 있음을 확인할 수 있다. 우리는 신체적 건강 즉 체력만이 강하면 건강하다는 오해를 하고 있음을 알 수 있다. 신체가 건강하면 건강하다고 생각하는 경향이 많은 것 같은데 정확한 건강개념에 대한 오해라고 할 수 있다.

그 결과 건강한 사람 하면 보디빌더를 우선적으로 말하게 된다. 오히려 건강한 사람은 농부나 신부가 더 가깝다고 할 수 있다. 왜냐하면 이런 분들은 위에서 말한 건강개념의 부합하는 건강 상태를 가지고 있기 때문이다. 건강개념에 대한 오해에서 이해에로 접근하여 건강개념에 대하여 알아보자.

첫째, 신체적 건강이다. 신체적 건강은 체력을 의미한다. 신체적 상태가 어떤 일을 수행하는 데 무리가 없는 상태를 나타낸다. 운동선수들의 체력은 무소불위의 능력을 가진다. 체력은 근력, 지구력, 유연성, 민첩성 등의 운동능력을 말한다. 그래서 신체적 건강하면 대부분 운동선수를 생각하게 되는 것 같다. 병원균에 대한 저항력을 나타내는 방위체력을 말할 수 있다.

둘째, 정신적 건강이다. 인내력, 강인한 정신, 심리적 안정 등으로 표현할 수 있다. 정신적으로 건강하지 못하여 나타나는 우울증, 정신분열증 등은 사회적 문제가 될 수 있다. 이는 정신건강이 양호하지 않은 경우에 나타나는 일종의 정신적 질병이다. 특히 우울증은 자살과 깊은 연관성을 갖기 때문에 사회적 문제가 된다. 뿐만 아니라 정신이 건강하지 못한 경우는 의욕상실과 좌절로 나타나기도 한다. 신체적으로 건강하지만 정신적으로 건강하지 못할 수도 있고 정신적으로 건강하지만 신체적으로 건강하지 못한 경우도 있다.

셋째, 사회적 건강이다. 인간은 사회적 동물이기 때문에 사람과의 관계가 중요하다. 조직 사회의 건강은 조직구성원들과의 원만한 인간관계를 유지할 때 사회적 건강을 형성된다. 회사에서의 어려움은 업무의 과다로 인한 어려움이 아니라 사람들 간의 인간관계에서 발생하는 어려움이 더 크게 작용하기 때문에 생겨난다.

넷째, 영적인 건강이다. 이전에는 영적 건강은 건강개념에서 빠져 있었다. 하지만 지금 영적 세계를 인정하여 영적 건강을 중요시하게 되었다. 영적인 평화를 위하여 종교시설을 이용하여 주기적으로 종교 행사에 참여하는 것을 목격할 수 있다. 그 종교가 어떤 종류의 종교이든지 자신의 영적 건강을 위한 종교 행위는 영혼의 맑음과 평화를 가질 수 있는 장점을 가지고 있다.

다시금 우리 자신을 돌아보면 우리는 자신의 건강을 위하여 무엇을 하고 있는지 스스로 물어 보게 된다. 아마 건강하면 신체적 건강만을 생각하고 있지나 않은가 생각하게 된다. 신체적 건강만 생각하고 있으니까 먹는 것과 운동만을 하면 건강할 수 있다는 생각을 가진다. 그렇기 때문에 다른 건강에 대한 생각은 좀처럼 하지 않게 된다.

건강에 대한 이 같은 오해는 신체적 건강에 집착하게 된다. 건강은 다차원적 개념에 의해서 형성되는 것이기 때문에 이와 같은 오해에서 이해를 시작해야 한다. 건강의 진정한 개념은 체력, 안정, 관계, 평화를 추구하는 과정에서 형성된다. 이러한 건강은 수단이 아니라 행복한 삶 그 자체를 의미한다.

따라서 우리사회를 지배하고 있는 건강에 대한 오해는 신체중심의 사고와 신체적 건강 중심의 사고에서 나타나는 것을 엿볼 수 있다. 몸짱, 얼짱, 웰빙 등의 용어는 외면적으로 나타나는 것에 국한된 용어이다. 또한 신체적 건강을 추구하는 측면에서 나타나고 있는 현상의 결과라고 할 수 있다. 이러한 건강에 대한 맹신에서 벗어나 건강에 대한 바른 이해가 필요하다.

건강개념은 신체적, 정신적, 사회적, 영적으로 건강한 상태이다. 이러한 건강개념이 자신의 건강한 삶과 건강을 추구하는 삶의 자세에 대한 오해에서 벗어나 이해로 가는 일이라 할 수 있다. 바른 이해를 전제로 한 꾸준한 노력이 우리들의 건강한 삶을 유지하고 증진시켜준다. 다시 한번 우리시대의 건강에 대하여 생각해보자.

건강에 대한 생각

우리는 궁극적으로 왜 건강 하려 하는가? 이 물음은 인간에게 건강은 무엇을 의미하는지는 묻는 것과 같다. 이 지상에 존재하는 피조물 중에 인간이라는 동물은 지상의 삶을 지속하기 위하여 건강에 대한 관심을 가지게 되었다. 건강은 장수, 행복과 함께 오랜 인간의 바람이며 인간의 궁극적 목적이었다.

그 누구에게나 인생에서 제일 원하는 것이 무엇인가를 묻는다면, 대부분의 사람들이 건강이라고 역설하여 왔다는 사실을 그 누구도 부인하지 못한다. 건강에 관한 관심은 체육, 스포츠와도 무관하지 않다. 그렇기 때문에 체육의 목적이 무엇인가? 인간은 왜 스포츠를 하는가? 하는 일련의 물음에 일차적으로 답해질 수 있는 것이 건강이다. 이는 체육, 스포츠 역시 건강증진을 목적으로 하고 있다는 사실을 입증하는 것이다.

건강하다는 말은 무엇을 의미하는가. 건강한 삶은 무병장수를 의미한다. 병이 없는 신체적으로 건강한 상태를 의미한다. 우리는 대개 건강한 삶을 꿈꾸며 살고 있다. 체육의 목적 역시 이에 무관하지 않고 건강을 목표로 설정하고 있으나 체육에서 말하는 건강은 신체적 건강에 한하여 얘기되어왔다. 건강은 다차원적으로 복합적이고 다양한 의미를 가지고 있는데 그 모든 것은 신체적 건강을 통해 흡수 할 수 있다는 논리가 그 속에 숨어 있다. 건강한 삶은 완전한 삶을 의미한다고 사실을 곡해하고 있는 것이다.

우리가 건강해지고 싶어하는 이유에 대한 송형석의 연구에 주목할 필요가 있다. 그는 '건강의 목적에 대한 철학적 소고'라는 논문에서 건강을 가치롭게 여기는 까닭은 건강해야 하고 싶은 일을 실제로 할 수 있기 때문이다'(송형석, 2000)라고 한다. 그는 건강은 수단으로 인간의 자아실현이라는 목적을 실현하기 위한 도구에 불과하다고 주장한다. 자주적인 삶을 살기 위해서는 건강을 조건으로 요구한다. 이러한 의미에서 그는 다음과 같이 말한다.

"건강은 결코 삶의 목표가 될 수 없다. 그것은 우리의 삶을 의미있게 만들어주는 목표를 이루기 위해 필수적으로 요구되는 조건일 뿐이다. 인생은 끊임없는 도전과 응전의 연속이다. 자주적으로 자신의 삶에 목표를 설정하고 과제를 부과하면서, 스스로 자신에게 도전하고 타인으로부터 도전 받도록 하면서, 또는 단순히 자신에게 부여된 의무를 묵묵히 수행하면서 살아간다. 인간답게 살아간다는 것은 바로 이런 것이다. 이는 인간답게 살아가기 위한 전체조건과 충분조건에 해당한다."

이 말은 일리가 있다 건강하지 못하면 하고 싶은 일을 제대로 할 수가 없다. 질병과 싸워야 하는 시간이 대부분이 되기 때문이다. 제대로 하고 싶은 일을 할 수 없어서 자아실현은 불가능한 일이다. 건강한 신체의 상태에서 자신이 원하는 일을 수행할 수 있다. 하지만 송형석의 건강개념에 대한 해석은 부분적으로 이해하지만 건강개념에 대한 해석의 한계를 가지고 있다는 것을 알 수 있다.

우리가 이해하고 있는 신체의 개념은 단지 건강한 신체의 개념이 아니라 신체의 건강에 한하여 이해하고 있다. 신체의 건강은 건강한 신체 개념과 명확히 구분 지울 수 있다. 오해의 근거는 두 개가 명확한 구분이 이루어지지 않았기 때문이다. 신체의 건강개념은 건강의 다차원적 개념에서 신체적 측면에 한정된 정의일 뿐이다. 이에 반하여 건강한 신체는 신체적 측면을 포함하는 전일적, 다차원적, 종합적인 건강개념이다.

건강개념에 대한 오해 때문에 건강은 체육의 목적이 아니라 목표에 머무르고 있었다. 건강은 신체적 건강에 한하여 인식하고 있었다는 것을 알 수 있다. 건강개념에 대한 종합적인 개념에 대한 이해를 하고 있었다. 하지만 그것을 체육과 연결하지 못하고 있음을 알 수 있다. 건강은 그 자체로 목적을 가진다. 건강은 어떤 궁극적인 목적과 좋은 삶을 살기 위한 도구적인 개념이 아니다. 건강은 그 자체로 목적을 가진다.

이상과 같이 건강이라는 것을 신체적 건강에 국한 된 것이 아니라 신체적, 정신적, 사회적, 영적 건강을 의미한다. 하지만 지금 우리 사회를 보면 건강개념에 대한 오해 때문에 신체적 건강위주로 투자하고 육성되고 있다. 헬스클럽, 다이어트, 체형관리소 등이 바로 신체적 건강만이 건강이라고 오해에서 나타나는 사회적인 현상이다.

맺음말

지금까지 건강개념은 단지 우리의 자아실현을 위한 수단에 불과하다는 생각이 지배적이었다. 하지만 건강은 수단이 아니라 목적이라고 할 수 있다. 송형석이 건강을 수단으로 인식한 것은 건강을 신체적 건강에 한정하여 이해하였기 때문이다. 건강은 신체적, 정신적, 사회적, 영적의 다차원적, 전인적 건강한 상태를 의미한다.

건강은 신체의 건강에 한하여 체육에서는 다루어왔다. 그러나 건강 개념은 전인적 개념으로 우리 인간의 궁극적 목적이다. 건강한 인간은 완전한 인간을 말하며 이상적 인간상의 원형이라고 볼 수 있다. 이는 곧 불완전한 인간이 건강추구를 통하여 완전한 인간(건강한 인간)에 도달함을 의미한다. 완전태의 건강개념은 인간완성을 의미하기 때문에 건강은 수단이 아닌 목적으로 보아야 한다.

지금까지 우리는 건강한 신체개념에 대하여 많은 오해를 하고 있었다. 오해를 풀지 않으면 여러 면에 있어서 왜곡을 가져올 수 있다. 이는 건강개념에 대한 여러 경험을 통하여 알 수 있다. 그렇기 때문에 이 문제를 해결하기 위한 실마리를 찾는 일이 일차적으로 요구된다. 이러한 차원에서 이 글은 건강개념에 대한 오해를 불식시키고 이해를 돕기 위한 차원에서 이뤄졌다.

우리사회의 건강지상주의의 과열된 원인은 건강에 대한 오해에서 비롯되었다는 것을 알 수 있었다. 또한 운동만 하면 건강해질 수 있다면 막연한 믿음이 건강에 관한 강박관념을 가져올 수 있다는 사실을 알 수 있었다. 그 때문에 스트레스가 발생하여 건강을 해치는 모습들을 볼 수 있다. 운동만 하면 건강해지는 것이 아니라는 것과 운동과 건강의 인관관계를 항상 맞는 것이 아니라는 것을 알 수 있다.

건강지상주의 또는 건강제일주의 현상은 우리사회의 건강관련기업들이 사회적으로 조장한 의식이라고 할 수 있다. 미디어 영향으로 건강에 대한 지나친 관심과 더불어 건강산업의 번창을 가져왔다. 건강에 관한 강박관념은 누구에 의해서 조장된 것인가에 대한 이해를 통하여 자신의 건강을 유행의 흐름에 편승하는 것보다는 자주적인 건강관리가 더 중요하다.

우리의 건강에 대한 자세는 과도한 건강지상주의에 대한 미디어 광고에 길들여지지 말고 자신의 주도적인 입장에서 운동 그 자체를 즐기는 것이 필요하다. 자주적인 운동 소비를 통하여 자신을 상실하는 운동이 아니라 자신을 찾는 운동을 하는 것이 요청된다. 이제 우리는 너무 먹어서 죽거나, 너무 운동해서 건강을 해치는 우를 범하지 말아야 한다.

제2부 | 스포츠 속으로 : 스포츠의 맛과 멋, 그리고 행복

제2부는 7개의 장으로 구성하였다. 8장에서는 스포츠의 심미현상의 본질적 양면성에 대하여 우리의 순수 용어인 맛과 멋을 가지고 해석하여 보았고 9장에서는 스포츠 힘의 이해와 활용방안에 대하여 알아보았다. 10장에서는 스포츠에서 경험하게 되는 즐거움을 쾌락, 희락 그리고 열락 등으로 구분하여 알아보았다. 11장에서는 스포츠에서의 樂의 변증법(생성단계)을 알아보기 위하여 知－愛－樂의 지양의 과정에 대하여 탐구하여 보았다. 12장에서는 스포츠 행복론에 대하여 주체아와 사회아로 구분하여 자아실현의 대하여 알아보았다. 그리고 13장에서는 스포츠 영화의 재미, 감동, 교훈 중심으로 읽기를 시도하였다.

제8장 | 스포츠 심미현상의 본질적 양면성 : 스포츠의 맛과 멋

우리는 왜 스포츠를 하는가

인간은 자아를 초월할 수 있는 능력을 가지고 있기 때문에 가치에 대한 지향성을 갖춘다. 대체로 그렇기 때문에 인간은 삶의 이념으로 진선미성의 네 가지 가치를 추구한다. 여기서 진은 학문 일반의 과제이고 선은 윤리학의 과제이며 미는 미학의 과제이고 성은 종교학의 과제에 해당한다. 이 장에서는 스포츠의 심미 현상의 본질적 가치 의미를 밝히기 위해서 스포츠 미의 본질을 스포츠 그 자체의 심미 현상에서 찾을 것이다.

인간의 삶은 의식주의 추구 과정이다. 이것을 두 개의 일상언어로 표현하자면 맛과 멋이다. 맛은 먹는(食)것의 가치 추구를 말하며, 멋은 생활 공간을 위한 집(住)과 입는(衣)것의 가치 추구를 말한다. 이런 차원에서 맛과 멋의 용어는 한국인의 삶의 근원적 가치 추구를 표현하는 함축적 용어에 해당한다.

스포츠문화는 생활 세계에 침투되어 들어왔다. 일상 대화에서도 프로야구, 축구가 주제가 되고 그 경기를 보지 못한 사람은 대화에서 소외당한다. 이것은 스포츠가 얼마나 우리의 삶을 사로잡고 있는 가를 단적으로 보여 주는 좋은 예에 해당한다. 이처럼 우리 삶을 사로잡는 것은 바로 스포츠의 맛과 멋이라고 할 수 있다. 여기서 맛과 멋은 순수 우리말로서 스포츠의 심미 현상을 해석하는 적확한 용어이며, 스포츠의 미적 요소를 나타내는 말이다.

스포츠에는 맛(주체적인 심미 의식)과 멋(객관적으로 존재하는 심미 대상) 그리고 스포츠를 통한 미의 창조가 존재한다. 보는 스포츠를 통한 즐거움은 멋을 말하고, 행하는 스포츠를 통한 즐거움은 맛을 말한다. 이러한 전제하에 스포츠가 사람들을 사로잡는 것은 이 두 가지에서 기인한다고 본다. 그러면 왜 많은 사람들이 스포츠에 참가하는가? 이것을 바로 스포츠의 맛과 멋에 매료되어 참가하는 것이라 생각한다.

이 장에서 맛과 멋의 용어를 가지고 스포츠 심미 현상의 본질적 의미를 밝혀보고, 스포츠몰입이 어느 한쪽에 편향되면 스포츠 발전의 불균형을 초래한다는 사실을 밝힐 것이다. 단적인 예로 현대 스포츠가 스포츠 멋에 너무 편중되어 스포츠 본래의 역할을 하지 못하고 있다.

이러한 현대스포츠의 왜곡된 양상을 고대 그리스, 로마의 역사적 고찰을 통해서 현대스포츠가 너무나 스포츠의 멋에 편향되어 있기 때문에 바로 스포츠의 정체를 가져왔다는 사실을 살펴보고, 이와 같은 역사적 교훈을 현대스포츠에 제시하여 현대스포츠의 가야할 길에 대하려 살펴보려고 한다.

스포츠의 맛

스포츠 멋은 보는 스포츠를 통해 얻는 즐거움의 결과라고 한다며 스포츠 맛은 행하는 스포츠를 통한 즐거움의 결과이다. 이처럼 스포츠 맛과 멋은 모든 사람이 얻을 수 있지만 그 강도는 분명 다르다고 할 수 있다. 스포츠의 독특한 맛을 통해 얻는 즐거움은 개인 차이에 따라 그 맛의 강도가 달라진다.

스포츠 맛은 시각적인 감상에서 오는 것이 아니라 체험을 통한 개인만의 주체적인 지식이다. 이것은 자신이 직접 경험하는 일종의 '체험의 미'에 해당한다. 이것은 보는 스포츠가 아니라 행하는 스포츠만이 가져다주는 인류를 위한 선물이다. 또한 직접 땀을 흘리지 않고 얻을 수 없다. 어느 정도 절정체험의 상태에서만 얻을 수 있다. 이것은 인식 주체적 신체의 독특한 앎이며, 암묵적이고 전반성적인 앎이다.

이 맛은 말로 표현 할 수 없는 맛이다. 인간 움직임을 행하는 스포츠 과정을 통해서만 이 독특한 맛을 알 수 있다. 한 예로 1994년 미국 월드컵 스페인과의 예선전에서 서정원 선수는 골인시킨 순간의 기분은 말로 표현 할 수 없다고 TV 인터뷰에서 말했다. 바로 이것은 말로 표현 할 수 없는 스포츠의 독특한 순간의 미에서 얻을 수 있는 스포츠의 즐거움이다.

사람들은 스포츠의 맛을 통한 즐거움을 체험하면 그 아름다운 체험을 대하여 잊지 못하고 오래 동안 향수에 빠질 수 있고 지속적으로 스포츠에 참여하게 하는 주요한 내적 동기 요인이 된다. 왜냐하면 스포츠에서 순간의 미가 항상 일어나고 있기 때문이다. 그러나 스포츠의 맛은 누구나 알 수 있는 것이 아니다. 직접 운동을 함으로써만 스포츠 특유의 맛을 경험 할 수 있다. 이처럼 스포츠 맛은 체험의 '전체성'이 달성되는 소위 주체와 객체의 통합을 나타내는 순간을 말한다. 즉 자기를 초월한 감정이라고 할 수 있다. 이런 사실은 다음의 글에서 확인 할 수 있다.

> "예를 들어 내가 자전거를 타고 일정한 목적지를 향하여 달려가는 순간에 나는 모든 것이 하나가 된다. 자기 자신과 자전거, 도로, 스피드 혹은 어떤 사물과의 사이에서도 구별이 없다. 애쓰지 않아도 그렇게 된다. 이때에 나는 모든 것이며 모든 것이 나이다. 이 같은 현상은 우리가 농구를 할 때에도 달리는 것과 달리기 선수, 농구공과 선수가 하나가 됨으로써 신체에서 의식성이 일치된다. 일단 관중, 코치, 비판, 환경이 소실될 때에 기술이나 작전에 관한 인식적 배려가 축소되며, 이런 것이 배제될 때 플로우(Flow), 일체감(oneness) 혹은 절정 체험이 생긴다"(이진수 역, 1995).

이때의 느낌이 스포츠 맛이다. 미의 체험은 무욕의 세계로 객관과 주관이 일치되는 절정의 순간, 몰아의 일치, 무아지경의 신비한 경험에 도달하는 순간에 나타난다. 이 맛은 독서 삼매경에 빠진 사람의 상태로 바로 자유롭고 해방된 공간인 미의 영역에 비유될 수 있다.

예를 들어 음식을 먹을 때 우리는 맛있는 음식에 젓가락이 가고,

입으로 향한다. 맛은 먹었을 때 체험하는 인식 주체적 신체의 작용을 통한 앎이며, 이때의 맛은 주관적인 앎이다. 이 맛은 사람들이 각자 체험된 앎을 인지하고 있어 같은 음식, 맛있는 음식점을 찾는 이유에 해당한다. 순수한 '맛'은 인간의 가치 지향성이다. 이러한 맛은 말로 표현해 버리면 그 때 그 맛은 이미 사라지고 만다. 즉, 본래적인 앎의 의미를 떠나 버린다. 한 번 맛본 음식은 먹고 나서 과학적으로 성분을 분석하여 파악하고, 그것을 합성해서 음식을 만들 때 이전의 '맛'과 거리가 멀어진 음식일 뿐이다.

이런 예와 같이 스포츠 장을 통해 얻어지는 인식 주체적 앎은 '스포츠 맛'이라 말할 수 있다. 스포츠의 맛은 체험을 통해 알 수 있는 것으로 음식의 맛과는 유사하다. 그러나 스포츠의 맛은 대근 활동을 통해 얻는 생생한 살아 있는 앎이다. 그렇기 때문에 스포츠의 맛은 스포츠 참가자들의 지속적인 운동을 가능하게 한다. 이것은 음식의 예처럼 음식을 맛본 사람이 맛있는 음식을 찾는 경향과 마찬가지다. '스포츠 맛'을 한 번이라도 맛본 사람은 지속적으로 스포츠 활동을 한다. 이것은 분명 스포츠의 맛이 촉매제 역할을 하고 있음을 간접적으로 증명하는 것이다.

따라서 저자는 스포츠 속에서 참가자들의 몰입 단계에 도달된 상태에서 얻는 기쁨을 '맛'이라는 용어로 규정한다. 여기서 '맛'은 이미 많은 학자들이 정의한 용어가 있다. 그 대표적인 용어로 Thomas(1972)의 완전한 순간(Perfect Moment)과 CsiKszentmigalyi와 Macaloon(1977)의 흐름(Flow), 그리고 Maslow(1971)의 정상경험(Peak Experience)과 Dewey(1968)의 미적경험(Aesthetic Experience) 등이 있다. 이러한 용어들은 스포츠의 맛과 동일한 차원의 미적 체험을 지칭한다. 도교사상에서 완전한 도(Perfect Tao)의 순간과 선불교에서의 사토리(Satori) 그리고 불교에서의 열반(Nirvana) 혹은 '무아(No-Self)의 경지와 오율자(1994)의 신명체험' 등으로 표현되는 이런 용어를 스포츠 맛이라고 정의한다. 여기서 '맛'은 스포츠 삶의 총체적인 함축적 용어이다.

스포츠의 멋

스포츠의 멋은 시각적 즐거움을 의미한다. 일부 스포츠에서는 미적 대상이 승패의 결과가 된다. 이런 경기는 상대와의 경쟁보다는 아름다움과의 경쟁이다. 이런 스포츠종목은 다이빙, 피겨스케이팅, 리듬체조, 수중발레 등이고 이런 대표적인 스포츠에는 멋이 존재한다. 그래서 멋은 많은 사람의 시선을 집중시킨다.

이것은 음악 감상이나 영화 감상 그리고 미술전람회 감상과 동일한 차원의 감상이다. 아름다운 것에 대한 인간의 의식의 지향점은 일치한다. 그 아름다운 순간이 바로 스포츠의 멋이다. 스포츠 멋은 쉽게 경험할 수 있는데 그 대표적인 것이 관람 스포츠에서 얻을 수 있다. 직접 경기장에 가서 보는 시각적 효과도 있지만 TV라는 대중매체를 통해서 간편하고 쉽게 순간의 미를 얻을 수 있다.

우리는 스포츠 현장에서 2미터 이상의 장신 농구선수가 민첩하게 날아 솟구쳐 내려찍는 덩크슛과 체공시간을 이용한 멋진 드라이브슛, 배구의 6명이 하나 되어 만들어 내는 전광석화 같은 시간차 공격, 백어택의 시원하고 통쾌한 미는 보는 이로 하여금 시원함을 느끼게 한다. 다이빙의 공중 동작과 입수 동작의 미, 수중발레의 물 속의 율동미, 체조, 스키 점프의 시원하고 짜릿한 맛은 바로 미적 순간을 통해 얻을 수 있는 절정 체험으로 이를 미적체험, 다른 말로 카타르시스라고 말할 수 있다. 그러면 이러한 미적 체험을 볼 수 있는 스포츠의 멋의 한 예로서 다이빙, 싱크로 나이즈드 스위밍, 스카이다이빙, 피겨 스케이팅의 멋을 차례대로 살펴보자.

우선 다이빙은 지상에서 3미터의 공중에서 물로 뛰어내리면서 공중 동작의 연기를 통하여 아름다움을 평가 대상으로 하는 스포츠이다. 다이빙의 각 군의 유형은 그 멋이 각각 다르다. 그리고 구름 대에서 뛰어오른 다음 입수까지의 공중 동작은 독특한 멋을 감상하게 한다. 물 속으로 입수시 적은 물거품으로 떨어지는 그 순간의 미를 감상 할 수 있다.

싱크로나이즈드 스위밍은 말 그대로 음악에 맞추어 헤엄치며 그 아름다움을 포메이션의 변화로 겨루는 것이다. 솔로와 듀엣 그리고 4~8명의 팀 경기는 그 스포츠의 멋을 더해 준다. 특히 수직 자세에서 두 다리가 수면 위에서 동작과 물 속으로 물구나무를 서고 수행하는 연기의 장면은 미적 쾌감의 극치를 보여준다. 또한 8명의 집단 경기는 전체의 율동미의 최고의 환희를 가져다 준다.

1994년 미국 월드컵 축구는 한국의 선수들이 경기를 포기하지 않고 경기 종료까지 최선을 다해 선전하였다. 이 과정에서 홍명보의 추가 골은 TV로 지켜보는 국민들에게 가슴 뭉클한 찡한 감동을 느끼게 하였다. 시원스러운 중거리 골은 보는 이로 하여금 감정의 정화를 가져다준다. 미국의 월드컵 관전을 위해 전 세계의 축구 팬이 모여들어 인산인해를 이루었다는 사실 자체만으로 축구의 멋은 말할 수 없을 정도로 대단한 것이다. 심지어 시민의 자발적인 모임인 '축구를 사랑하는 모임'이 있을 정도로 축구의 멋을 통한 즐거움을 아는 이들이 많다.

스카이다이빙은 일명 공중 곡예라고 불린다. 12,500피트 정도에서 낙하 공중 유영을 한다. 일정 고도 1,500피트에서 낙하산을 펴야 한다. 비행기에서 뛰어내린 다음의 공중 유영은 인간이 하늘을 날고 싶다는 욕망의 표현이다. 새처럼 하늘을 날면서 집단으로 보여주는 스카이 쇼는 보는 이에게 감탄을 가져다준다. 경축 행사에 빠지지 않는 스카이 쇼는 인간의 멋에 대한 극치의 표현이다.

피겨스케이팅은 스케이트로 활주하면서 빙상에서 여러 가지의 곡선을 그리는 것을 말하며, '빙상의 예술' 이라고도 한다. 왜냐하면 이것은 빙상에 스케이트의 에지로 그린 곡선의 도형, 아름다운 자세, 약간의 스피드를 지닌 활주로 우열을 가르는 스포츠이기 때문이다. 그리고 피겨에서의 예술적 인상은 빙면 위의 음악과 관계되는 평면상의 구성, 강제적이거나 자유로운 것에서 스핀의 난이 계수, 점프에서의 난이도가 예술적 인상의 강도를 정해 준다. 그리고 음악, 의상, 신체미, 스케이트 기술이 완전히 조화와 일치가 될 때의 미는 예술적 인상으로 스포츠의 멋을 통한 즐거움으로 나타난다.

결국 스포츠의 멋은 객관적으로 존재하는 심미 대상이다. 스포츠의 멋은 스포츠 맛과 상호분리 되어진 것이 아니라 스포츠의 심미 현상의 한 부분이다. 따라서 스포츠의 맛을 아는 사람은 스포츠 멋을 이해하는 심미안을 가질 수 있다. 그러면 스포츠 맛과 멋의 중용에 대하여 살펴보자.

스포츠 맛과 멋의 중용

스포츠의 심미 현상의 본질적 양면성으로 주관적인 심미 의식을 스포츠의 맛이라 규정하였다. 여기서 맛은 행하는 스포츠를 통한 즐거움을 말한다. 반면에 객관적으로 존재하는 심미 대상을 스포츠의 멋이라 규정하였다. 스포츠의 멋은 보는 스포츠를 통해 얻는 즐거움이다. 따라서 스포츠 맛과 멋의 양면성은 상호 이원적으로 존재하는 것이 아니라, 상호 보완적인 필수 불가결한 요소이다.

우리가 스포츠를 하는 것은 멋의 최고 단계에 도달하려는 끊임없는 시도이다. 이것은 시지프스의 신화에서처럼 끊임없는 도전이다. 그 과정 중에 자신이 설정한 단계에 도달하면 절정체험으로 스포츠의 맛을 맛보게 되고, 이것이 가장 아름다운 객관적인 심미대상으로 표출된다. 그러므로 스포츠 맛과 멋은 불리 된 것이 아니다. 스포츠의 맛을 아는 만큼 멋을 알 수 있고 낼 수 있다.

결국 스포츠의 심미 현상은 스포츠 맛과 멋의 균형적인 미를 말한다. 스포츠의 심미 체험은 스포츠의 맛과 멋의 조화 상태에서 가능하고, 이것은 스포츠의 정체와 존재당위성에 기여한다. 스포츠의 심미체험을 인식할 수 있는 것은 스포츠의 맛과 멋의 중용적 관계를 통해서만 인식 할 수 있다. 만약 스포츠의 맛을 유일하게 추구한다면, 스포츠의 심미현상을 좀처럼 인식하기 어렵다.

예를 들어 지금 살 빼기가 모든 사람의 관심거리로 다이어트가 유행처럼 번지고 있다. 음식의 맛을 계속해서 추구하다 보면 비만으로 몸의 비대화로 신체의 불균형을 초래하여 외면적으로 보기 흉한 형상을 할 수 있다. 또한 비만인 사람은 성인병의 발병율이 일반인보다 높게 나타나고 있다. 반면에 멋만을 지나치게 부리다 보면 내실이 없는 외화 내빈의 모습으로 나타날 수 있다.

다시 말해서 맛에 대한 편중으로 비만증인 사람의 외형적인 불균형과 보기 흉한 형상과 나아가 성인병으로 조기 사망이 일반인 보다 높다는 사실을 국가에 비유하면 쉽게 설명이 가능하다. 국가의 스포츠 정책이 스포츠 맛과 멋 중에서 한쪽에 편중되면 비만인 사람처럼 불균형으로 스포츠의 정체를 가져오고 국가 미래에 발전의 장애가 될 수 있다는 가정을 해 볼 수 있다.

따라서 우리가 스포츠를 통해 얻을 수 있는 심미체험은 바로 스포츠의 맛과 멋의 중용적인 관계에서 가능하다. 여기서 중용은 지나침이 없고 그렇다고 모자라지 않는 조화적인 관계를 나타내는 말이다. 중용의 미가 바로 스포츠의 심미현상이라고 할 수 있다. 이와 같은 사실을 통하여 로마시대의 스포츠 맛과 멋의 불균형 때문에 중세 스포츠의 정체를 가져왔다는 해석이 가능하다. 이런 맥락에서 스포츠 맛과 멋의 불균형이 현대스포츠의 정체와 존재 당위성에 위험을 가져 올 수 있다는 사실을 역사적 상상력을 통해 그 전례를 그리스와 로마에서 찾아보고자 한다.

역사를 통해서 본 스포츠의 맛과 멋

지금까지 스포츠에서의 맛과 멋이 어떤 것을 의미하는 지를 간략하게나마 살펴보았다. 이를 바탕으로 현대스포츠에서 스포츠 맛과 멋을 통해 얻는 즐거움의 불균형으로 발생되는 문제를 고대 그리스와 로마의 역사적 사실을 통해 성찰해 보았다.

그리스인은 신체미에 대한 예리한 눈을 가졌기에 무기력이나 컨디션의 결여나 또는 불안전한 발달은 등한시된 교육의 한 증거이며 치욕이라고 여겼다. 젊은이들은 조화를 이룬 신체를 갖도록 노력할 필요가 있으며 운동도 미적 규준에 따라서 행해지지 않으면 안 된다고 생각했다.

원래 그리스인은 미술, 문학, 음악 등에 높은 예술적 수준을 갖고 있었기 때문에 신체미나 완전성을 나타내는 일정한 형을 발달시켰다. 그들은 힘이나 속도나 지구력의 기록 수립보다는 수행하는 운동의 형식, 우아성, 또는 기술을 보다 중요시했다. 결국 그리스는 스포츠의 맛과 멋의 균형적 몰입을 즐겼다.

반면에 로마에서 경기는 직업선수의 독점 물이 되어 스포츠의 멋의 홍행적 경기로 되고 말았다. 그들은 노예, 죄인, 전쟁 포로 또는 맹수를 서로 싸우게 하는 격투, 검투장, 마상창 시합, 전차경주 등 유혈적이며 잔인한 시합을 열광적으로 관람하는 것을 즐겼다. 결국 로마의 스포츠 맛과 멋의 불균형은 스포츠의 정체를 가져왔고 국가 멸망의 한 원인으로 작용했다.

잔인한 경기를 좋아하는 이유는 로마인이 오랫동안 끊임없는 전쟁으로 말미암아 그들의 성격이 야수적이며, 잔인성을 띠게 됨으로써 이러한 자극적이며 유혈 스포츠에만 열중하였다. 특히 정치가들은 그들의 정치적 목적과 지친 시민들의 인심을 얻기 위하여 많은 경기를 개최하였다. 이 사실은 김오중(1984)의 글에서 잘 나타나고 있다.

> "로마 경기회는 공화제 후기와 제정주의 시대에 이르러 그 회수도 많아지고 그 화려함도 놀라울 정도였다. 대원형 경기장은 훌륭하게 장치된 시설로서 흥미를 자아내는 흥행과 그리스의 영향을 받은 새로운 경기가 행해졌다. 공화정 말기에는 1년에 76일이라는 많은 경기 대회가 열렸으며 마르크스 아우렐리우스(Marcus Aurelius)황제 때는 135일이 행하졌고, 354년경에는 175일이나 축제일이 기록된바 있었다. 국가는 막대한 금액을 공적인 경기회를 행하는데 사용했다. 대중의 인기를 얻으려는 야망에 불탄 소장 정치가는 경기회의 비용을 부담하기 위해서 사재를 털어 국가 재정에 기부하면서까지 경기회를 개최하였다."

지금까지 그리스와 로마의 전형적인 스포츠문화에 대하여 살펴보았다. 그리스는 행하는 스포츠를 통해 얻는 스포츠의 맛과 보는 스포츠를 통해 얻는 스포츠의 멋의 균형적 즐거움에 대한 몰입을 지향했던 국가이다. 음악과 체육을 통해 인간의 정신과 육체의 균형적 발전을 도모하였다. 특히 그들은 신체미를 위해 많은 시간을 투자하였는데 이것은 스포츠의 맛과 멋을 즐길 수 있었다는 것을 알게 해준다.

반면에 호화로운 테르마에(Thermae)에서 안락한 생활을 즐기는데 열중했던 로마인들은 호사스러운 음탕한 생활을 탐닉하였다. 또한 그들의 도덕 및 신체적 퇴폐가 극도에 달하였다. 이것은 스포츠의 멋에 너무나 치우쳐 국가 멸망의 한 부분으로 작용했다는 사실이다. 보는 스포츠의 멋에 열중한 후기 로마체육은 현대스포츠의 상업화, 흥행화, 직업화와 서로 일치하는 점이 많다.

우리나라의 5공화국 시기에 스포츠 공화국으로 불려질 정도로 보는 스포츠의 전형적인 예인 야구와 축구를 프로화 하여 붐을 일으킨 것은 국민을 우민화시켜 정치에 대한 무관심을 조장하려는 의도가 있었다는 것은 주지의 사실이다. 그러나 무엇보다도 5공화국의 스포츠 정책이 스포츠의 멋에 너무나 편중시켜 스포츠의 맛에 대한 국민의 권리를 막았다는데 문제의 심각성이 있다.

스포츠의 맛과 멋을 즐기자

이상의 글에서 스포츠 심미현상의 본질적 양면성인 스포츠의 맛과 멋의 용어를 가지고 스포츠의 이상적 발달의 모형을 살피고, 고대 그리스와 로마의 전례를 들어 스포츠의 맛과 멋의 의미를 현대스포츠 상황에서 살펴보았다. 그 결과 스포츠의 맛과 멋을 통한 즐거움의 중용적 몰입이 필요하다는 교훈을 살펴 볼 수가 있었다.

인간은 아름다움에 대한 미적 욕구를 가지고 있다. 이것은 스포츠에서도 예외가 아니다. 스포츠에는 맛과 멋을 통한 즐거움이 공존하는데 스포츠의 맛과 멋을 통한 즐거움은 스포츠가 사람들을 열광하게 하고 관심을 가지게 하는 것이다. 그러나 지금의 우리의 현실에서는 스포츠의 맛과 멋이 균형적인 조화가 되어야 하는데, 많은 사람들이 육체적 편안함을 위해 시각적인 미적 체험을 하려고 스포츠의 멋에 몰두하고 있다. 반면에 신체 활동의 움직임의 미적 체험을 통해 얻는 스포츠의 맛이 추구되고 있지 못하다.

스포츠의 발전은 스포츠의 맛과 멋의 균형 몰입에 있다. 스포츠의 맛과 멋을 통한 균형적인 몰입 체험을 모든 국민이 향유 할 때 인간의 삶의 질을 좀더 향상시킬 수 있다. 문제는 프로 경기의 활성화로 스포츠 멋에 사로잡혀 스포츠 맛에 대한 결핍을 양산하고 있으며 스포츠 발전을 저해하고 있다.

이제 우리는 저마다 스포츠 미의 본질을 회복하고 자신의 스포츠를 즐길 권리를 찾기 위해서 매스미디어에 길들여진 스포츠의 멋에서 벗어나서 스포츠에 몰입하여 땀을 흘리고 나를 잊어버리고 스포츠의 삼매경, 즉 미적 체험의 스포츠 맛과 멋을 통한 중용적인 즐거움을 즐길 수 있어야 한다. 이것이 바로 현대 스포츠가 가야할 길이다.

제9장 | 스포츠의 힘 : 이해와 활용

이 글은 힘에 대한 연구 분야에서 귀한 업적을 남기고 지금은 고인인 된 고범서 교수(2002)의 『파워 : 힘에 대한 연구』에서 아이디어를 얻었다. 그는 앞의 책에서 힘의 균형적 사용의 중요성을 역설하고, 힘에 대한 올바른 이해를 통하여 힘이 남용되고 악용되는 것을 막아야 한다고 거듭 강조한다. 특히 그는 제도적 장치를 통해서 힘의 남용과 악용을 견제할 수 있는 대항력을 갖추어야 한다고 주장한다. 이러한 힘에 대하여 그는 외향적 힘으로 물리적, 경제적, 정치적, 국제적 힘을 규정하고, 내향적 힘으로 존재론적 힘, 심리적 힘, 혼의 힘, 정신적 힘 등으로 분류하고 그 독특한 힘에 대하여 탐구하고 있다.

그의 책에서 얻은 힘에 대한 이해를 바탕으로 저자는 스포츠의 힘이란 과연 무엇인가에 관심을 집중하였다. 앞의 다양한 힘과 비교하여 스포츠의 힘이 가지는 차이점은 과연 무엇일까, 이들 영역의 힘들과 스포츠의 힘은 별 차이가 없을까. 분명 스포츠의 힘은 경제적 힘이나 정치적 힘, 매스미디어의 힘과는 다른 차원의 힘이 있을 가지고 있지 않을까. 이러한 의문은 스포츠의 힘에 대한 연구를 통하여 구체화 하였다. 대개 스포츠의 힘이 무엇인가를 일반인들을 대상으로 묻게 되면 대다수가 스포츠의 물리적 힘, 근력을 말한다. 이러한 오해를 없애는 것은 스포츠의 힘에 대하여 이해를 하도록 하는 것이다. 이외에도 스포츠에서 남용되고 악용되는 힘에 대하여 알아보고, 스포츠의 힘의 긍정적 및 적극적 활용 방안올 찾아본다.

이 글이 필요한 이유는 스포츠의 힘에 대한 정확하지 못한 이해 때문에 힘의 악용과 남용하는 일들이 생겨나고 있기 때문이다. 스포츠를 통해서 체력을 연마하여 조폭의 행동대장이 되거나 조직을 확장하여 세를 늘리고, 아니면 타인을 괴롭히는 일에 사용한다든가, 또는 지역사회 갈등을 조장하는 문제를 발생시킬 수 있다. 따라서 스포츠의 힘에 대한 긍정적 차원에서 어떻게 이해하고 활용할 것인가에 대한 연구는 필요하다. 이 부분에 대한 사회학적 연구는 현상적인 부분에서 어느 정도의 성취를 이뤄내고 있지만 근본적인 힘이라는 실체에 대한 규명은 아직 없었다고 본다. 철학적인 입장에서 볼 때, 스포츠가 정화, 통합, 평화에 기여하는 있는가. 스포츠의 힘은 무엇인가에 대한 실체는 발견하는 것이 우선적으로 필요하다.

스포츠의 힘은 체력과 같은 신체적 힘을 연상할 수 있지만 이 글에서 다루고자 하는 힘은 보이지 않는 힘을 말한다. 눈으로 확인할 수 없는 스포츠의 힘에 대하여 찾아보는 것이다. 2002년의 대한민국을 하나로 만들 수 있었던 힘의 실체는 과연 무엇이었을까. 주말이면 학교운동장이나 한강 고수부지에 나와 운동하는 사람들은 어떤 스포츠의 힘에 이끌려 운동을 하게 되었을까, 올림픽이나 월드컵축구에 열광하는 이유는 어디에 있을까. 이 모든 궁금증을 찾아내서 그 궁금증을 해소하는 것은 스포츠의 힘을 이해하는 일이다.

이 글의 목적은 스포츠의 힘에 대한 이해와 활용에 대하여 알아보는데 있다. 이를 위하여 스포츠의 힘을 개인적, 사회적, 국가적 힘으로 구분하여 각각의 문제를 설정하였다. 연구문제는 스포츠의 개인적 차원의 힘은 무엇이고, 정화장치로서의 역할을 할 수 있는가? 둘째, 스포츠의 사회적 힘은 무엇이고, 통합장치의 역할을 수행하는가? 셋째, 국가적 차원에서 스포츠의 힘은 무엇이고, 과연 평화를 유지하는데 유용한가? 이러한 문제에 대한 해답은 스포츠의 힘에 대한 올바른 이해에서 시작된다. 힘은 일방적인 행사를 할 경우 위험성이 높다. 힘은 힘으로 견제할 때 힘의 남용과 악용을 제한할 수 있고, 잘못된 일에 힘을 사용하지 못하게 할 수 있다. 힘에 대한 대항력이 그래서 필요한 것이다.

스포츠의 힘 : 이해

스포츠의 힘에 대한 긍정적 이해를 위해 외향적 힘과 내향적 힘으로 구분하여 알아본다. 내향적 힘은 힘의 실체가 확연하게 보이지 않지만 그 힘의 존재를 부인하기는 어렵다. 예를 들어 군사력, 경찰력과 같은 물리적 힘 또는 정치적 권력이나 경제적 힘과 같은 외부적 힘을 말한다. 반면에 내향적 힘은 심리적 힘, 정신적 힘, 혼의 힘과 같은 내부적 힘을 말한다(고범서, 2002: 11).

1. 스포츠의 외향적 힘

스포츠의 힘의 외향적 부분은 물리적 힘을 증강시키는 것에 몰두한다. 이 힘은 눈으로 확연히 확인 할 수 있는 힘이다. 이러한 힘에 대한 이해를 하기 위한 적절한 예가 스포츠과학의 힘이다. 특히 승리와 기록 경신을 위한 과학적인 훈련방법과 훈련장비에서 볼 수 있다. 스포츠생리학, 스포츠심리학, 운동역학, 트레이닝 방법론 같은 예는 인간 신체의 물리적 힘을 증강시키는 것에 대한 연구와 적용이다. 올림픽이나 월드컵 축구에서 좋은 기록은 결국 스포츠과학의 힘이라고 역설한다. 그것은 인간의 신체를 과학적인 통제와 관리를 통하여 물리적 힘을 향상 시킨 결과이다. 대표적인 경우가 역도이다. 역도의 경우 순발력과 물리적 힘의 증가를 통해서 승리를 하게 되는 대표적인 경기이다. 무거운 무게를 들어 올릴 수 있는 힘은 체력을 강화하는 과학적인 트레이닝의 결과이다.

베이징 올림픽 역도에서 세계신기록을 수립한 장미란의 경우 스포츠과학의 힘의 결과이다. 체계적인 훈련과 과학적인 분석을 통해서 힘을 분산을 막고 집중하여 연습하였기 때문에 가능했다. 하지만 과학의 힘에 의한 스포츠의 외향적 힘만으로 달성할 수 있었던 것이 아니라 정신적 힘, 혼의 힘, 종교적 힘이 장미란 선수의 내면에서 힘을 키웠기 때문에 세계신기록을 달성할 수 있었다고 볼 수 있다. 외향적 힘과 내향적 힘의 조화와 균형의 결과라고 봐야한다. 어느 한쪽 힘에 의한 결과라고 평가하는 것은 불확실 하다.

앞의 경우는 물리적 힘을 긍정적 활용을 통하여 얻게 된 성과이다. 하지만 물리적 힘을 잘못사용하면 타인에게 상해를 입히거나 싸움에서 활용될 수 있다. 무도인과 싸움꾼의 차이는 물리적 힘의 사용에 따라서 구분된다. 물리적 힘을 악용하는 경우는 싸움꾼에 불과하다. 힘을 부정적으로 사용했기 때문이다. 무도인은 물리적 힘과 정신적 힘의 조화와 균형으로 자신의 행위를 도덕적 행위로 승화한다.

이처럼 힘의 부정적 측면은 힘을 악용하고 남용하는데서 찾을 수 있다. 군사적 힘의 악용은 제국주의 시대의 식민지 건설에서 나타난다. 군사적 힘이 약한 국가는 강대국으로부터 식민지 지배를 받게 되었다. 단지 힘이 없다는 이유 때문에 식민지 국가로서 지배를 받아야 했다. 힘의 악용과 남용은 스포츠에서도 발견된다. 기록과 승리를 위한 스포츠과학의 힘의 경우이다. 스포츠과학의 힘의 결과라고 할 수 있는 도핑이나 과잉된 훈련 방법에 의해서 선수 개인의 신체적 항상성의 붕괴 내지는 피로누적 그리고 사망에 이르게 할 수 있다. 대표적인 스포츠과학의 남용은 도핑물질의 개발이다. 신기록과 승리에 대한 집착은 인간 자신의 자연적인 힘이 아니라 약물에 의한 물리적 힘에 의존하게 하였고 또한 이를 남용하게 만들었다.

스포츠에는 긍정적인 측면만이 나타나는 것이 아니라 병리현상과 일탈이 존재한다(이래화, 1993; 정준영 역, 2001; Eric Dunning, 1999). 이러한 현상은 스포츠의 힘에 대한 남용내지 악용에서 그 원인을 찾을 수 있다. 신기록과 승리를 하기 위한 명분으로 과잉된 신체를 양산하는 약물과 지나친 훈련 그리고 체벌을 빙자한 폭력, 폭력화 된 홀리건과 같은 응원단의 행위를 정당화 한다. 물리적 힘의 강화를 위한 스포츠과학의 남용은 경기에서 좋은 결과를 얻을 수 있지만 선수의 생명과 인권은 상실내지는 도구화 될 위험성이 높다. 이러한 현상의 결과는 모두 스포츠의 힘 중에서 외향적 차원의 힘을 추구하기 때문이다. 이를 예방하거나 막을 수 있는 또 다른 힘에 대하여 알아보자. 그것이 스포츠의 내향적 차원의 힘이다.

2. 스포츠의 내향적 힘

눈에 보이는 것보다 보이지 않는 것은 더 중요하다. 스포츠의 힘의 경우에도 눈으로 확인할 수 있고 또한 확인되는 물리적인 힘이다. 기록과 승리를 위한 신체에 가해지는 훈련은 결국 보이는 힘의 증강을 의미한다. 하지만 눈으로 확인할 수 없는 힘의 존재에 대한 탐구와 이해도 필요하다. 그 힘은 바로 내향적인 차원의 힘이다. 대표적인 예가 정신적 힘이다. 정신적 힘을 다음의 글에서 확인해 보자.

> 정신은 혼의 작용과 지능의 작용을 포괄하며, 나아가서는 가장 넓고 가장 심오한 예술적 및 윤리, 종교적 세계와 무의식의 세계까지 포괄하는 가장 넓고 가장 높은 형성적 원리이다.....정신은 혼의 작용까지 포함한 여타의 모든 인성적 요소들을 통어한다. 정신은 인성의 가장 깊고, 가장 넓고, 가장 높은 요소로서 인성의 최종, 최고의 통어력이다. 이 같은 정신적 힘의 작용은 인성의 통어력으로서의 정신적 힘과 자아초월적인 정신적 힘이다(고범서, 2002).

인성의 통합적인 정신적 힘은 인격의 통합의 역할을 수행한다. 인간 각자의 생득적 가능성을 실현하는 힘을 가지고 있다. 이를 자아실현의 힘이라고 명명할 수 있다. 개인의 가지고 있는 잠재력을 현실화할 수 있는 힘은 정신적 힘이다. 자아는 항상 비존재라는 장애를 만나게 된다. 그 장애를 극복하는 것은 정신적 힘이다. 그래서 자아가 비존재를 넘어서 실현하게 된다. 결국 스포츠에서 선수들이 직면하는 슬럼프, 고원을 만나게 된다. 이러한 것은 선수들의 잠재력을 실현하는데 장애가 되는 것들이다. 장애를 이겨내는 것은 정신적 힘뿐이다. 물리적 힘으로 자아를 방해하는 비존재를 해결할 수는 없다. 이러한 비존재는 개인에게만 존재하는 것이 아니라 사회, 국가차원에서도 존재한다.

예를 들어 자기정화, 사회통합 그리고 국가평화 등은 눈으로 확인할 수 없지만 힘의 존재를 부정할 수는 없다. 힘이라는 실체가 있기 때문에 감정의 정화와 사회통합 그리고 국가평화가 기능하고 역할을 한다. 그것을 물리적 힘으로 가능하게 할 수 있지만 일시적일뿐 지속성을 얻을 수 없다. 이러한 힘은 기록과 승리보다도 더 큰 차원의 힘을 발휘한다. 개인보다는 사회나 국가 차원에서 발휘되는 힘이다. 개인에게 한정되는 물리적 힘보다는 사회나 국가에서 통용될 수 있는 화합과 조화의 힘이다. 그 힘은 결국 인간의 삶과 스포츠의 존재 의미를 규명하는 것이 된다.

지금까지 스포츠의 힘을 외향적 차원과 내향적 차원으로 구분하여 알아보았다. 힘의 사용에 따라서 긍정적 측면으로 활용할 수 있는 반면에 잘못사용하면 부정적 측면으로 사용될 수 있다. 힘의 이해와 활용 차원에서 힘의 성격을 파악하고 힘의 저항과 견제가 필요하다. 힘을 통제하는 것은 외향적 힘보다는 내향적 힘이다. 내향적 힘의 하나인 정신적 힘은 인성의 모든 것을 통제할 수 있는 능력을 가지고 있다. 정신은 통제하고 조절할 수 있기 때문에 정신적 힘에 대한 활용이 필요하다.

이러한 맥락에서 스포츠의 힘을 함부로 남용과 악용하면, 권력의 횡포와 물리적 파괴력으로 이용될 수 있다. 그것은 스포츠가 정치나 경제적 도구내지는 수단이 사용될 때 나타 날 수 있다. 그 피해는 그대로 시민들이 당한다. 이를 예방하기 위해서는 힘의 남용과 악용에 대한 견제와 저항이 필요하다. 그래서 스포츠의 힘이 긍정적으로 활용되이 인류의 화합과 평화 그리고 국가발전에 활용될 수 있음에 수목하는 것이다. 이를 위해서는 스포츠의 힘에 대한 긍정적 활용이 필요하다. 만약 스포츠의 힘을 잘못사용하면 정치적 도구내지는 조폭의 싸움에서 타인을 괴롭히는 것으로 작용할 수 있기 때문이다. 작게는 타인에게 피해를, 사회적으로 질서의 파괴를, 국가차원에서는 갈등과 대립을 가져올 수 있다.

스포츠의 힘 : 활용

힘은 보이지 않는 실체이며 어떤 대상을 움직이게 하는 근원을 의미한다. 힘은 물리적인 힘이 있고, 공권력과 같은 정치적 힘이 있다. 여기에 경제적 힘, 사회적 힘 등 무수히 많은 힘들이 존재한다. 이 장에서는 스포츠의 힘의 세 가지 차원에 대하여 고찰한다. 특히 중점을 둔 사항은 스포츠의 힘에 대한 이해를 넘어선 활용이다. 나는 스포츠의 힘의 긍정적 측면을 강조하는 차원에서 세 가지로 규정하여 보았다. 세 가지로 구분한 근거는 세계의 구성요소를 개인, 사회, 국가로 인식하기 때문에 이에 근거하여 적용한 것이다. 첫째, 개인적 힘으로 정화장치를 들 수 있고, 둘째, 사회적 힘으로 통합장치 그리고 셋째, 국가적 힘으로 평화장치를 말 할 수 있다.

1. 개인적 힘 : 정화 장치

스포츠가 개인의 감정을 정화하는 정화장치가 될 수 있는가? 이 문제를 해결하기 위해서는 언론에 보도된 아주 늦은 이야기지만 미국 버지니아 공대 사건을 생각해 볼 필요가 있다. 버지니아 공대의 총기사건은 가해자 조승희를 포함해서 33명의 생명을 잃었다. 우리에게 아직도 생생하게 기억되는 이유는 한인 3세 교포학생이 사건의 당사자이기 때문이다. 한인이라는 이유 때문에 대통령은 미국 정부를 상대로 사과의 말을 할 수밖에 없었다. 약소국 대한민국은 이 사건으로 인하여 어떤 피해가 올 것을 두려워했기 때문이다. 이런 사실을 두고 현대판 사대주의라는 비판의 목소리가 높다.

여하튼 이와 같은 희대의 사건이 가능한 것은 잠재된 개인의 폭력성이 정화되지 않고 반사회적으로 나타났기 때문이다. 개인이 사회생활을 하면서 만나게 되는 각종 스트레스, 우울증, 짜증과 같은 나쁜 감정들이 정화되지 않고 오래 동안 유지되면 사회적 문제를 발생시킬 가능성이 높다. 총기 소지가 자유로운 미국의 특성 때문이라고 치부하기에는 뭔가 문제가 있다. 미국만의 문제가 아니라 국내에서도 가능한 일이기 때문이다. 그 가능성을 우울증에서 찾을 수 있다. 우울증이란 무엇인가. 다음의 글에서 확인해 보자.

> 우울증은 개인적, 사회적으로 막대한 손실을 초래한다. 개인적으로는 흥미상실, 의욕 저하, 무기력감, 대인관계 단절 등 부정적인 정서, 사회적 체험을 한다. 우울증이 장기간에 걸쳐 지

속되면 골밀도가 낮아지고, 고혈압이 생기며, 관상동맥질환의 가능성이 높아지는 등 신체적 문제도 발생한다. 직장에서는 결근이 늘고 생산성도 저하되는 문제가 초래된다. 무엇보다도 심각한 것은 우울증이 자살을 유발한다는 것이다(김병준, 2006).

우울증은 과잉된 스트레스에 그 원인을 찾을 수 있다. 스트레스를 적절하게 정화시키지 못하고 쌓여서 나타나는 것이 우울증이다. 우울증이 무서운 것은 자신의 감정을 스스로 조절하지 못하는데 있다. 현대사회의 무서운 질병이 암, 에이즈가 아니라 우울증이라고 할 수 있다. 우울증은 자살이라는 개인의 죽음만이 아니라 불특정 다수의 생명을 잃게 할 수도 있다. 우울증은 스트레스를 극복하지 못했을 때 직면하는 불쾌한 정서 상태를 말한다. 특히 우울증이란 세로토닌 호로몬이 감소되는 현상이다. 뇌에서 생성되는 이 물질은 우리의 저항력에 가장 귀중한, 암세포를 죽이는 특수한 T세포들을 강하게 하는 물질이며 우리 마음을 기쁘게 해주는 엔돌핀을 다량 배출 혹은 소량 배출하는데 영향력을 끼친다. 그래서 우울증에 매우 효과 있는 치료 방법 가운데 하나가 바로 운동이라 하겠다.

우리가 건강을 생각할 때 신체적 건강만을 생각하게 되지만 건강은 신체적, 정신적, 사회적, 영적 건강을 모두 포함한다는 사실이다. 그 중에서 현대인에게 필요한 것은 정신건강이다. 정신건강은 우리에게 아주 중요한 건강임에도 불구하고 관심이 적은 편이다. 정신건강은 운동을 통해서 유지 및 관리가 가능하다. 왜냐하면 스포츠 혹은 운동을 하면 카타르시스를 통해 나쁜 감정이 정화되어 건강한 정신을 유지할 수 있기 때문이다(이정학, 2000; 황정현, 2007; Menninger,

1960; Lorenz, 1966; Ardrey, 1966). 스포츠가 나쁜 감정들을 자연적으로 정화해 주기 때문에 정신건강의 증진에 효과가 있다. 이 때문에 스포츠 혹은 운동은 일종의 감정의 정화장치라고 할 수 있다. 예를 들어 물은 스스로 정화하는 자정작용 능력을 가지고 있기 때문에 어느 정도 오염이 되도 정화될 수 있다. 이처럼 인간 역시 감정을 스스로 정화할 수 있는 능력을 가지고 있다. 그것을 극대화 시키는 것이 스포츠라고 할 수 있다.

이처럼 우리의 나쁜 감정을 정화할 수 있는 정화장치가 필요하다. 스포츠 혹은 운동이 최고의 정화장치라고 말 할 수 있는 이유는 스트레스, 불안, 우울증은 운동을 통해 정화시킬 수 있기 때문이다. 이러한 나쁜 감정들을 정화시킬 수 있다면 약물복용과 의학의 힘을 빌리지 않고도 분명 정신건강을 유지하고 도움을 받을 수 있다. 우리는 정신건강을 위해서 감정의 정화장치로서의 스포츠와 운동을 생각해 보자.

누구나 집에 정수기를 한 대씩 가지고 있다. 물이 오염되었기 때문에 더 이상 물을 먹기 어렵게 되었기 때문이다. 좋은 물을 먹기 위해 정수기를 설치하는 것처럼, 건강한 정신을 갖기 위하여 운동이라는 감정의 정화장치가 필요하다. 돈이 들지 않는 감정의 정화장치로서 운동을 하는 것은 자신의 건강을 위하여 정수기를 설치하는 것과 같다. 좋은 물을 생각하는 것처럼 건강한 정신을 생각해야 한다면 말이다. 비유가 적합한지는 모르겠지만 정수기가 필요한 것처럼 나쁜 감정을 정화시킬 수 있는 정화장치가 우리에게 필요하다.

이상과 같이 개인의 감정의 정화장치로서의 스포츠가 그 역할을 할 수 있는가에 대하여 알아보았다. 급격한 사회발전과 이에 따라서 나타나는 무한경쟁으로 인하여 받게 되는 스트레스와 우울증과 같은 나쁜 감정은 약물과 의학의 힘에 의하여 치료받을 수 있겠지만 스포츠를 통하여 나쁜 감정을 정화하고 정신건강을 유지할 수 있다. 그렇기 때문에 예방차원에서 스포츠 활동을 권장할 만하다. 기쁜 마음으로 스포츠를 하다보면 나쁜 감정은 저절로 사라지고 만다. 이와 같이 정화장치로서의 스포츠의 역할은 스포츠가 가지는 개인적 힘의 특성이라고 할 수 있다. 그 실체는 보이지 않지만 스포츠를 통해서 감정을 정화할 수 있다는 사실만으로 스포츠의 개인적 힘은 정당화 될 수 있다.

2. 사회적 힘 : 통합 장치

사회적 힘은 국가를 통합할 수 있는 힘이다. 국가는 통합되어야 발전할 수 있을 뿐만 아니라 온 국민의 조화와 화합을 통하여 경제, 문화, 교육, 정치를 개혁하는 힘을 발휘할 수 있다. 통합되지 못한 국가는 반목과 갈등 때문에 서로간의 발전의 발목을 잡을 수 있다. 인류가 만들어 놓은 제도적인 것 중에 통합할 수 있는 힘을 가지는 것으로 종교와 스포츠가 대표적이다. 종교는 화합을 이루는 통합의 힘을 보여주지만 종교 간의 갈등과 대립 때문에 종교전쟁이 발생하고 그 피해 규모도 크다. 이에 비하여 스포츠의 경우는 종교에 비하여 상대적으로 분쟁과 갈등의 원인이 되기보다는 통합하는데 더 기여를 하고 있다는 것을 알 수 있다. 그 만큼 화합과 통합할 수 있는 힘을 입증하는 것이다. 그렇다면 스포츠가 최고라고 말하는 것은 아니다.

축구 역시 축구전쟁과 같은 부정적인 현상도 있었기 때문이다.

스포츠의 화합과 통합의 힘은 월드컵축구에서 찾을 수 있다. 특히 2002년 한일월드컵의 참여한 국내 응원단을 연상시킬 수 있다(이순형, 2005; 권순용, 김방출, 2003; 신동민, 2003; 이동연, 2002). 전국을 붉은 색으로 만들어 간 붉은 악마는 한국을 하나로 만드는 화합과 조화의 힘을 보여주었다. 나이, 학력, 지역 간의 경계를 허물고 모두가 하나가 될 수 있었던 힘을 발휘하였다. 세계가 놀라게 만든 힘은 바로 스포츠를 통해서 형성되는 통합의 힘이다. 강제성이 없이 자발적 참여로 많은 인원을 한 곳에 응집시킬 수 있는 힘이었다. 다른 여타의 장치에서 찾아볼 수 없는 화합과 통합의 힘이다.

스포츠가 사회적 기여를 할 수 있는 부분이 공동체형성과 분할과 갈등을 통합할 수 있는 부분이다. 우리사회는 지역갈등, 세대갈등, 남녀갈등 등 무수한 갈등과 차별이 존재한다. 그 갈등과 차별의 벽을 허물고 함께 어울려 살 수 있게 하는 것 중에 하나가 스포츠이다. 함께 스포츠를 하는 과정과 함께 스포츠를 보는 과정에서 일체감과 하나라는 우리 의식을 형성하게 된다. 그 이유는 하나라는 공동된 목표의식을 가지고 그것의 실현을 위해 직간접적으로 헌신하고 집중을 하기 때문이다. 다른 여타의 제도의 장치에 의해서 할 수 없는 일을 스포츠가 쉽게 성취하고 있다. 이러한 사례를 다음에서 확인해 보자.

헤어(Geoff Hare)와 던시(Hugh Dauncey)는 1998년 프랑스 월드컵에서 프랑스 팀의 우승이 사회에 미치는 영향을 분석하면서 1980년대 말 이후 프랑스 축구 팀의 선전이 한 민족으로서 프랑스에 대한 감각을 공고하게 하는 데 크게 기여했다고 분석한다. 마찬가지로 우리 선수들이 중요한 국제시합에서 승리를 거두었을 때 대통령이 감독이나 선수들에게 직접 전화를 걸거나 축전을 보내는 것은 국민의 관심을 끌기 위해서 사회통합에 기여한 데 대한 감사를 함축하고 있는 것이기도 하다(정준영, 2003).

물론 스포츠의 사회적 힘이 부정적으로 사용될 측면도 간과할 수 없다. 국가주의 체육정책에서 나타나는 측면이 바로 그것이다. 스포츠로 국가를 지배하는 것이다. 박정희 정권과 전두환 정권에서 볼 수 있는 체육정책이 바로 스포츠의 사회적 힘의 부정적 사용의 예이다. 스포츠가 정치의 수단과 도구가 된 경우이다. 당시 정권의 정치적 전통성을 입증하고 국민단합과 국가홍보라는 정치적 목적을 위해 스포츠를 효율적으로 이용하였다(이욱열, 2004; 황병주, 2002; 이종원, 2000; 김종희, 1999). 거기에는 바로 스포츠의 사회적 힘이 잠재되어 있다는 것을 당시 정치인들은 잘 알고 있었다. 그래서 당시 정치인들은 스포츠가 가지고 있는 사회적 힘을 악용하였다.

앞의 예들은 개인적 차원의 힘을 잘 사용한 사례이고 힘의 남용과 악용한 경우 공격성을 키우고 상대 선수들에게 폭력을 사용하는 경우도 있다. 이러한 예는 스포츠영화에서도 발견된다. '리벰버 타이탄(Remember The Titan, 2000)' 이라는 영화가 그 대표적인 경우이다. 이 영화는 1970년대 미국에서 있었던 실화를 재현한 영화이다. 당시 미국은 인종차별의 문제가 극에 달해 있었다. 백인들은 자신들의 편안하고 행복한 삶을 위해 필요로 했던 노동력을 확보하기 위하여 아프리카에서 노예사냥을 통하여 흑인노예를 수입하였다. 그 결과 노동력으로부터 해방되었지만 흑인들에 대한 인종갈등의 문제를 직면하게 되었다.

이 영화는 한 지역의 고등학교 미식축구 팀을 통하여 인종차별의 문제를 어떻게 해결할 수 있는지를 보여준다. 미식축구의 특성상 팀원 전체가 하나가 되지 못할 때 경기에서 승리하기 어려운 특성이 있다. 적어도 흑인과 백인으로 구성된 팀이 하나의 팀이 되기 위해서는 선수간의 소통이 필요하다. 감독은 팀의 화합을 위하여 강제로 선수들 간의 인적조사를 하게 만든다. 그 과정의 통하여 서로간의 관심과 소통을 가능하게 한 것이다. 흑인선수와 백인선수가 함께 만나서 대화를 하면서 서로간에 소통하게 되었다. 소통은 서로간의 불신과 오해 때문에 생긴 문제를 해결하는 열쇠가 된다.

그 결과 선수들은 소통을 통해서 서로간의 오해를 풀고 이해할 수 있게 되었다. 소통으로 화해할 수 있었고 이를 통해 결국에는 화합을 가져올 수 있었기 때문에 대회에 출전하여 우승할 수 있게 된다. 백인학생만으로 구성된 팀보다 더 강할 수 있었던 점은 백인과 흑인학생들의 문제를 자체적으로 해결할 수 있었기 때문에 일차적으로 강한 팀워크를 가지게 된 것이다. 통합의 힘은 크고 작은 주변의 운동회, 체육대회에서 쉽게 발견할 수 있다. 단합 체육대회, 친선체육대회 등은 스포츠의 통합장치로서의 힘에 대한 이해를 믿기 때문에 현실에 적용하는 실증적인 예라고 할 수 있다.

이상과 같이 스포츠의 사회적 차원의 힘이 무엇이고, 통합장치로서의 역할을 할 수 있는가에 대하여 알아보았다. 그 결과 스포츠의 사회적 힘은 통합장치로서 사회통합과 화합을 도달하는데 그 역할을 다한다는 것을 알 수 있었다. 분명히 스포츠의 사회적 차원의 힘은 존재하고 그 역할과 기능을 다하고 있다는 차원에서 정당화 될 수 있다.

3. 국가적 힘 : 평화 장치

스포츠와 평화에 관한 선행연구는 Song, Hyeong Seok(2007)의 'Peace through soccer'가 있다. 이 논문에서 그는 축구가 평화에 기여하는가에 대한 문제 제기를 통하여 그 가능성은 반반이라고 말한다. 축구가 평화에 기여할 가능성에 대하여, 그는 다음과 같이 말한다. "역사를 살펴보면 축구는 개인, 사회, 국제적 차원에서 평화에 기여할 가능성을 충분하다. 핵심은 평화를 정착시키고자 하는 우리들의 의지가 선행돼야 효력을 지닐 수 있다는 것"이다.

전쟁이 사라진 곳에서 전쟁을 대리 할 수 있는 것을 찾아보면 대표적인 것이 스포츠이다. 스포츠의 총성 없는 전쟁터로 비유하는 이유도 여기에 있다. 누구에게나 열려있고 접근이 용이하다는 장점을 가지고 있다. 스포츠는 일종의 작은 전쟁으로 비유된다. 자국의 우수성을 과시하기 위한 합법화 된 공간이 바로 스포츠이다. 올림픽과 월드컵 축구의 경우가 총칼 없는 전쟁을 대변한다고 할 수 있다. 이들 메가 이벤트의 경우 국가주의가 개입되지 않는다면 그 인기를 높지 않을 것이다. 자국을 대표하는 팀은 전쟁터에서 자국을 힘을 발휘할 수 있는 자신들의 대리자라고 생각하기 때문에 관심과 참여가 크다. 축구와 같은 스포츠가 축구전쟁을 유발한 경력이 있지만 대체로 스포츠가 평화 장치로서의 기능을 충실하게 수행하고 있다. 단적인 사례를 아프리카 축구에서 찾을 수 있다.

> 국가 간의 대항전을 제외한 축구경기는 다양한 인종들이 축구공 하나에 매달려 인종차별을 잊고 경기에 임할 뿐이다. 골을 넣고 서로 피부색이 다른 선수들이 얼싸안거나 뒹굴며 좋아하는 모습은 다른 스포츠에서 볼 수 있지만 유독 축구에서 강하게 나타나는 것 같다. 이러한 점이 바로 아프리카 축구가 다인종화를 통해서 국제 화합과 공존에 이바지하는 중요한 부분일 것이다(이한규, 2006).

인류평화와 공존공영을 지향하는 올림픽의 경우도 정치적, 경제적 영향으로 중단되거나 반쪽 올림픽이 된 경우가 있었다. 그렇지만 올림픽이 지속할 수 있었던 것은 평화장치로서의 스포츠가 필요함을 절실하게 인류 모두가 인식했기 때문이다. 근대 올림픽이 지속적으로 존재할 수 있는 이유도 역시 인류평화를 지향하기 때문이다. 끊임없는 크고 작은 전쟁, 내전의 문제를 해결할 수 있는 것도 군사력이라고 할 수 있는 물리적 힘 보다는 인류의 평화를 지향하는 내향적 힘에서 찾을 수 있다.

만약 인류의 평화장치가 부재하다면, 인류를 갈등과 마찰 때문에 약육강식의 논리에 따라서 지배와 피지배를 반복할 수밖에 없다. 근대의 서구 열강의 제국주의와 식민주의가 전형적인 예이다. 자국의 경제적 이익을 위하여 힘이 약한 국가를 지배하는 것을 정당화 하였다. 이들이 주장한 정당한 이유는 문명화 된 국가가 미개하고 문명화

되지 못한 국가를 계몽시킨다는 논리에서 찾을 수 있다. 이러한 주장은 힘의 남용내지는 악용이라고 할 수 있다. 이 때 평화장치로서 스포츠가 기능하고 활용되었다면 식민지 건설과 제국주의에 의한 폐해를 줄일 수 있었을 것이다.

이상과 같이 스포츠의 국가적 차원의 힘에 대하여 알아보고, 국가평화 유지에 기여하고 있다는 것을 규명하였다. 이미 올림픽과 월드컵은 평화를 유지하는데 일정한 기여를 하고 있음을 알 수 있다. 단지 국제적 메가 이벤트가 아니라 올림픽의 목적처럼 세계의 평화와 우호증진을 위해 스포츠가 어느 정도 역할을 하고 있다는 사실은 부인할 수 없는 진리이다. 분명히 스포츠의 국가적 힘의 존재를 확인할 수 있었다. 뿐만 아니라 국가평화장치로서의 역할 또한 입증되었다고 본다.

결론

스포츠의 힘의 이해와 활용에 대하여 알아보았다. 우리말의 '힘'이라는 말의 뜻은 다양한 의미를 내포하고 있기 때문에 사용되는 맥락에 따라서 다른 의미를 쓰일 때가 종종 있다. 힘이란 용어가 가지는 다양한 의미 때문에 정확한 맥락에 대한 이해가 필요하다. 스포츠라는 맥락에서 발견할 수 있는 힘을 주목하고 외향적 힘과 내향적 힘으로 구분하였다.

이 글 또한 스포츠의 힘의 외향적, 내향적인 측면에 따라서 다른 의미를 가질 수 있음을 확인 할 수 있었다. 외향적 차원에서 보면, 스포츠의 힘이란 신체적 힘 혹은 물리적 힘을 지칭한다. 얼마나 빠르게 100미터를 달릴 것인가, 얼마나 높이 뛸 것인가. 얼마나 멀리 뛸 것인가 혹은 얼마나 무거운 것을 들어 올릴 수 있는가, 어떻게 하면 상대에게서 승리할 수 있을 것인가. 이 모든 의문들은 바로 스포츠의 외향적 힘으로 귀결된다.

반면에 우리가 주목하는 것은 스포츠의 보이지 않는 힘에 대한 이해, 즉 내향적 힘이다. 이런 차원에서 겉으로 들어나고 눈으로 확인되는 신체적 힘은 스포츠의 외향적 힘이라면, 눈으로 확인되지 않고 보이지 않는 힘은 스포츠의 내향적 힘에 해당한다. 한 개인을 스포츠를 통하여 인성을 변화시킨다든지 혹은 지역사회의 공동체문화를 혁신한다든지 아니면 국가발전과 세계평화에 기여할 수 있는 것은 보이지 않는 내향적 힘이다.

결국 이 글에서 규명하려고 하는 것은 바로 스포츠의 내향적 힘이다. 보이지 않지만 스포츠의 존재 의미를 담고 있는 힘의 실체를 파악하는 것이 학문적 의미를 더 담고 있다. 단순한 기록경신의 차원이 아니라 사회와 세계를 변하게 만들 수 있는 힘에 대한 연구이기 때문이다. 이러한 목적을 달성하기 위해서는 스포츠의 힘에 대한 이해가 필요하다. 힘의 본질과 기능에 대한 이해는 힘의 활용에 사용할 수 있다. 힘의 남용은 사회적 악으로 작용할 수 있기 때문에 힘의 남용에 대한 견제나 저항의 차원에서 힘의 사용을 균등하게 하여야 한다.

스포츠의 힘의 남용과 악용의 사례는 축구전쟁을 들 수 있다. 축구 때문에 남미에서 일어난 전쟁은 바로 남용된 힘의 결과라고 해석할 수 있다. 결렬하고 생존이 걸려있는 경기는 전쟁을 대신한다. 월드컵 축구로 인하여 발생하는 사건은 모두 스포츠의 힘이 잘못 활용되어서 나타나는 결과이다. 그 외에도 스포츠로 지배하는 현상에서 확인된다. 정치적 차원에서 스포츠는 우민화 정책의 일환으로 국민을 지배하고, 관리하고 통제하는 힘으로 활용되었다. 경제적 이익을 위하여 상업주의가 넘쳐나는 것 또한 스포츠의 힘이 잘못 활용된 결과라고 할 수 있다. 구체적인 예를 들어보자

> 1969년 온두라스와 엘살바도르는 제9회 멕시코월드컵(1970년)지역예선전에서 격돌하였다. 양쪽 관중 간에 싸움이 벌어져 수명의 사망자와 부상자가 발생하였다. 이 사건으로 양국은 일주일 동안 국교를 단절하였으며, 온두라스는 그 나라에서 일하고 있던 10만 명이상의 엘살바도르인을 추방하였고, 이에 불만을 품은 엘살바도르 군대가 온두라스를 침공했다. 양국 간의 전쟁은 일주일 동아 지속되었고 4000명에 가까운 사상자가 발생하였다(송형석, 2006).

앞의 사례와 같이 스포츠의 힘은 남용과 악용될 수 있기 때문에 위험성을 가진다. 그 위험성을 통제와 관리하지 못하면 스포츠는 전쟁과 파괴, 분쟁의 원인 제공자가 될 가능성이 크다. 그렇기 때문에 힘의 균형과 견제의 활용이 필요한 이유도 여기에 있다. 힘의 부정적 차원에서 힘은 파괴와 전쟁과 같은 재앙을 가져올 수 있다. 특히 훌리건과 같은 관중들의 난폭한 행위는 많은 피해를 줄 가능성이 높다. 예를 들어 월드컵축구의 경우 패배한 팀의 국가를 승리한 국가에 대하여 일종의 반감과 복수에 대한 감정을 일시적이나마 가지게 된다.

그 결과 패배한 팀 국가에서 살고 있는 승리한 팀의 교민들은 외출을 삼가하게 한다. 왜냐하면 테러의 위험의 내재하기 때문이다. 자신의 안전을 보장하기 위해서 행동을 제한하는 것이다.

지금까지 스포츠의 힘을 개인적 힘, 사회적 힘, 국가적 힘으로 나누어 알아보았다. 그 결과 개인적 차원의 힘은 정화장치로서의 역할을 하는 힘이고, 사회적 힘은 국가를 통합하는 힘이다. 이 힘은 2002년 한일월드컵의 참여한 국내 응원단을 연상시킬 수 있다. 역동적 코리아의 힘이 바로 사회적 힘이다. 국가적 힘은 국제평화에 기여할 수 있는 힘으로 현대올림픽과 월드컵축구에서 발견된다. 이와 같은 스포츠의 힘은 강한 결속력과 평화를 지속시킬 수 있는 능력을 가지고 있음을 이 글을 통하여 확인 할 수 있었다. 하지만 이 글에서 수행한 결과물은 스포츠의 내향적 힘이며, 긍정적인 측면에서의 성과라고 할 수 있다. 부정적인 측면과 비판적인 입장에서 보면 연구결과를 역행하는 결과들이 나타날 수 있다.

끝으로 이 글에서 얻은 성과는 스포츠가 평화장치로서 세계평화에 기여할 수 있다는 확신이다. 궁극적으로 스포츠를 통해서 정화장치, 통합장치, 평화장치로서 스포츠는 개인과 사회, 국가를 넘어서 전 세계 인간들의 내적평화를 통해서 궁극적으로 세계평화에 기여할 수 있을 것이다. 스포츠는 단순히 시간 보내는 오락 활동에 한정되기보다는 시야를 넓혀서 세계평화를 생각해야 한다. 올림픽과 월드컵에서 필요한 것은 자국의 우월성의 세계적 과시가 아니라 전 세계의 인간의 존엄성과 보편적 지위를 보장하고 전쟁 없는 세계를 만들기 위한 스포츠의 힘의 활용이다. 힘은 타자나 다른 나라를 위협하고 착취하기 위해서 존재하는 것이 아니다 세계평화의 유지를 위해서 필요한 것이다.

제10장 | 스포츠 삼락 : 쾌락, 희락, 열락

인간들은 즐거움을 추구한다

인간이 스포츠를 하는 것 자체는 그것이 정신적이든, 물질적이든 어떤 것을 추구하며 그것을 충족시키는 과정이다. 이런 의미에서 인간이 스포츠를 하는 것은 욕구를 충족시키는 일종의 과정이라 할 수 있다. 그렇다면 인간은 무엇 때문에 고통의 과정을 수반하는 스포츠에 자발적으로 참여하는가? 이 질문에 대한 답은 대략 네 가지, 즉 건강, 즐거움, 인간관계, 인격수양 등으로 구분할 수 있다. 이와 같이 구분하는 것은 저자만의 생각이 아니라 사람들의 공유된 인식이다. 이 중에서 즐거움은 스포츠를 하는 근본적인 이유 중 하나이다. 그러므로 즐거움 그 자체에 대한 이해를 통하여 인간 행위의 의미를 해명하려고 한다. 스포츠에서의 즐거움은 그 질적인 구분이 가능하고 질적인 위계질서가 가능하다는 전제 하에서 글을 시작한다.

스포츠는 즐거움과 경쟁성이 있다. 그 중에서 즐거움은 스포츠가 많은 사람으로부터 사랑을 받는 근거가 된다. 다시 말해서 즐거움은 스포츠 행위의 원동력이 된다. 즐거움이 없다면 과연 누가 운동을 하겠는가? 이 글에서 다루고자 하는 즐거움은 관람 스포츠를 통한 즐거움이 아니라 참여 스포츠를 통해 얻는 즐거움을 말한다. 즉 직접 스포츠 활동을 통해 얻는 즐거움을 말한다. 그러면 스포츠에서 느끼는 즐거움은 모두다 같은 것인가? 아니면 차이가 있는가? 차이가 있다면 어떻게 구분을 할 것인가? 대중 스포츠 즐거움과 엘리트 선수의 즐거움은 같은가? 같다면 어떤 측면에서 같은가? 이러한 문제 제기를 통하여 스포츠에서의 즐거움에 대한 의미를 해명하려는 것이다.

운동은 고통스러운 연습과정 후에 즐거움이 뒤따른다. 그러나 즐거움은 모두 같은 것이 아니라 질적인 구분이 가능하며 구분을 통하여 스포츠의 의미에 접근할 수 있다. 따라서 이 글의 목적은 스포츠 세계에서 느끼는 즐거움의 의미를 알아보는데 있으며, 그 의미를 통하여 스포츠가 지향해야 할 방향을 제시하는데 있다.

이 글의 논의 전개는 다음과 같다. 스포츠에서의 즐거움을 삼락으로 분류하는 목적과 필요성을 논의하고, 다음으로 일락, 이락 그리고 삼락의 차례로 의미를 알아 볼 것이다. 끝으로 스포츠에서의 삼락과 스포츠의 나아갈 길에 대하여 제시 할 것이다.

즐거움(樂)의 이해

스포츠를 하는 것은 현실적으로 따지고 보면 결국 정신적인 것이건 물질적인 것이건 또는 본능적인 것이건 어떤 것을 추구하며 그러한 추구를 충족시키는 과정이다. 이 같은 추구를 욕구라고 하며 본능적인 욕구는 충동이라고도 한다. 이렇게 이해할 때 스포츠 하는 과정이란 욕구를 충족시키는 과정이라고 할 수 있다. 그런데 스포츠 하는 행위를 이렇게 욕구를 충족시키는 과정으로 규정할 때 한가지 분명히 해야 할 매우 중요한 문제는 욕구가 양적으로만 다른 것이 아니라 질적으로 다르다는 사실이다.

이런 차원에서 스포츠 하는 인간의 본능적 욕구 중에 하나가 즐거움이다. 즐거움에 대하여 이미 공리주의자 벤담의 최대다수의 최대행복을 주장하였지만 그는 즐거움의 질적인 측면은 알지 못하는 한계를 보여주었다. 이를 비판하고 즐거움의 질적 차이를 인정한 밀에 의하여 즐거움의 질적 차이를 구별할 수 있었다.

그렇다면 스포츠에서의 삼락의 분류는 스포츠의 본질을 이해하는 지름길이다. 스포츠에서의 즐거움은 스포츠 그 자체가 갖는 독특한 매력이다. 스포츠에서의 삼락을 프롬과 틸리히에 의하여 분류되어진 방법을 가지고 논의하고 즐거움의 위계질서를 정립할 것이다. 이러한 작업을 위해 전제되어야 할 것이 쾌락에 대한 윤리학사의 고찰이다.

우선 쾌락에 대한 윤리학사를 살펴보면 다음과 같은 이론들이 있다. 공리주의에서도 밀(Mill)을 제외하면 욕구를 생존적 욕구의 차원에서만 보았다. 이렇게 볼 때 프롬이 쾌락(pleasure)과 희락(joy) 혹은 행복(happiness)을 구별한 것, 그리고 틸리히가 종교적 차원의 희락을 축복(blessedness), 곧 열락으로 구별한 것은 만족감을 질적으로 구별한 것으로서 매우 중요한 의미를 가지고 있다. 특히 프롬은 쾌락과 행복, 즉 희락을 구별함으로써 쾌락을 질적으로 구별했다. 신학자 틸리히 역시 쾌락과 희락을 구별했고 더 나아가서 희락을 다시 높은 것과 낮은 것으로 구별했다. 그는 높은 차원의 희락을 'blessedness'라고 불렀다. 이것을 우리말로 번역하면 '축복'이다. 그러나 'blessedness'는 독일어 'Seligkeit'를 번역한 말로 짐작한다. 그런데 'Seligkeit'는 지복, 정복, 혹은 축복으로 번역된다(고범서, 1992 : 158). 그래서 고범서는 쾌락 및 희락과 어울리도록 틸리히의 'blessedness'을 열락으로 번역할 것을 제안했다.

이 글에서 고범서의 용어를 그대로 스포츠에 적용하지만 열락의 의미는 다르게 사용한다. 즉 열락은 삼락이고, 나아가 자기 인식의 스포츠의 도(인간 움직임의 길)에 대한 깨달음이라는 의미로 사용한다.

다음의 도표는 고범서가 만족감의 가치를 체계적으로 분류한 것이다. 그는 쉘러가 구분한 이론인 쾌감－유쾌(쾌적)－기쁨－행복－종교적 정복의 단계를 참고로 하여 다음과 같이 도식화했다. 종교적 열락－정신적 희락－심적 희락－생명적 쾌적감－감각적 쾌락의 순서로 도출했다. 고범서와 쉘러의 이론은 심적 희락과 감각적 쾌락 사이에 생명적 쾌적감을 삽입한 것을 제외하고는 일치하고 있다.

만족의 위계질서	가치 성질의 위계질서
1. 종교적 열락	1. 독립성
2. 정신적 희락	2. 만족의 심도
3. 심적 희락	3. 비의존성
4. 생명적 쾌적감	4. 비분할성
5. 감각적 쾌락	5. 지속성

〈만족감의 위계질서 순위, 고범서, 1992 : 158〉

여기서 일락(쾌락)은 지속성이 극히 짧고 심도가 없이 얕다. 쾌락은 분할적이다. 쾌락은 생명의 보전과 유지에 의존하고 있다. 끝으로 쾌락은 감각 또는 감성에서 독립할 수 없다. 이렇게 볼 때 쾌락의 가치는 지속적으로 충족시키지 못하는 최저의 가치이다. 그리고 생명적 쾌적감은 신체적 감정으로서 그것은 쾌락보다는 지속적이지만 신체적인 상태에 의존하기 때문에 그 지속성이 현저하게 제한되어 있다. 셋째, 심적 희락은 감각적 쾌락이나 생명적 쾌적감보다는 지속적이지만 정신적 희락이나 종교적 열락 보다는 덜 지속적이다. 넷째, 정신적 희락은 지속적이다. 정신적 가치는 비분할 적이며, 만족의 심도에서는 정신적 희락은 진 · 선 · 미로 향하는 지향성의 욕구가 채워질 때의 충만의 체험으로써 쾌감이나 쾌적감과는 다른 깊이를 가진 감정이다. 마지막으로, 희락이 높은 가치의 5가지 특징을 모두 충족시킨다. 이러한 분류 방법을 가지고 스포츠에서의 삼락을 구분하였다.

스포츠 일락 : 쾌락

스포츠에서 일락은 쾌락(Pleasure)을 말한다. 이것은 신체적, 생리적 만족을 말한다. 스포츠 활동의 욕구를 실현하는 일차적인 즐거움이다. 단지 스포츠를 하고 싶은 욕구를 발현시킴으로서 찾아오는 즐거움을 말한다. 그러면 쾌락이란 무엇인가? 그것을 단적으로 무엇이라고 정의하기는 어렵다. 왜냐하면 '쾌락'의 반대말은 고통인데 그 고통과는 달리 쾌락은 그 소재를 파악하기가 어렵기 때문이다. 철학자들도 쾌락에 관하여 많은 것을 논의해 왔으나, 각기 다른 정의를 내리고 있다. 철학자들의 구체적인 정의를 살펴보면 다음과 같다.

> "플라톤은 쾌락은 결핍을 채우는 것, 즉 보충물이라고 설명했다. 때로 그는 쾌락이 가려운 데를 긁는 일에 불과한 듯 대수롭지 않게 처리한다. 그러나 그는 장미의 향기처럼 맑고 순수한 쾌락이 실제로 있음을 인정하였다. 아리스토텔레스는 간섭을 당하지 않는 활동에 따라오는 쾌락을 얻고자 하였다. 이것은 목적지에 가기 위해서가 아니라, '걷는 즐거움' 때문에 산책을 하는 사람의 쾌락 같은 것이다. 어거스턴은 쾌락을 우리의 의지를 실현시키려는 정열을 불러일으키는 열정이라고 주장했다. 아퀴나스는 욕망이 갈구하던 대상을 포착하는 기쁨, 즉 '욕구가 약해지지 않고 있을 때 대상을 소유하는 기쁨이 쾌락이라고 주장한다"(곽광제 역, 1982).

따라서 일락은 어떠한 목적을 전제하지 않은 스포츠 그 자체의 즉각적인 즐거움이라고 할 수 있다. 이것은 스포츠에 어떤 목적이 전제되지 않은 인간행위이며 단지 기본적 욕구를 실현시키기 위한 인간의 맹목적 행위이다. 스포츠 경쟁에서 승리하기 위한 고도의 기술적 완벽성의 가치는 일락에 존재하지 않는다. 일락은 스포츠의 일차적 성격인 놀이성이 강하다. 말 그대로 '그냥 좋아서 하는 행위이다', 즉 인위적이지 않은 인간 행동이다.

예를 들어 어린이들의 공놀이는 어떤 내재적인 목적 없이 행하는 단계이다. 이때에 얻는 즐거움은 일락이다. 단지 활동 자체에 즐거움을 느낀다. 땀과 함께 스트레스를 발산하고 상쾌함을 몸으로 경험하는 단계의 즐거움이다. 다시 말해서 어린이들에게 놀이는 그들만의 세계이다. 그 이상도 이하도 없다. 그들은 놀이에 몰두하여 시간 개념을 상실한다. 그것은 놀이의 일차적인 성질인 즐거움 때문에 가능하다. 이것은 많은 사람들이 스포츠 그 자체에 관심을 가지고 하게 되는 중요한 동기 중에 일차적 요인이다.

인간들은 일상적인 삶 속에 얽매여 있기 때문에 활동적인 욕구를 억압당하고 있다. 직장에서 일하는 사람들의 일은 하루 종일 앉아서 일을 해야 하기 때문에 신체활동의 욕구를 항상 가지고 있다. 이러한 억압에서 벗어나서 스포츠 활동을 함으로써 얻는 해방감은 바로 스포츠의 일락이다.

우리는 너무나 앉아서 하는 생활에 익숙하기 때문에 스포츠 활동의 욕구를 절제하며 살고 있다. 그러나 누구에게나 신체활동을 하고 싶은 욕구는 내재되어 있다. 우리는 인간이기 전에 동물이다. 신체활동의 욕구를 충족시킴으로써 얻을 수 있는 즐거움을 스포츠에서의 일락이라고 말할 수 있다. 일락은 기본적인 즐거움을 말한다. 이것은 욕구 체계에서 하위욕구를 말하며 어떤 의미에서 부족욕구라고도 말한다. 즉 어떤 것의 부족한 상태에서 비롯되는 욕구이다. 우리는 배가 고플 때 자연적으로 식욕을 억제할 수 없다. 왜냐하면 그것은 생존의 욕구이기 때문이다. 결과적으로 지속적이고 자극적인 일락의 추구는 다음과 같은 결과를 가져 올 수 있다.

"단순 자극이 신경 생리적 긴장을 제거함으로써 주어지는 쾌락은 직접적이고 수동적이고 순간적인 것이라는 사실이다. 좀 더 구체적으로 말하면 쾌락은 단순 자극이 신경 생리적 조직을

> 자극함으로써 생기는 만족인데 그같은 자극은 어떤 한계를 넘으면 자극력을 상실하게 한다. 그렇게 되면 인간은 권태 혹은 싫증(boredom)을 느끼게 된다. 권태 혹은 싫증은 공허감 또는 무의미성과 직결된다. 그러면 인간은 그같은 권태와 싫증을 극복하지 않으면 안되고 더 정확히 말하면 권태와 싫증을 처리하지 않으면 안 된다"(고범서, 1992 : 92).

이와 같이 일락은 순간적이고 일시적, 가변적이어서 곧 싫증을 느끼게 된다. 결국은 단순 자극에 의한 신경 생리적 만족인 쾌락 추구에 몰두하는 선수나 팀은 파탄과 해체를 초래하게 될 가능성이 높다. 결국 그들은 승리의 욕구만을 충족시키며 그 이후에는 공허감만이 남는다.

스포츠 이락 : 희락

스포츠에서 이락은 희락(joy)을 말한다. 다시 말해서 스포츠에서 두 번째 즐거움은 성취욕이다. 이것은 자신이 도전 의식을 가지고 일정한 목표에 도달하였을 때 얻어지는 즐거움이다. 즉 자아실현의 즐거움이다. 단순한 육체적 즐거움이 아니라 좀더 높은 즐거움의 단계이다. 일정한 목표를 설정하고 그것의 달성을 위한 끊임없는 자기 투쟁 과정을 통해서 얻을 수 있는 즐거움이다. 이때가 바로 스포츠에서 신체적 탁월성의 실현의 단계이다. 일락과 비교를 하자면, 일락이 욕구의 발현 차원에서의 인간 행위이라면 이락은 욕구의 차원을 넘어서 의도된 목적을 가진 인간 행위이다. 즉 인위적인 인간 행동으로 자신의 행동에 대한 기투가 전제되어 있다는 것이다. 자신의 행위 하나 하나는 기술적 완벽성을 지향하는 반복적인 행위로 의미를 부여할 수 있다. 즉 보이지 않는 이데아적인 인간 행위의 완벽성에 대해 끊임없이 자신을 던져서 기획하고, 그것의 달성을 향해 지속적으로 노력하는 가운데 얻는 즐거움이다.

예를 들어 국가 대표 선수들은 같은 동작을 수없이 되풀이하는 것은 개인이 만족스러워 하는 내적인 목표에 도달하려고 욕구가 강하기 때문이다. 이 연습 과정은 즐거움이기보다는 자기와의 싸움의 연속적인 투쟁의 과정이다. 그래도 선수들은 포기하지 않고 다시 도전을 한다. 왜냐하면 그들만이 가지고 있는 성취욕(喜樂)에 대한 경험이 있기 때문이다.

또 다른 예로 일상적인 등산 행위에서도 이락의 단계는 볼 수 있다. 설악산을 등산하기 전에 우리는 설악산 어느 능선을 따라 등산할 것인지 계획을 세우고 등산한다. 등산 도중에 이락에 도달하기 위한 고통(포기하고 싶은 욕구)이라는 장애 요소를 만난다. 장애에 부딪쳐 중도에 포기한다면, 등정 후에 느끼는 성취 욕은 사라지고 만다. 그러나 우리는 그 고통을 감수하고 계속적인 자신과의 싸움에서 이겨 정상에 오른다. 이때 느끼는 즐거움은 바로 이락이라고 할 수 있다.

프롬에게는 희락은 한 마디로 말해서 인간의 고유한 가능성들을 실현하는 생산적 활동에 수반되는 만족이다. 희락은 성취를 위한 인간의 추구적 노력의 모든 수준에 존재한다. 희락이 있는 곳에 성취가 있다. 그리고 성취가 있는 곳에는 희락이 있다. 성취와 희락에서는 삶의 내적 목적과 창조의 의미와 구원의 목적이 달성된다(고범서,

1992).

예를 들어 하이데거의 용어를 사용하여 말하자면 인간은 기투적 존재이다. 즉 자신의 존재 투구 방식을 미리 던져 기획할 수 있는 존재라는 말이다. 이 말을 스포츠에 적용하면 이해가 쉽다. 운동선수들은 어떤 기술에 도전하고 그것을 달성하기 위하여 전력투구하는 존재 양식을 가지고 있다. 스포츠맨의 모습은 고난도 기술을 향하여 자신이 기획한 목표를 향해 끊임없이 전력투구하는 것이다. 농구황세로 불리는 마이클 조던의 숏은 끊임없는 연습을 통해 습득한 그의 이락의 결과물이라고 말할 수 있다.

한편으로 스포츠에서 가장 중요하게 요구되는 것이 승리이다. 심지어 승리지상주의가 이데올로기화 되어가고 있다. 그만큼 승리는 스포츠의 최고의 목표이다. 그러나 운동선수들은 승리를 추구하기 이전에 스포츠가 자아실현의 과정이고, 스포츠를 하는 인간 존재의 의미를 찾아 성취해 가는 길이며, 스포츠 그 자체는 의미과정이다 라는 이해가 필요하다.

이락은 자아실현 욕구의 성취물이다. 자아실현의 욕구는 자유, 개성, 창조, 조화, 의미, 진, 선, 미를 포함하면서 상위(上位) 욕구 혹은 성장 욕구를 이룬다. 자아실현의 욕구는 무엇이 부족해서가 아닌 상태에서 무엇을 찾고 싶고, 알고 싶고, 느끼고 싶은 욕구이다. 말하자면 더욱더 인간적으로 성장하려는 욕구 또는 더 인간적인 존재이려는 욕구이다. 그래서 마슬로우(A. Maslow)는 그것을 존재의 욕구라고도 부른다. 그 욕구의 충족은 포만감이 아니라 어떤 성장감, 황홀감, 개오감(開悟感)이다(정범모, 1997).

이와 같이 이락은 자아실현의 욕망에서 얻어지는 값진 결과물이다. 그러나, 이것은 노력 없이 얻을 수 있는 즐거움이 아니며, 끊임없는 노력 뒤에 따라오는 성취의 결과물이다. 따라서 인간은 쾌락을 희생하고 고통을 감수하면서 희락을 추구한다. 그렇게 하는 것이 정상적인 인간이다. 쾌락에만 사로잡히는 인간은 실은 정상적이고 온전한 인간이기를 포기한 분열되었고 병든 인간이라고 말할 수 있다.

스포츠 삼락 : 열락

스포츠에서의 삼락은 열락(blessedness)을 말한다. 스포츠에서의 삼락은 자기 깨달음을 통한 자아 인식 자체를 말한다. 자신을 안다는 것은 바로 즐거움의 극치를 말한다. 스포츠에서의 삼락은 불교의 열반과 해탈의 경지에 비유될 수 있는 일정한 상태에 도달한 즐거움을 말한다. 이것은 자기만의 체험을 통한 인식이라고 할 수 있다. 이는 암묵적인 지식이기도 하다. 즉 말할 수 없는 그 무엇에 대한 바른 인식이다. 이것은 바로 스포츠의 앎이라고 말할 수 있다. 이때에 비로소 스포츠를 안다고 말할 수 있으며, 스포츠의 최고의 단계에 도달했다고 말할 수 있다. 이후의 선수의 동작은 자연스러워 보는 이로 하여금 시원함을 느끼게 한다. 이것은 자연과 일치된 몸 동작을 말한다. 이상의 진술을 요약해서 말하자면, 인간의 움직임에도 도가 있다. 이 도를 '움직임의 길', 플라톤의 '이데아', 그리고 노자가 도라고 표현한 것과 유사하다고 간주할 수 있겠다.

우리가 무엇을 하든 길이란 분명히 존재한다. 그 길은 바로 노자의 도라고 할 수 있다. 말로 표현할 수 없지만 자신의 경험을 통하여 알 수 있는 '깨달음의 길'이다. 운동 선수들의 끊임없는 반복의 행위는 맹목적인 행위가 아니라 자신의 '움직임의 길'을 향해 나아가는 것을 의미한다. 이 '움직임의 길'은 자신의 완벽한 표현 그리고 완벽한 기술을 말한다. 그 순간이 바로 도에 도달하는 것을 말한다. 이때의 즐거움이 바로 삼락인 열락이다.

삼락은 깨달음을 통한 인간 움직임의 길이다. 깨달음은 곧 자아 인식이다. 자아 인식은 나는 누구인가, 즉 인간이란 무엇인가 하는 인간 행위에 대하여 스스로 얻을 수 있는 답변이다. 우리가 스포츠를 하는 것은 단지 일차적인 일락의 즐거움을 위한 것이 아니다. 스포츠라는 매개체를 통하여 자아실현과 자아 인식의 궁극적인 단계에 도달하려는 것이다. 이러한 과정을 통해 얻는 삼락은 고통의 과정이다. 자신이 부여한 과제를 극복하여야 한다. 그리고 한 동작에 대한 끊임없는 시행착오를 경험한 후에 자연스럽고 깨끗한 몸 동작인 '움직임의 길'에 도달할 수 있다. 이때가 바로 삼락을 경험하고 스포츠를 안다고 말할 수 있는 단계이다.

동양철학의 핵심은 자연의 질서를 찾아 그것과 인간이 합일되는 것이다. 즉 인간이 하나의 자연이 되는 것이다. 상태로서의 자연스러움에는 인간에게 문제가 생기지 않는다. 왜냐하면 자연의 질서에 부합되는 행위를 하기 때문이다. 그래서 동양에서 이것을 천, 이, 그리고 도라고 명명하였다. 도는 우주 자연의 질서를 말하며 모든 사물에 내재해 있는 실재의 핵이라고 말할 수 있다. 노자는 그의 책 '도덕경' 1장에서 다음과 같이 도를 말하고 있다.

道可道 非常道 名可名 非常名 無名 天地之始 有名 萬物之母 ….

도는 도라고 말할 수 있다면 이미 그것은 도가 아니라는 말이다. 즉 말로서 설명할 수 없는 그 무엇이 있다는 것이다. 이 말은 스포츠에서 얻을 수 있는 앎을 말한다. 운동은 말로써가 아니라 행동을 직접 함으로써 알 수 있다. 예를 들어 배구를 안다는 것은 그것의 명제적 지식만을 아는 것이 아니라 실제로 행위 함으로써 개인적으로 느끼는 생생한 경험을 통하여 아는 것(함축적 의미)을 말한다. 그것은 말로 표현할 수 없는 '그 무엇'이다. 이것은 바로 도를 말하는 것이다. 그래서 동양에서 서양의 스포츠와 비교되는 무도는 행위를 통해 도를 얻기 위한 수단이라고 말할 수 있다. 즉 도에 도달하기 위해 우리가 수단과 매개물로 사용하는 것이 무도인 것이다. 이것은 어떤 목적지를 향하기 위한 수단이 되는 것을 말한다. 서양에서 조직화된 스포츠 행위는 실재보다는 현상적인 스코어보드의 결과만을 지향하기 때문에 많은 비윤리적 문제와 왜곡된 양성을 가져왔다.

한편 운동을 할 때 우리는 기술적 완벽성에 도달하려고 한다. 그것은 눈에 보이지 않지만 우리 자신의 마음속에 자리잡은 자신만의 목표, 즉 형상을 말한다. 이것은 플라톤식 표현을 빌어 표현하자면 '이데아'라고 할 수 있다. 이것은 운동 선수가 수행하는 완벽한 자기실현과 기술의 탁월성을 말한다. 운동선수가 끊임없는 시행착오를 반복하는 것은 도달되지 않은 '그 무엇'인 도를 향하기 때문이다.

삼락은 스포츠의 도이다. 스포츠와 자신이 하나가 되어 구별이 어려운 것을 말한다. 이 단계는 스포츠를 통해 자아 인식에 도달한 사람만이 느낄 수 있다. 즉 자아 인식이 가능한 단계이다.

삼락의 최종 단계는 자아 인식이다. 자신을 아는 것은 인간을 아는 것이다. 그러므로 인간이란 무엇인가, 스포츠를 하는 인간은 어떤 존재인가 하는 질문에 대한 궁극적인 해답을 얻을 수 있는 단계이다. 이러한 과정을 통하여 철학의 궁극적인 목표인 자아 인식이 가능하게 된다. 그러므로 스포츠에서의 삼락은 자아 인식을 통하여 얻는 즐거움이라고 할 수 있다.

스포츠의 쾌락, 희락, 열락의 관계

스포츠에서 즐거움을 세 가지로 나누는 것은 스포츠의 의미와 나아갈 길을 제시하려는 것이다. 이와 같은 구분은 기존의 학자들의 이론을 바탕으로 스포츠에 적용한 것이다. 대략 스포츠에서 즐거움을 세 가지로 구분하는데 무리가 없다고 생각한다.

흔히 스포츠 철학은 스포츠과학이 나아갈 방향을 제시하는 것을 일차 목적으로 삼는다. 이러한 목적을 달성하기 위하여 스포츠의 특성 중에 한 요소인 즐거움을 가지고, 그 의미와 존재 지향성을 알아보았다. 스포츠에서의 즐거움의 질적 구분과 위상을 정립하고, 운동선수와 스포츠에 참여하는 모든 이들에게 무엇을 지향해야 하는 가를 제시하려는 것이다.

스포츠 하는 인간이 지향해야 할 순서는 다음과 같이 제시할 수 있다. 즉 일락 = 쾌락(스포츠의 맛) → 이락 = 희락(스포츠의 멋) → 삼락 = 열락(스포츠의 도)으로 그 위계질서를 제시하는 것이 합당하다고 본다. 여기서 '맛'은 우리 순수 용어로서 그 속에 인간 욕구와 정서가 내재되어 있다. '맛'은 인식주체의 신체가 체험을 통해 얻을 수 있는 것이기 때문에 스포츠 그 자체의 맛을 한번이라도 체험해 본 사람이라면 지속적으로 스포츠에 참가하여 스포츠의 맛을 경험할 수 있다. 이에 비하여 스포츠 멋은 스포츠 맛이 체화되어 멋으로 들러나는 것을 말한다. 이것은 겉으로 들어 나는 현상미라고 할 수 있다. 반면에 스포츠 맛은 체험을 통해 알 수 있는 본질적인 실재미라고 할 수 있다. 이 글에서 논의되는 즐거움의 일락과 이락은 바로 스포츠의 맛과 멋이 극대화된 표현이다.

즐거움의 의미를 가지고 스포츠, 레저스포츠 그리고 게임, 놀이, 무도 등의 개념을 구분할 수 있다. 일락의 목적 지향은 레저 스포츠의 특성에 부합된다. 레저스포츠는 즐거움 그 자체에 목적을 둔다. 물론 경쟁, 협동 등의 개념도 포함하지만 본 논의에서는 즐거움만을 가지고 스포츠의 의미를 해석하였다. 이락은 스포츠 그 자체에 자신을 투신하고, 목표를 향하여 노력하고, 그것을 통하여 얻는 즐거움을 말한다. 즉, 자아실현으로 얻어지는 즐거움이다. 스포츠(운동경기)를 하는 선수들은 이기기 위해 노력한다. 그 이기기 위한 노력은 승리뿐만 아니라 자기 자신의 기술의 완벽성과 신체적 탁월성 그리고 자신의 목표를 달성하기 위하여 행하는 것이다.

삼락은 스포츠에서 자아 인식의 수련과 인격 수양을 통해 얻는 즐거움이다. 이러한 종류의 스포츠는 무도 스포츠가 가장 대표적이다. 결국 즐거움과 관련하여 스포츠 관련 유사 개념의 의미를 파악할 수 있다. 이러한 개념 파악을 통해 스포츠의 나아갈 길은 삼락이다.

위 논의에서는 즐거움과 개념을 세분하여 알아보았지만, 즐거움의 세 가지 속성은 모든 스포츠에서 찾을 수 있다. 그 즐거움의 질은 자신의 노력 여하에 따라 부여되는 결과물이다. 그것은 인위적으로 얻을 수 있는 것이 아니다. 스포츠 자체에 자신을 투신할 때에 가능하다. 따라서 스포츠가 나아갈 길은 모든 스포츠 참여자가 자신에 대한 인식을 통해 스포츠 안팎에서 주체적 활동으로 스포츠의 도에 도달하려는 과정에서 찾아야 한다.

맺음말 : 스포츠의 삼락

인생을 생로병사와 희로애락의 과정이라 말한다면, 전자는 인간의 자연적인 시간적 흐름을 의미하고 후자은 인간 삶 자체의 의미 과정을 말한다. 그 중에서 즐거움은 인간이 지향하는 가치 중에 하나이다. 즐거움은 행복의 근원이다. 행복은 항상 고통보다는 즐거운 상태의 지속을 의미한다. 즐거움을 제공하는 많은 것 중에 스포츠가 있다. 스포츠가 많은 것들과 비교되는 점은 누구나 쉽게 즐거움을 얻을 수 있다는 점이다.

그러면 스포츠에서 즐거움의 질적인 구분이 가능한가. 가능하다면 어떠한 근거로 가능한가, 그리고 왜 구분할 필요가 있는가. 그리고 스포츠 하는 인간 행위의 본질은 무엇인가 하는 의문을 가지고 논의를 해보았다. 이 같은 구분은 스포츠에서 즐거움의 질을 구분하여, 운동선수 및 스포츠에 참여하는 이들에게 지향해야 하는 목표를 제시하고, 이것을 통하여 스포츠 하는 인간의 의미를 해명하려는 것이다. 또한 선수들은 왜 고통스러운 훈련을 하는가? 하는 질문에 대한 해답도 포함된다.

스포츠 행위는 단지 맹목적인 일차적 즐거움의 도달하는 것뿐만 아니라, 기투를 통하여 달성되는 성취욕과 최고의 자아 인식의 깨달음을 통한 삼락에 도달하려는 과정이다. 결국 스포츠 하는 인간의 행위는 자아 인식을 향한 끊임없이 도전하는 그 자체이다. 자아 인식은 인간의 궁극적인 문제이며, 철학의 영원한 지상 과제이다. 스포츠에서의 삼락인 자아 인식은 바로 인간 행위에 대한 이해의 지름길이다.

일락과 이락의 구분은 욕구의 발현과 욕망의 실현의 차이라고 말할 수 있다. 일락은 욕구의 발현을 통한 즐거움이다. 반면에 이락은 욕망의 실현을 통한 즐거움이라 할 수 있다. 삼락은 욕구와 욕망이 단계를 초월한 자아 인식에서 비롯된다.

일락은 일시적이고, 순간적, 가변적이다, 그래서 스포츠를 하는 행위에 대한 의미를 찾지 못한다. 단지 즉각적인 쾌락만을 추구한다. 결국 스포츠에 대한 의미가 상실되고, 다른 종목으로 전이되고, 그 종목에서 쾌락을 추구한다. 그 같은 연속적 가치 추구는 결국에는 스포츠를 중단하게 된다. 우리는 이락과 삼락에서 끊임없이 스포츠를 해야 하는 이유를 발견할 수 있다. 단지 일락에 머무르기보다는 분발하여 즐거움의 질적 향상을 위해 노력해야 한다. 이것이 '스포츠 하는 인간'을 의미있게 하는 것이다. 운동선수들과 스포츠의 참여자들은 삼락을 지향해야 한다. 왜냐하면 일락과 이락 속에서는 스포츠의 의미를 찾지 못하기 때문이다.

우리는 스포츠에서의 즐거움 가운데 지향해야 하는 것은 다음과 같다. 즉 일락(스포츠의 맛)에서 이락(스포츠의 멋) 그리고 삼락(스포츠의 도)으로 지향해야 한다는 것이다. 스포츠의 도는 바로 '인간 움직임의 길'이다. 그 길에 대한 끊임없는 전력 투구가 요구된다. 삼락은 바로 스포츠 행위를 하는 궁극적 목적인 '인간 움직임의 길'에 이르는 것이다. 삼락에 대한 지향이 없다면 그것은 스포츠의 앎에 도달하려는 마음의 포기를 말하며, 인간의 움직임의 길에 대한 앎을 포기하는 것이라 거듭 말하고 싶다.

"일체유심조(一切 唯心造)"라는 말이 있다. 즉 인간의 모든 일은 마음먹기(마음가짐)에 달려 있다는 말이다. 스포츠에서 일락을 추구하느냐, 이락을 추구하느냐, 아니면 삼락을 추구하느냐 하는 것은 운동선수 및 참여 스포츠의 참여자 본인의 선택적 결정의 문제로 남는다.

제11장 | 스포츠에서 樂의 발견 : 知－愛－樂의 지양

몰입의 즐거움

우리가 스포츠참여를 통하여 얻을 수 있는 것은 건강 이외에 감동, 그리고 즐거움과 행복 등이 있다. 이러한 것들 가운데 무미 건조한 일상 속에서 삶의 의미와 보람을 주며 삶에 활력을 가질 수 있게 하는 것은 그 무엇보다도 즐거움이다. 그래서 이전에 몇 번에 걸쳐 즐거움에 대하여 언급한 적이 있다.

이 글 또한 같은 차원에서 논의 하고자하는 것이다. 이는 다른 말로 말한다면 즐거움의 변증법(생성단계)이라고 하는데 이를 좀더 풀어 설명한다면 즐거움 그 자체가 어떻게 생성되는 가하는 문제이다. 이 문제를 풀어 나가기 위해서 저자의 스포츠 체험, 좀더 구체적으로 말하면 대학과 대학원시절 동안에 미식축구를 체험한 것을 예로 들어가며 말하고자 한다.

어떤 대상에 집중(몰입 혹은 몰두)함으로 그 속에서 즐거움과 그것의 질서(문법)를 알게 되는데 질서란 혼돈의 반대 개념으로 어둠 속의 광명을 의미한다. 다른 말로 사용한다면 질서(道)는 깨달음을 말한다. 이 깨달음은 질서에 대한 인식이며 자연스러움 속에서 멋과 기량의 탁월성의 인지에 해당한다. 이것은 인위적이지 않는 폼(Form) 속의 깨달음을 자연스럽게 습득했다는 것을 의미한다. 그것(Form)을 지켜보는 사람들은 깨끗하고 멋있는 자세를 보게 되고 감탄하게 된다. 물론 이것은 보이지만 인지되지 못하는 자연스런 멋이 발현되는 것이다.

이 글의 목적은 즐거움을 생성하기 이전의 과정을 알아보려고 하는 것이다. 즐거움의 생성과정에 해당하는 知－愛－樂의 변증법은 이천희(1985)교수가 헤겔의 변증법인 正－反－合의 이론에서 도출한 것이다. 그는 레크리에이션에서 즐거움을 얻기 위해서는 知－愛－樂의 지양을 제시하였다. 이와 같은 사고를 토대로 스포츠에서 즐거움의 변증법, 다시 말해서 즐거움의 생성단계를 알아보기 위하여 스포츠를 이해하고, 사랑하고, 끝으로 스포츠를 음미하는 절차를 거쳐 즐거움의 변증법(생성단계)을 논하고자 한다.

스포츠 이해하기 : 知

변증법의 창시자로는 흔히 엘레아(Elea)의 제논을 든다. 제논과 그 뒤의 소크라테스 학파에게 변증법은 물음과 대답을 통한 논증과 반박의 방법이다. 변증법은 논적이 제시하는 담론에서 모순을 지적함으로써 그를 어려움에 빠트린다. 그래서 변증법은 참을 생산해내는 수단이기보다는 거짓을 격퇴하는 수단이며, 과학이라기 보다는 기술이다. 헤겔에 따르면, 사유와 존재는 긍정(정립), 부정(반정립), 부정의 부정(종합)이라는 3원적 리듬에 따라 변증법적으로 발전한다. 이 과정에서 앞선 두 계기는 초극되는 동시에 보존된다(지양의 과정). 그래서 변증법은 역사 속에서 작동하는 '부정의 논리'이다. 헤겔에 이르러 변증법은 사유의 현실적 운동과 관계 맺게 된 것이다(이정우 역, 1996 : 131). 이러한 변증법의 논리는 즐거움의 생성단계에서 활용할 수 있다. 다음의 문장은 즐거움의 중요성을 논어에서 제시한 것이다.

子曰 知之者 不如好之者, 好之者 不如樂之者

이 내용은 어떤 것을 아는 것은 어떤 것을 좋아하는 것을 따를 수 없고, 좋아하는 것은 즐겁게 하는 것을 따를 것이 없다는 뜻이다. 이 글에서 차용할 수 있는 개요는 스포츠에 대한 이해(知)와 사랑(愛)을 지양(Aufheben)하는 것으로부터 즐거움이 발흥한다는 것이다. 공자의 말처럼 어떤 대상에서 즐거움(쾌락)을 얻으려면은 그것에 대한 지식과 사랑이 전제된다. 이처럼 스포츠에서 즐거움은 지식과 사랑의 지양 속에서 생성되는 것이다.

스포츠를 이해하기 위해서는 우선 스포츠의 안과 밖을 분명히 알아야 한다. 스포츠는 겉으로 들어 난 것만이 아니라 스포츠 본질적 이해를 할 필요가 있다. 스포츠의 본질은 스포츠란 무엇인가 하는 근본적인 문제에 직면하게 된다. 스포츠를 안다는 것은 스포츠의 외시

의미와 함축의미를 모두 안다는 것이다.

요즘 박세리의 골프이야기는 국민들이 관심사이다. 그러나 골프의 룰(문법)을 이해하지 못하고서는 박세리의 골프경기에서 승리에 대한 즐거움은 반감된다. 단지 여론에 의해 보도된 4승이 최고라는 것으로 인식 할뿐이다. 그것은 골프에 대한 관심보다는 이해가 부족하기 때문이다. 골프가 어떤 문법(룰)을 가지고 있는가에 대한 이해를 알고 있다면 유홍준이 그렇게 강조하는 '아는 만큼 보인다'는 말의 의미가 절실히 다가올 것이다.

골프 용어를 습득하는 것은 골프의 세계로 들어가게 된다는 것을 의미한다. 즉, 주변인에서 중심으로 골프를 하게 되는 것이다. 또한 예를 들면 우리가 컴퓨터를 이용하기 위해서는 컴퓨터 조작기법과 용어를 알고 있어야 한다. 그러나 컴퓨터를 이용하기 위해서는 활용법에 대한 노력이 전제된다. 이처럼 스포츠에서 골프에 대한 용어의 이해를 하기 위해서는 두 가지 지식이 필요하다. 그 하나가 명제적 지식, 즉 이론적 지식이다. 다른 하나는 할 줄 아는 실천적 지식이다. 골프의 스윙과 퍼팅을 할 줄 모르면 골프는 먼 나라 이야기가 된다. 이것은 컴퓨터를 이용하지 못하면 수많은 정보를 습득할 수 없는 것처럼 골프를 할 줄 모르면 골프가 가지고 있는 독특한 맛을 얻을 수가 없다. 그러면 저자의 얘기를 말해보자.

"나는 대학시절과 대학원 석사과정 동안 미식축구라는 스포츠를 즐기게 되었다. 미식축구는 국내 32개 대학에서 행해지는 대학생들의 경기이지만 지금은 사회인 팀들이 만들어져 즐기고 있다. 내가 미식축구를 접하면서 생소한 작전과 포메이션, 러닝 공격과 패스와 센터러시, 옵션, 리드 블락과 같이 생소한 용어를 만났다. 용어 공부를 통하여 미식축구를 이해할 수밖에 없었다. 처음에 이것이 나를 미식축구의 주변인으로 주위를 맴돌게 하였고 미식축구 세계로 들어감을 어렵게 만들었다. 즉 이러한 용어들은 미식축구에 대한 나의 접근을 막는 것이었다. 그러나 차츰 용어에 대한 이해와 훈련을 통해 습득하게 된 기술들은 나를 미식축구 세계에 들어가 주변인에서 중심으로 스포츠를 사랑하게 하였다."

여기서 사랑한다는 것은 미식축구에 헌신, 전적인 몰입, 전심, 열중을 하게 되었다는 것을 말하는 것이다. 이러한 조건들은 바로 스포츠를 음미하는 수준으로 들어가는 전제 조건이라고 해야 할 것이다. 다시 말해서 스포츠에서의 앎이 중요하다는 사실을 입증한다. 그러면 스포츠의 사랑이 무엇을 말하는지 살펴보자.

스포츠 사랑하기 : 愛

스포츠를 사랑한다는 것은 다른 대상보다 더 애정을 가지고 시간과 금전을 많이 투자하였다는 것을 말한다. 당구를 배우기 위해서는 어느 정도의 시간과 금전이 요구된다. 그래서 일반인들에게 당구의 실력은 돈을 투자한 것에 비례한다고 말한다. 사랑한다는 것은 스포츠에 대하여 많은 생각을 한다는 것이다. 역시 당구에서 당구를 처음 배울 때 밥상을 보아도 당구대처럼 보이는 상태에 도달한 것은 당구를 사랑하게 되었다는 것을 의미한다. 모든 스포츠는 이러한 사랑을 전제하지 않고는 배우기 어렵다. 피아노를 제대로 치기 위해서는 시간과 금전 그리고 노력이 요구되듯이 스포츠에서도 역시 같다고 본다. 사랑하기 때문에 대상에 대한 관심과 공부를 지속적으로 할 수 있는 동기가 부여된다.

일단 어떤 대상을 만나 그것에 대한 지식을 배우면 배울수록 애착이 많이 가는 것은 대상을 알기 전에 가지고 있었던 선입견과 편견에서 자유로워 졌다는 것을 의미한다. 우리는 주변에서 운동을 회피하는 부류의 사람을 보게 되는데 그들에게 운동에 대한 자신감이 결핍되어 있기 때문에 늘 주변인으로 있다. 자신감이란 바로 대상에 대한 지식을 충분히 가지고 있다는 것을 말한다. 그 때문에 비로소 대상을 사랑(몰입)하게 된다. 스포츠를 사랑하는 사람들은 스포츠가 가지고 있는 감동과 진실함과 정직함 때문에 스포츠를 사랑한다고 말한다.

사랑하는 마음의 결핍에서 불행은 싹튼다. 농구를 사랑하고 배구를 사랑하는 것은 새로운 즐거움을 얻을 수 있다는 것을 의미한다. 새로운 즐거움이란 과일이 가지고 있는 독특한 맛과 같은 것이다. 과일의 맛은 계절을 알 수 있게 하는 근원이듯이 스포츠의 즐거움은 우리가 얼마나 스포츠를 사랑하고 있느냐에 따라 다를 수 있다. 스포츠에 대한 사랑은 스포츠를 잘하게 되는 원동력이 되고 스포츠에서 소외되지 않고 즐길 수 있는 이유가 된다.

또한 스포츠를 사랑한다는 것은 스포츠가 가지는 내재적 가치－뜻과 보람－을 찾아 거기에 젖어 들어간 것을 말한다. 내재적 가치에 젖음이 전적인 몰입, 전심, 열중, 헌신의 조건이며 그 가운데 운동에 대한 음미 수준으로 전이하게 된다. 그러면 저자의 얘기로 돌아가서 말해보자.

> "미식축구를 이해하게 된 이후에 매일 미식축구에 관한 말과 연습을 통해 사랑하게 되었다. 다치고 힘이 들어도 미식축구에 대한 사랑은 변하지 않고 지속할 수 있었다. 경기장의 텅 빈 관중석에 관중은 없지만 미식축구에 대한 사랑 때문에 미식축구 경기를 매년 정기적으로 할 수 있었다."

비록 경기수준의 향상이라는 것이 없었지만 그래도 미식축구를 사랑하게 된 이들은 매년 경기를 통하여 만나게 되었다. 점차적으로 미식축구를 사랑하게 되자 이제는 미식축구를 음미하고 즐기는 수준으로 전이될 수 있었다.

스포츠 음미하기 : 樂

스포츠에 대한 이해와 사랑의 지양을 통하여 음미단계에 도달하고 그 수준에서 즐거움을 있을 수 있다. 이 단계는 헤겔의 변증법적 正-反-合의 과정을 통하여 생성되는 것처럼 스포츠에서 즐거움의 변증법은 知-愛-樂의 지양을 통하여 즐거움을 찾을 수 있다. 이 단계는 도의 단계에 도달한 것이다. 도에 대한 집중을 통하여 자연과 합일된 경지에 도달하게 된다. 다음의 글은 깨달음에 대한 이해를 돕는 글이다. 이 글은 정약용의 『여유당전서』에 나오는 글이다.

> "정자나 주자 같은 선생들은 그 제자의 질문에 답하거나 경

> 전에 뜻을 해석할 적에 종종 "마음을 가라 앉혀 깊이 맛보아서 스스로 깨달아야 한다." 말했을 뿐 정작 그 맛이 어떤지에 대해서는 말하지 않았다. 나는 예전에 이점에 대해 의혹을 품었지만 잘 알 수 없었다. 그런데 요즘 와서 차츰 생각해보니 대개 맛이란 그것을 맛본 사람하고만 말 할 수 있고, 맛보지 못한 사람에게는 아무리 말해도 알지 못하는 것이다. 후세 사람들은 안회가 즐거워한 것이 무엇인지 알지 못한다. 단지 안회의 경지에 이르지 못한 사람은 필시 안회가 누린 즐거움을 누릴 수 없으나 어떻게 안회가 느낀 즐거움을 알 수 있겠는가, 이는 비유컨데 꿀을 먹어본 자가 꿀을 먹어보지 못한 자에게 꿀맛에 대해 말하고자 하나 끝내 그것을 형용할 길이 없는 것과 마찬가지지다"(박희병 역 1998 : 191).

음미는 어떤 경지에 도달한 상태를 말하다. 이것은 이해와 사랑의 지양을 통한 깨달음의 단계이다. 음미 단계는 최상의 경지를 말한다. 즐길 수 있는 단계 즉 능력을 가지게 된 단계이다. 이 때에 스포츠는 삶의 풍요로움에 기여할 수 있다. 다시 말해서 적은 자본을 투자하여 큰 기쁨을 맛보는 것이다. 이러한 예로서 저자의 경험을 말하지 않으면 안되겠다.

> "사람들이 항상 나에게 미식축구를 왜 하느냐? 위험하고 다치면 어떻게 하려고 미식축구를 하느냐 하는 일련의 질문에 나는 그들에게 미식축구가 가지는 즐거움(맛)을 알지 못하기 때문이라고 말하곤 하였다."

그것은 메론이란 과일을 먹어보지 않고 그 맛에 대하여 들어서는 그 맛을 알지 못하는 것과 같다. 직접 해보지 않고는 말하여도 이해할 수 없는 것이다. 한다고 모든 사람이 똑같이 느끼는 것도 아니다. 여기서 말하는 음미의 단계에 도달하여야 그 진수를 알 수 있다. 이처럼 다른 사람에게는 아무 의미와 즐거움을 주지 못하지만 그것에 대한 이해와 사랑을 통해 알게 된 음미의 수준은 말을 통해 전달할 수 없다. 음미의 단계는 스포츠를 얼마나 많이 알고 사랑하는 만큼 음미하는 즐거움의 질이 다르다. 그것은 자신이 투자한 금전과 시간이 양에 비례하는 것이다.

결국 스포츠에서 즐거움의 생성은 知－愛－樂의 과정에서 비롯되는 것이다. 다시 말해서 스포츠를 이해하고, 사랑하고 그리고 음미하는 과정을 통해 즐거움은 생성되는 것이다.

스포츠에서 樂의 발견 : 知 - 愛 - 樂의 지양

미국프로축구(NFL) 선수들의 경기에 매료되어 매일 터치다운에 관한 생각과 모든 것을 미식축구에 연관시켜 생활하던 기억이 있다. 즉 대학시절과 대학원 석사과정 동안에 미식축구에 매료되어 많은 시간을 투자하여 미식축구를 이해하게 되었고 그 이해를 바탕으로 미식축구에 미치게 된 일이 있었다. 그 때는 부상에도 불구하고 경기를 하던 일이 있었다. 결국 미식축구를 즐기는 음미수준에 도달하게 되었다는 것을 알게되었다. 그것은 그만큼 미식축구에 대한 '이해－사랑－음미'의 과정이 있었기 때문에 가능할 수 있었다. 그것은 아마도 누가 강요한 것도 아니고 다만 미식축구에 대한 집착과 사랑 때문이었다. 그 과정 속에서 미식축구의 맛, 즉 즐거움을 알 수 있었다. 그때 즐거움의 생성은 가벼운 즐거움이 아니라 이해와 사랑을 통하여 얻게 된 즐거움이었다.

이러한 예들을 찾아보면, 박세리의 스윙, 박찬호의 강속구, 조던의 슬램덩크. 신진식의 스파이크 등은 스포츠에 대한 이해와 사랑을 통하여 가지게 된 음미(즐거움)의 단계에 도달된 상태에서 외부로 표출될 것이라고 할 수 있다. 그들의 자연스러운 자세를 보는 사람으로 하여금 자연스러움과 동시에 멋을 느끼게 한다. 멋은 그들이 많은 시간과 금전 그리고 노력의 투자를 통하여 얻을 수 있었던 것이다. 결국 그들은 즐거움은 스포츠에서의 이해－사랑－음미의 과정에서 생성되었던 것이다.

스포츠에서의 즐거움은 우리가 스포츠를 하는 이유이면서 또 다른 의미로서는 스포츠의 존재이유가 된다. 즐거움 그 자체의 분석과 이해를 통하여 우리는 스포츠의 본질에 접근이 용이하고 스포츠를 이해하는데 지름길이 된다. 그래서 즐거움에 대하여 논하는 것은 즐거움의 의미가 기대이상으로 심오하기 때문일 것이다. 또한 즐거움의 생성과정의 이해는 대상에 대한 바른 인식을 하게 하는 계기가 된다. 즐거움의 생성은 자연발생적으로 오는 일시적 즐거움보다는 이해와 사랑이 전제한 음미의 지양에서 오는 즐거움이 더 크다.

第12장 | 스포츠 행복론 : 자아실현의 예술로서 스포츠

인간은 행복을 추구하는 존재이다

인간은 행복을 추구하는 존재이다. 이 말은 인간은 행복을 먹고사는 존재라고도 바꾸어 말 할 수 있다. 인간은 세계 내에 던져진 존재, 즉 세계－내－존재로서 삶의 양식과 생존방식을 습득하고 생을 지속한다. 부정적인 시각에서 인간은 사는 것이 아니라 죽어 가는 것이다. 그래서 하이데거는 인간을 죽음을 향해 달려가는 존재라고 규정하였다. 우리는 삶에 있어서 어떤 독특한 존재 방식을 가지고 어떤 의미부여를 하며 살고 있다. 또한 삶은 죽음과 직면하고 있다. 죽음에 대한 두려움과 공포의 이면에는 행복이란 희망이 있다. 행복은 우리가 삶에서 추구하는 영원한 과제이다.

스포츠에서는 두 가지의 욕구, 즉 승리하려는 욕구와 멋(자아실현)있게 경기를 하려는 욕구가 있다. 전자는 사회적 욕구이고, 후자는 주체적 욕구라고 말할 수 있다. 과연 행복이라는 것이 있는가, 행복이란 무엇인가 하는 문제의식 속에서 우리는 살아가는 지도 모른다. 인간은 단지 행복을 위해 열심히 움직이며 소원(행복을 바라는 것)을 가지고 살아간다. 그러나 많은 사람들은 도대체 행복이란 무엇인가 하는 문제제기도 없이 행복을 당연한 것으로 받아들인다. 스포츠를 하면 과연 행복해질 수 있을까 스포츠의 특성 중 자아실현이라는 말이 있는데 그 의미가 무엇인가.

스포츠에서의 행복은 자아실현에서 찾을 수 있는가 하는 문제들이 제기된다. 자아실현은 두 가지 측면으로 구분할 수 있다. 그 하나는 주체적 자아실현의 측면이요, 다른 하나는 사회적 자아실현의 측면이다. 주체적 자아실현의 측면이란 자기의 존재 의미와 목적을 탐구하고 추구할 수 있는 자아초월성을 가진 주체적 존재로서의 인간이 자기의 존재를 실현하는 측면이다. 사회적 자아실현의 측면이란 인간이 타인, 가족, 사회와의 관계 속에서 자아를 실현하는 측면을 말한다.

그러면 행복이란 무엇인가 하는 문제의식에서 글을 시작하고 행복의 의미를 알아보며 행복은 소유의 삶에 있는가 혹은 존재의 삶에 있는가를 규명할 것이다. 그리고 스포츠에서의 주체적 자아실현과 사회적 자아실현을 양분하여 알아보고, 스포츠에서의 행복이란 무엇인가. 이에 대한 해석을 제시하는 것으로 글을 정리할 것이다.

행복

행복이라고 번역되는 희랍어 'eudaimonia'는 개인의 수호신 'eudaimon'에서 유래한 것으로 'eudaimon'에 의해 보호되어 행복하다는 의미이다. 행복은 최고의 선(善)이고 궁극목적이다(김태길, 1974 : 38). 그리고 행복은 모든 사람이 공통적으로 열망하는 것이다. 그러나 막상 이 말을 정의하려면 이 말은 매우 복잡한 개념이며, 때로는 그 구성 요소들이 서로 모순되기까지 한다. 행복이라는 말은 우연, 기회와도 관련된다. 행복은 불행과 마찬가지로 예기치 않게 우리에게 찾아오는 그 무엇이다. 그런데 그것은 일시적인 것이며 완전한 소유를 거부한다. 때로 행복은 쾌락이나 기쁨과는 달리 만족의 지속적인 상태로 정의되기도 한다(이정우 역, 1996 : 336~337).

또한 행복이란 자기 삶의 조건, 삶의 의미, 자신의 인간적 목표의 달성에 대해 내적 만족 상태를 표하는 사람의 상태를 가리키는 도덕의식의 개념이다. 행복은 두 가지의 구성요인으로 되어 있다. 개인의 덕스러움 정도, 즉 도덕적 특질과 그의 안녕을 결정하는 인자(건강, 번영, 행운 등)들과의 조화 그리고 행복을 도덕의 동기로 여기는 것은 고대와 중세, 그리고 현대의 거의 대다수의 윤리학설에서 나타나는 전형이다. 그러나, 행복을 인간의 도덕적 생활의 일차적이며 필수적인 기반으로 여기는 것은 윤리학에서의 행복설이라는 경향과 전통의 현저한 특징이다. 행복설에서는 행복을 최고선과 동일시함으로써 개인의 자기가치를 강조하게 된다. 고대 그리스인들의 행복사상에서 행복과 선의 가치가 상세하게 논의된다.

소크라테스는 지식은 덕이고 덕은 행복이라고 주장함으로써 인간의 삶의 본질과 목적은 진리의 인식과 거기에 일치된 삶이라고 주장했다. 따라서 그에게 있어서 인간의 과제는 진리를 탐구하고 그 실현을 추구하는 정신적 존재로서의 자아확립에 있었다. 그의 사상을 이어받은 플라톤은 현실의 세계를 부정하고 본질적 실재의 세계인 이데아의 세계를 동경하고 거기에 관여하는 생활을 해야 함을 강조하는 이상주의적 입장을 취했다. 그는 이상적인 인간이란 욕정과 기개와 이성이라는 인간존재의 세 가지 요소가 이성에 의해서 통일된 인간이라고 보았다(고범서, 1994 : 158～159).

아리스토텔레스에 따르면 인간의 모든 행위는 어떠한 목적을 가지고 있다. 이 목적은 보다 높은 목적을 위한 수단이 된다. 이렇게 목적과 수단의 관계를 자꾸 거슬러 올라가면 더 이상 올라갈 수 없는 궁극적 목적에 이르게 된다. 이것이 최고선이며 인간의 최고목적인 행복이다. 이것은 인간에게 잠재되어 있는 능력을 유감 없이 발휘하며 사는 것을 말한다.

이러한 행복에 대한 추구는 고대 희랍인이나 현대인이나 모두 동일할 것이다. 그러나 행복이 구체적으로 무엇이냐에 이르러서는 사람들의 견해는 각양각색이다. 고대 그리스인은 예술적이고, 도덕적이고, 정신적인 삶에 행복이 있다고 생각했던 것에 비해서 그리스 주위의 다른 민족들은 물질적 부와 향락에 행복이 있다고 생각했다. 이것은 정신적인 것이 인간을 행복하게 하느냐, 그렇지 않으면 물질적인 것이 인간을 행복하게 하느냐 하는 문제로 환원 될 수 있다. 이것은 스포츠 세계에서 승리와 부, 명예, 금메달에 의하여 행복을 얻을 수 있느냐 아니면 멋있게 경기를 하는 정신적인 것에서 행복을 찾아야 하는가 라는 질문과도 같다.

우리가 스포츠에서의 행복이 무엇인가에 대하여 알기 위해서는 이진수가 그의 저서 『한국 고대스포츠 연구』에서 말하는 스포츠 정의에 대하여 알아 볼 필요가 있다. 그는 스포츠란 '행복을 추구하는 신체기법의 총칭, 혹은 '절정체험을 지양하는 신체기법의 총칭'이라고 말한다. '신체기법'이란 신체를 가지고 있는 우리들의 생존의 구체적인 양상, 다시 말하면 신체화된 기술이다. 할아버지 할머니가 아침에 공원에 모여 행하는 배드민턴의 기술도 '신체기법'이며, 칠대륙 삼극점을 정복한 허영호의 등반 기술도 모두 같은 맥락에서 이해될 수 있다. 참피언만이 갖는 행복, 절정체험이 아니라 우리들 보통사람이 찾는 그런 소박한 기법들, 그것이 바로 스포츠인 것이다(1996 : 12)'.

이 글에서 이진수는 '스포츠에서 행복을 추구하는'이란 문구를 사용하고 있다. 그의 말처럼 우리는 행복하기 위하여 스포츠를 행하고 스포츠의 운동기술을 습득한다고 이해해도 무관할 것이다. 그러나 그는 스포츠에서 행복에 대하여 막연히 말하고 있고 구체적인 언급이 없다. 다만 그 밑에 문자에서 절정체험과 행복을 같은 맥락에서 해석하고 있는 것으로 봐서 스포츠에서 행복은 절정체험에 있다는 해석도 가능하다. 이것은 절정체험이 어떤 본질적인 이유에서 발현되는 가에 대한 이해가 필요하다. 절정체험은 스포츠가 가지고 있는 독특한 체험이며 최고의 즐거움의 단계이다. 그러면 절정체험은 어떻게 우리에게 증여되는가 하는 질문을 던질 수 있다. 절정체험은 신체기법의 총징, 즉 어떤 준비를 요구한다. 준비는 지향성이 필요하다.

정범모는 그의 저서 『인간의 자아실현』에서 행복을 다음과 같이 말하고 있다. 우리는 삶 자체, 학교생활 자체, 공부 그 자체, 활동 그 자체의 내재적 가치－맛과 멋과 재미, 뜻과 보람, 오묘와 황홀감과 정의－를 찾아 밝히고 거기에 젖어 들 수 있어야 한다. 거기서 삶의 흥과 신바람과 신명이 나온다. 그 내재적 가치에 젖음이 전적인 몰입, 전심, 열중, 헌신의 조건이며 그것이 삶의 뜻과 보람이며, 흔한 말로 그것이 행복인 것이다(1997 : 353). 결국 그도 역시 행복을 내재적 가치에서 찾고 있다.

고범서는 그의 저서『행복의 윤리학』에서 행복은 인간만이 앓고 있는 인간 특유의 공통된 병이라고 할 수 있다고 하였다. 동물이 아니라 인간이라는 바로 그 사실로 인해서 인간은 행복을 추구할 수 있으며 또한 추구하지 않을 수 없다. 인간은 자아 초월적 의식이며, 그것은 인간으로 하여금 자기의 삶을 객관화 할 수 있게 하며, 이 같은 객관화는 삶의 의미와 보람을 찾게 한다. 삶의 의미와 보람은 행복과 어떤 관계를 가지고 있음이 분명하다. 행복의 병은 약으로도 고칠 수 없다. 엄밀하게 말해 돈과 권력과 명예에 의해서도 해결할 수 없다. 그러한 것이 행복을 줄 수 없다는 것은 인간이 가장 진실하게 되고 본연의 존재가 되는 죽음의 순간에서 분명히 드러난다(1994 : 21).

이와 같이 행복에 관한 정의는 학자에 따라 다양하다. 그러나 일관된 것은 행복은 소유하는 어떤 대상이 아니라 도달하여야 하는 존재의 삶의 과정에서 주어진다는 것이다.

스포츠에서의 행복 : 소유의 삶과 존재의 삶

스포츠에서의 행복은 어디에서 찾아야 하는가? 이것은 행복은 대상이 아니라 어떠한 삶의 자세에서 얻을 수 있다는 것이다. 즉 자신을 기투(己投)하여 전력투구 한 뒤에 얻을 수 있는 것이다. 다시 말해서 그것은 자아의 잠세태가 현실태로 실현되는 과정에서 얻어지는 것이다. 이에 대한 프롬(Fromm, 1947 : 17)의 생각을 고범서는 다음과 같이 정리하고 있다.

> "살려고 하는 것이 생명의 본능이면 행복은 인간의 삶이 가지고 있는 본질적 목적이라고 할 것이다. 삶의 행복은 삶의 참된 목적을 실현하는 활동과 성취에서 주어지는 것이다. 삶의 참된 목적을 실현하기 위한 생의 활동과 노력이 바로 소유와 존재라고 할 때의 존재의 의미인 것이다. 행복은 소유(having)에 있다기보다는 존재(being)에 있다. 이를 좀더 구체적으로 말하면 행복은 부나 권력이나 명예에 있다기보다는 삶을 영위해 나가는 삶의 방식에 있는 것이다. 행복은 삶의 참된 목적을 실현하는 삶 곧 '존재'로서의 삶에 의해서 획득할 수 있는 것이다. 그런데 이러한 존재로서의 삶은 바꾸어 말하면 자아실현으로서의 삶인 것이다. 그렇다면 행복은 조화로운 그리고 최선의 자아를 실현하기 위한 삶의 활동과 성취에 대해서 주어지는 것이다"(1994 : 21).

다시 말해서 프롬에 의하면, 행복은 객관적으로 존재하는 대상에 달려 있는 어떤 것이어서 그것을 획득하고 손에 넣으면 되는 것이 아니다. 이것은 삶의 방식에 대해서 주어지는 것이다. 즉 행복은 물질이나 권력 또는 명예 같은 것을 소유하고 즐기는 데 있는 것이 아니다. 그 보다는 인간의 본질적 존재구조에 일치하는 삶의 활동에 의해서 그의 잠재적 가능성을 생산적으로 발휘하는 삶의 방식에 대해서 증여되는 선물인 것이다. 이를 구체적으로 말하면 삶의 행복은 소유의 삶의 방식에 있는 것이 아니라 존재의 삶의 방식에 있다는 말이 된다(고범서, 1994 : 58). 이처럼 인간의 삶은 물질과 권력 및 명예를 소유하고 즐기는 삶과 각자의 잠재적 가능성을 창조적으로 발휘하고 생산적으로 존재하려는 삶으로 구별될 수 있을 것이다.

인간은 얼굴이 저마다 다른 것처럼 직업도 다르고 생활영역도 다르다. 이것은 인간이 독창성과 개성을 가지고 있으며 잠재력이 인간의 자아에 내재되어 있다는 간접적인 증명일 것이다. 스포츠의 종류는 우리가 아는 이상으로 많다. 그러나 각종목 마다 선수들의 체형이나 성격들이 다르다는 것을 알 수 있다. 그것은 자신의 잠재력(아리스토텔레스의 용어로는 잠세태를 의미한다)이 다르기 때문이다. 이것을 이해하기 위해서는 아리스토텔레스의 도토리 이야기로 설명해보자.

도토리는 떡갈나무가 되려는 원형, 즉 잠세태를 가지고 있다. 여기서 떡갈나무는 도토리의 현실태인 것이다. 그러나 인간의 경우 신체적으로 어린아이가 어른으로 성장하는 것이 잠세태의 실현이지만 이것은 생존의 차원에서이고, 초생존적인 차원에서도 인간은 잠세태를 가지고 있다. 그러나 이러한 잠재력은 자신이 전 존재를 던져서 전력하지 않으면 도달하지 못한다. 이것은 도토리가 나무로 성장하지 못하고 죽는 것과 같다고 보아야한다. 인간이 인간답게 사는 것은 바로 자신의 잠세태를 실현하는 것이다. 운동선수 역시 자신의 잠재력을 실현하기 위하여 전력을 다할 때 비로소 자아실현의 예술로서의 행복을 얻을 수 있다.

이와 같이 행복은 소유의 삶에 있지 않고 존재의 삶의 방식에서 찾을 수 있다. 그렇다고 행복은 대상이어서 주어지는 것, 또 그것은 손에 들어오는 것이 아니다. 행복은 존재의 삶을 향해 전력 투구하는 가운데 얻을 수 있다. 다시 말해서 스포츠에서 행복은 선수들의 자아실현에 있다. 그러면 자아란 무엇인가. 자아란 사회아와 주체아로 나눌 수 있다. 따라서 자아실현은 주체아적 자아실현과 사회아적 자아실현으로 양분할 수 있다. 스포츠에서 행복은 무엇인가 하는 문제를 이해하기 위해서는 주제적 자아실현과 사회적 자아실현을 나누어 살펴보아야 한다.

스포츠와 주체적 자아실현

인간은 무엇인가를 지향한다. 그 지향의 대상은 항상 생존의 차원보다는 초생존의 차원이다. 이것이 다른 동물에서는 찾아보기 어려운 인간만이 가지고 있는 독특한 성향이다. 인간은 인간다움을 지향한다. 마찬가지로 스포츠 하는 인간도 스포츠인 다움을 지향한다. 그것은 자신의 스포츠 행위에 대한 의미와 목적을 찾는 것이다. 또한 이것은 스포츠 하는 인간이 이성적 욕구, 심미의 욕구, 사랑의 욕구, 자유의 욕구, 창조적 욕구를 가진다는 것을 의미한다. 스포츠 하는 인간은 또한 모방보다는 창조를 통해서 다른 사람들과는 다른 차별성을 지향한다. 차별성, 독창성 그리고 개성적인 자아를 실현하고 인생을 창출하는 것이 스포츠에서의 자아실현이다. 그러므로 자아실현으로서의 스포츠 행위는 곧 예술인 것이다.

예술에는 공통된 두 가지 특징이 있다. 그 하나는 개성이요, 다른 하나는 독창성이다. 음악이나 미술이 예술인 것처럼 산다는 것 자체도 하나의 예술이다. 다시 말해서 인간이 그의 자아를 실현하고 그의 인생을 창출하는 것 즉 자아실현 역시 예술에서와 마찬가지로 개성과 독창성을 요청한다. 따라서 자아실현이야말로 예술 중에 예술이다. 이 말은 에리히 프롬(Erich Fromm)이 그의 저서 『Man for himself』에서 '의학이나 공학이나 미술만이 예술이 아니라 산다는 것 자체가 예술이다. 사실 산다는 자체는 인간이 행하는 예술 중에 가장 중요하고 그리고 동시에 가장 어렵고 가장 복잡한 예술이다'라는 구절에서 알 수 있는 것처럼 스포츠행위에서 개성과 독창성을 통한 자아실현은 곧 예술이라고 말할 수 있다.

스포츠를 한다는 자체는 개성과 독창성을 요구하는 예술이다. 스포츠 경기 속에서 선수들은 독창적이고 개성적인 경기를 연출한다. 그 모습은 관중을 매료시키고 경기를 하는 의미를 선수 자신이 경기 속에서 찾는다. 자신의 내면에 있는 잠재력이 다른 선수와 동일하고 독창적이고 개성이 없다면, 인간들은 스포츠를 할 수 없다. 끊임없이 스포츠를 할 수 있는 것은 아마도 주체적 자아를 실현하기 의해서일 것이다. 선수자신이 자신의 경기 속에서 의미와 목적을 찾는 것은 자신만의 독창적인 플레이에 몰두하고 자신의 전 존재를 전력 투구할 때이다.

예를 들면 피겨스케이팅에서의 3회전 반 공중 점프는 실제로 하기 어려운 기술이다. 그러나 선수들은 그것의 실현을 위하여 시간을 투자하고 마침내는 그것을 실현한다. 그 독창적이고 창의적인 모습을 연출하는 다이빙, 체조, 리듬체조, 수중발레 등의 경기 속에서도 그것의 실현에 감동하는 모습은 볼 수 있다.

운동선수들은 스포츠를 통해 내재적으로 그들이 가지고 있는 잠재력(잠세태)을 실현(현실태)할 기회를 가진다. 그러나 자아실현의 기회를 사회, 경제적인 변인들에 의하여 주어지지 못하는 것은 문제가 있다. 그 기회의 부여를 방해하는 요소(비존재로)는 승부욕과 명예, 부에 대한 끊임없는 욕망이다. 승리, 부, 권력 등은 진정한 스포츠의 목적이 아니다. 그러므로 물질을 보다 많이 소유하려는 사람과 물질적 욕구의 충족이 주는 쾌락(pleasure)의 향유를 통해서 스포츠의 의미와 스포츠에서의 행복을 추구하는 사람은 무의미와 허무에 떨어지고 마침내 스포츠맨의 삶에 파탄이 초래되고 만다.

운동선수들이 연봉만을 위해서 프로스포츠에 활약할 때 그는 스포츠를 위해서 프로선수로 뛰고 거기에 따라서 봉급을 받는 것이 아니라, 연봉을 위해서 프로선수가 되는 것이다. 이렇게 되면 봉급이 목적이 되고 운동선수는 봉급을 받기 위한 수단으로 전락해 버리고 만다. 그러한 사람은 스포츠에서의 의미와 목적을 발견하지 못하며, 따라서 스포츠에 그의 전존재를 바칠 수 없게 된다. 그리고 그와 같은 운동 선수는 자아실현의 성과를 올릴 수 없으며 심지어는 스포츠를 망쳐 버릴 위험을 가지고 있다. 스포츠가 생존을 위한 수단이 되면 스포츠는 왜곡되고 도핑이 사라지지 않으며, 승리만을 위한 경기가 지속될 것이다.

스포츠의 존재 이유는 무미건조한 일상의 삶에 활력을 가져다주며, 의미와 목적을 찾을 수 있도록 하는 문화의 역할을 하기 위해서이다. 또한 선수들은 스포츠에서 자아실현의 예술을 통해 존재해야 할 것이며, 그래야 스포츠가 보다 높은 가치를 지닐 수 있다. 그렇지 않으면 스포츠 그 자체는 존재 이유를 망각하게 된다. 운동선수들이 스포츠맨으로 살려고 한다면 의미와 목적을 스포츠에서 찾을 수 있어야 한다.

모든 현실적 존재의 궁극적 근거요 근원인 존재(being) 또는 존재 자체(being-itself)도 그것에 대립하고 저항하는 것이 있을 때라야 자기를 실현할 수 있다는 존재론적 이론을 틸리히(Tillich)는 제시한다. 그는 존재에 대립하고 저항하는 것을 비존재(nonbeing)라고 한다. 주체적 자아실현에서는 항상 비존재가 장애 요소가 된다. 트레이닝을 예로 들 때 우리는 비존재에 대하여 쉽게 이해할 수 있다. 트레이닝의 원리는 신체에 준 부하를 극복하는 과정이다. 즉 부하(비존재)를 점진적으로 극복함으로써 체력(자아실현)은 강화된다. 스포츠에서의 주체적 자아실현은 비존재의 부하를 존재가 극복함으로써 행복에 도달할 수 있다. 따라서 우리는 현대스포츠의 위기 현상인 도핑문제, 반칙, 승리지상주의 그리고 기타의 윤리적 문제들과 같은 비존재들을 항상 극복하면 할 수록 자아실현(존재)은 더욱 빛을 발하게 된다.

스포츠와 사회적 자아실현

우리가 자아라고 부르는 것은 본래적인 자아와 사회환경에 의하여 형성된 사회아로 구분할 수 있다. 그러나 지금까지 사회아에 대한 인식은 결여되어 왔다. 사회 속에서 형성된 자아를 실현하는 것이 바로 자아실현의 일면이다. 사회적 자아실현의 측면이란 인간이 타인, 가족, 사회와의 관계 속에서 자아를 실현하는 것을 말한다. 이에 대하여 고범서는 그의 저서 『행복의 윤리학』에서 다음과 같이 말하고 있다.

> "결국 주체적 자아는 자기 자신과 사회를 만들어 내며, 반대로 사회적 자아는 주체적 자아가 만들어낸 사회에 의해서 형성된다. 그렇게 사회에 의해서 형성되는 자아가 다름 아닌 사회적 자아인 것이다. 주체적 자아와 사회적 자아의 변증법적 상호작용에 의해서 자아가 실현되고 사회가 구축되는 것이다. 그렇다면 삶의 행복과 뗄 수 없는 본질적 관계를 가지고 있는 자아실현은 사회와의 관계를 떠나서는 생각할 수 없다. 아무리 개인의 이상과 도덕성이 훌륭하다고 해도 그가 살고 있는 사회가 불합리하거나 부패했고, 또는 전체주의에 의해서 지배되고 있다고 해도 개인이 그러한 것을 신봉하고 있으며 그것들을 문화적으로 실현하고 있다고 해도 개인이 그러한 이념과 가치를 수용하고 그 같은 문화에 자기를 일치시키지 않으면 그는 그의 사회가 가지고 있는 그 같은 정신적 가치와 문화를 가지고 있는 사회적 환경의 혜택을 그의 삶에서 누릴 수 없는 것이다"(고범서, 1994).

인간의 삶은 관계의 삶이다. 나와 친구, 나와 가족, 그리고 나와 사회, 국가와의 관계 속에서 살아 갈 수밖에 없다. 스포츠 역시 팀 전체와의 관계, 그리고 선수들과의 관계에 영향을 받는다. 그 속에서 각 선수들은 자아를 실현하는 것이다. 우리는 스포츠 세계에서 경쟁 논리에만 입각하여 상대선수를 본다면 우리의 자아를 실현 할 수 없을 것이다. 왜냐하면 상대 선수는 나의 자아실현을 위하여 필요한 존재이기 때문이다. 다시 말해서 경쟁과 우정이 함께 공존하기 때문에 우리는 자아실현이 가능하다. 만약 경쟁만이 있다면 스포츠는 의미가 없고 동물들의 난투극에 불과할 것이다. 이러한 문제에 원인과 해결방안을 부버(Buber)의 만남의 철학에서 찾아보지.

> "부버(Buber)의 〈나 - 너〉의 만남의 철학에 의하면 나 - 너의 상실 곧 실존과 실존의 인격적 관계의 상실을 극복하려고 한다. 그에 의하면 타인과의 참된 관계를 가질 때라야 참된 자아가 될 수 있으며, 그렇게 참된 자아가 될 때 나는 상대방을 그것(Es)으로서가 아니라 너(Du)라고 대하고 따라서 너라고 말할 수 있다는 것이다. 부버가 강조하는 인간의 독창성과 고유성은 인간상호간의 만남의 전제로 하기 때문에 인간 개개인의 가치와 존엄성이 공동체 속에서 나타나게 된다. 그러므로 인간의 삶의 목적은 일상적인 삶을 떠난 자기완성이 아니라 참다운 공동체 형성을 통한 자기 실현 속에 있는 것이다"(정순철, 1986).

그러나 부버가 지적한 <너 - 너>의 만남이 아니라 <나 - 그것>의 만남에 의하여 선수들 각자가 자아실현의 기회를 박탈한 일들이 있다. 사회의 기대 속에 선수 생명을 단축시킨 예들을 우리는 알고 있다. 즉 언론이 선수생명을 단축시킨 것이다. 이것은 사회 구조와 정책 그리고 감독이나 국민의 분위기가 선수들의 자아실현을 위한 도움(역할)을 수행해야 하는데 도리어 자아실현의 장애물 역할을 한다는 것을 의미한다. 선수들은 자신의 잠재력과 독창성 그리고 개성을 가지고 스포츠에서의 자아실현을 위해 노력한다. 그러나 개인의 독창성과 개성과 같은 존재에 대하여 항상 장애 역할을 하는 비존재가 있으며, 이 때문에 멋있는 경기보다는 이기기 위한 경기를 하게된다.

이러한 구체적 사례를 다음의 글에서 볼 수 있다. 세계적인 축제무대인 프랑스 월드컵 축구대회에서 본선에 진출한 32개국이 자존심 대결을 펼쳤다. 그러나 펠레의 지적처럼 아쉬운 점은 감독의 승리를 위한 전술 때문에 젊은이들이 실력을 발휘할 수 있는 기회를 박탈당했으며 또한 예술적인 축구의 면모를 상실하는 계기가 된 점이다. 그리고 세계 축구가 팬 폭력과 지도자들의 지나친 승부욕때문에 과거에 비해 질이 떨어졌다. 뿐만 아니라 관중이 싸우기 위해 경기장을 찾는 것은 역겨운 것이고 감독들은 패배에 대한 두려움에 사로잡혀 지나치게 소극적이었다(동아일보, 1998년, 6월 17일자). 이것은 감독들이 지지 않으려는 경기 또는 이기기 위한 경기만을 의도하기 때문이다. 다시 말해서 멋있게 경기를 하려는 욕구인 존재에 대하여 비존재인 승리, 명예, 부(돈), 권위가 항상 방해하기 때문이라고 볼 수 있다.

그리고 팀 스포츠 내에서도 전체주의에 의해 자아실현의 기회를 박탈당하는 선수가 존재한다. 이것은 개인보다는 팀웍을 중요시하기 때문이다. 농구의 식스맨, 전담 마크맨, 마라톤의 페이스메이커 등은 자아실현의 기회를 사실상 박탈당하는 구조의 희생물이다. 이것은 경쟁의 논리에 영향을 받기 때문이다. 스포츠에서 운동선수들의 자아실현 즉 행복추구의 기회를 박탈당하는 경우이다. 우리가 원하는 것은 선수들의 개인적인 잠재력이 발휘된 최고의 기량을 관람하는 것이다. 그러나 주위의 제반 요인이 선수들이 잠재력을 실현 할 기회를 사실상 박탈하고 있다.

결국 스포츠 내에서 선수와 선수, 선수와 전체선수, 선수와 감독, 구단 상호간의 관계가 자아실현을 위한 조력자의 관계가 되어야지 방해하는 비존재가 되어서는 안 된다. 비존재가 존재(선수들의 잠세태)를 억압하기 때문에 스포츠에서 승리만을 강조하고 비윤리적 문제가 발생하는 것이다. 이와 같은 문제의 해결은 부버의 철학에서 찾아야 할 것 같다.

부버(Buber)의 만남의 철학인 나－너의 인격적 만남과 대화를 통하여 자기를 발견하고 자아를 실현할 수 있게 도움을 주어야 한다. 더 이상 선수를 승리를 위한 도구와 수단으로 대하지 말고, 하나의 존엄한 인격을 지닌 예술작품으로 선수를 대하여야 한다. 그 가운데 선수들은 자신의 자아를 실현하고 관중들은 그들의 예술행위에 찬사와 박수를 보낸다면 스포츠는 인간들의 일상성 속에 문화로서 역할을 하게될 것이다.

스포츠와 자아실현의 예술 그리고 행복

인간은 그가 존재하는 한 생존의 욕구와 행복의 욕구에서 벗어나지 못한다. 욕구는 인간이 살아 있다는 것의 증명이다. 스포츠에서의 욕구는 이기려는 욕구와 멋있게 하려는 욕구로 나눌 수 있다. 물론 멋있는 경기는 예술의 스포츠를 말하는 것이다. 패하더라도 기분 좋은 것은 자신을 기투(己投)하여 전력을 다했다는 만족감 때문이다.

또한 이러한 만족감은 선수들이 경기에서 의미와 목적을 찾을 수 있도록 하는 계기가 된다.

그렇다면 인간은 왜 스포츠를 하는가? 스포츠를 하면 얻는 것이 무엇인가? 아마도 그것은 건강, 행복, 감동, 기쁨이라고 말할 수 있다. 이 중에서도 스포츠에서의 행복은 무엇인가? 이러한 문제제기를 통해 얻을 수 있었던 것은 행복이란 자아실현에서 찾을 수 있다는 사실이다. 여기서 자아실현은 두 가지로 나누어 살펴볼 수 있다. 그 중 하나가 주체적 자아실현이다. 자신의 내면에 형성된 자아로 순수함이 전제되어 있다. 이것은 승리하려는 욕구의 실현이라기보다는 멋있게 경기를 하려는 욕구의 발현이다. 그리고 다른 하나는 사회적 자아실현이다. 즉 국가, 사회, 가족의 기대의 의해 형성된 자아를 실현하는 것을 말한다. 주체적 자아실현은 자신의 기술적 완벽성과 신체적 탁월성에 대한 끊임없는 지향과정을 통하여 행복을 맛보는 것이다. 반면에 사회적 자아실현은 타인, 가족, 사회와의 만남을 통해 형성된 사회아가 그들과의 관계에서 바람직한 자아실현을 하는 것을 말한다.

따라서 우리가 스포츠에서 얻을 수 있는 진정한 행복은 주체적 자아실현이어야 할 것이다. 왜냐하면 그것은 진정 본래적인 자아의 실현이요 자기를 인식하는 길이기 때문이다. 그리고 행복은 소유의 삶에서 찾기보다는 존재의 삶에서 찾을 수 있다. 운동선수들에게 스포츠 경기는 그들의 행복을 추구하는 무대이다. 즉 자아실현의 장이다. 이러한 사실을 스포츠에 직·간접적으로 관여하는 모든 사람들은 인지해야 한다. 그래서 운동선수들의 행복의 길을 방해해서는 안

된다. 승리도 중요하지만 선수들이 끊임없는 훈련의 인고의 과정에서 자신의 기술적 완벽성과 신체적 탁월성을 실현할 수 있는 기회를 제공해 주어야 하며, 우리는 관람을 하고 감탄과 환호로써 그들이 거듭 나는 것을 축하해 주어야 한다.

스포츠는 자신의 잠재력(가능성)을 실현하는 공간이다. 자아실현의 삶이야말로 개성과 독창성을 요청하는 것이다. 그래서 스포츠-내-존재인 우리는 각자의 존재 이유와 각자의 잠재적 가능성을 자유롭고 독창적으로 실현하는 것에서 행복을 찾을 수 있다. 즉, 행복은 가능성의 실현에서 찾을 수 있다. 이를 바탕으로 프롬의 철학에서 아이디어를 얻어서 스포츠를 자아실현의 예술이라고 정의한다. 결국 스포츠에서의 행복은 스포츠에 몰두하고 그 속에서 각자의 잠재적 가능성을 자유롭고 독창적으로 실현하는 예술로서의 행위에서 얻을 수 있는 것이다.

제13장 | 스포츠 영화 읽기 : 재미, 감동, 교훈

스포츠와 영화

우리 주변에서 넘쳐나는 스포츠에 관한 용어들은 너무나 익숙하여 이제는 일상용어가 되었다. 스포츠카, 스포츠웨어, 스포츠마사지, 스포츠댄스, 스포츠신문 등 스포츠와 관련되지 않는 것들이 없을 정도다. 일상대화에서도 날씨보다는 스포츠가 대화의 주제를 이루고 있다. 국가차원에서 경마, 경정, 경륜 등의 합법화된 도박을 통해서 수입을 올리고 있다. 스포츠는 일상 속의 문화로서 우리에게 아주 가까이 다가와 있다. 그 만큼 우리는 스포츠를 떠나서 살수 없을 정도가 되었다는 것을 반증하고 있다.

프로야구, 프로축구, 프로농구의 인기는 여전히 높기만 하다. 2006년 세계야구대회(WBC)는 전국을 환희의 도가니로 만들었다. 최근의 2006년 독일월드컵은 2002년에 이어서 한반도를 붉은 물결로 채워지게 하였다. 도대체 스포츠가 뭘까? 많은 학자들이 이 문제에 대하여 진지하게 정의를 내리고 있지만 여전히 공통된 정의를 찾지 못하고 있다. 우리에게 스포츠란 무엇인가. 이 의문에 대한 해답을 스포츠 그 자체에서 찾기보다는 스포츠를 재현하고 있는 스포츠영화를 통하여 알아볼 수 있다.

최초의 스포츠영화는 레니 리펜슈탈 감독이 만든 베를린올림픽 다큐멘터리 '올림피아(1938)'이다. 이 영화는 세계 최고 선수들의 동작을 발레처럼 담아냈다. 또한 1964년 동경올림픽을 담아낸 컬러 다큐멘터리 '동경 올림피아드(1965)'는 인간한계에 도전하는 선수들의 투혼을 시적으로 그리고 있다. 스포츠가 거짓 없는 승부, 정직한 대결, 신체적 한계를 돌파하는 기록의 경기라면 이들은 스포츠의 리얼리티를 담아내는 최고의 매체가 단연코 영화임을 웅변하고 있다(주성철, 2006 : 14).

이 글의 목적은 스포츠영화에 나타난 스포츠가 무엇을 의미하는지를 탐구하는 것이다. 영화는 일상의 삶을 재현하는 특성을 가지고 있다. 이 때문에 스포츠영화에서 나타나는 스포츠의 의미에 주목하게 된다. 이는 스포츠가 사회의 축소판 내지는 거울이라는 이론을 전재하고 있음을 알 수 있다. 영화는 현실과 동떨어진 것이 아니기에 영화 속의 스포츠의 의미를 읽어낼 수 있다면 우리 사회에 과잉된 스포츠의 문제에 대한 대안도, 우리에게 스포츠가 무엇을 의미하는지도 밝혀 낼 수가 있다. 이를 위하여 사용한 연구방법은 스포츠영화에 관련이 있는 영화평론가와 체육학자가 추천한 스포츠영화를 중심으로 한 내용분석의 방법을 사용하였다.

스포츠영화의 매력 : 재미

영화관에 가면 해야 할 행복한 고민이 있다. 어떤 영화를 볼까하는 고민 아닌 고민이다. 요즘은 멀티상영관 때문에 선택의 기회는 과거 보다 훨씬 많아졌다. 순서는 대개 영화를 만든 감독, 주연배우, 장르 중심으로 선택되기 마련이다. 하지만 보고 후회하지 않을 영화를 고른다면 단연 스포츠영화가 최고이다. 왜냐하면 스포츠영화는 후회할 일이 없기 때문이다.

'주먹이 운다(2005)', '밀리언 달러 베이비(2005)', '댄서의 순정(2005)', '태풍태양(2005)', '코치 카터(2005)' 등 많은 종류의 스포츠영화가 제작되었다. 스포츠영화에서 스포츠가 단골 주제로 채택되는 진짜 이유는 뭘까, 왜 영화가 끊임없이 스포츠에 열광하게 되는가. 스포츠영화가 다른 영화에서 발견할 수 없는 특별한 무엇이 있다고 가정한다면, 그것이 과연 무엇일까. 이를 다섯 개로 나누어 알아보았다.

첫째, 인간한계의 도전정신이 있다. 인간은 한계를 알면서도 무모하게 한계에 도전한다. 도전이 없는 삶은 무미건조하고 감동이 있을 수 없다. 삶이 너무 안전하기 때문에 위험을 감수하며 도전한다. 재미는 자신의 한계에 도전하고 그것을 극복했을 때 찾을 수 있다. 영화는 상상력의 한계에 도전하고 스포츠는 인간신체의 한계를 도전한다는 유사점이 있다. 스포츠영화에서 인간한계의 도전정신이라고 할 수 있는 스포츠의 힘을 발견할 수 있다. 이 힘은 '리멤버 타이탄(2001)', '보리울의 여름(2003)', '그들만의 리그(1992)', '슈팅 라이크 베컴(2002)' 등의 영화에서 찾을 수 있다.

1971년 미국의 흑인과 백인의 인종갈등을 미식축구라는 스포츠를 통해서 해결하고 있는 '리멤버 타이탄', 이 영화는 지역갈등을 넘어 전 국민의 하나로 만든 2002년 한일월드컵을 생각나게 한다. 서로 간에 소통하고 오해를 풀고 이해와 화해를 넘어서 상생을 이끄는 모습을 찾을 수 있다.

시골마을과 읍내 사이의 지역 갈등과 불교와 천주교의 종교 갈등, 신부와 수녀님의 갈등의 양상을 축구를 통해서 화합으로 보여준 '보리울의 여름', 미국에서 프로여자야구의 실화를 바탕으로 재구성하여 당시의 여성에 대한 차별의 벽을 야구를 통하여 극복하는 '그들만의 리그' 등이 있다. 이 영화들에서 서로 간의 차이를 인정하고 불신의 벽을 허물어 공존할 수 있는 힘을 보여준다.

'슈팅 라이크 베컴(2002)'에 대하여 영화평론가 백건영의 말을 들어보자. "이 영화는 한 소녀의 성장영화인 동시에 문화와 국가의 세대를 넘어서는 화해의 영화이다. 무엇보다 축구라는 소재를 통해서 자신이 하고 싶은 일을 선택하게 만드는 정치적 올바름에 대해 이야기하며, 도전과 용기에 대한 계몽적인 영화이기도 하다. 현대는 보는 스포츠에서 즐기는 스포츠로 패러다임의 변화를 보이고 있다. 세월이 변했다고 해서 스포츠정신까지 변하는 것은 아니다. 여전히 스포츠정신의 원형은 고스란히 남아있다. 페어플레이정신과 도전정신이 그것이다. 그것이 가난을 이기기 위한 것이든, 억압된 현실의 탈출구로 사용되던 부단 없이 노력하는 인간의 모습이야 말로 진정 아름답지 않던가. 비록 쓰러진다 해도 좌절하지 않고 다시 일어나 앞을 향해 뛸 수 있게 하는 도전정신이야 말로 이 시대를 사는 젊은이들에게 필요한 것이다. 이 시대는 꿈을 잃어버렸기 때문이다"(백건영, 2005 : 152).

둘째, 인간승리의 무한한 감동이 있다. 영화가 스포츠를 만날 때 무한한 감동을 만들어낸다. 무엇인가를 잘 모르지만 가슴 한 곳을 넘쳐나는 감동을 만날 수 있다. 이러한 공통점은 영화 루디(1994), 말아톤(2005), 윔블던(2005), 챔피언(2002), 태풍태양(2005), 슈퍼스타 감사용(2004)등에서 볼 수 있다. '루디'에서 주인공은 남들이 불가능하다는 편견과 선입견을 넘어 자신을 꿈을 실현한다. '말아톤'에서는 장애를 가진 주인공 초원이 마라톤을 통해서 자폐를 극복하는 과정을 42,195킬로미터의 달리기와 더불어 보여준다. '슈퍼스타 감사용'에서는 패전처리용 투수 감사용이 1승을 위하여 자기 자신과의 치열한 싸움을 한다.

'챔피언'에서는 비운의 삶을 살아야 했고 링 위에서 죽어간 고 김득구의 치열한 복싱선수의 삶을 재현하며 챔피언의 의미를 보여주었다. 챔피언은 단순히 숫자로만 판단되는 챔피언만이 아니라 보여 지지 않는 의미와 실재로서 승리를 얻을 수 있는 선수도 챔피언이라고 할 수 있다. 자신이 할 수 있는 최선의 모습을 보여준 영화 '챔피언'의 주인공이 진정한 챔피언이라고 할 수 있다. 이 모든 영화 역시 감동과 소외를 극복하는 휴먼드라마라는 특성을 지니고 있다.

셋째, 예측불허의 긴장감이 있다. 스포츠영화는 분명 예측 가능한 세상사와는 다른 점이 있다. 스포츠 역시 불확실성을 가지고 있다. 그렇기 때문에 사람들은 스포츠에 매력을 느낀다. 9회 말 역전 홈런, 축구의 역전골 등은 예측 가능한 결과에 대한 반전을 보여주는 것이다. 2002년 한일월드컵에서 우리가 그토록 환호한 것은 스포츠의 불확실성 때문이다. 스포츠영화도 반전과 예측불허의 결과를 보여준다는 점에서 매력이 있다.

예를 들어 'YMCA 야구단(2002)'에서 마지막 성남구락부와의 경기에서 자신의 안전보다는 조선의 독립과 민족을 위해서 개인을 희생하는 선수들의 모습을 볼 수 있다. 조선을 구할 4번 타자가 말을 타고 등장하는 반전을 경험하게 한다. 9회의 마지막 공격에서 승리할 가능성을 찾지 못하고 절망에 빠진다. 하지만 선구자가 나타나서 야구의 예측불허의 긴장감을 더한다.

영화가 스포츠에 관심을 보이는 진짜 이유는 사람들에게 고된 삶의 위안과 살맛을 느끼게 하기 때문이다. 스포츠영화는 특정인을 제한하는 것이 아니라 모든 사람을 대상으로 만들어진다는 점에서 영화산업의 입장에서도 손해를 보지 않는 장사가 된다. 특히 스포츠는 부정적인 측면보다는 긍정적이고 활동적인 이미지를 가지고 있기 때문에 스포츠를 거부할 사람은 거의 없다. 규칙은 잘 알지 못하지만 쉽게 빠져들 수 있는 것 또한 스포츠이다. 이런 장점 때문에 스포츠는 영화의 단골 소재로 자주 이용된다. 우리 주변에 스포츠스타의 감동어린 이야기는 넘쳐나고 있으며 사람들이 경제적으로 살기 어려운 시기에 삶의 희망을 찾고 있기 때문에 잘 맞아떨어진다.

넷째, 따뜻한 인간냄새가 난다. 세상살이가 어려워지면 어려울수록 그리워지는 것이 이웃의 따듯한 사람냄새의 정이다. 개인주의가 팽배함에 따라 이웃과의 관계는 점점 소원해지는 것을 볼 수 있다. 가족 간에도 함께 식사를 하지 못하는 경우가 많다. 단지 바쁘다는 이유로 주위를 살피지 못하는 일이 있다. 따뜻한 인간냄새가 나는 영화는 '코치 카터(2005)', '허리케인 카터, (1999)', '주먹이 운다(2005)', '알리(2001)' 등이 있다.

'코치 카터'는 이 땅의 학생운동선수를 생각하게 한다. 전국의 학생선수를 지도하는 코치들이 필수로 봐야 할 영화이다. 무늬만 학생이고 공부와 담을 쌓고 학창시절을 보내야 하는 학생선수들이 넘쳐나는 것이 현실이다. 운동선수의 배울 권리의 보장이 필요함을 느끼게 한다. 코치는 운동만 가르치는 조련사가 아니라 교육자라는 것을 배우게 된다.

운동뿐만 아니라 인격함양을 교육시키는 선생님이라는 것을 우리 사회의 코치들은 배워야 할 것 같다. 운동만 하는 운동선수를 양성하기보다는 공부하는 운동선수를 양성하는 코치, 단지 자신의 출세를 위하여 학생을 이용하지 않고 학생의 미래를 생각하는 코치가 되어야 한다. 은퇴 후의 운동선수들의 삶을 생각해서 대외 성적보다는 공부와 운동을 병행하는 운동선수의 양성이 요구된다.

'주먹이 운다(2005)'는 인생에서 복싱 밖에 모르고 복싱으로 챔피언이 된 한 선수이야기를 다룬다. 그는 결국 사기를 당하여 자신이 할 수 있는 일이 없다는 무기력감에 빠진다. 이 때문에 길거리 복서로 살아야 하는 복싱선수의 삶을 극명하게 보여준다. 한편, 불우한 환경에서 소년원에 갈 수 밖에 없는 한 소년의 삶을 사실적으로 재현하고 있다. 복싱을 통해서 자신의 불행을 떨쳐버리기 위한 치열한 몸부림에서 인간의 깊은 삶의 향기를 엿볼 수 있다.

'허리케인 커터(1999)' 역시 복싱을 소재로 한 영화이다. 흑인이 백인주류의 사회에서 살면서 겪어야 할 인종차별의 문제를 한 실존했던 복서의 삶으로 그리고 있다. 흑인 챔피언이 백인 주류사회에서 살기가 생각보다 쉽지 않다. 이 때문에 살인자라는 누명을 쓰고 감옥에서 살아야 했던 기구한 인간의 삶을 영상화하였다. 흑인 소년과의 편지 왕래를 통하여 살아야 한다는 의욕을 가지고 주변의 도움으로 백인주류의 사회의 편견과 차별을 극복하는 과정을 보여준다.

다섯째, 청량제 같은 재미가 있다. 사람들은 너무 획일화 된 삶과 일상의 굴레에서 벗어나 청량제를 찾는다. 누구나 재미를 찾는다. 그 재미 때문에 사람들은 영화관이나 경기장, 체육관에 몰려든다. 재미라는 공통점을 가지고 있는 영화와 스포츠의 만남은 스포츠영화에서 꽃을 핀다. 이런 종류의 영화는 '교도소 월드컵, (2001)', '소림축구(2002)', '으랏차차 스모(2000)', '슈팅 라이크 베컴(2002)' 등이 있다. 이들 영화는 코믹장르의 성격을 가진 스포츠영화이다. 웃음, 재미, 감동을 함께 얻을 수 있다. 특히 '으랏차차 스모(2000)'는 일본 아마추어 스포츠로서 대학스포츠의 모습을 통해 현실을 풍자하는 영화이다. 대외 경기에 나갈 선수가 부족하여 구걸하다시피 하여 선수를 모아 경기에 나간다. 현실이 비참하지만 스모를 통하여 자신감을 얻고 스모를 사랑하게 되는 감동 또한 발견할 수 있다. 국내 대학의 화려한 대학의 엘리트 스포츠에 가려진 동아리 수준의 대학 경기의 현주소를 보여주는 것 같다. 대학스포츠의 현실이 어떠해야 하는가 하는 깨우침도 선사하는 영화이다.

이런 장르의 영화를 보는 사람들은 스포츠영화가 주는 감동을 오래 동안 간직하고 따뜻한 가슴과 아름다운 삶을 살아가기를 은근히

기대할 것이다. 영화처럼 영화 같은 삶을 지향하게 한다. 그렇기 때문에 삶이 고단할 수록 한 편의 스포츠영화는 삶의 위로가 된다. 현실에서 실현할 수 없는 것을 스포츠영화를 통해서 대리만족하게 한다. 진정한 노력은 자신을 배신하지 않는다는 말이 스포츠영화에서는 진실로 드러난다.

그 힘이 바로 스포츠영화가 우리에게 줄 수 있는 매력이라고 할 수 있다. 앞에서 생각해 봤던 의문이 풀리기 시작했다. 왜 영화를 끊임없이 스포츠에 열광할까. 열광하는 이유는 일상의 단조롭고 무미건조한 삶에서 우리가 그토록 원하는 인간한계의 도전정신, 인간승리의 무한한 감동, 예측불허의 긴장감, 따뜻한 인간냄새, 청량제 같은 재미 등을 발견할 수 있기 때문이다.

이 모든 것은 영화와 스포츠가 가지고 있는 공통점이라고도 할 수 있다. 영화는 영상이라는 매체를 통하여 세상을 재현하고 스포츠는 경기장에서 세상사는 일을 몸으로 보여주는 차이점 이외에도 너무도 닮아 있다. 거기에 보너스로 경제적 이익도 가볍게 볼 수만은 없다. 돈이 되지 않는 영화는 만들어지지 않는다. 왜냐하면 투자가가 모이지 않기 때문이다.

영화는 일종의 투자이기 때문에 모험이라고 할 수 있다. 투자자들의 투자를 모아서 영화를 제작하여 대박을 기대하는 것이다. 대박은 쉽지 않은 일이기 때문에 가장 실패하지 않을 영화소재를 찾게 된다. 그 하나가 스포츠이다. 실패 할 확률이 적기 때문에 대박에 가깝게 접근해 갈 수 있다. 영화는 재미뿐만 아니라 교훈 그리고 삶을 살아가는데 필요한 깨달음을 주어야 한다면 스포츠영화가 제격이다. 이 때문에 영화는 스포츠를 캐스팅하는데 주저하지 않는다. 일상에서 할 수 없는 것들을 스포츠영화는 채워주기 때문에 오늘도 사람들은 스포츠영화를 보러 극장에 간다.

영화 속의 스포츠 읽기 : 감동

스포츠영화는 스포츠를 소재로 한 모든 영화를 의미하지는 않는다. 스포츠 그 자체의 문제의식을 가지고 만들어진 영화를 스포츠영화라고 할 수 있다. 이미 제작되어 알려진 많은 스포츠영화들 중에서 스포츠영화의 진수를 보여줄 수 있는 영화를 영화평론가와 체육학자들에게 자문을 받았다. 그 중에서 연구자가 임의로 3편을 선정하여 그 의미를 알아보았다.

첫째가 대학스포츠의 문제를 제기한 영화 '샤킬 오닐의 NBA 챔프(Blue chips, 1994)'이다. 이 영화는 윌리엄 프리드킨이 감독한 영화로 현대 대학스포츠의 부정적 측면을 사실적으로 보여주려고 노력의 흔적을 엿볼 수 있는 영화라고 할 수 있다. 주인공은 NCAA 농구코치로서 선수를 확보하기 위해 돈의 유혹에 빠져들게 된다. 규칙준수와 우승의 선택의 길목에서 코치는 우승을 위해서 우수고교선수들을 영입하기 위하여 돈을 선택한다.

이 영화는 미국대학스포츠의 현 주소를 진지하게 보여주려는 감독의 의도를 엿볼 수 있다. 대학농구리그에서 우승하기 위해서 가장 중요한 것은 우수한 선수를 확보하는 일이다. 어떤 선수를 확보하느냐가 바로 학교의 우승과 감독의 자존심을 회복시켜 주는 일이기 때문이다.

국내 대학농구 역시 우수한 고교선수를 영입하기 위해서 감독과 대학들의 숨은 노력을 하고 있다. 얼마나 우수한 고교선수를 영입하느냐에 따라서 한해 경기결과가 좌지우지되기 때문이다. 그렇기 때문에 경제력과 학교지명도가 높은 대학이 우수한 선수를 우선적으로 영입한다. 그것은 우수선수에 대한 장학금 등의 배려가 다른 학교보다 더 낫기 때문에 가능한 일이다.

이러한 현실적인 유혹으로부터 자유로울 수 있는 자는 아마 없을 것이다. 우리는 미국의 대학스포츠를 벤치마킹해야 한다고 역설하고 있지만 미국도 이 문제에서 역시 자유롭지 못하다. 이러한 문제의 원인은 대부분 극단적인 승리지상주의에서 찾는다. 승리지상주의는 강요하는 것은 학교, 학부모, 지도자들 모두 때문이다. 승리를 제일가치로 인식하고 선수들에게 승리만이 살길이라고 강요하는 것은 선수들이 승리에 대한 강박관념에 빠지게 한다. 그렇다면 승리란 무엇인가.

두 번째 영화 '불의 전차(chariots of fire, 1981)'는 휴 허드슨의 작품으로 영국의 황혼기를 무대로 하고 있으며, 별다른 플롯이 없는 영화이다. 영화는 단순히 2명의 실존 영국 육상선수들의 경험을 통해 1924년 하계 올림픽의 준비과정을 추적하고 있다. 헤럴드 아브라함은 캠브리지대학교의 유태인 학생이었다. 에릭 리델은 스코틀랜드 노동계급 출신 기독교인으로서 그는 달리는 것이 신의 더 큰 영광을 위하는 것이라고 믿기 때문에 달렸다. 어떤 의미에서 두 사람 다 타자이며, 영화는 그들의 성취 속에서 기뻐한다. 그것은 깨끗한 스포츠 경쟁의 모든 좋은 점을 증폭시키는 느린 동작의 달리기 장면과 마음을 뒤흔드는 반제리스의 사운드 트랙에서 잘 드러난다. 이미 우리에게 익숙해진 배경으로 즐거움에 넘친 훈련 팀이 미풍에 머리를 날리며 대양의 파도가 발목을 휘감는 해변을 따라 달리는 유명한 장면은 '불의 전차'가 전해주는 스포츠의 총체성을 포착하고 있다(정준영 역, 2001 : 343).

이 영화는 스포츠에서의 승리의 의미를 재현하여 보여준다. 대부분의 학자들은 현대 스포츠문제의 원인 중에 하나를 승리지상주의에서 찾고 있다. 승리추구는 스포츠에서 꼭 필요하다. 만약 스포츠에서 승리를 지향하지 않는다면, 재미는 사라지고 만다. 그런데 어떤 종류의 승리를 추구하느냐에 따라서 그 결과의 모습이 달라진다. 승리는 모두 같은데, 무슨 승리의 종류가 있다는 것인지 이해를 못할 수도 있다. 하지만 승리는 구분이 가능한 대상이다.

우리가 지향하는 승리는 전광판의 숫자로 나타나는 현상과 결과 위주의 승리에 불과하다. 이러한 승리에 매몰된다면 극단적인 승리지상주의에서 기인된 비인간성의 문제를 안게 된다. 지금까지 우리는 실재와 의미로서의 승리가 존재한다는 것을 잊고 있었다.

남에게 보여주기 위한, 자기 자신을 소외시키고 결국 타자로 만드는 승리는 더 이상 승리라고 할 수 없다. 가장 큰 승리는 자기 자신에 대한 승리이다. 타자의 시선에서 자유로울 때 진정한 승리를 하게 되는 것이다. 자기만족이 최대의 승리라고 할 수 있다. 우리에게 스포츠는 자신을 표현하고, 능력을 발휘하고, 성취욕을 맛보는 것이 최고라고 할 수 있다. 결과에 따른 것보다는 과정에서 자기만족을 얻는 것이 중요하다. 자기만족은 일종의 내적승리하고 할 수 있다.

이 영화에서 두 명의 주인공이 등장한다. 헤럴드 아브라함과 에릭 리델이다. 이 영화에서 헤럴드는 승리를 위해 수단과 방법을 가리지 않는 전형적인 승부사의 기질을 보여준다. 헤럴드는 당시 대학생에게 개인 코치를 두면 안 되는 규정이 있었음에도 불구하고 이를 무시하고 무사비니라는 개인코치를 두고 훈련을 하여 마침내 승리하게 된다. 스포츠는 규칙준수가 승리의 정당성을 보장한다고 보면 헤럴드 아브라함의 승리는 정당성을 얻을 수 없다.

선교사인 에릭 리델은 종교적 신념 때문에 안식일에 열린 100미터 결승전 경기에 참가를 포기한다. 결국 현상과 결과만을 추구한 헤럴드와 실재와 의미를 추구했던 에릭 리델은 모두 승리하였다. 하지만 이들의 승리는 큰 차이를 보여주고 있다. 그 차이는 의미의 차원에서 비교할 수 있다. 이 땅에서 현상과 결과로서의 승리만을 지향하기 때문에 과정으로서의 승리는 퇴색하고 있다.

이 영화 속의 유니폼을 유심히 보면 흰색의 유니폼이 주류를 형성하고 있다. 지금과 비교하면 유니폼의 칼라는 상업주의 침투를 여실히 보여준다. 순수하기만 했던 스포츠는 다국적 기업의 움직이는 광고판이 되었다고 해도 과언이 아니다. 지금처럼 무한대의 빠름이 유일한 잣대로 평가되는 사회에서 선수들은 초시계를 향해서 무한질주 하는 모습으로 보여 진다. 사람의 모습보다는 기계를 연상하게 한다. 이러한 문제는 경제적 논리 때문이다.

돈의 논리가 선수들의 유니폼에까지 힘을 행사한다. 유니폼 이외에도 경기 그 자체에도 영향을 미쳐 경기시간과 진행방법에 변화를 가하고 있다. 촉진 룰이나 경기 규칙의 일부분이 돈의 논리에 의해서 변경된다. 돈의 논리에 의해서 움직이는 TV는 미디어스포츠라는 영역을 만들어 내고 있다. 경기장을 직접 찾는 사람들보다 미디어를 통해 스포츠를 소비하는 사람들이 늘어났다. 이 때문에 이 영역에 대한 관심이 날로 증가하고 있다.

미디어스포츠는 볼거리를 얻기 위해서 선수들 간의 경쟁력을 부추기는 역할을 하기도 한다. 로제 카이와가 지적한 것처럼 지나친 경쟁과 승리추구는 스포츠의 다락을 가져오게 한다. 스포츠에서 인간성의 상실은 동물들의 유치한 싸움에 지나지 않을 수 있다. 놀이정신의 상실은 스포츠의 타락을 가져올 수 있다. 우리는 늘 고향 회귀를 꿈꾸며 살고 있다. 타향에서 이방인으로 삶을 살아가면서 고향을 그리워하는 삶의 모습처럼 스포츠 역시 고향을 찾고 있다. 지금은 고향상실의 전형이라고 할 수 있는 스포츠 타락의 모습을 보여주고 있다.

이러한 고향회복의 길을 세 번째 영화 '리멤버 타이탄(Remember the Titans, 2001)'에서 찾을 수 있다. 이 영화에서는 흑인과 백인의 인종문제를 미식축구를 통해서 풀어간다. 흑인과 백인 통합의 고등학교가 가진 문제, 지역사회의 문제를 고등학교 미식축구팀이 서로간의 작은 관심으로 불신의 단절을 허물고, 소통하고, 화해하고, 나아가 상생을 모색하는 과정을 보여준다. 미식축구는 특성상 모든 선수가 하나로 움직일 때 가능한 경기이기 때문에 대립과 갈등은 승리의 걸림돌이다. 하지만 소통과 화해는 상생의 힘을 가져와 승리에 근접하는 힘을 준다. 소통이 없이는 모두 패배자가 될 수 있다.

영화로 배우는 스포츠 : 교훈

이상과 같은 영화 속에서 스포츠 읽기를 시도해 보았다. 우리가 살면서 배워야 하는 것들은 학교에서만이 아니라 여러 곳에서 다양한 것들을 배우게 된다. 그 중에서 스포츠에서 배워야 할 것들에 대하여 위의 3편의 스포츠영화 속에 나타난 교훈을 중심으로 정리하여 보았다. 사람들은 스포츠를 너무나 가볍게 본다. 스포츠는 단순한 볼거리에 불과할 뿐 배울 것이 없다고 생각한다. 하지만 스포츠에서 배워야 하는 것들은 생각보다 많이 있다. 그것들은 우리가 일상의 삶에서 살면서 잘 행하지 않는 것들이 대부분이다. 스포츠에서 배울 수 있는 몇 가지를 알아보자.

첫째, 규칙준수이다. 예를 들어 황우석 교수팀의 문제에 대하여 알아보자. 이 문제는 생명윤리의 차원이기보다는 연구윤리의 문제라고 할 수 있다. 단지 규칙을 준수하지 않았기 때문에 제기될 수 있는 문제이다. 연구윤리는 모든 연구자들이 숙지하고 있어야 하며 지켜야 하는 연구규칙이다. 스포츠경우 규칙은 곧 스포츠가 되기 때문에 규칙 준수 없는 스포츠는 경기 자체가 성립될 수가 없다. 그 만큼 스포츠에서 규칙준수는 중요하다. 황우석 교수팀 역시 연구원의 난자를 사용했다는 것과 연구를 조작했다는 것은 규칙 위반에 해당한다.

둘째, 페어플레이이다. 이는 형식적인 구호만이 아니라 현실에서 지켜져야 할 항목이다. 공정한 경쟁을 통해서 좋은 결과를 얻을 수 있다. 공정성이 결여된 연구, 수단과 방법을 가리지 않고 결과만을 추구하는 경기는 호응을 얻기 쉽지 않다. 공정한 경쟁이 전제되지 않는 경기는 언제든지 문제가 제기될 수 있다. 우리 사회는 결과만을 중시하고 과정을 중요하게 생각하지 않는 부분이 있다. 공정한 경쟁은 사람들 간에 지켜야 할 일종의 규칙준수이다. 규칙준수는 결과를 합법적으로 인정받을 수 있는 조건이다.

셋째, 도전정신이다. 스포츠는 인간 한계를 도전한다. 그것이 운이나 요행에 의한 도전이 아니라 인내와 노력이라는 과정을 거친 도전이라고 할 수 있다. 그런 만큼 스포츠는 정직하다는 말과 일치한다. 현실에 안주하지 않고 새로운 것에 대한 도전하는 정신이 스포츠를 발전하게 한다. 일상의 모든 일도 같은 선상에서 이해될 수 있다. 무수한 실패와 노력의 결과를 기다리는 지루한 시간은 사람들의 인내와 노력을 요구한다. 이것은 일종의 도전정신이라고 할 수 있다. 도전정신이 인류의 삶을 진보하게 만들었다면 연구나 경기도 진보하게 한다.

넷째, 정신집중이다. 인간이 불행한 것은 한 곳에 집중하지 못하기 때문이다. TV를 시청해도 채널이 한곳에 고정될 시간이 없다. 그만큼 집중을 하지 못하기 때문에 불행한 것이다. 스포츠에서는 몰입의 힘을 발견할 수 있다. 이를 통하여 삶의 기쁨을 얻을 수 있게 된다. 사회의 몰입(집중력)의 상실은 결과위주의 사고에서 비롯된 것이다. 과정을 중시하고 성실과 노력을 통하여 무엇인가 이룰 수 있다는 생각이 필요하다.

하지만 사람들은 운과 요령을 기대어 어떤 성과를 기다리게 때문에 집중을 하지 못한다. 어떤 대상의 집중은 몰입의 즐거움을 경험하게 할 뿐만 아니라 삶의 즐거움을 가져다주기도 한다. 연구자들은 연구의 몰입을 통하여 발견의 즐거움을 얻을 수 있고, 선수들은 경기에 몰입함으로서 경기를 즐길 수 있다. 실험실과 경기장은 다른 공간이고 그 속에서 활동하는 연구원과 선수들은 하는 일이 다르지만 분명한 것은 몰입해야 좋은 결과를 얻을 수 있다는 평범한 진리는 같다.

이상과 같이 스포츠영화를 중심으로 사회가 스포츠에서 배워야 할 것들에 대하여 알아보았다. 규칙준수, 페어플레이, 도전정신, 정신집중 등이 사회가 스포츠에서 배워야 할 것들이다. 우리 사회에서 이러한 것들을 여전히 지켜지지 않고 있다. 사회는 유용성과 경제적 가치로만 모든 것을 평가하고 소리 높여 외치고 있지만 정작 중요한 것은 이러한 항목들이다.

모든 사람들이 중요하다고 생각하지만 현실에서는 좀처럼 지켜지지 않는 것들이 있다. 그 때문에 삶은 혼돈스럽다. 왜냐하면 일종의 약속들이 지켜지지 않기 때문이다. 당장 눈앞에 이익 때문에 과정이라는 노력과 인내의 시간을 기다리는 여유를 찾지 못한다. 최소한의 규칙준수는 살아가면서 지켜야 할 기본이다. 줄기세포 연구나 스포츠의 경우나 공정한 경쟁을 통한 승리추구만이 정당성을 얻을 수 있다. 공정한 경쟁이 우선적으로 요구된다.

맺음말

영화 속의 스포츠를 보고 왜 사람들은 스포츠영화에 빠져드는가에 대한 의문이 풀렸다. 스포츠영화는 다른 장르의 영화가 갖지 못한 여러 장점들을 가지고 있기 때문이다. 특히 사람들이 일상의 삶에서 얻을 수 없는 그 무엇이 스포츠영화 속에는 담겨 있기 때문이다. 그것들은 도전정신, 예측불허, 따듯한 인간냄새, 청량제와 같은 시원함,

감동과 인간드라마 등이다. 이러한 장점을 스포츠영화가 가지고 있기 때문에 사람들을 사로잡는다.

스포츠영화가 말하는 소리에 귀를 기울여 보면 스포츠가 우리에게 무엇인가를 알 수 있다. 현대 스포츠는 맹목적 기록추구와 과잉된 신체 그리고 과도한 경쟁만을 추구하는 경향이 지배적이다. 이는 순수성의 상실이란 스포츠의 타락을 입증하는 현상이라고 할 수 있다. 타락의 결과는 자명하다. 운동하는 기계를 양산하고 이들을 중심으로 볼거리를 보여주는 고대 로마시대의 검투사경기의 재현일 뿐이다.

사람만이 희망이라고 한다. 스포츠의 타락을 해결 할 수 있는 것 또한 사람이다. 스포츠영화 속에 주인공이었던 '샤킬 오닐의 NBA 챔프'의 피트 벨 코치, '불의 전차'의 에릭 리델, '리멤버 타이탄'의 허만 분 코치 등에게 기대를 할 수 있다. 이들은 우리에게 스포츠란 무엇인가를 말해주고 있다. 사람을 도구와 수단으로 인식하고 지배하는 비인간화된 스포츠가 아니라 인간존중이 스포츠에서 우선시 되어야 함을 말해주고 있다.

직접 땀을 흘리면서 스포츠의 참맛을 체험하고 스포츠의 이해를 하는 가운데서 스포츠를 잘 알 수 있다. 참 나를 찾는 자기 인식과 타자의 시선에서 자유를 맛보는 것이 스포츠에서 진정한 승리이며 우리에게 필요한 스포츠라고 할 수 있다. 이처럼 타자의 시선에서 자유를 찾을 때 스포츠에서 소외되지 않고 자신의 스포츠를 한다고 말할 수 있다. 이것이 우리에게 스포츠란 무엇인가를 말해주는 것이다.

이외도 스포츠영화를 통하여 드러나는 스포츠의 가치로서 규칙준수, 페어플레이, 도전정신, 정신집중 등을 언급할 수 있다. 이러한 덕목들은 사회가 스포츠로부터 배워야 한다. 사회와 개인이 이러한 덕목들을 배우고 일상에서 실천할 수 있다면 세상은 지금보다는 좀더 살기 좋은 세상이 될 수 있다. 아직 사회는 개인들의 욕구들의 충돌로 인하여 혼돈의 연속을 유지하고 있을 뿐이다. 그래서 인지는 몰라도 스포츠영화에서 삶의 위로를 찾는 사람들이 상대적으로 다른 영화보다 많아졌다.

스포츠영화를 통해서 나타낼 수 있는 특징과 주제들을 스포츠의 성격과 연관시켜 논의하였지만, 중요한 점은 스포츠영화가 스포츠의 성격을 논의할 수 있는 중요한 텍스트가 될 수 있다는 점이다. 이점 때문에 스포츠영화에 주목하게 되고, 스포츠영화를 분석하는 과정에서 우리는 스포츠를 영화 밖으로 끌어낼 수 있다는 확신을 가지게 되었다. 단지 영화 속의 스포츠 이야기에 만족하기보다는 스포츠현장에서 실천할 수 있는 스포츠를 생각해야 할 것이다.

제3부 | 스포츠 걸으로 : 스포츠윤리와 도덕행위

제3부는 6개의 장으로 구성되었다. 14장에서는 왜 승리지상주의가 문제인가. 이를 해결하기 위한 열쇠는 실재와 의미로서의 승리지상주의에 있음에 대하여 알아보았다. 15장에서는 왜 운동선수는 도덕적으로 보여져야 하는가. 이 문제에 대하여 개인적 이유, 사회적 이유, 존재적 이유로 구분하여 알아보았다. 16장에서는 심판오심과 도덕적 책임에 대하여 알아보았다. 17장에서는 현대스포츠의 윤리적 문제들을 해결하기 위한 방법으로 기존의 스포츠맨십을 강조하는 개인윤리를 넘어서서 사회윤리학의 필요성과 구체적 방법들을 제시하였다. 18장에서는 체육의 연구윤리에 대하여 알아보았다. 19장에서는 스포츠환경의 파괴 문제에 대한 해결방법을 생태중심윤리에서 찾아보았고 구체적 실천방법에 대하여 탐구하였다.

제14장 | 승패의 윤리학

승리지상주의가 왜 문제인가

현대 자본주의 사회에서 스포츠는 이제 상품으로서 기획되고 소비되고 있다. 이러한 현상은 국내의 프로스포츠에 해당하는 축구, 야구, 농구, 씨름, 복싱 등에서 볼 수 있다. 이들 종목의 인기는 점차적으로 증가하고 있다. 이와 반비례하여 윤리적 문제가 뒤따르고 있다. 여기서 윤리적 문제란 도핑과 폭력, 반칙, 승리지상주의 등의 문제를 의미한다.

이 중에서도 저자는 오늘날 스포츠에서 문제시되는 승리지상주의에 대한 이야기를 하려고 한다. 승리지상주의는 승리를 유일한 절대가치로 인식하고 수단과 방법을 고려하지 않는다. 수단과 방법 자체가 윤리적으로 문제가 되어도 결과적으로 승리하였다면 모든 것이 용납된다. 승리를 위한 수단으로 도핑, 반칙, 폭력 등이 정당화될 수 있는 스포츠 현실에 문제가 있다. 승리를 유일한 목적으로 보는 견해는 선수들을 비인간화시킬 가능성이 매우 높다.

프로스포츠에서 선수는 감독이나 코치 또는 구단주에게 이용되며 상품으로서 다른 팀으로 판매된다. 대학의 유명한 선수는 시합에서 승리함으로써 대학의 지명도를 높일 뿐만 아니라 개인적인 이익도 도모한다. 즉 자신이 상품가치를 극대화한다. 따라서 프로선수는 개인의 성적과 팀에 대한 공헌도에 따라 연봉이 책정된다. 이 모든 평가는 선수 개인의 기록에 대한 현상과 결과에 따라 결정된다.

승리가 강조되는 것은 자본주의가 내재하고 있는 경쟁의 논리에 기인한다. 스포츠 역시 예외 없이 경쟁의 지배에서 벗어나지 않는다. 그러나 문제는 막스가 주장한 것처럼 경쟁은 소외를 불러들인다는 점이다. 소외는 비인간화로 이어질 수 있기 때문에 승리를 위한 과도한 경쟁은 문제가 될 수밖에 없다. 단적으로 이것은 우리사회 체제 역시 경쟁과 경제 그리고 승리에 대한 강박관념에 사로 잡혀있음을 사회 곳곳에서 확인 할 수 있다. 이미 현대 사회에서 스포츠의 역할은 과거와는 엄청난 차이를 가진다.

> "스포츠를 소비한다는 것, 그것은 스포츠를 보는 것 이상을 의미한다는 뜻일 것이다. 24시간 스포츠 전문위성 채널이 열려 있고 현란한 이미지 중계 효과들을 체감할 수 있으며, 마이클 조던과 호나우드는 텔레비전에서 거리에서 상점에서 신문에서 언제나 이미 하나의 상징적 기호로 등장한다. 우리 시대의 스포츠는 그래서 경기장면을 보는 것 자체만이 아니라, 무료한 시간을 소비하고, 돈을 소비하며, 기호를 소비하고, 하나의 스타일을 소비하는 '문화적인' 의미를 강하게 가진다"(이동연 외, 1998 : 6).

스포츠의 윤리적 문제들의 근본적인 원인들 중에 하나로 승리지상주의가 제기되어왔다. 그렇다면 왜 승리지상주의가 문제인가? 그것은 승리지상주의가 상업주의 논리에 의하여 지배를 받기 때문이다. 그렇다면 승리지상주의를 해결할 수 있는 방법으로는 어떤 것이 있을까. 이 물음에 대한 해답으로 프로스포츠를 폐지하면 된다는 극단적인 해답이 제기될 수 있지만 이보다는 오히려 스포츠 자체 내에서 해결책을 찾아야한다. 저자는 스포츠에서 승리지상주의 원인은 승리와 패배에 대한 해석상의 문제에서 비롯된다고 본다. 분명하게 우리는 승리와 패배에 대한 곡해를 하고 있다. 정확하게 이해시키기 위해서 승리와 패배에 대하여 알아보자.

고범서(1992)의 말을 빌리면, 인간은 가치 선택적 존재이다. 사람이 선택하는 가치야말로 그의 인격과 인생을 결정하는 것이다. 이와 같이 스포츠에서도 승리의 가치 선택은 중요하다. 스포츠세계에서 승리는 스포츠맨에게 어떤 의미가 있는가. 스포츠에서 승리는 중요한가. 왜 승리지상주의가 문제인가. 이러한 문제의식을 가지고 논의를 하려고 한다. 이 문제를 해결하기 위해서는 승리의 본질적 의미를 알아내야 하는데 이를 위해서는 승리에 대한 철학적 분석이 필요하다. 이 분석을 위해 승리를 현상과 결과로서의 승리와 실재와 의미로서의 승리를 나누어 알아보자.

스포츠에서의 승리의 본질적 의미를 밝히기 위해서는 스포츠의 맥락에서 실재와 의미로서의 승리와 현상과 결과로서의 승리로 구분하고 이것을 비교할 필요가 있다. 왜냐하면 이 과정이 있어야만 승리의 본질적 의미가 규명될 수 있기 때문이다. 이러한 사실을 알아보기 위하여 딜타이가 주장한 '자연과학'과 '정신과학', '설명'과 '이해'의 구분에 기초를 둔 해석학적 연구방법을 채택하였다. "해석학은 독일의 가다머와 프랑스의 리쾨르를 중심으로 연구된 것으로 사실들을 수립할 뿐 아니라 의도나 행위의 의미해석을 주요임무로 한다. 그래서 해석학은 지나치게 엄밀한 모델에 기초를 두는 실증과학의 진리관과 상대화하려고 한다"(이정우 역, 1996).

간단히 말해서 해석학은 해석의 기술, 즉 통역하고, 설명하고, 해석하는 기술이다. 이 글의 목적은 승리지상주의 문제의 원인을 밝히고 해결의 실마리를 승리와 패배의 해석에서 찾고 구체적인 해결방안을 제시하는 데 있다. 논의 전개는 스포츠 내에서의 승리(현상과 결과)와 패배(실재와 의미)를 알아보는 절차를 취할 것이다.

스포츠 그리고 승리와 패배

스포츠에서 경기종료는 승리와 패배의 명암을 분명히 가려낸다. 승리의 감격과 환호성이 있는가 하면 패배의 슬픔과 좌절감 또한 경기장에 남는다. 그렇다면 스포츠의 존재가치는 무엇인가? 즐거움을 느끼는 자보다 패배를 통해 슬퍼하는 자들이 많다면 과연 스포츠의 존재가치를 말할 수는 없을 것이다. 그러나 스포츠 그 자체는 가치중립이다. 다만 우리는 스포츠라는 매개체를 통해 가치를 얻을 뿐이다. 이러한 뜻에서 이진수는 다음과 같이 스포츠를 말한다.

> "스포츠는 그 자체는 몰가치(free value)하다는 사실 때문이다. 스포츠는 어디까지나 사람들이 품고 있는 인생의 가치를 충

족시키기 위해 이용되는 것이지 그 자체로 가치가 있는 것이 아니다. 스포츠 혹은 다른 신체운동은 궁극적 가치나 수단적 가치의 요구를 채우기 위해 이용될 수 있는 단순한 하나의 매체라는 사실을 항상 염두에 두어야 한다. 스포츠를 매체로 하는 가치의 달성은 행하는 사람의 접근 방식에 따라 당연히 달라지게 마련이다. 건강하기를 바라는 사람은 건강에 도움을 줄 수 있는 운동을 행할 것이고, 사교를 목적으로 한다면 그에 합당한 스포츠를 선택하여 행하면 되는 것이다"(이진수, 1996 : 433).

이처럼 스포츠에서의 승리에 대한 해석도 우리가 스포츠를 보는 관점에 따라서 달라질 수 있다. 승리는 패배가 될 수 있고, 반면에 패배는 승리가 될 가능성은 있다. 승리에 대하여 더 상세하게 논의해 보자. 스포츠에서 승리는 가장 중요한 요소 중의 하나이다. 스포츠맨은 승리를 지향하는 존재 추구방식을 택한다. 스포츠맨은 스포츠 내에서 존재 할 때만 스포츠맨으로서의 의미가 있다. 스포츠 경기장을 떠날 때 스포츠맨은 일상적인 인간으로 돌아간다.

여기서 문제되는 것은 스포츠－세계－내에 존재하는 스포츠 하는 인간이 가장 스포츠 하는 인간상을 나타날 때는 그가 스포츠 그 자체에 몰입하여 최선을 다할 때이다. 이 최선이란 스포츠 하는 인간의 기술적 탁월성을 최대로 발휘하는 것을 의미한다. 최상의 기술적 탁월성은 스포츠 하는 인간의 자발적인 전력투구 과정 속에서 나타날 수도 있지만, 그것보다는 승리를 위해 경쟁자와 경쟁을 할 때에 잘 나타난다.

스포츠 세계에는 승패가 존재하기 때문에 모든 스포츠 하는 인간은 승리하기 위해 경기에 참여한다. 승리가 가져다주는 달콤한 환상은 모든 스포츠 하는 인간의 바람이다. 만약 스포츠세계에 승리가 없다면 스포츠가 재미있을까? 아마도 스포츠맨의 목표가 상실되기 때문에 신체 활동은 무의미하게 된다. 승리는 탁월한 신체성과 스포츠의 이상적 모습을 보여주는 근거가 된다. 즉 존재 근거가 된다고 말할 수 있다. 그렇다면 승리는 나쁜 것인가. 승리지상주의가 너무나 강조되는 사회 분위기 속에서 승리는 점점 부정적인 이미지를 지니기도 한다. 이것은 아마도 프로스포츠에 대한 대중적인 관심에서 비롯된 것이 아닌가 생각된다. 프로스포츠는 승자와 승리만을 요구한다. 팀을 위해 공헌하고 경기에 충실한 선수상의 부각보다는 누가 승자이고 누가 골을 많이 넣었는지가 관심의 대상이 된다. 그만큼 과정보다는 결과를 중요시하는 사회 분위기와 밀접한 관계가 있다.

스포츠에서의 승리를 두 가지로 해석할 수 있다. 그 하나는 실재와 의미로서의 승리이고, 다른 하나는 현상과 결과로서의 승리이다. 우리가 감동적인 경기를 보고 저 경기는 결과는 패했지만 내용은 이겼다고 말하는 것을 누구나 한 번쯤은 들었을 것이다. 대등한 축구경기에서 아깝게도 종료 5분 남겨 두고 한 골을 빼앗겨 패하는 것을 보았을 것이다.

물론 현상과 결과로써 패했지만 이 때의 결과는 의미로서의 승리라고 할 수 있다. 또한 현상과 결과로서의 승리는 전광판에 나타난 승리라고 할 수 있다. 이것은 내용보다는 결과를 중시하는 것을 말한다. 이러한 승리가 강조될 때에는 비인간화가 나타난다. 나아가 수단이 목적을 정당화하는 것이 된다. 이 양자는 밀접한 관계가 있다. 이것은 스포츠가 이중성을 가지기 때문이다. 스포츠의 이중성에 대해 다음의 글에서 살펴보자.

> "스포츠는 또한 불확실성에 대한 긴장과 흥분 그리고 불확정성에 대처하기 위한 메커니즘뿐만 아니라 고통과 흥분, 아름다움과 야수성 또는 천사와 악마라는 용어로 자주 표현되는 이중성, 모순, 그리고 아이러니와 관계된다. 스포츠는 동시에 폭력과 부드러움, 기쁨과 절망, 아름다움과 불쾌감, 질서와 무질서로 가득 차 함께 받아들여져야 한다. 응원에는 반드시 야유가 뒤따르고 달콤한 승리의 술잔에는 패배의 쓴맛이 뒤따른다"(박홍규 · 정홍익 · 임혁진, 1992 : 50).

과연 승리의 참된 목적실현은 가능한가. 승리를 향한 행위는 바꾸어 말하면 자아실현으로서의 행위이다. 그렇다면 승리는 조화로운 그리고 최선의 자아를 실현하기 위한 신체적 활동에 대해서 주어지는 것이라고 하겠다. 이와 같은 승리는 두 가지 측면으로 구분할 수 있다. 그 하나는 현상과 결과로서 승리의 측면이요, 다른 하나는 실제와 의미의 측면이다. 전자는 결과만을 강조한다. 반면에 후자의 승리는 자기의 존재를 대상화하고 따라서 자기의 존재 의미와 목적을 탐구하고 추구할 수 있는 자아 초월성을 가진 주체적 존재로서의 인간이 자기의 존재를 실현하는 측면이다. 다시 말해서 승리 안에서 자신의 자아를 실현하는 데에 있다.

실존으로서 스포츠맨의 행위는 그의 경기의 참된 목적인 신체적 탁월성 구현하고 내재적 가치를 추구하며 그것을 실현하는 스포츠의 측면을 말한다. 즉 자신의 신체적 탁월성의 실현이다. 외적 가치는 스포츠의 경쟁 본능, 즉 경기만이 유일한 목적이고 경기장의 전광판의 점수가 절대적으로 스포츠의 가치를 평가한다는 것이다. 바로 경기력의 우월성이란 개념을 승리와 같은 것으로 표현하게 되었다.

승리 : 현상과 결과

현대스포츠의 윤리적 문제들은 폭력, 반칙, 도핑, 형평성의 문제 그리고 판정 시비 등이다. 이러한 문제들의 근본적인 원인들 중에 하나가 승리지상주의(부정적인)이다. 이것은 스포츠를 하는 유일한 목적을 오직 승리에 중점을 두기 때문이다. 이호근(1995)은 승리지상주의에 대하여 다음과 같이 말한다.

> "놀이와 승리 이외에 스포츠를 위한 어떠한 다른 이유가 없음에 틀림없다. 그리고 놀이냐, 승리냐 하는 것 중에서 어느 것이 가장 중요한가를 결정하는 것이 쉽지 않다. 그러나 가장 중요한 문제는 이러한 두개 사이의 놀라운 균형이다. 그러나 오늘날은 불균형하다. 스포츠기사를 읽고, TV에서 스포츠 뉴스를 보는 사람은 누구나 승리지상주의를 알고 있다. 이것이 국제적 관심사가 된지는 오래되었다. 그리고 굉장한 문제로 남아있다."

'경기에 이기는 것보다 참가하는 데에 더 큰 의의가 있다'고 일부 사람들은 계속 강조하고 있지만 대부분의 경기가 승리에 더욱 큰 비중을 두고 있는 것이 현실이다. 이러한 문구는 이제 설득력을 상실하였다. 경기 자체의 참가는 경쟁을 통하여 승리하려는 목적이 없다면 그것은 이미 의욕을 상실한 것이다. 그래서 승리지상주의 문제에 대한 해결의 초점을 승리에 두고 승리에 대한 해석상의 차이에서 찾아야 할 것 같다.

올림픽기록과 세계신기록은 스톱위치가 만들어 낸 환상일 뿐이다. 1896년 제1회 아테네 올림픽의 마라톤 우승자 스피리돈 루이스(그리스)의 기록은 2시간 58분 50초대였다. 1996년 애틀란타 올림픽 마라톤 우승자 조시아 투게인(남아공)은 2시간 12분 36초의 기록을 나타내고 있다. 이처럼 기록(숫자가 나타내는)상의 차이는 크다고 할 수 있다. 그러나 이러한 기록의 차이는 동일한 조건과 장소에 의하여 기록될 수가 없기 때문에 기록 자체로는 의미가 없다. 기록은 인간의 신체가 발달에 의하여 나타난 것이 아니라 장비의 현대화와 훈련의 과학화에 의하여 만들어진 결과에 지나지 않는다. 그럼에도 불구하고 인간들은 매스미디어가 만들어 놓은 기록의 환상에서 벗어나지 못하고 있다. 그것은 단지 즐거움을 극대화시켜 대중을 TV앞에 잡아놓고 광고를 방영하기 위한 방편에 의한 것이다.

이런 관점에서 각 올림픽 참가국들은 기록 단축에 심혈을 기울이기보다는 의미와 느낌 그리고 감동을 주는 경기가 되도록 노력하여야 할 것이다. 즉 기록의 단축에 대한 환상을 버리고 올림픽 그 자체는 의미 지향의 축제가 되어야 한다. 올림픽은 행사(상품을 판매하는 이벤트)가 아니라 인간운동의(Human Movement)축제가 되어야 한다. 축제는 스포츠를 통한 화합과 조화를 의미한다. 그리고 월드컵 축구경기 또한 단일 행사로 세계 제일의 축제이다. 여기서도 전광판의 점수에 따라 모든 것을 평가한다. 이 과정에서 축제의 의미는 상실되고 참가국들은 대리 전쟁에서 자국의 우월성을 과시하려는 의도가 첨가되어 경기가 진행된다.

축구공이 둥근 것처럼 화합이나 조화는 사라지고 '이겨야 한다'는 과도한 승부에 대한 욕심이 표출되어 훌리건의 난동과 같은 사건이 발생하고 있다. 이로 인하여 자국의 인종과 민족의 우월성을 과시하려는 태도가 보여지고 있으며, 감독들과 언론은 선수들에게 승리를 강조함으로써 선수들로 하여금 그들의 신체적 탁월성과 예술적인 경기를 방해하는 장애 요소로 나타내고 있는 실정이다.

지금까지는 스포츠의 주요 관심이 전광판의 점수에 집중되어왔다. 심지어 전광판이 스포츠의 윤리적 문제들의 온상이라고 지적하고 이것의 파괴를 주장하는 학자도 있다. 그러나 만약 스포츠에서 전광판이 사라진다면, 스포츠의 윤리적 문제들이 자연스럽게 해소된다고 주장한다. 이러한 지적은 설득력을 얻는다. 그러나 저자는 이러한 지적은 스포츠를 하지 말자는 주장과 같다고 본다. 스포츠에서 전광판 점수는 경쟁을 유도하고 즐거움을 극대화시켜 줄 수 있는 매체가 된다는 것을 모르고 있다고 생각되기 때문이다. 따라서 저자는 전광판은 존속되고 그 대신에 실재와 의미로서의 승리가 강조되어야 한다고 생각한다.

운동선수에게 현상적 결과로서의 승리가 충족되지 않는다면 사회시스템에서 살수가 없다. 즉 운동선수로서의 상품가치가 상실되어 더 이상 상품이 팔리지 않는다. 그것은 선수 생명이 끝났다는 것을 의미한다. 그러나 승리는 살아남기 위한 것이지만 스포츠 행동의 전부인 것은 아니다. 이것은 결국 소유욕에서 비롯된 것이고 경기 자체의 공허감을 초래하기 쉽고 선수 생명을 단축시킬 가능성이 높다.

예를 들어 어느 대학의 운동부는 학교의 대외적 광고와 이미지 홍보를 위한 투자 대상이다. 이것은 적은 투자로 많은 광고 효과를 얻을 수 있기 때문이다. 동문회 그리고 학교의 명예를 유지하기 위한 집단적 요구를 운동선수에게 강요함으로써 선수들은 개인의 자아실현의 욕구보다 집단적 욕구를 더 우선시 한다. 이 과정에서 승리에의 집착과 '이겨야 산다'는 신념이 모든 선수를 지배한다. 이로 인하여 선수들은 스포츠를 통한 자아실현과 신체의 탁월성, 자아성장의 기회를 사실상 상실하게 된다. 그리고 현상과 결과로서의 승리지상주의는 약물복용, 속임수, 폭력 등 비윤리적 요인들을 승리를 위한 것이라고 정당화시킬 위험성을 내포하고 있다.

만약 현상과 결과로서의 승리만이 강요된다면 승리를 위한 비윤리적 행위가 만연할 것이다. 스포츠 현장에서 비윤리적 행위는 자기평가의 기회를 상실하는 모순을 야기 시키는 것이다. 스포츠 현장은 자신의 신체 탁월성의 평가를 위한 것이어야 한다. 단지 맹목적이기만 한 승리는 의미가 없으며 자신의 탁월성의 표현에 장애로 남을 뿐이다. 우리는 왜 스포츠에서 윤리적 행동을 해야 하는가? 그것은 윤리적 행동이 스포츠 그 자체의 성립조건이 되기 때문이다. 윤리적 행동이 성립되지 않으면 스포츠는 동물들의 유치한 장난으로 치닫게 될 수 있다. 또한 스포츠는 동등한 입장에서 자신의 신체의 탁월성을 표현하는 무대가 되어야 하기 때문이다. 그러기 위해서는 윤리적 행위는 전제 조건으로 제시되어야 한다.

운동선수 혹은 스포츠 하는 인간은 신체적 탁월성의 가치를 추구하는 지향적 존재이다. 그러나 사회적 시스템이 스포츠세계로 반영되어 운동선수 혹은 스포츠 하는 인간은 승리의 가치를 추구하는 지향적 존재로 전도되어진다. 신체적 탁월성은 승리를 의미와 실재로 간주하는 것으로 내재적 가치이고 현상과 결과로서의 승리는 외재적 가치이다. 가장 좋은 가치 추구 방식은 내외적 가치 모두를 추구하는 방식이다. 그러나 현대스포츠 양상에서는 자본주의 사회의 경제 논리가 지배적이기 때문에 외재적 가치인 현상과 결과로시의 승리의 가치가 다른 가치보다 우선시 된다. 이로 인하여 운동경기의 양상은 점점 왜곡된 모습으로 나타난다.

현상과 결과로서의 승리는 전광판의 수량화된 점수가 경기 자체를 평가한다. 전광판은 승리를 수량화함으로서 스포츠에서 얻을 수 있는 가치들을 계량화시켜 오직 승리만을 강요하는 승리지상주의 이데올로기가 형성된다. 이로 인하여 선수의 상품 가치는 고액을 넘어가고 선수의 신체는 물신화된다. 나아가 경제가 선수의 목적 가치를 전도하여 스포츠의 내용적 의미, 내적 가치보다는 외적으로 부여되는 영웅과 스타 의식만을 부각시킨다.

요약하면, 현상과 결과로서의 승리지상주의는 스포츠의 본질적 가치를 상실하게 할 뿐만 아니라 승리의 교육적 가치, 미적 가치 그리고 감동, 자아실현, 자아 인식 등의 가치를 망각하게 한다. 이와 함께 스포츠에 대한 이해, 스포츠맨십과 페어플레이정신의 실현 등의 본질적 가치를 상실하고 스포츠의 비윤리적 양상인 반칙, 폭력, 도핑 등의 윤리적 문제들을 발생한다.

패배 : 실재와 의미

실재와 의미로서의 승리는 인간의 정신적 차원의 양식이다. 이러한 고차원의 초생존적 욕구는 스포츠 행위에 대한 의미와 보람을 찾는 근거가 된다. 실재와 의미로서의 승리는 곧 가치지향성을 말하고 스포츠 활동을 통해서 스포츠가치를 실현하는 것이다. 만약 스포츠에 참여하는 목적이 오직 현상과 결과로서의 승리에만 있다면 거기에는 심각한 문제가 있을 수 있다. 그것은 스포츠 행위가 스포츠 그 자체 내에서 의미와 보람을 발견하지는 못하고 그냥 맹목적인 기계적인 행위가 될 수 있다는 사실이다. 따라서 실재와 의미로서의 승리는 인간의 정신적 차원에서의 양식이다. 이런 점에서 Paul Weiss(1969)는 전쟁과 게임을 비교하여 승리에 대하여 그 차이를 다음과 같이 말하였다.

> "전쟁은 적에 대항하여 수행된다. 그렇기 때문에 증오를 표현하거나 야수성을 가지고 행동해도 좋을 상대에 대항한다. 반대로 게임은 타인의 권리에 관심을 갖고 시작되어 수행되어야 할 것이다. 게임에서 승리자가 어떤 중요한 규칙에 위반하는 잘못을 저지른다면 승리는 부정되어야만 할 것이다. 타인의 패배는 전쟁의 목적이다. 그러나 게임에서 추구하는 것은 보다 좋은 승리이다."

이와 같이 스포츠 행위자가 승리에 대하여 어떤 관점을 가지고 스포츠를 행하는가에 따라서 스포츠는 게임이 될 수 있고, 혹은 전쟁이 될 수 있다. 게임으로서의 스포츠를 하는 사람은 의미와 실재로서의 승리를 추구한다. 반면에 전쟁으로서 스포츠를 하는 사람은 현상과 결과로서의 승리만을 얻기 위해 스포츠를 행할 것이다. 여기서 전자의 관점을 갖는 입장의 사람은 운동선수 혹은 스포츠 하는 인간을 하나의 인격체와 예술가로 본다. 이와 대립되는 후자는 운동선수 혹은 스포츠 하는 인간을 싸움터의 전사와 상품, 기계로 간주한다. 이처럼 승리의 목적을 어디에 두느냐에 따라 명확히 구분될 수 있다.

스포츠의 승리 가치는 그 자체에 내재해 있다. 그것은 마치 꽃의 아름다움의 가치는 바로 그 자체에 있을 뿐 어떤 목적에 비추어 계량화될 수 없는 것과 마찬가지다. 흔히 스포츠는 어떤 목적을 달성하기 위한 도구 과목으로 인식되어 왔다. 그러나 이것은 스포츠 그 자체의 의미와 가치를 모르는데에서 비롯된 것이다. 스포츠는 도구가 아니라, 그 자체에 가치가 있는 것이다. 스포츠는 어떤 것을 위한 수단이 아니라 그 자체가 목적이며, 스포츠의 승리에 대한 가치는 결과와 상관없이 그것이 담고 있는 의미의 진실성, 과정 그리고 내적 가치에 의해서만 평가되어야 한다.

내적 가치는 스포츠맨의 잠재력을 극대화하고 선수의 신체적 탁월성을 실현하는 것이다. 또한 내적 가치는 관중들은 가슴 뭉클한 감동을 통하여 공감대를 형성할 수 있는 정서적 측면이다. 스포츠맨의 신체적 탁월성과 완전성을 향하여 개인적으로 체험되는 양상이다. 스포츠맨은 현상과 결과로서 단지 이기려는 상태를 초월하고 탁월성과 완전성에서 본인이 운동을 하는 이유를 찾는 것이 현명한 방법이다. 따라서 운동선수는 최선의 자아실현을 위해 투신하는데 의의가 있다. 스포츠맨의 존재 이유는 바로 자신의 가능성(신체적 탁월성)을 실현하는 것이다. 실재와 의미로서의 승리는 스포츠맨의 자기의 기량을 창조하는 기쁨과 자신의 의미를 부여하고 자신의 존재 가치를 깨닫는 데 있다. 그래서 승리에 대한 부담감에서 벗어나, 자유스러움을 만끽하면서 서로 협조를 하여 팀웍을 살려 승리를 가져오려는 것에 의미가 부여되어야 한다.

그러므로 스포츠 세계에서 실재와 의미로서의 승리를 찾기 위해서는 자아실현이 필요하다. 자아실현은 고도의 윤리적 결단에 의해 가능하다. 스포츠 룰에 대한 준수와 상대 선수에 대한 배려가 전제되어야 실재와 의미로서의 승리를 얻을 수 있다. 스포츠 세계에서 실재와 의미로서의 승리의 추구는 삶에 지친 인간들에게 삶에 대한 의욕과 살아 있는 자기를 확인하는 계기의 장이 될 것이다.

의미와 실재로서의 승리지상주의

스포츠에서의 승리는 다름 무엇보다도 그 자체로 중요하다. 하지만 승리한다는 것이 그저 마냥 기분 좋은 것만은 아니다. 물론 승리는 승리자에게 즐거움, 성취감과 더불어 사회적 지위, 명예 그리고 부를 가져다준다는 것에 대하여 이의를 제기할 사람은 없을 것이다. 그렇다고 승리지상주의가 윤리적 문제의 원인이라는 과거적인 생각을 다시 말하려는 것은 더욱더 아니다. 다만 우리가 이와 같은 사고에 머무르기만 해서는 안 된다는 것을 지적하기 위함이다.

반드시 승리를 해야하고, 하려고 노력하는 것이 운동선수의 본 모습이다. 여기서 비판하고자 하는 것은 스포츠에서 승리와 패배 그 자체는 우리가 인식하고 있는 현상 이면의 또 다른 의미가 있다는 사실과 그것을 모르기 때문에 윤리적 문제가 발생한다는 점이다. 이러한 윤리적 문제의 책임 전체를 전적으로 승리지상주의에게만 넘기는 것은 문제의 해결에 별로 도움이 되지 않는다. 문제해결을 위한 단서는 여타의 문제보다는 승리의 해석에서 찾았다. 사실 승리는 기분 좋고 패배는 슬프다고 하는 것은 인식차이에 불과하다.

스포츠 하는 인간에게 승리란 곧 탁월한 신체상의 구현이라고 말할 수 있다. 분명히 말하자면 스포츠에서 승리는 크게 두 가지로 구분 할 수 있다. 하나는 실재와 의미로서의 승리고, 다른 하나는 현상과 결과로서의 승리이다. 여기서 우리가 추구하는 승리는 전자의 승리이다. 이것은 내용에 충실하고 그 속에서 감동적인 교훈과 탁월한 신체상을 발현 할 수 있도록 여건을 마련한 것이다. 또한 이러한 승리에서 교육적 가치를 간과할 수 없다.

반면에 현상과 결과로서의 승리는 내용보다는 결과를 중시하는 것으로 승리지상주의(부정적인)로 이어져 비인간화와 연결될 가능성이 매우 높다. 이 같은 승리는 스포츠맨의 탁월한 신체상에 왜곡을 가져올 수 있다. 물론 우리가 스포츠를 통해 경쟁을 하는 것은 단지 현상과 결과로서의 승리가 아니라 진정한 실재와 의미 있는 승리를 말한다. 이러한 승리는 감동과 가슴 따듯함을 동반한다. 그래서 승리는 스포츠를 아름답게 한다.

우리는 누구나 행복하기를 갈망한다. 만약 행복이 자아실현이라면, 스포츠에서의 행복은 승리에서 찾을 수 있다. 스포츠에서 강요되는 승리는 현상과 결과로서 전광판에 의해서 평가되는 승리지상주의(부정적인)가 아니라, 실재와 의미로서 강조되는 승리지상주의(긍정적인)가 되어야 한다. 물론 이것은 스포츠맨의 각자의 운동경기에 대한 자신의 자아 인식과 자아실현 그리고 성장할 수 있는 의미의 장이 되어야 한다는 것을 의미한다.

스포츠는 의미를 범주화시켜 규정할 수 있는 것이 아니다. 스포츠는 스포츠 그 자체이기 때문에 그 이상도 이하도 될 수 없다. 스포츠 세계에서 승리와 패배는 분명하다. 그러나 이러한 이분법적인 사고에는 그 자체에 문제가 있다. 왜냐하면 사실 그 자체를 왜곡시킬 수 있기 때문이다. 스포츠에서 승리는 다른 관점에서(의미와 실재)보면 패배일 수 있다. 반면에 패배는 또 다른 의미(현상과 결과)로 승리일 수 있다. 따라서 스포츠에서 승리와 패배의 의미는 스포츠에 참여하여 체험하는 본인 자신(행위자)에 의하여 규정될 수 있는 것으로 남겨 놓아야 한다. 비록 전광판의 점수가 패배를 나타낼지라도 말이다. 결국 스포츠에서 승리는 자신의 신체적 한계를 극복하는 불굴의 인간정신을 평가하는 것이어야 한다. 앞으로 스포츠세계에서는 실재와 의미로서의 긍정적인 승리지상주의를 강조해야 할 것이다.

제15장 | 운동선수의 도덕행위론

운동선수는 왜 도덕적으로 보여져야 하는가

운동경기를 관람하지 않은 이상 결과에 의해 평가될 수밖에 없었던 과거와는 달리 지금은 스포츠의 전과정을 다양한 대중 매체를 통해 가정에서도 꼼꼼히 분석할 수 있게 되었다. 이러한 대중 매체의 발달로 폭넓은 대중을 확보한 스포츠는 그 대중의 수만큼이나 다양한 잣대로 평가받고 있다. 이러한 때에 운동선수는 왜 도덕적으로 보여져야 하는가 라는 물음이 제기될 수 있다.

이제까지 운동선수는 프로선수로의 직업의식에서 승리를 하기 위해서는 약간의 반칙은 통념상 당연한 행위로 받아 들여 졌다. 이 같은 반칙과 격렬한 몸싸움을 관중의 볼거리를 위하여 심판에 의하여 묵인되는 일도 북미아이스하키리그(NHL) 경기 등을 통해서 볼 수 있다. 특히 한일전 축구에서 우리 쪽 선수의 의도적인 반칙은 굳 파울로 찬사를 받는 반면에 일본 선수의 가벼운 반칙은 욕설과 비판의 대상이 되기 쉽다. 이 같은 일들이 관중들에게는 흥분의 요소로 작용한다. 이는 사태에 대한 관중들의 감정적 대응에 의하여 발생하는 것이다. 특히 요즘의 스포츠 현상을 볼 때 운동선수들의 비도덕적 행위는 비판과 지탄의 대상이 되고 만다.

그렇다면 스포츠를 보는 관중에 입장에서 자신들은 도덕적이지 않으면서 왜 운동선수는 도덕적이어야 한다는 근거를 어디에서 찾아야 할 것인가. 예를 들어 TV를 시청하는 자신의 행위는 도덕적이지 않으면서, 왜 운동선수들은 도덕적 행위를 해야 한다고 주장하는데 그것 자체는 모순이 아닐 수 없다. 그럼에도 불구하고 여전히 운동선수는 왜 도덕적으로 보여져야 하는가? 이런 문제에 대하여 저자는 세 가지의 가설을 제시하고 그 가설에 대하여 차례대로 검증을 하였다. 물론 이 가설들은 주관적인 관점에 지니지 않고, 어떤 과학적 검증을 받지는 않았다.

개인적 이유 : 이미지는 돈이다

운동선수가 도덕적이어야 하는 또 하나의 이유는 스포츠의 이미지 때문이다. 프로선수들은 자신의 몸과 인기가 자신들에게는 생명과도 같다. 이는 바로 자신의 연봉과 연결되기 때문에 좋은 연봉을 받기 위해서는 좋은 이미지 관리는 필연적인 요소라고 할 수 있다. 그렇기 때문에 에이전시에 소속된 선수들은 매니저와 소속사의 강요에 의해서 타율적으로 도덕적일 수밖에 없는 구조에 놓이게 된다. 이처럼 타율적인 도덕적 행위는 타율적 힘에 의하여 행해지는 인위적인 행동이라고 할 수 있다. 또는 스포츠 이미지에 악 영향을 미쳐 스포츠의 파멸을 가져올 수 있다. 왜냐하면 스포츠의 비도덕적 행위들은 유치한 동물들의 장난에 불과하기 때문이다. 이렇게 거시적인 관점과 미시적인 관점을 구분하여 적용할 수 있을 것이다.

스포츠는 이미지를 생명으로 한다. 일반인들이 스포츠를 주도적으로 하기는 어려운 실정이며 대리만족을 위해서 사람들은 운동경기를 바라본다. 그런데 이런 관중들의 욕구배설의 터전에서 비신사적이고 비도덕적인 경기가 선보여지면 그들은 금방 등을 돌리게 될 것이다. 유쾌한 경기보다는 눈살을 찌푸리게 하는, 경기의 자연스러운 흐름을 헤치는 선수들의 태도에서 그들은 경멸적인 반응을 보이며, 그 운동선수의 실수로 그 운동에 대한 호기심을 떨어뜨릴 수 있다.

광고에서도 이미지의 효과적인 사용은 아주 중요한 전략이다. 그렇게 따진다면 스포츠의 생명력에 활기를 부여하는 것이 곧 그 이미지를 드높이는 것이며 운동선수가 앞장서서 모범을 보일 때 결국 그 이미지를 제고할 수 있다. 운동선수의 행위 하나 하나가 스포츠의 이미지를 결정한다는 것을 상기한다면 운동선수가 도덕적이어야 함은 당연하다. 그리고 일단 멋지게 자리잡은 이미지는 대중에게 스포츠를 하고 싶은 욕구를 증대시킨다. 또한 스포츠를 권하는 통로를 확장시킬 수 있으며 결국 스포츠에 호의적인 사회적 분위기를 조성하게 된다. 스포츠 수요를 창출하는 힘, 이는 곧 선수들이 일구어낸 스포츠의 이미지에서 시작되는 것이다.

미국 프로농구의 로드 맨 같은 선수는 기인적인 행동과 반칙을 통해서 자신의 악명을 높였으며 그것들을 통해서 자신의 몸값을 올렸다. 이 같은 일들은 국내 연예계에서 같은 실례를 들어 볼 수가 있다. 한 기획사의 의도적인 문제(납치사건)를 만들어 내는 일이 있었다. 이처럼 선정적인 문제, 가사의 저속화의 문제 등을 문제화시켜 그것이 사회적 이슈로 등장하고 다시 자신의 음판 판매량을 높이는 술수를 쓰고 있다는 것이다. 이와 같이 운동선수의 이미지 조작은 연봉과 몸값에 많은 영향을 주기 때문에 이미지 관리를 효율적으로 하고 있는 것이다.

사회적 이유 : 운동선수는 공인이다

운동선수는 공인이다. 물론 스타선수를 제외한 모든 선수를 공인이라 하기는 곤란하다. 그러나 운동 선수가 공개된 장소에서 플레이하는 한 그들은 공인이 된다. 운동선수들은 청소년의 역할모델(우상, 공인)이기 때문에 청소년들의 모방심리에 의하여 청소년 범죄와 일탈에 영향을 줄 수 있다. 스포츠라는 것이 개인의 수양에도 목적이 있지만 관중들의 함성과 갈채 속에서 그 의미를 발견할 수 있기 때문에, 스포츠에서는 경기를 관람하는 사람들이 아주 지대한 영향을 받는다. 마찬가지로 관람객들도 운동선수의 영향을 많이 받는다. 특히 어린 소년·소녀 혹은 청소년들에게 그 영향이 우리가 상상하는 그 이상이다. 이런 의미에서 다음의 글은 이점을 잘 지적하고 있다.

> "마이클 조던은 지구촌 젊은이들에게 어느 누구보다도 인기가 높다. 지구촌 젊은이들은 미국 대통령이 누구인지는 몰라도 조던을 모르는 사람은 없다. 중국에서 조던은 토마스 에디슨 다음으로 유명하다. 영국과 독일에서도 젊은이들은 자기들 나라

> 의 유명선수는 몰라도 조던을 모르는 사람은 없다. 조던이 미국 스포츠산업에 미치는 효과가 100억달러(12조원)나 된다. 조던은 복싱의 무하마드 알리와 함께 금세기 최고의 선수로 꼽힌다. 조던은 미국적인 농구를 지구촌 모두의 사랑을 받는 경기로 승화시켰다. 세계 농구인구는 1991년 조건이 우승한 후 1억 5천만에서 3억으로 증가했다. 조던은 세계적으로 마치 화폐와 같이 유통되고 인정을 받는다"(이상철, 1999 : 173).

어떤 사람들은 특정한 팀 혹은 어떤 선수를 응원하러 경기장에 갔다가 부진한 선수를 보고 스스로 노여워하고 분개할 때도 있고, 기분이 언짢은 상태에서 관람하러 갔다가 응원하던 팀이 이겨 다시 기분을 상승시킬 때도 있다. 이처럼 관중과 선수는 상호보완적인 상대로 간주된다. 관중의 선수에 대한 동일시, 이것이 운동선수가 도덕적이어야 하는 주된 이유들 중에 하나가 될 수 있다.

동일시라는 것은 무의식 중에서도 일어나는 현상이다. 한 운동선수가 좋다면 그 사람이 하는 행동 중의 조그만 과실쯤은 그냥 덮어두게 된다. 따라서 비도덕적인 운동선수의 행동마저 옹호하고 오히려 비도덕적 행위를 부치기는 관중의 성향을 만들어 낼 수 있다. 특히 경험의 지엽적인 이유 때문에 전체적인 안목을 갖기 이전의 아동이나 청소년들이 운동선수의 행동과 태도를 모방하는 것은 다반사이며 이때 운동선수가 도덕적이지 않음으로 말미암아 청소년들의 도덕성에도 바람직하지 못한 영향을 끼칠 수 있다. 이런 의미에서 다음의 글은 이 점을 잘 지적하고 있다.

> "청소년들은 그들이 스포츠에 대해 갖는 전형적인 상을 표출시키며, 미디어에 등장하는 유명한 운동선수의 행위를 흉내낸다. 그리고 미디어가 방영한 장면과 그에 대한 논평을 통해서 그들은 경기 운영의 반칙행위 및 위해한 행위가 무엇인지를 배우게 된다. 운동선수들과 직접적인 접촉을 갖지 않으면서도 청소년들은 그들의 우상을 만들고 스포츠 기자의 총체적인 보도관점 덕택에 스포츠 선수들의 신상을 잘 알고 있다. 이에 청소년에게 유명선수는 성공, 명성, 고수입이라는 강력한 이미지로 형상화된다"(김영석, 2000 : 45).

이처럼 공인이라는 것은 일종의 직업과 같은 것으로 결국 그 사람의 행동은 타인에 의해 관찰되고 관심의 대상이 된다는 것이다. 유독 공인에게 격렬하게 가해지는 사회적인 질시와 비난은 꼭 그들이 타인들과 비교했을 때 일탈의 강도가 강하기 때문이 아니다. 단지 그들은 모범의 대상으로 이름 지워져 있고 그렇기 때문에 그런 기대에 부응하는 것이 그들의 책임이다. 가령 전미국 대통령 빌 클린턴만 보더라도, 미국이라는 사회에서 그 보다 더한 불륜도 있겠지만, 그가 공인이라는 이유로 사람들 앞에서 사생활이 밝혀져야 했을 뿐만 아니라 일반인들의 비난도 받아야만 했다. 이것은 그가 다른 사람들에게 직접적인 피해를 주었기 때문이기보다는 일종의 정해진 기대에 부응하지 못한 그의 자질 문제라고 볼 수 있다. 이렇듯 운동선수도 공인이라는 의식을 가지는 순간 도덕적이어야 하는 것은 어쩌면 당연한 일이다.

존재적 이유 : 운동선수는 도덕적 인간이다

운동선수는 그 자신의 도덕성을 유지하기 위해서 무엇보다도 자신이 도덕적일 수밖에 없으며, 또한 승리에 대한 정당한 가치를 부여하기 위해서라도 도덕적일 수밖에 없다. 즉 자기 자신이 비도덕적인 행위에 대하여 용납하지 않는다. 그것은 선수로서의 생명을 상실함을 의미한다. 운동선수로서의 자긍심 차원에서 당연히 도덕적일 수밖에 없다. 달리 말하면 개인의 도덕적 자율성과 양심에서 도덕적이어야 한다는 것이다. 대개의 경우 감독 혹은 지도자들의 강요와 전략적 차원에서 반칙과 비도덕적 행위를 강요받을 때 선수의 내적 갈등은 크다고 할 수 있다. 그 속에서 자신의 도덕적 결단은 자신의 도덕적 감수성의 향상을 가져오느냐 아니면 도덕적 불감증을 가져오느냐 하는 문제로 남는다.

운동선수 자신의 도덕적 불감증을 유발할 수 있으므로 운동선수는 반드시 도덕적이어야 한다. 실수를 탓하는 것이 아니다. 실수로 인한 비도덕적 행위는 인간이기에 어쩔 수 없이 안고 가야하는 짐이다. 그러나 문제가 되는 것은 바로 운동선수 자신의 고의적인 일탈행위이다. 시합 전에 느끼는 중압감으로 인해 평소보다 성격과 행동이 거칠어 질 수가 있다. 그런데 이런 부담이 극대화되면서 나중에 자신의 머리 속에 남아있는 생각은 오로지 이겨야 한다는 그 욕망이다. 승리를 향한 내적 부추김이 선수 개인의 도덕성을 잠시 마비시킨다. 이 때 운동선수는 자신의 비도덕성도 정당화하려 들고, 승리를 위해 과정들을 경시한다.

이렇게 승리를 위해서는 스포츠 행위에 있어 도덕적이지 않은 행동이 지속되어도 무방하다는 것을 운동선수가 무의식적으로 받아들이게 되면 도덕적이지 않은 행위가 훈련을 통해 습관화되고 나아가 체질화 될 수 있다. 이런 차원에서 운동선수의 도덕 불감증은 스포츠 행위를 벗어나더라도 다른 모든 생활에 영향을 미친다.

운동선수가 도덕적이어야 하는 이유는 보다 본질적으로 승리에 대한 정당한 가치를 부여하기 위해서이다. 스포츠는 승패를 가리기 마련인데 이때 승리의 가치를 왜곡시키지 않기 위해서는 운동선수의 도덕성이 선행되어야 한다. 결정적인 순간에 한 사람의 부정으로 인한 승리는 그 팀의 승리에 대한 가치를 격감시킨다. 승리를 인정하지 않는 사람들과 정당하지 않은 결과에 대해서 사람들은 승리의 의미를 잃어버린다. 여러 시간 열심히 뛴 것이 물거품으로 돌아가 버리는 허무한 순간이다. 이처럼 개인이 전체에 미치는 영향을 간과해서는 안 된다.

개인의 노력에 의한 표현의 다양성이 스포츠의 매력이다. 그래서 진기한 묘기를 보이는 선수들에게 관중들은 열광하게 된다. 인간의 한계에 도전하는 것, 그도 그럴 것이 경기에서의 기록은 언제나 갱신 위기에 놓여있다. 이처럼 스포츠의 묘미는 승리보다는 그러한 과정에서 느끼는 희열에 큰 의미를 두어야 한다. 이러한 의미에서 스포츠는 인간의 한계를 시험하는 것뿐만 아니라 육체적인 것과 정신적인 것을 포괄하는 개념이다. 육체라는 것이 정신의 조종을 받는 것이기 때문에 운동선수는 자기 내부의 잣대가 도덕적인 것이 되도록 자신의 사고를 도덕적인 틀로 붙들어 매야 한다. 이기는 것만이 능사가 아니다.

운동선수는 왜 도덕적이어야 하는가

왜 운동선수는 도덕적이어야 하는가. 이 의문을 해결하기 위하여 저자는 개인적 이유와 사회적 이유 그리고 존재적 이유라는 세 가지의 가설을 설정하고, 고찰하였다.

첫째, 개인적 이유다. 운동선수의 자신의 이미지 관리 차원에서 도덕적 행위가 필요하기 때문이다. 운동선수에게 이미지는 곧 몸값과 직접적인 관련이 있기 때문에 자신의 상품적 가치를 높이기 위해서는 의도적으로 도덕적 행위가 요구되어 진다.

둘째, 사회적 이유이다. 운동선수는 공인이기 때문에 운동선수의 행위는 청소년에게 많은 영향을 줄 수 있는데 근 근본적인 이유는 청소년은 우상을 모방하려는 일종의 모방심리를 가지고 있기 때문이다. 이런 이유 때문에 운동선수는 도덕적 행위 모델로 요구되어 진다.

셋째, 존재적 이유이다. 만약 운동선수의 비도덕적 행위가 체질화된다면, 그들이 도덕적 불감증 상태에 빠질 가능성이 있다. 또한 자신의 비도덕적 행위에 대한 책임의식은 망각하고 자신들의 비도덕적 행위를 당연하게 인식한다. 그것은 결과적으로 운동선수를 비도덕적 인간으로 만들 수 있고 스포츠를 이 지상에서 사라지게 만들 수 있다.

결과적으로 운동선수는 왜 도덕적으로 보여져야 하는가? 이에 대한 가설을 세 가지 설정하여 고찰하였다. 그 중에서 첫째와 둘째는 운동선수의 도덕적 행위는 단지 보여지기를 의도하는 일종의 허상을 생산하는 가변적인 이유에 해당한다. 그러나 이에 비하여 셋째에 해당하는 존재적 이유는 바로 운동선수가 도덕적이어야 하는 진정한 이유를 말한다.

제16장 | 심판오심과 도덕적 책임

심판오심의 문제

최근 몇 년 동안 체육계에 쟁점이 되었던 심판오심과 도덕적 책임에 대한 문제는 여론에 비하여, 학문적으로 분명하게 밝혀주는 연구가 부족했다. 그렇기 때문에 심판오심 문제에 대한 연구의 필요성이 요구된다. 2006년 3월에 미국에서 개최된 월드베이스볼클래식(WBC)에서 미국인들은 추악한 승리지상주의의 한 단면을 보여주는 심판오심과 2004년 아테네올림픽의 승마, 체조, 역도, 투기종목의 일부에서 일어난 오심이 문제를 들 수 있다. 특히 체조의 양태영과 여자 역도의 장미란 선수의 판정에 대한 오심이 국내외적으로 문제가 되었다. 그렇다면 심판오심은 왜 문제가 되는가?

심판들은 오심을 크게 문제 삼지 않을 수 있지만 선수들에게 오심은 크나큰 절망으로 치닫게 된다. 그 동안 노력과 힘든 과정이 물거품처럼 한 순간에 사라질 수 있을 뿐만 아니라 자신의 한계에 도전하는 정신과 최고를 향한 노력이라는 힘든 과정을 희석시킬 수 있기 때문이다. 하지만 선수의 노력은 심판의 잘못된 판단으로 절망의 늪으로 빠질 수 있다. 그렇다면 심판의 오심과 같은 실수는 왜 일어나는 것인가? 그 원인은 어디에서 찾을 수 있는가?

사람들은 대개 심판도 사람이기 때문에 오심이 일어난다고 말한다. 사람은 컴퓨터나 기계가 아니기 때문에 오심의 가능성을 늘 가지고 있다. 이 말은 어떻게 보면 상식적인 내용이며 수용 가능한 얘기라고 할 수 있다. 즉, 오심은 심판들이 인간적인 실수로 인하여 행할 수 있는 결과라고 할 수 있다. 하지만 인간적인 실수이기보다는 의도된 오심(편파판정)이라고 볼 수 있는 경우를 발견할 수 있다. 이 연구에서 주목하는 것은 바로 의도된 오심(편파판정)이다.

심판오심은 두 가지로 나눌 수 있다. 하나는 인간적인 실수라고 볼 수 있는 오심이고, 다른 하나는 의도된 편파판정이라고 할 수 있는 오심이다. 이 연구는 바로 의도된 오심에 초점을 맞추었다. 의도된 오심과 편파판정을 같은 의미로 사용하였다. 기존의 심판오심의 연구에서 명확하지 않았던 이유는 용어 사용 때문이다. 오심에 대한 명확한 이해가 부족하여 나타난 결과이다. 스포츠의 꽃이라고 생각할 정도로 의도되지 않은 인간적 실수로서 오심은 별 문제가 없다. 하지만 의도된 오심(편파판정)은 문제의 심각성이 있다.

올림픽이나 국제대회에서 해당 종목을 판정하는 심판은 국제심판 자격을 가지고 있을 뿐만 아니라 해당 종목의 규칙을 다른 어느 누구보다도 잘 알고 있는 전문성을 가진 사람이다. 그럼에도 불구하고 오심이 발생하는 이유는 심판의 판단능력이 부족하기 때문이 아니라 도덕성이 부족하기 때문이다.

어떻게 보면 심판들은 판단능력보다는 도덕성이 더 필요하다. 이 말은 심판이 사람이기 때문에 외부의 압력에 의하여 의도된 오심을 할 수 있는 가능성을 늘 가지고 있다는 것을 의미한다. 그러하기 때문에 심판에게는 심판능력의 자질 이외에 책임의 윤리에 대하여 관심을 가지게 된다. 바로 이 점이 이 연구가 심판오심의 도덕적 책임에 주목하는 이유이다.

이미 심판의 판정문제와 개선책 그리고 심판의 판정에 대한 선수들의 의식에 관한 연구들이 있었다(김동규, 1982 ; 박해용. 2003 ; 방열, 2004 ; 박찬역 외, 2004 ; 구강본 · 김영갑, 2006 ; Simon, Robert, 1985 ; Hyland, D. 1990). 하지만 심판오심의 도덕적 책임에 대한 근본적인 차원에 관한 연구는 좀처럼 찾아보기 어렵다. 이 부분이 선행연구들과의 차이점이라고 할 수 있다.

이 연구의 목적은 첫째로 심판의 오심 때문에 발생한 사례들에 대하여 알아보고 심판의 잘못된 판단을 해결할 수 있는 사항을 심판의 도덕적 자율성과 더불어 구조와 정책에 의한 강제력을 사용하는 사회윤리학적 접근방법 그리고 강제력의 특성 중에 하나인 대항력에 대한 고찰을 통해서 찾아보는데 있다. 여기서 대항력은 기득권의 힘에 대한 대항과 견제 할 수 있는 힘을 의미한다. 둘째로 심판오심의 도덕적 책임에 관심을 가지고 면책 조건을 무지와 강제를 들어 검토하고 심판의 권위와 잘못된 관행에 대한 비판과 반성을 시도하는데 있다. 이를 통하여 감시의 눈과 견제하는 힘이 부재에서 발생하는 심판오심의 문제해법을 알아보았다.

문제를 슬기롭게 해결하기 위하여 우선 필요한 것은 문제 상황의 진상을 깊고 넓게 파악하는 일이다. 문제 상황의 진상을 깊고 넓게 파악하기 위해서는 생각이 깊고 시야가 넓어야 하며 통찰력도 뛰어나야 한다. 생각이 깊고 시야가 넓은 사람들은 대체로 뛰어난 통찰력을 갖게 된다. 문제를 해결하기 위하여 둘째로 필요한 것은 문제가 해결된 다음에 올 것으로 예상되는 미래의 모습과 문제 해결 방안과의 연계를 통하여 가능한 대안들 가운데서 가장 바람직한 결과를 초래할 것으로 예측되는 길을 바르게 선택하는 일이다(김태길, 1992 : 46).

심판오심이라는 문제 상황을 해결 할 수 있는 대안은 제도적 장치나 구조적 개혁이다. 이 용어들을 사용하는 정치적 행위들은 사회윤리학적 접근방법과 직간접적으로 관련성을 가지고 있음을 알 수 있다. 그 관련성은 모든 문제의 해결을 개인에 한정하여 해결할 수 없기 때문에 구조나 정책의 힘을 사용하는 것이다. 기존의 윤리적 문제를 개인의 도덕적 자율성 강화만을 통해서 해결하려고 하였지만 그 한계에 직면할 수밖에 없었다.

이 때문에 정치적 힘을 사용하는 사회윤리학적 접근방법이 요구되는 것이다. 정치적 방법은 심판의 책임윤리라는 개인의 도덕적 자율성만을 가지고 근본적인 오심을 해결할 수 없기 때문에 강제력이라는 힘을 사용하는 것이다. 사회윤리학적 접근방법으로서 정치적 방법은 구조개혁이나 정책을 통한 체제변화를 행할 수 있는 장점을 가지고 있다. 하지만 정치적 방법만을 강화하다보면 구조만능주의에 빠질 위험도 있다. 사회윤리학적 접근방법은 다음의 세 가지 특징을 가지고 있다.

첫째, 그것은 도덕적 가치나 이념의 실현과 도덕적 문제의 해결을 정책이나 제도 또는 체제에 의해서 추구하는 방법이다. 둘째, 그것의 강제성 또는 강제력을 적용하는 방법이다. 셋째, 그것의 대응력 또는 대항력을 적용한다. 정책이나 제도와 체제의 개혁, 폐지 및 새로운 창출은 기득권자들의 강력한 저항에 부딪히게 마련이다. 이런 경우 개인윤리학적 접근방법이 취하는 설득과 호소는 아무런 효과를 거둘 수가 없다. 왜냐하면 기득권자들의 집단적 이기주의가 너무나 집요하고 심지어는 잔인하기까지 하기 때문이다. 기득권자들의 저항의 힘을 물리치고 정책과 제도 또는 체제의 개혁과 폐지 또는 창출을 강행하기 위해서는 그 같은 저항의 힘에 대항하여 그것을 상쇄할 수 있는 조직화된 힘을 가져야 한다(고범서, 1998).

사회윤리학적 접근방법으로서 정치적 방법은 일종의 강제력이다. 어떤 문제에 대한 해결방안은 공권력에 의한 강제력만을 행사해서 해결될 수 있는 것이 아니다. 적어도 개인의 자율성과 강제력의 조화만이 문제해결의 도움을 줄 수 있다. 특히 개인의 도덕적 자율성만을 가지고 모든 문제를 해결하지 못한다. 이 같은 한계 때문에 강제력의 개입이 필요한 것이다.

강제력을 이용하여 구조와 정책을 바로 잡는다는 것이다. 이하에서 심판오심의 문제에 대하여 사회윤리학적 접근방법으로서 정치적 방법을 사용하여 심판오심의 도덕적 책임과 그 대안을 알아본다. 이를 위한 논의 절차는 우선 심판오심의 사례와 그 원인에 대하여 일차적으로 알아본다. 이어서 심판오심의 도덕적 책임과 면책조건 그리고 심판오심의 문제를 해결할 수 있는 대안을 모색한다. 마지막 결론에서 전체 내용을 정리하는 수순을 밟는다.

심판의 오심사례

국내외 심판오심 판정문제들 중에서 한국과 직접적으로 관련된 사례를 중심으로 심판오심에 대한 도덕적 책임과 면책 조건 그리고 심판오심의 원인과 대안을 알아보았다. 아래의 사례들은 국내언론에 보도된 내용을 주로 인용하였기 때문에 외국의 언론의 보도와는 차이를 발견할 수 있다. 하지만 보편적인 인식을 통하여 심판오심이라고 할 수 있는 경우를 한정하여 알아보았다.

- **사례** 1 : 최근 2006년 월드컵 G조 한국과 스위스 조별 마지막 예선에서 주심이 보여준 오심판정의 경우를 들 수 있다. 축구경기의 특성상 경기 흐름을 끊을 수 있는 오심은 주심에 의하여 주도된다. 이 경우도 부심의 오프사이드 깃발을 높이 들었는데도 불구하고 주심이 이를 받아들이지 않고 독단적인 판정을 내렸다. 이상은 국내 언론보도에서 보여준 내용이다. 하지만 FIFA의 공식보도는 심판오심으로 인정하지 않고 정당한 판정이라고 보도하였다. 피파 규정집 12번째 파울란에는 선수가 오프사이드 위치에 있을 경우에 상대팀 수비수의 발이나 몸에 맞고 오프사이드 위치에 있는 공격수에게 연결된 경우 오프사이드로 간주되지 않는다고 나와 있다. 그럼에도 불구하고 한번 내려진 심판의 판정은 번복되지 않았다. 이 사례의 경우는 오심논쟁에서 예외가 될 수 있다고 볼 수 있지만 경기 내내 보여준 심판의 판정은 의도된 오심이라고 볼 수 있는 면들이 많았다.
- **사례** 2 : 2006년 3월에 미국에서 개최된 월드베이스볼클래식

(WBC)에서도 미국인들은 추악한 승리지상주의의 한 단면을 보여줬다. 미국 심판은 일본이 정당하게 빼낸 득점을 무효로 선언하는가 하면, 멕시코 선수의 홈런을 어이없게도 파울이라고 판정을 내렸다. 이 모든 것이, 과정이야 어찌됐든 중간에 욕을 좀 먹든 말든, 이기기만 하면 된다는 승리지상주의가 깔린 대표적 형태라고 할 수 있다(최성욱, 2006 : 244).

- **사례** 3 : 2004년 올림픽에서 양태영의 체조 오심판징을 들 수 있다. 양태영은 개인종합 5번째 종목인 평행봉에서 출발 점수가 10점짜리인 난이도 E(가산점 0.2)의 밸리 연기를 펼쳤는데 심판이 이를 난이도 D(가산점 0.1)인 모리스로 인정한 바람에 폴햄에 역전을 허용한 빌미가 됐다. 양태영은 57.774점을 획득, 57.823점을 얻은 폴햄에 0.049점이 모자라 동메달에 그쳤었다. 따라서 0.1점을 가산하면 진정한 금메달의 주인공은 양태영이 되는 셈이다(조선일보, 2004. 8월 22일). 체조의 특성상 주관적인 판단이 주로 행하기 때문에 심판단의 의도적으로 오심을 할 가능성이 다른 경기보다는 높다. 그렇기 때문에 심판진의 구성은 엄격하게 해야 한다. 양태영의 경우 또한 심판진의 오심이기보다는 의도된 오심(편파판정)이라고 볼 수밖에 없을 것이다. 이 경우는 판정단의 담합한 경우라고 할 수 있다.

위의 사례들에서 볼 수 있는 것은 승리에 대한 과도한 집착 때문에 나타나는 현상이다. 가장 순수해야 할 올림픽의 경우에도 자국의 국가주의와 메달지상주의가 만들어낸 추악한 모습을 발견 할 수 있다. 특히 심판의 의해서 행해지는 오심의 경우는 심하게 나타난다. 선수들의 고생과 노력이 헛수고로 돌아간다는 점에서 문제의 심각성이 있다. 그럼에도 불구하고 한번 내려진 결정은 쉽게 돌이킬 수 없다는 것이다.

심판오심 판정의 원인은 그럼 어디에 있는지 개인적 차원과 사회적 차원을 구분하여 알아보자. 오심은 심판 개인의 책임윤리의 문제라고 평가하기에는 문제가 있다. 왜냐하면 국제대회 심판은 엄격한 시험을 통해서 선발된 세계적으로 지명도가 높은 심판진으로 구성된다는 점이다. 그럼에도 불구하고 심판판정에 대한 의혹이 제기되는 것은 구조적인 문제 때문이라고 볼 수 있다. 정치적 논리와 경제적 논리 등의 역학적 관계에 의해서 경기결과에 영향을 행사한다. 이를 고려하여 심판오심 판정의 문제에 대한 원인을 개인적 차원과 사회적 차원으로 구분하여 알아보았다.

심판오심의 문제 상황

심판오심의 사례들의 경우는 오심이라고 보기에는 석연치 않은 문제점을 가지고 있다. 심판에 의해 경기가 중단되거나 상대팀에게 도움을 주는 판정이 많았다는 점에서 의도된 오심(편파판정)이라고 볼 수 있다. 여기서 심판의 인간적인 실수로 볼 수 있는 오심과 의도된 오심(편파판정)과는 판이하게 다르다. 오심은 심판이 인간이기에 어쩔 수 없이 범하게 되는 인간적인 실수라고 말할 수 있는 경우를 말한다. 하지만 의도된 오심(편파판정)은 의도적으로 잘못 판정을 내리는 경우를 말한다. 즉 경기 전에 모의하여 담합을 내린 후에 경기에서 일어나는 오심을 가장한 판정을 의도된 오심(편파판정)이라고 할 수 있다. 그렇다면 이 같은 문제는 왜 일어나는가를 개인적 원인과 사회적 원인으로 구분하여 알아보자.

첫째, 개인적 원인에 대하여 알아보자. 심판은 경기장의 지휘자라고 할 수 있다. 경기 흐름을 조율하는 마법과 같은 신비한 힘을 발휘하는 역할을 맡은 사람이다. 그런데 오심과 편파판정을 하는 것은 심판 자신의 책임윤리의 결여에서 비롯된다. 책임은 약속한 것을 지킨다는 것을 의미한다. 즉 경기규칙에 따라서 책임을 다한다고 할 수 있다. 운동경기는 경기규칙 자체라고 말할 수 있기 때문이다. 경기규칙이 준수되지 않을 경우는 경기 자체가 성립되지 못한다.

심판은 규칙을 준수하지 않을 경우 경기는 판정의 혼란을 가져와 경기 자체가 성립되지 못하게 된다. 심판에 의하여 규칙에 따른 정당한 경기가 행해진다. 그 규칙 이행을 감시하고 유지하는 것은 심판의 책임이다. 심판으로서 주어진 책임을 다하지 못하는 것은 경기 자체를 망치는 일이 된다. 그렇기 때문에 심판의 책임윤리가 더더욱 요구된다. 경기에 대한 전문성 이상으로 심판 자신의 책임윤리가 필요하다.

다른 한쪽은 경기장의 최고 집행관으로서의 자긍심이 부족하기 때문이라고 볼 수 있다. 경기장에서 심판은 최고의 권력을 행사한다. 선수들은 심판의 판정에 복종하고 그에 지시에 따라서 경기를 해야 한다. 그 만큼 심판은 경기장의 최고의 위치에 있기 때문에 스스로 만족할 수 있는 자긍심이 필요하다. 그 자긍심이 없을 때 경기장에서 심판의 판정에 대하여 선수들은 신뢰하지 못하게 된다. 자신감과 자궁심에서 나오는 판정에 선수들은 따를 수밖에 없다.

심판의 책임 윤리와 심판의 존재이유에 대한 이해가 전제된다. 심판의 존재이유는 명예라고 할 수 있다. 자신이 경기를 조율하는 조율사로서 아름다운 경기를 만들어 내는 것이 최선이라는 것에 대한 인식이 우선적으로 요구된다. 심판의 의도된 오심(편파판정) 때문에 많은 선수들의 노력과 희망이 좌절하게 해서는 안 된다. 그것이 심판이 해야 할 가장 큰 책임이라고 할 수 있다. 다시 말해서 심판은 명예로 산다고 할 수 있다. 명예의 손상은 심판으로서 존재이유를 잃게 되는 것이다.

둘째, 사회적 원인에 대하여 알아보자. 심판의 오심(편파판정)에 대한 구조적 문제를 찾는다면 몇 가지로 요약할 수 있다. 심판의 생존문제, 사회적 관계, 경제적 문제라는 현실적인 문제들이 산재해 있다. 각 문제에 대하여 구체적으로 알아보자.

우선 심판의 생존문제가 해결되지 못한 점이다. 국내 심판들 중에서 프로심판을 제외하고는 생존문제를 해결하지 못하고 있다. 그렇기 때문에 다른 직업과 겸업을 가지고 심판을 하는 경우가 대부분이다. 그 만큼 심판이 직업으로서 보장받지 못하기 때문에 전문성이 떨어질 가능성이 높다. 심판 그 자체만을 전문으로 할 때보다는 다른 직업을 가지고 하다 보면 실수가 일어날 가능성이 높다.

물론 경제적 자립으로 경기 자체에서 자유로울 수 있다는 장점도 가지고 있지만 외부의 유혹에 대하여 흔들리지 않을 수 있는 경제적 자립이 필요하다. 심판의 전문성을 살리기 위해서는 협회에서 고용하고 일정한 급여를 지급하는 것이 적절한 방법이라고 생각된다. 하지만 현실적으로 협회의 재정능력의 부족으로 심판을 고용할 수 없다. 그렇기 때문에 심판들은 자신의 생계를 위한 다른 일에 매달릴 수밖에 없다. 이 문제에 대한 해결방안이 모색되어야 한다.

뿐만 아니라 심판은 사회적 관계에서 자유롭지 못하다. 심판은 학연, 지연, 혈연 등과 같이 사회적 관계망에 속해 있기 때문에 경기에 영향을 행사할 수 있는 압력을 받기 때문에 심판 판정에 잘못을 범할 수 있는 여지는 분명히 있다. 아무런 연고를 가지지 않고 경기 그 자체만을 생각하고 심판을 볼 때와 여러 가지 보이지 않는 압력에 의하여 경기를 진행할 때는 분명히 다른 점이 있다.

이 문제에서 자유롭기 위해서는 심판의 책임윤리를 강조하는 것이 필요하다. 심판의 도덕성을 유지하는 것은 외압에서 자신의 지키고 경기를 살리는 일이 된다. 외압에서 자유롭지 못할 때 심판은 존경의 대상이 아니라 원망의 대상이 되기 마련이다. 심판 자신의 도덕성을 유지하는 것이 심판판정의 독립성을 유지할 수 있는 방안이 된다.

이상과 같이 심판의 의도된 오심인 편파판정에 대한 문제점을 확인할 수 있었다. 그럼에도 불구하고 그들은 자신의 본연의 임무인 경기진행과 판정이라는 전문성을 살릴 수 있는 심판을 수행하고 있음을 확인할 수 있었다. 어려운 가운데도 심판들은 심판행위를 포기하지 않고 수행하고 있음을 알 수 있다.

심판의 오심은 선수에게 미치는 영향을 두 가지로 나누어 볼 수 있다. 첫 번째는 선수들이 지닌 올림픽 정신과 스포츠정신을 훼손하는 것이다. 심판의 편파판정은 선수들에게 공정한 경쟁과 화합과 평화 그리고 불굴의 인간정신의 승리에 대한 노력을 헛된 것으로 만들어 스포츠 그 자체의 순수성의 상실하게 한다. 선수들의 사기를 저하시키고 참여에 대한 경기집중력을 떨어뜨리는 결과를 가져올 수 있다.

두 번째는 선수들을 좌절시키고 경기수준을 떨어지게 하며 탁월성의 추구를 위한 선수들의 최선의 노력이라는 아름다움의 정신을 훼손하는 것이다. 선수들이 바라는 것은 자신이 노력한 만큼의 결과를 얻는 것이다. 그러나 현실은 국가와 자본의 논리에 의하여 경기의 승패가 결정되는 경우가 종종 있다. 이것은 스포츠 그 자체를 수단화하고 도구화하는 측면이 강하기 때문에 나타나는 현상이다.

심판오심과 도덕적 책임

어떤 심판의 오심이 도덕적 책임과 비난에서 면책될 수 있는가? 통상적으로 어떤 사람을 용서하고 그가 저지른 행위에 대해 도덕적 책임을 추궁하지 말아야 한다고 믿는 조건은 다음과 같다. 행위의 성격이나 결과를 몰랐다는 것이 변명될 수 있는 경우, 행위를 억지로 하게 한 강제가 있었고 그리고 그 강제를 보통의 의지력으로서는 이길 수 없는 경우, 그리고 그 행위가 이루어진 상황이 그 사람의 통제력을 넘어서는 경우와 주어진 상황에서 올바른 것일 수 있는 다른 대안의 행위를 할 수 있는 능력이나 기회가 없었거나 또는 양자 모두가 다 없는 경우이다(김영진 역, 1985 : 198). 이러한 조건을 크게 무지와 강제라는 두 가지 관점으로 정리하여 도덕적 책임을 논해본다면 다음과 같은 결과를 살펴볼 수 있다.

1. 무지

심판의 판정행위가 오심인지에 대하여 알지 못하고 판정을 내렸을 때 면책 조건이 성립된다. 하지만 위의 사례들은 그렇지 않은 경우들이다. 심판이 자신의 판정이 갖는 결과를 알았다거나 혹은 그 판정으로부터 나타날 나쁜 결과를 예상할 수 없을 때 우리는 그러한 판정에 대하여 면책을 할 수 있다.

이 경우를 살펴보면, 체조와 야구 경기에서 심판은 분명 국제심판 자격을 소지하고 최고의 심판이라고 자부할 수 있는 심판능력을 가지고 있다고 볼 때 면책 조건에 해당되지 않는다고 할 수 있다. 이 모든 경기의 심판은 충분히 판정할 수 있는 능력을 가지고 있다고 볼 수 있기 때문에 심판오심 행위는 면책조항에 포함되지 않는다.

이외에도 능력이나 기회의 결여를 들 수 있다. 심판이 판정을 할 때 올바른 행위를 할 수 있는 능력이나 기회를 가지지 못하기 때문에 발생하는 경우에는 면책의 조건이 성립된다. 하지만 위에서 예를 들었던 체조의 양태영의 경우에는 기회의 부족 때문에 발생했다고 볼 수 없기 때문에 면책의 조건에서 벗어나고 있다.

2. 강제

심판의 행위가 자신의 자유의지보다는 타자의 협박과 위협, 압력, 영향력 등과 같은 강제에 의해서 행해졌을 때는 도덕적 책임이 없다고 본다. 심판은 그 상황에 어쩔 수 없이 판단을 할 수밖에 없었다는 것과 오심은 심판 자신의 선택의 문제가 아니었다고 말하는 경우이다.

위의 사례들의 경우는 심판이 외부적 또는 내부적 강제에 의해서 오심을 내렸다고 볼 수 있는 증거들을 찾을 수가 없다. 이 때문에 면책 조건에 해당되지 않는다. 심판이 면책을 받기 위해서는 외부적 또는 내부적 강제에 대하여 증명할 수 있어야 한다. 이외에도 질병, 돌발적 사건 등이 심판판정 행위를 강제하는 경우를 면책 조건으로 인정할 수 있다. 심판오심의 경우 그 당시 상황 때문에 심판이 어쩔 수 없는 경우와, 심판의 자발적인 행위에서 비롯된 것이 아닌 경우를 면책사항으로 수용할 수 있다.

앞에서 제시했던 심판오심의 세 가지 사례의 경우는 심판들의 무지 또는 강제에 의한 오심이 아니기 때문에 도덕적 책임을 면할 수 있는 면책의 조건에 해당되지 않는다고 볼 수 있다. 그렇기 때문에 심판오심과 편파판정은 심판 개인의 도덕적 책임에서 벗어날 수 없다. 책임은 법적, 도덕적, 사회적 책임, 정신적 책임으로 구분된다. 그 중에서 심판오심은 법적, 정신적 책임에서 문제가 되지 않는다. 하지만 도덕적 책임의 문제에서는 자유롭지 못하다.

심판오심의 대안

앞에서 알아본 것처럼 심판의 오심문제를 해결하기 위해서는 체계 자체의 문제와 심판 자신의 문제를 구분하여 알아보는 것이 필요하다. 심판 개인의 문제는 심판의 책임윤리를 강화하는 교육을 통하여 어느 정도 해결할 수 있다고 하지만 구조와 같은 근본적인 문제는 해결할 수 없다. 구조의 문제는 제도적 장치나 정책의 문제이기 때문에 정치적 힘을 사용할 수밖에 없다. 이 때문에 정치적 힘에 의존하여 심판판정의 구조를 개혁해야 한다. 여기서 견제 세력으로서 대항력을 갖추는 것이 문제해법의 지름길이다. 이하에서 심판오심의 대안을 개인적 차원과 사회적 차원으로 양분하여 알아보았다.

첫째, 개인적 대안이다. 심판의 편파판정 또는 오심에 대한 해법은 먼저, 개인적 차원에서 해당 선수나 감독이 경기 중 발생하는 심판의 오심에 대하여 빠르게 지적하고 이의를 제기하는 일이다. 그리고 제도적 차원에서 심판이 편파판정 내지 오심을 할 수 없도록 견제할 수 있는 힘이나 강력한 대항력을 행사할 수 있는 장치가 마련되어야 한다. 개인의 의지와 제도의 조화와 균형에 의한 심판 판정이 이루어진다면 심판 자신의 어떠한 논리에도 좌우되지 않게 될 것이다.

심판의 도덕적 자율성을 바탕으로 한 높은 도덕성이 심판의 자질에서 우선순위이다. 단순히 심판의 능력만을 강조하다 보면 결정적인 순간에 오심이 생길 수 있는 위험성을 감수해야 한다. 적어도 높은 도덕성을 가진 심판들을 중심으로 구성된다면 오심에 따른 문제를 해결할 수 있다. 개인적인 이익과 외부의 유혹 그리고 보이지 않는 힘의 작용에서 자유로울 수 있기 위해서는 높은 도덕성을 겸비하는 것이 필요하다.

오심을 사전에 예방하는 것은 올림픽이나 국제대회에 참가한 선수들의 노력이 헛되지 않도록 하기 위해서 꼭 필요하다. 올림픽을 준비하는 4년 동안 절제와 인내 그리고 노력을 통해서 경기장에서 흘린 땀의 가치가 어떠한 논리에도 영향을 받지 않고 노력한 만큼의 결실을 얻을 수 있어야 한다. 이러한 사항들이 지켜지지 않고 정치적 논리와 경제적 논리에 의해서 경기결과에 영향을 행사하게 되면 그것은 올림픽이 아니라 올림픽의 모습만을 한 것에 불과하다.

이를 위하여 심판은 오케스트라의 지휘자와 같이 경기를 조율하는 것이 필요하다. 심판은 승패에 결정적인 영향을 행사해서는 안 되고 선수들의 실력이 최대한 발휘될 수 있도록 해야 한다. 심판은 불신과 조소의 대상이 아니라 존경받는 심판이 되어야만 한다. 그렇기 위해서는 경기의 흐름에 방해가 되지 않도록 그림자처럼 있어도 있지 않는 것과 없어도 있는 것 같은 심판의 운영의 미가 필요하다.

심판이 경기에 과도하게 개입하는 경우는 편파판정의 의혹을 지울 수 없을 것이다. 왜냐하면 경기흐름을 중단할 수 있는 위험요소를 가지고 있기 때문이다. 최소한의 경우에만 경기 흐름에 개입해야 한다. 너무나 많이 심판이 개입하는 것은 경기 자체의 흐름을 중단하기 때문에 승패의 결정적인 영향을 줄 수 있다. 그렇기 때문에 승패의 영향을 미치지 않는 범위 안에서 판정을 내려야 할 의무가 있다. 이 점을 인식하는 것이 심판의 행위에서 무엇보다도 필요하지만 심판이 인간이기 때문에 오심과 편파판정의 가능성은 항상 내재하고 있다. 이를 극복하는 것은 심판의 책임윤리를 강화하는 것에서 찾을 수 있다.

둘째, 사회적 대안이다. 국제적으로 심판의 오심에 대한 민감한 반응과 분노를 보이는 것도 중요하지만, 빈번하게 발생하는 국내 심판의 오심의 문제로 시선을 돌리는 것도 필요하다. 국내에서도 일부심판에 의해 정치적 논리(학연, 지연, 혈연)와 이해관계에 따른 오심이 행해지고 있음은 부인할 수 없는 사실이다. 우리의 현실은 아테네 올림픽의 심판 오심문제만큼 심각하다. 외국에서 심판을 영입하는 일은 이 문제의 심각성을 반증하고 있는 것이다.

명백한 오심의 문제는 빠른 대응으로 판정을 돌릴 수 있지만 너무 민감하게 심판의 판정을 불신하고 판정을 인정하지 않으려는 자세 또한 심판의 오심 이상으로 경계해야 할 문제이다. 심판의 권위가 붕괴되어 경기 자체의 질서가 붕괴되면 경기장에서는 비인간적인 싸움 이상을 기대하기 어려울 것이다. 심판의 권위가 사라지면 스포츠는 변질될 가능성이 높다. 특히 과도한 경쟁과 승리지상주의가 지배하는 운동경기에서 잠재된 애국심과 민족주의가 표출되어 이성을 잃고 감정에 사로잡혀 무조건 자국의 선수가 승리해야 한다는 생각을 가지기 쉽다. 심지어는 심판의 작은 실수도 용납하지 않으려는 태도를 취하기도 한다. 우리는 이것을 경계해야만 한다.

사례 2의 경우처럼 심판오심에 대하여 항의를 하여도 한번 내려진 결정은 돌이킬 수 없다는 점이다. 축구의 폐쇄적인 경기운영방식에도 문제가 있음을 확인할 수 있다. 심판도 인간이기에 행할 수밖에 없는 오심은 스포츠의 꽃이라고도 할 수 있지만 이 경우의 사례는 오심이기보다는 차라리 의도된 오심인 편파판정의 가능성이 높다. 경기 내내 주심에 의하여 경기 흐름이 중단되는 것은 특정 팀에 대한 의도된 오심(편파판정)일 가능성이 높다는 점이다.

하지만 이 사례에서 엿 볼 수 있는 것은 한국 국가대표 선수들의 경기에 대한 집중력의 저하와 부심보다는 주심의 판단에 따라야 한다는 것을 망각한 결과라고도 볼 수 있다. 심판의 판정을 따라야 할 선수의 입장에서 심판의 호각 소리를 듣기 전에 경기를 중단한 것은 선수들의 주의 소홀이라고 볼 수 있다. 부심이 오프사이드 기를 들었기 때문이라고 항의해도 결정은 주심이 하기 때문에 이의를 제기 할 수 없는 사안이다. 문제는 경기장에서 선수는 주심의 판정에 귀 기울여야 한다는 것이다.

이 경기를 볼 때, 심판은 그 만큼 경기의 승패를 좌우할 수 있다는 점을 시사하고 있다. FIFA의 심판운영에 있어서 지금과 같은 오심논쟁의 경우 신중한 심판관들의 재평가를 통해서 다시는 월드컵 심판을 보지 못하게 하는 중징계 또한 생각해 볼 수 있다. 한 번의 실수가 아니라 의도된 오심의 경우를 들 수 있다. 이 점을 부각하여 월드컵축구 심판자격을 영구 제명하는 것을 생각해 볼 수 있다. 이처럼 강제력을 동원한 편파판정을 예방할 수 있는 길을 모색할 수 있을 것이다.

또 다른 예로 동계올림픽의 쇼트트랙의 김동성 선수가 오심에 의하여 미국의 안톤 오노에게 금메달을 빼앗긴 일로 우리 국민들이 분노하여 감정적 대립으로 인한 반미운동이 확산된 적이 있다. 아테네올림픽에도 역시 미국의 체조선수 폴 햄의 금메달에 대해 국내에서는 금메달을 도둑맞았다는 여론이 형성되었다. 이것이 미국과의 외교적 마찰로까지 확산되지는 않겠지만 미국에 대한 감정이 안 좋아지는 것만은 확실하다. 하지만 스포츠 그 자체는 가치중립적이다. 따라서 정치적, 경제적 논리에 의하여 스포츠를 도구화하고 수단화하는 것을 경계해야 한다.

맺음말

이상과 같이 심판오심의 사례를 통하여 문제 상황을 인식하고 도덕적 책임에 대하여 알아보았다. 심판오심에 대한 도덕적 책임에서 벗어날 수 있는 면책조건은 무지와 강제로 인하여 행위 되었을 경우이다. 심판오심의 개인적 원인은 심판의 도덕적 책임감의 결여에서 찾을 수 있고, 사회적 원인은 심판의 생존권 확보문제, 사회적 관계, 경제적 문제 등에서 찾을 수 있었다. 이를 해결할 수 있는 방법은 개인적 차원의 대안으로 심판들의 도덕적 책임을 강화하기 위한 책임윤리 교육을 들 수 있고, 사회적 차원의 대안으로는 심판오심을 발생하지 못하도록 강제력이라는 대항력의 동원에서 찾을 수 있었다. 대항력을 갖지 못하면 심판을 불신하는 분위기와 허술한 심판진의 구성의 문제들이 들어날 수 있다. 그렇기 때문에 심판을 심판할 수 있는 장치가 요구된다. 이제는 수준 높은 심판을 양성하기 위하여 심판을 심판할 수 있는 제도적 장치를 마련할 때이다.

제언은 다음과 같다. 심판오심의 사유에 있어서 우리가 인지하고 있어야 할 것을 다음과 같이 간략히 제시할 수 있다. 우리는 너무나 경기에 몰두하여 상대선수를 적으로 간주하고 자국 선수에게 내려지는 약간의 불리한 판정조차도 수용하지 않으려고 한다. 이제 일정한 거리 두기를 통하여 심판의 판정을 보고, 심판의 권위를 존중할 줄 아는 자세 또한 필요하다. 선수 역시 심판의 판정에 너무 신경을 곤두세우지 말고 실력으로 승부를 할 필요가 있다. 그렇다고 심판의 오심에 대하여 침묵하라는 것이 아니다. 합리적 절차를 통한 항의와 이의 제기 역시 필요하다. 그러나 심판에 판정에 너무 민감하게 반응할 필요는 없다는 것이다.

이제 우리는 심판의 판정을 존중하고 상대나 상대팀의 탁월하고 완벽한 기술에 대하여 박수를 보내고 수준 높은 경기를 즐길 수 있는 성숙함을 지녀야 한다. 심판의 판정이나 자국의 선수나 팀의 승패에 너무 몰두하다 보면 스포츠가 제공하는 많은 가치들 중에서 놓치게 되는 것이 너무나 많아지기 때문이다. 이 때문에 경기 자체를 부정하려는 이들이 출현할 가능성도 배제할 수 없는 것이 사실이다. 경기 자체를 인정하지 않으려는 부류의 사람들이 많아지면 그 경기는 올바르게 관중과 선수, 감독들에게 수용되지 못하는 한계를 가진다.

지금까지 심판의 권위와 그에 대한 존중을 인정하여 왔기 때문에 그들의 오심에 대하여 눈감아 주었던 것이 사실이다. 하지만 이미 많은 심판판정에 대한 사고가 있었기 때문에 이제는 심판을 심판해야 할 때이다. 심판의 오심을 눈감아 주는 시대는 지나갔다. 이러한 일은 심판들이 스스로 자초한 일이다. 이에 대한 대비방법으로 비디오 판독과 같은 제도적 장치를 들 수 있다. 이미 이 방법이 마련되어 실행 중에 있다. 이러한 방법을 통하여 심판의 판정능력을 향상시킬 수 있을 것이다.

심판의 권위에 대한 대항력이 지금까지 부재했기 때문에 심판의 마음에 따라서 경기 경과가 좌지우지 될 수 있었다. 이 때문에 선수들의 노력 없이 심판에 의해서 경기 결과가 결정될 가능성이 있었다. 그 만큼 심판의 오심판정은 경기결과에 큰 영향을 미쳐왔다. 심판은 선수들의 최상의 경기를 할 수 있도록 배려하는 일종의 조정자이다. 심판의 행위가 경제적, 정치적, 학연 등의 강제에 의해서 행해질 때 심판의 권위는 자체적으로 무너지게 될 가능성이 크다.

심판의 행위가 다양한 힘에 의해서 좌지우지 당할 때 그것은 이미 심판행위의 자격을 상실한 것으로 봐야한다. 심판은 경제적 부를 성취하기 위한 직업으로서 심판이 아니라 명예로서의 심판이 우선되어야 한다. 그렇기 때문에 경제적으로 자유로운 심판을 고용하는 것이 경기력 향상과 심판의 책임윤리를 강화하는 방안이 될 수 있다. 이외에도 경기전체를 촬영하여 보관하여 심판오심 판정에 대한 재판정의 자료로 사용할 수 있다면, 자신의 심판행위에 대하여 책임을 지키려고 노력을 할 것이고, 심판 자신의 명예와 자존심을 위하여 심판 자신의 역량을 다할 것으로 기대된다.

제17장 | 스포츠의 사회윤리학

현대스포츠의 문제

현대스포츠의 윤리적 문제들을 해결하기 위한 방안으로 다양한 방법들이 모색되었지만 지금까지 대부분의 방법들은 선수들에게 교육을 통한 스포츠맨십에 대한 일방적인 강조만을 해왔을 뿐이다. 그러나 이 같은 해결방안은 운동선수 개인의 도덕적 자각과 자율성 자체에만 호소하는 것으로 스포츠의 윤리적 문제들을 근본적으로 해결하는데는 무리가 있다.

이것은 문제해결의 한계를 보여준다. 왜냐하면 운동선수의 윤리적 판단은 개인적인 측면과 사회적인 측면이 모두 작용하기 때문이다. 이처럼 현재의 스포츠윤리에 관한 연구들은 오직 개인윤리 문제에 중점을 두어 운동선수 각자에게 문제의 원인을 두고 운동선수의 윤리 교육의 강화만을 주장 해왔다고 볼 수 있다. 이것은 연구자들이 사회윤리학적 접근 방법을 알지 못하고 있었기 때문이다.

이 장에서는 불가능한 윤리적 이상(스포츠맨십 윤리)의 근사적 실현을 위하여 사회윤리학적 접근 방법과 개인윤리학적 접근 방법의 균형, 조화의 연구 방법을 사용하였다. 이를 위하여 개인윤리학적 접근 방법의 특성과 사회윤리학적 접근 방법의 특성들을 알아보고 스포츠 윤리적 문제의 해결 방안의 대안 제시를 시도하려는 것이다.

여기서 사용되는 사회윤리학적 접근 방법은 윤리적 문제의 근원은 운동선수 자신뿐만 아니라 사회 즉 스포츠와 관련된 제도, 정책상의 문제에서 발생 할 수 있다는 것을 전제하고 있다. 따라서 이 글의 목적은 스포츠의 윤리적 문제에 대한 해결 방안으로 개인윤리학적 접근 방법의 한계와 이것을 넘어서는 사회윤리학적 접근 방법을 제시하고, 나아가 이 양자의 통합윤리를 제시하는데 있다.

개인윤리와 사회윤리

스포츠윤리의 연구는 1972년에 설립된 국제스포츠철학회와 그 연구 기관지인 JPS(Journal of the philosophy of sport)를 통해 본격적 연구가 시작되었다. 그러나 지금까지 스포츠윤리연구는 문제 해결에 대한 구체적 방법을 제시하는 것보다는 도덕적 행위의 이상적 방법만을 제시하고 있으며, 일반 윤리학의 연구성과를 답습하고 있을 정도이다. 이러한 경향은 JPS뿐만 아니라 Quest등의 다른 체육전문지의 여러 논문들에서 볼 수 있는 공통되는 현상이다.

스포츠윤리 연구는 스포츠 행위에 대하여 연구하는 영역이기 때문에 운동선수 행위에 대한 윤리적 판단의 원칙이나 논지가 설정되지 않았거나 주관적인 판단에 의해 일정한 견해가 계속 제출된다면, 그러한 연구성과는 논리적 타당성을 떨어뜨린다. 그러므로 명확한 방법론을 갖출 필요가 있으며, 학문으로서의 스포츠윤리체계는 확립되지 않았다고 생각한다. 따라서 이러한 연구현상을 바탕으로 스포츠윤리연구방법의 구조적 분석을 통해 개인윤리와 사회윤리로 구분하여 파악하려고 한다.

스포츠윤리의 연구방법을 개인윤리와 사회윤리로 구분하여 파악하는 것은 현대스포츠 윤리적 문제들에 대한 해결 방안을 모색하기 위한 것이다. 문제해결의 열쇠는 운동선수의 주체아적 입장에서 스포츠의 윤리적 문제해결 방법을 제한하였다는 사실이다. 이것은 상대적으로 운동선수의 사회아적 측면에 대한 이해 부족에서 기인한 것이다. 여기서 논하는 개인윤리와 사회윤리는 다음의 글에서 분명하게 이해 할 수 있다.

> "미드 (G. H. Mead)의 사회심리학적 이론이 가지고 있는 것들 중에서 가장 유명한 또한 중요한 것은 'I'와 'me'에 관한 이론 일 것이다. 그가 말하는 'I'와 'me'는 단순히 영어 문법에서 말하는 주어와 목적어를 말하는 것이 아니라. 'I'는 주체적 자아 곧 주체아를 말하고 'me'는 사회적 자아 곧 사회아를 말한다. 'I'는 스스로 생을 선택하고 창조하는 주체적 자아요 창조적 자아이다. 이와는 반대로 'me'는 사회에 의해서 영향을 받고 형성되는 사회적 자아이다"(고범서, 1986 : 164).

윤리학을 개인윤리학과 사회윤리학으로 구분할 때 중요한 단서를 제공하는 것은 인간이해의 방식이라고 할 수 있다. 개인윤리와 사회윤리의 양분은 사회심리학자 미드의 'I'와 'me'의 구분에서 시작한다. 여기서 'I'는 주체아를 말하고 'me'는 사회아를 말한다. 다시 말해서 인간을 주체아 측면에서 보느냐, 사회아 측면에서 보느냐가 개인윤리학과 사회윤리학을 구분하는 기준이 된다. 개인윤리학과 사회윤리학의 관계를 보는 시각은 대체로 다음과 같은 세 가지 유형으로 분류될 수 있다.

> "첫째는 이 두 영역은 서로 완전히 다르기 때문에 다른 방법론과 연구 영역을 개발해야 한다는 주장이다. 이 주장은 사회윤리학의 독립성을 강조하는 관점이라고 볼 수 있다. 둘째 관점은 개인윤리와 사회윤리가 영역을 구분하는 편의상의 구분일 뿐, 학적인 구분까지 가능한 것은 아니라는 관점을 들 수 있다. 이 입장에 따르면 사회윤리학이라는 개념은 독자성을 가지면서 존립할 수 없게 된다. 셋째 관점은 개인윤리학의 한계를 인정하면서 사회적 문제들을 다룰 수 있는 사회윤리학의 독자적인 정립이 충분히 가능하고 필요한 과제라고 보는 입장이다. 그러나 이 입장은 개인윤리와 사회윤리 사이의 밀접한 관련을 인정하면서 그 공통성과 함께 특수성을 인정하자는 주장으로 연결되는 것이다. 즉 인간과 사회의 윤리적 문제를 다루는 윤리학은 단순히 개인차원에만 머물던 개인윤리학적 한계에서 벗어나 그 확장된 영역으로 사회윤리학을 새롭게 정립해야 하는 과제를 부여받고 있는 상황이다"(박병기, 1993).

여기서 인간과 사회에 관련하여, 현대스포츠의 윤리적 문제들은 대부분 개인윤리학과 사회윤리학적 측면의 양면성을 보여 준다. 따라서 이 양자의 구별은 현대스포츠의 윤리적 제 문제를 해결하는데 열쇠를 제공 할 수 있다. 두 양자의 구별을 하지 않고 전통 윤리의 틀을 가지고 스포츠윤리의 문제들을 해결하는 데는 한계가 있다. 개인윤리의 틀에서 벗어나 거시적인 관점에서 두 양자의 접근 방법을 구별하는 것은 문제 해결을 위해서도 필수 불가결한 일이다.

스포츠윤리의 연구는 지금까지 규범윤리학으로써 개인윤리 측면만을 한정하여 연구되어왔다. 그러나 사회윤리에 관심이 증가되어 인간에 대한 이해에 있어서 사회아에 대한 관심이 증가하게 되었다. 이로 인하여 심층심리학, 지식사회학, 행동주의 심리학 등에서 인간에 대한 이해를 기존에 주체아와 더불어 사회아의 존재를 밝혀내었다.

> "주체아적 측면에서부터의 인간이해에 근거를 두고 있는 개인윤리학은 인간의 주체성 곧 자아 초월적 정신과 자율적 의지에 의한 그의 존재방식의 변화와 그 같은 존재방식의 변화를 통한 개인적, 사회적 문제의 해결 및 사회 발전을 추구한다. 사회아적 측면으로부터의 인간이해에 근거를 두고 있는 사회윤리학은 인간의 사회성에 착안하여 사회의 유지와 발전을 사회의 구조와 제도 및 정책을 통해서 추구한다. 그리고 사회윤리학은 개인윤리학과 대상과 영역을 달리 하지만 두 가지 윤리학은 결코 서로 무관하지 않으며, 더군다나 서로 대립되는 것이 아니다. 실은 두 가지 윤리학은 상호 보완하는 관계를 가져야 하며 조화와 균형을 이루어야 한다"(고범서, 1986 : 193).

예를 들어 한 농구선수가 경기장에서 도덕적 행위에 대한 양심에서 페어플레이를 하려고 한다. 그러나 학교당국과 동문회, 그리고 감독으로부터 수단방법을 상관하지 않고 승리하라고 강요받는다면, 그

때 선수는 주체적 자아, 즉 페어플레이는 해야한다는 도덕적 자율성과 감독, 학교 당국으로부터 강요된 승리에 대한 마음의 두려움 속에서 플레이를 해야한다. 여기서 윤리적 행위는 도덕적 자율성과 강제력에 의하여 결정된다. 도덕적 자율성과 강제력의 적절한 조화가 필요하다. 물론 선수가 도덕적 자율성을 행위 한다면 윤리적 문제들이 발생할 수 없다. 그러나 도덕적 자율성만으로 해결하지 못하면 강제력이 필요하다.

스포츠의 개인윤리

국외 연구로서 스포츠 행위에 대한 윤리, 도덕적 문제를 해결하고 윤리적 체계를 정립하고자 하는 노력으로 Zeigler(1973)가 Dewey의 실용주의적 접근 방식을 Morgan(1976)이 사르트로의 윤리를 Osterhoult(1976)가 칸트의 정언명법을 이용해 무엇이 공정하고 도덕적인 것인가, 무엇이 스포츠맨다운 것인가를 물어 스포츠 행위의 도덕 원리를 밝히고자 하였다(송형석 · 양진방, 1996). 국내 연구는 박찬희(1990), 김정명(1995), 이천희(1995), 그리고 김주화(1995), 문종민(1996), 최선철(1996)등이 스포츠 윤리적 문제에 대하여 저마다 대안을 제시하였다. 이들이 제시한 해결 방안은 개인윤리학적 접근방법에 한정되어 있었다. 지금까지 스포츠윤리의 연구성과는 개인윤리학적 접근 방법을 통한 운동선수의 자율성 강화 교육과 자각을 통한 예방교육이었다. 이것은 개인윤리학적 접근 방법의 한계를 단적으로 보여 준다.

특히, 박찬희(1990)는 스포츠윤리의 문제 원인을 스포츠맨십의 상실에서 찾았다. 한국 스포츠 현실에서의 도덕성의 문제를 지적하고 그 해결방안을 다음과 같이 제시하고 있다. 첫째, 한국의 전통적 스포츠맨십교육. 둘째, 아마추어리즘의 고양. 셋째, 학교체육을 통한 도덕교육을 제시하고 있다. 그러나 문제의 해결방안을 너무 개인의 자율성에 호소하는 한계를 넘지 못하고 있다.

이천희(1994, 1995)는 현대스포츠의 윤리적 문제를 지적하고 이를 극복 할 수 있는 방법으로 스포츠 현장에서의 도덕교육이 가능한 사례를 구체적으로 다음과 같이 기술하였다. 첫째, 학교와 학교간 대항 경기에 있어서는 경기에 들어가지 전에 친교(교가)의 노래를 부른다. 둘째, 처음과 끝을 똑같이 인사하며 존중한다. 셋째 승자는 패자를 위로하고 패자는 승자를 축하해 주는 도덕심, 넷째 심판에게 절대 복종하고 감사히 생각하는 도덕심, 다섯째 페어 플레이와 스포츠맨십은 스포츠의 기본적 도덕심이라고 할 수 있다. 이와 같이 개인의 도덕적 자율성에 호소하는 방법으로 문제 해결의 실마리를 풀고 있다.

김정명(1995)은 현대스포츠의 윤리적 문제 원인을 기능주의 사고와 아마추어리즘의 퇴색에서 찾는다. 그리고 이를 극복하는 대안으로 첫째, 체육학 연구 접근에 있어서 인간의 움직임에 대한 질적 접근의 강조가 필요하다. 둘째, 자율 스포츠 활동 확대, 그리고 셋째, 엘리트 스포츠 육성에 대한 제도적 필요성 등을 제시하였다.

최선철(1996)은 스포츠 행위 규범으로 자리잡고 있는 스포츠맨십의 한계를 극복하고 스포츠맨십이 스포츠 윤리적 행위 준칙임을 칸트의 정언명법을 근거로 하여 규명함으로써 현대스포츠 행위의 윤리적 문제의 극복 방법으로 스포츠맨십의 당위의 의미를 새롭게 해석하고 실천적 의미를 공고히 할 때 가능하다고 제시하고 있다.

이러한 견해에 대하여 저자는 스포츠윤리 연구의 한계는 개인윤리학적 차원에서 스포츠의 윤리적 행위 문제를 극복할 수 있다는 독단적인 강조에 있다는 본다. 즉 스포츠맨십이 지금까지 운동선수들의 행위 규범으로 지배해 왔고, 그것도 칸트의 정언명법의 영향으로 '해야 한다'는 일방적인 지상 명령으로 인하여 운동 선수들의 윤리적으로 판단하는 주체적인 도덕적 판단 능력의 상실을 가져왔다고 본다. 그리고 또 하나의 한계는 스포츠윤리 연구가 개인윤리에 너무나 치우치는 바람에 상대적으로 사회윤리학적 접근 방법에는 관심을 가지지 못한 것이 한계라고 할 수 있다. 다시 말해서 스포츠의 윤리적 행위 문제의 해결은 개인윤리와 사회윤리의 조화, 균형의 상호보완적인 관계에서 가능하다는 것을 인식하지 못하고 있다.

따라서 개인윤리학적 접근 방법의 특성으로 고범서가 제시한 세 가지 특징을 토대로 논의를 전개하려고 한다. 첫째, 도덕적 행위의 원인을 개인에게서 본다. 이것은 스포츠의 윤리적 문제의 원인이 운동선수 각 개인에게 있다는 것이다. 둘째, 도덕적 목적의 성취나 도덕적 문제의 해결을 개인의 의지의 자유와 결단에서 찾는다. 이것은 스포츠맨의 도덕적 각성 능력에 의해서 윤리적 문제가 해결 될 수 있다는 것이다. 셋째, 개인의 도덕성에 의해서 도덕과 관련된 사회문제를 풀 수 있다고 믿으며 또한 풀려고 한다. 즉 스포츠의 도덕성에 의해서 스포츠—세계—내의 윤리적 문제를 해결할 수 있다는 것이다. 이러한 접근 방법은 스포츠맨의 양심과 도덕심에 호소함으로써 스포츠의 윤리적 문제를 해결 할 수 있다고 믿고 또한 해결하려고 한다.

이외에 사회윤리가 가지는 못하는 것 중에 개인윤리학적 접근 방법만이 가지는 독자적 기능은 대략 다음과 같이 제시 할 수 있다. 첫째로 제도적 장치의 한계성이 요청되는 도덕성이다. 이것은 선수의 도덕적 자율성은 무시하고 일방적인 강제력을 이용하여 경기규칙의 강화만을 실시한다면 선수들의 행위는 위축되고 그 경기는 재미없는 경기가 될 가능성이 높다. 이것이 바로 스포츠 룰(제도)에 의한 강제력만을 강조한다면 운동선수의 도덕적 자율성은 상실하게 하는 장치의 역할을 할 수 있다는 것이다. 예를 들어 농구 경기에서 심판이 시합의 공정성을 위하여 엄격한 규칙 적용을 한다면 게임은 흐름이 중단되어 재미없는 경기로 전락 할 수 있다. 그래서 일반적으로 통용되는 심판 재량에 따른 게임운영의 미를 살려야 한다는 것이다. 이것이 바로 규칙의 강화가 가지는 사회윤리학적인 접근방법의 한계라고 할 수 있다.

둘째로 제도적 장치의 발전과 기능적 충실화가 요청하는 도덕성이다. 스포츠는 스포츠 내 규칙이 있고 스포츠 외에 존재하는 스포츠 단체의 규칙이 있다. 이것은 스포츠의 존재의 정당화시키고 유지하는 근거가 된다. 예를 들어 프로선수들에 대한 각 구단들의 제도적 억압은 선수 개인의 도덕적 자율성과 주체적 판단능력을 상실시킨다.

셋째로 힘의 균형과 대항력의 행사가 요청되는 도덕성이다. 힘의 마찰과 대립적 긴장은 자기의 힘을 과시하고, 상대방의 힘을 과소 평가하는 유혹을 쉽게 받게 될 가능성이 크다. 그렇기 때문에 높은 도덕성은 힘의 남용과 악용을 견제하고 막지 않으면 힘의 균형이 지탱될 수 없고 실력행사에 쉽게 들어갈 수 있다. 예를 들어 세계축구연맹(FIFA)에 대한 조직에서 견제하는 세력이 없다며 FIFA의 독단에 의해서 룰을 만들어 버릴 수 있다. 자국의 선수들에게는 이익이 되지만 그 외의 나라에서는 약점이 될 수 있다. 그러므로 FIFA내의 힘의 균형을 유지하기 위하여 대항력을 가진 다른 조직이 있어야 한다. 그로 인하여 힘의 균형과 대항력을 형성하여 형평성 문제의 해결을 시도하는 것이다.

결국 운동선수 개인의 주체아적 측면에서 윤리문제를 해결하려고 시도하는 연구는 한계에 직면 할 수밖에 없다. 왜냐하면 인간의 또 다른 측면인 사회아적 측면에 대한 해결 방안이 고려되지 않았기 때문이다. 그러므로 스포츠 윤리 연구의 새로운 접근 방식으로 사회윤리학적 접근 방법이 요구되는 것이다. 이 방법은 개인윤리학적 접근 방법이 가지는 연구의 벽을 넘어서는 것이다.

스포츠의 사회윤리

"사회윤리학은 1960년대부터 지금까지 많은 논의를 거듭하고 있다. 1960년대 중반 전후하여 사회윤리나 사회윤리학에 대한 관심이 대두하게 된 이유로서 다음의 세 가지를 지적 할 수 있다. 첫째는 산업사회의 본격적 발달로 인해서 초래된 사회구조의 복잡성이 개인의 삶과 사회사이의 유기적 관계를 증대했고 또한 확대했다는 사실이다. 둘째는 사회적 변화가 급속하게 되었다는 사실이다. 고속적 사회변화 속에서는 사회변화의 관

> 계를 떠나서는 삶을 제대로 영위할 수 없다. 셋째는 윤리학이 도구로써 사용할 수 있는 사회과학이 발달했다는 사실이다. 다시 말해서 증대되는 사회적 복잡성과 거기에 대한 인간의 대처 능력 사이의 갭, 즉 '인간적 갭'을 극복하는 방안 강구를 뒷받침해 줄 수 있는 사회학, 지식사회학, 사회심리학 등의 사회과학이 발달했다는 사실이다"(고범서, 1993 : 48).

니버는 사회윤리와 개인윤리의 구분의 필요성을 역설하고 사회문제는 사회적 방법으로 접근해야 하다는 탁견을 제시하여 사회정의와 계층간에 알력과 같은 문제에 대한 접근방법이 감상적이거나 혹은 지나치게 냉소적인 방향으로 흘러가서는 안 된다는 점을 주장하였다. 나아가 현실주의적 접근 방법의 중요성을 역설함으로써 기독교 윤리학에 있어서 뿐만 아니라 현대 윤리학의 방향에도 거대한 영향을 주어 분배정의 등의 문제가 반드시 사회적 구조의 문제와 결부되어 그 해결책을 모색되어야 한다는 것을 일깨워 주었다(문시영, 1996 : 175).

사회윤리학은 현대스포츠의 윤리적 문제들을 극복 할 수 있는 대안과 청사진을 구체화하는 작업이라고 할 수 있다. 개인윤리학과 사회윤리학을 구분하는 일이 이론적으로 가능하고, 또 현실적인 필요성에서도 필요하다는 주장과도 연결된다(박병기, 1993). 스포츠 윤리적 이상을 실현하기 위해서는 운동선수 자신의 도덕적 판단 능력의 향상에 기반을 두어야 한다. 이것은 윤리적 이상이 개인윤리뿐 아니라 사회윤리학적 측면이 지배적이기 때문이다.

사회윤리학적 접근 방법의 특성을 살펴보면 다음과 같은 특징들이 있다. 인간의 행위는 개인적인 측면과 사회적인 측면의 모든 영향을 받는다. 그러나 윤리적 문제에서 개인윤리학적 접근 방법이 해결하지 못하는 사회윤리학적 접근 방법의 독자적 기능이 있다. 이 독자적 기능은 고범서(1993)가 제시한 세 가지 사회윤리학적 접근 방법의 특성을 스포츠와 관련하여 살펴보면 다음과 같은 특징이 있다.

첫째, 도덕적 행위나 문제의 사회적 원인을 문제삼고 극복하려고 한다. 이것을 스포츠 현상에 적용한다면 다음과 같은 예를 가져 올 수 있다. 자본주의 시장 경제 구조에서 스포츠는 물신화되어 하나의 상품이다. 자본가(구단주)는 스포츠를 통하여 이윤을 극대화시키고자 한다. 그래서 상업주의가 대두되고 스포츠를 지배하게 된다. 당연히 승리지상 주의가 강조될 수밖에 없다. 이러한 구조적 모순을 극복하려는 것이 사회윤리학적 접근 방법의 특성 중의 하나이다.

둘째, 사회적 원인의 해결이나 제거를 사회적 정책이나 제도 또는 구조의 차원에서 추구한다. 스포츠의 윤리적 문제는 자본가(구단주)의 승리만을 강조하는 시스템 속에서 문제가 발생하기 때문에 이러한 문제는 구조 차원에서 해결을 시도한다.

셋째, 정치적 또는 법의 뒷받침을 받는 강제성, 즉 강제력을 사용한다. 스포츠 윤리적 문제를 해결하기 위해서는 제재가 따라야 한다. 이것은 스포츠 내의 자유를 지속적으로 유지하기 위한 최소한의 강제력을 이용하는 것이다.

예를 들어 우리는 사회의 교통질서에 이 문제를 작용해 보면 이해가 쉽다. 아무도 없는 건널목 교통 표지판이 빨간 신호 상태에서 보행자는 급한 개인적 일로 인하여 무단횡단을 할 수 있다. 이때 개인의 도덕적 자율성은 교통질서를 지켜야 한다는 주체적 자아의 행위 결단력은 상실되기 쉽다. 물론 보행자가 교통법규를 지킨다면 문제로 발생하지 않는다. 그러나 만약 보행자가 주의에서 경찰이 보고 있다면, 그의 행위는 법의 강제력에 의해 아무리 급하다고 해도 자신에게 부여되는 도덕적 비난과 벌금에 대한 제도적 장치에 의하여 행위가 위축되고 교통법규를 지키게 된다. 이것은 인간의 윤리적 행위가 도덕적 자율성과 제도적 장치(강제력)에 의하여 행동하게 된다는 것을 말하는 것이다.

이외에도 개인윤리가 가지지 못하는 사회윤리학적 접근 방법의 독자적 기능을 대략 네 가지로 요약할 수 있다. 이것은 고범서가 그의 저서 『사회 윤리학』에서 제시한 것을 이 글의 논의 전개를 위하여 사용하려고 한다. 이 네 가지를 차례대로 살펴보자. 첫째, 집요한 이기주의에 대한 견제와 제재. 둘째, 불합리하거나 불의한 사회적 제도나 구조의 개선과 개혁, 이러한 불합리하고 불의한 제도와 구조를 개선하고 개혁하는 것은 개인윤리의 과제가 아니라 바로 사회윤리의 과제이다. 도덕적 이상과 목적을 달성하기 위한 제도적 장치를 마련하는 것이 사회윤리의 과제인 것처럼, 불합리하고 불의한 제도적 장치를 개선하고 개혁하는 것 역시 사회윤리의 과제이다. 셋째, 도덕적 이상과 목적의 전 사회적이고 일관성 있는 실현이다. 넷째, 윤리적 문제에 대한 전사회적 지구적 콘텍스트에서의 이해 등이다. 따라서 이러한 사회윤리학적 접근 방법은 개인윤리의 벽을 넘어서고 스포츠윤리의 문제 해결의 단서를 제공하는 것이다. 나아가 스포츠윤리의 이상인 스포츠맨십을 정립하는 중요한 요소가 된다. 또한 사회윤리학적 접근 방법은 개인윤리학적 측면을 완전히 무시하는 것이 아니라 개인윤리학적 접근 방법과의 조화와 균형을 통하여 해결하는 것이다.

새로운 해결방안 : 통합윤리

스포츠의 윤리적 문제들의 해결을 위한 방법으로 개인의 도덕적 자율성을 강조하는 개인윤리학적 접근 방법과 사회구조와 정책 그리고 제도에서 파생되는 강제력을 강조하는 사회윤리학적 접근 방법이 있다. 이 장에서는 사회윤리학적 접근 방법을 가지고 스포츠에서 적용될 수 있는 구체적 방법을 다음과 같이 제시하였다. 첫째, 스포츠 윤리위원회의 구성과 제재권 부여. 둘째, 종합 대책－상해 보험, 체력 검사 의무화. 셋째, 특기생 제도의 강화. 넷째, 대중매체의 효율적 운영 : 페어플레이상의 제도화. 다섯째, 환경친화의 그린 스포츠 정책 등이 그것이다.

첫째, 스포츠윤리위원회의 구성과 제재권을 부여해야한다. 스포츠는 법으로부터 자유로운가? 스포츠는 법으로부터 자유로워야 한다. 스포츠는 비일상의 세계이기 때문에 법의 지배로부터 벗어나는 치외법권의 세계여야 한다. 그렇지 않으면 스포츠 그 자체는 왜곡된 양상을 나타낼 수 있다. 우리는 스포츠에서 자유로움을 느끼는 것을 강요된 법의 감시망에서 벗어나는 일탈의 즐거움을 찾을 수 있기 때문이다. 스포츠에서 자유로움을 지속적으로 영위하기 위해서는 법의 지배에서 벗어난 스포츠 세계의 윤리가 준수되어 진다면 스포츠는 치외법권의 신성한 세계로서 자유를 향유할 수 있으며, 스포츠 그 자체는 법으로부터 자유로워야 한다. 그리고 스포츠－내－존재인 스포츠맨이 스포츠 세계를 벗어날 때 일상적인 인간으로써 법에 의해 통제 받을 수 있다. 왜냐하면 일상적인 세계로의 환원으로 법의 구조에서 벗어날 수 없기 때문이다.

우리는 스포츠가 일상적 세계와는 다른 비일상적 세계라는 것을 인정한다. 따라서 스포츠의 윤리적 문제에 대한 처벌은 법에 의하여 결정해서는 안 된다. 이것은 스포츠 세계 속에서 만들어진 스포츠 윤리위원회에 의한 제재가 필요하다고 본다. 우선 이러한 위원회의 발족이 필요하다. 국제 경기에서 발생되는 비윤리적 문제들은 바로 세계 스포츠 윤리위원회의 결정에 따라 지켜져야 한다.

특히 심판 전임제는 스포츠 경기에서 발생하는 판정 시비의 문제를 해결시킬 수 있을 것이다. 국제 경기, 국내 경기에서 가장 시급한 것은 심판의 판정 시비이다. 이것은 보는 이로 하여금 불의와 분노를 가져오게 한다. 따라서 심판이 어떠한 외부에 압력에 자유로울 때 심판은 게임을 지휘하는 오케스트라의 지휘자가 될 수 있다. 이로 인하여 자신의 재량에 따른 운용의 미를 살리는 좋은 시합을 연출 할 수 있게 된다. 그리고 심판 등급제를 실시하고 심판위원회를 구성하여 심판이 판정을 할 때 심판석에서 심판의 판정 행위의 공정성을 확보하기 위하여 심판을 심판하는 심판위원회가 필요하다. 그것이 스포츠윤리의 문제에서 벗어 날 수 있는 길이다. 또한 시즌 끝이나 아니면 대회 폐막식에서 오늘의 심판 상을 정하여 최고의 공정하게 경기 운영을 잘 한 심판에게 수여하는 상으로 심판의 최고상이 되는 것이다. 물론 이것은 출전 팀의 감독 및 선수들의 투표에 의하여 실시되어야 한다. 심판이 심판을 재판정함으로써 판정상의 오류는 해결되고 판정 시비로 인한 문제들은 해결 될 것이다.

그리고 심판의 건강과 제도상의 공정성을 위하여 심판의 주 2일 이상 공식 경기 심판을 보지 못하게 하여야 한다. 선수의 생명 보호와 심판들의 체질개선을 위하여 그리고 심판과 관련성이 있는 팀간의 경기는 제외하고 무연고 팀간의 심판을 볼 수 있도록 시간 배정을 고려해야 한다.

둘째, 종합 대책－상해 보험, 체력 검사 의무화이다. 스포츠는 상해가 당하기 쉽다. 인간의 신체와 신체의 접촉을 위주로 행하는 스포츠는 위험이 다른 분야보다 크다. 그래서 상해가 빈번하고 심지어 사망을 당하는 경우도 있다. 몸에 문제가 생기면 그것은 선수 생명의 끝을 말한다. 그래서 그들에게 육체는 가장 큰 재산이며 가장 소중한 것이다. 그러나 우리나라 현실에서 운동선수에 대한 종합 대책은 전무하다. 따라서 저자는 운동선수들을 위한 종합 대책으로 상해 보험과 체력 검사 의무화를 제도적으로 실시할 것을 제안한다. 정기적으로 체력 검사와 건강 진단을 통하여 무리한 운동으로 인한 사망과 상해를 예방할 수 있어야 한다. 이를 위하여 태능선수촌에 연습하고 있는 모든 선수들에 대한 상해 보험을 국가 차원에서 정책적 지원이 있어야 한다.

그리고 국가대표 전문의료단을 구성하여 국가대표 선수들에 대한 종합 검진, 정기적 신체검사 그리고 건강 진단을 통하여 각 선수들의 상태를 점검해야 한다. 이러한 과정을 통하여 선수들은 안전하게 자신의 실력 연마와 국위 선양, 개인적 명예를 위하여 노력 할 수 있을 것이다.

이것은 국가 차원의 제도적 장치가 없다면 운동 도중 아니면 과도한 운동으로 인한 귀중한 생명을 잃을 수 있다. 종합 대책이 없이 운동을 한다는 것은 무모한 짓이다. 운동 연습 도중 아니면 시합 도중 상해나 사고로 더 이상 운동을 할 수 없다면 이들의 남은 인생을 살아갈 방법이 없다. 오직 신체를 매개체로 연습만을 하여 운동 이외에 이들에게 생존 차원에 대한 대책이 없다. 그리고 각 협회는 협회 산하의 의료팀을 두어 상해 예방과 사망을 조기에 막아야 한다. 또한 실업팀은 전문 팀 닥터제를 실시하여 팀의 전담 의사에게 건강 상담과 정기적 체력 검사를 실시하여 종합 대책을 강구해야 한다.

그렇지 않으면 운동선수는 마음놓고 운동 할 수 없다. 또한 좋은 기량도 발휘할 수 없고 선수 생명을 단축시킬 수 있다. 이러한 제안은 선수 생명 보호를 통한 운동선수의 기량 향상과 선수 노령화를 단축시킬 수 있다. 물론 이러한 제도적 장치를 마련하는 것은 상당한 경제적 부담을 가지지만 보이지 않은 경제적 효율성 측면에서 볼 때 그 이익은 상당히 크다. 스포츠의 상해나 사망 사고가 늘어난다면 스포츠는 금지되어야 한다. 오늘날의 운동선수를 고대 로마의 검투사처럼 간주해서는 안 된다. 운동선수들은 선수 이전에 인간이고 존엄한 존재 자체이다. 이런 차원에서 우리가 모르고 있는 사실은 스포츠가 인간을 위해 있는 것이지 인간이 스포츠를 위해 존재하는 것이 아니라는 사실이다. 물론 오늘날 스포츠가 인간의 삶에 대한 활력의 자극과 원동력을 제공하는 것은 모두들 인정하는 사실이다. 그렇지만 운동선수에 대한 대책은 강구되어야 한다. 그러므로 스포츠가 인류의 문화로서 지속적으로 존재 할 수 있는 원동력이 될 것이다.

셋째, 특기생 제도의 강화이다. 현대스포츠의 윤리적 문제의 해결 방안으로 특기생 제도의 강화를 제안한다. 특기생 제도는 국가가 운동선수들에게 일정한 혜택을 주는 것이다. 그래서 운동선수들은 운동에 전념하여 운동 하나로 먹고 살 수 있는 한국 사회 체제에 문제점이 있다고 볼 수 있다. 특기생 제도로 인하여 각 고등학교에서는 일반 학생을 위한 스포츠 시설 이용과 투자 혜택을 일부 선수들에게 한정하여 투자되는 것이다. 이것보다 더 큰 문제는 운동선수들의 학력 수준이다. 수업에 참여하지 않아도 결석으로 간주되지 않고 특히 전국 대회 경기가 있는 기간에는 오전 수업도 전폐하고 운동 연습에 몰두한다. 그래서 학교 입장에서는 선수들이 입상을 하여 학교를 빛내 주기를 바란다. 이러한 폐단을 예방하기 위하여 교육인적자원부는 특기생에게 순웅 시험 최저 점수인 80점 이상을 득점하여야 대학에 합격할 수 있다는 보완책을 제시했다.

80점이라는 점수는 400만점에 1/5에 불과한 점수이다. 그렇다고 운동선수들의 학력이 올라가는 것이 아니다. 적어도 1/3 수준인 140점을 제시한다면 공부하지 않고는 특기생이라도 대학 진학이 어렵다는 것을 학교, 감독 및 지도자 그리고 운동 선수 자신들에게 인식시켜야 한다. 그래서 운동선수들은 수업에 참석하여 학습 능력을 높이고 적극적인 학습 태도를 가질 수 있다.

지도자는 운동선수에게 운동에 앞서 공부가 중요하다는 것을 지속적으로 학습시켜야 한다. 비록 학교 성적은 떨어지지만 전국의 모든 학교가 이 정책에 맞게 실시한다면 공정한 상태에서 시합을 하게 될 것이다. 물론 운동 실력이 예전 보다 떨어지게 되지만 운동 선수들의 미래를 위하여 투자되어야 한다. 한국 사회에서 특기생이 되기 어렵고 또한 대학 진학, 직업선수, 프로 진출 등이 일부 선수에게 한정하여 이루어진다는 것이다. 진학이나 취업에 실패한 운동선수들은 무엇을 할 수 있다는 것인가. 이들을 이용할 대로 충분히 이용하고 이들에 대한 대책이 없다면 사회 정책에 문제가 있다는 것이다. 물론 이들을 정부가 직업을 보장 할 수 있는 것도 아니다. 그러니까 학창 시절에 공부 할 수 있는 정책이 필요하다.

국가적으로 볼 때 우수한 운동 선수들을 잃게 된다는 두려움이 있게 지만 고등학교까지 정상적 운동선수들에 대한 교육이 이루어지고 그 중에서 직업적으로 운동을 하려는 학생들에게 프로 선수로서 진출하면 되고 공부를 하려고 하는 학생들에게 대학을 권유하면 된다. 특히 우리나라에는 체육고등학교라는 특수학교가 있다. 그러므로 다른 일반 고교에서는 학습 기회를 늘려야 한다. 이처럼 이원적 제도의 특기생 제도 수정을 제안한다. 그래야 운동선수들도 살고 나라도 살수가 있다.

넷째, 대중매체의 효율적 이용 : 페어플레이상 제도화이다. 저자는 스포츠 신문이나 스포츠 뉴스 시간에 오늘의 페어플레이 상 같은 제도를 제안한다. 이것을 통하여 선수 각자에게 자연적으로 페어플레이 할 수 있도록 분위기를 형성하게 하여야 한다. 그래서 페어플레이가 운동 선수들의 행위 규범으로 자리잡을 것이다. 매체를 통하여 선수들이 페어플레이와 공정한 경기를 한다면, 이를 보고 자라나는 어린이와 어린 선수들에게 가슴 깊이 동화 할 수 있는 방안으로 적극 활용해야 한다. 그리고 일부 종목을 한정하여 방영하는 것에서 벗어나서 인기 없는 종목이라도 페어 플레이한 경기를 중계함으로써 건전한 스포츠맨십 윤리가 자연적으로 형성하게 해야 한다.

또한 스포츠 명예의 전당 건립이 필요하다. 이것은 스포츠 선진국에서 종목별로 명예의 전당이 마련되어 있다. 미국 야구의 전당, 미식축구의 전당 그리고 일본에서의 야구의 전당 등 일부 종목에서 행해지고 있다. 이처럼 스포츠 장에서 멋진 플레이 장면을 지속적으로 보존하고 매스미디어를 통하여 이를 금주의 페어플레이 상과 장면 그리고 이 달, 나아가 금년의 페어플레이상 수상자를 대대적으로 홍보하여, 스타 플레이들의 윤리적 행동의 모범을 청소년 우상으로 자연적으로 동조하게 만든다. 특히 재미있고 멋진 장면뿐만 아니라 페어플레이의 장면을 영구적으로 전시할 필요가 있다.

따라서 저자가 제시한 페어플레이 상 제도와 페어플레이 상의 대중 매체의 효율적 이용, 특히 일부 인기 종목에 한정하여 방영하지 않고 전 종목의 공정한 경기를 방영하여 지속적으로 어린이들에게 깨끗한 플레이를 하도록 인식시켜야 한다. 그리고 페어플레이 장면을 운동 경기의 명예의 전당에 전시한다면 그것을 보고 자라나는 어린이들의 꿈으로 동화하여 윤리적 문제들은 해결 될 수 있을 것이다.

다섯째, 환경 친화의 그린 스포츠 정책이다. 각종 국제 경기의 규모가 거대화되고 있다. 이로 인하여 경기장 및 관련 부대 시설의 건설이 필요 불가결한 것이 되어가고 있다. 경기장이 들어서는 곳은 부득이하게 환경 파괴의 장이 되었다. 경기장과 관련 부대시설은 많은 면적의 부지를 필요로 한다. 따라서 자연적으로 환경 파괴는 빈번히 일어나게 된다. 경기 규모와 더불어 프로 스포츠의 상업화도 날로 증대되어 가고 있다.

환경평가서의 철저한 작성과 검증을 통해 생태계 파괴를 최소한으로 막을 수 있는 제도적 장치를 마련해야 한다. 그리고 기존 시설을 최대한 이용하는 방향으로 스포츠 행사가 진행되어 져야 한다. 또한 스포츠 행사 규모의 축소도 필연적으로 요구된다. 그렇지 않고 무분별하게 경기장을 증설할 경우 많은 면적의 부지가 요구되기 때문에 자연 파괴가 필연적으로 이루어진다. 따라서 이를 방지할 제도와 정책적인 방향을 다음과 같이 제시한다.

첫째, 특히 동계 올림픽은 자연 친화적 그린 올림픽이 되어야 한다. 동계 올림픽은 하계 올림픽보다도 그 준비과정에서 환경 파괴가 심각하게 이루어진다. 따라서 동계올림픽 개최 도시에서는 자연 친화적인 경기장 건립과 최소한의 피해를 가져오는 시설의 건설이 요구된다.

둘째, 경기장 건설의 규제 조건이 정량적으로 제시되어야 한다. 우리나라의 경우 그러한 규제가 정량적으로 제시되어 있지 않기 때문에 언제나 예외를 적용하여 생태계 파괴를 정당화 해왔다. 따라서 경기장을 건설할 때 크기와 규모를 숫자로 표기하여 일정한 한계를 구체적으로 제시하여야 한다. 또한 그러한 조건을 위한 방법으로 강력한 제재를 가해야 한다.

셋째, 그린 스포츠를 위한 제도적인 장치가 제시되어야 한다. 그린 스포츠 위원회를 조직하고 위원에서는 경기 시설 및 장비의 제한 조건을 분명히 제정하고 제시하여 이를 지킬 수 있게 하여야 한다.

스포츠의 통합윤리의 길

현대스포츠의 윤리적 문제들에 대한 해결 방법을 살펴보고 그 구체적 실행방안을 알아보았다. 기존의 글들은 스포츠의 윤리적 문제점들을 제기하고 그것의 해결방안을 모색하는데 있어서 개인윤리학적 접근 방법에 한하여 연구한 한계를 보여주고 있다. 그렇기 때문에 문제의 해결은 항상 선수 자신의 도덕적 자율성 문제에 귀결시켰다.

이러한 접근 방법의 대안으로서 이 장에서 개인뿐만 아니라 사회구조, 정책 등의 강제력을 이용하는 사회윤리학적 접근 방법에 입각하여 대안을 모색하였다. 이 장에서 모색한 대안은 다음과 같다.

첫째, 스포츠윤리위원회의 구성과 제재권 부여. 둘째, 종합 대책－상해 보험, 체력 검사 의무화. 셋째, 특기생 제도의 강화. 넷째, 대중 매체의 효율적 운영 : 페어플레이상의 제도화. 다섯째, 환경친화의 그린 스포츠 정책 등이 그것이다.

많은 스포츠윤리학자들은 스포츠의 윤리적 문제를 개인의 도덕적 자각과 도덕적 자질의 향상 그리고 발전만에 의해서 도덕적 문제를 해결하려고 하였다. 문제의 핵심은 운동선수의 개인윤리적 노력과 도덕적 자각 그리고 인식의 강조를 지나치게 강조하면은 도덕적 환상과, 감상적 도덕주의에 빠지기 쉽고, 사회윤리학적 특징인 스포츠 제도와 구조만을 추구하다보면 제도나 구조만능주의에 빠지기 쉽다. 그러므로 극단적인 두 측면을 살피고 개인윤리학적 접근 방법과 사회윤리학적 접근 방법의 이상적인 조화, 균형만이 현대스포츠의 윤리적 문제를 해결 할 수 있을 것이다.

또한 바람직한 도덕적 행위를 위해서는 개인윤리가 사회윤리에 의해서 확대되고 사회윤리가 개인윤리에 의해서 발전할 수 있음을 주시해야 한다. 다시 말해서 개인윤리, 사회윤리를 오해하지 않는 한 양자의 각기 고유한 제 기능을 갖고 있으며 이러한 기능은 서로의 요청에 부합되어야 한다. 그렇지 않다면 도덕적 감상주의에 빠지거나 불의를 행하게 되기 때문이다.

이후의 연구들에서는 사회윤리학적 해결 방안으로 저자가 제시한 것 이외에 다양하고 구체적으로 모색되어야 한다. 학자뿐만 아니라 스포츠에 직·간접적으로 관심 있는 이들은 스포츠의 윤리적 문제해결을 위해 다양한 윤리이론을 통하여 다각적으로 노력해야 할 것이다. 왜냐하면 스포츠의 윤리적 위기는 바로 스포츠 그 자체의 위기이기 때문이다. 스포츠가 인류의 문화로서 계속 존재하기 위해서는 스포츠의 윤리문제에 대한 관심과 연구가 지속적으로 실행되어야 한다.

제18장 | 체육연구윤리

지금 우리사회는 연구윤리와 표절문제에 대하여 심각하게 고민하게 되었다. 국민영웅과도 같은 황우석 박사팀의 연구부정과 신정아씨 가짜학위 사건 그리고 장관들의 표절검증으로 사회 전체가 그 동안 관심밖에 있었던 연구윤리와 표절에 대한 관심을 집중하게 되었다. 체육학계 역시 예외가 아니다. 이미 체육, 무용, 무도 연구 등에서 표절문제가 제기된 적이 있다. 그것이 사회 밖으로 알려지지 않아서 우리에게 잘 알려지지 않았지만 표절 문제는 다른 분야의 일만이 아니라 체육계의 문제가 되었다.

왜 많은 연구윤리와 표절문제가 나타나는가? 그 동안 알면서 제기하지 않았던 사례들이 이번 기회에 쏟아져 나왔기 때문이다. 과거에는 표절이 없었던 것이 아니라 동료들의 묵인과 침묵사이에 덮어져 있었다. 특히 장관임명이나 사회적 요직 임명, 신임교수채용 과정에서 경쟁자들 간의 서로가 표절을 찾아내고 있다. 어떻게 보면 경쟁자의 약점을 찾아내려는 전략적 행위라고 볼 수 있다. 과잉경쟁에서 표절문제가 핵심으로 부각되는 이유이다.

연구윤리와 연구진실성에 관한 선행연구들에서 연구윤리는 연구자가 연구를 할 때 지켜야 할 윤리규정 내지는 기준이라는 것을 알 수 있다. 연구윤리가 필요한 이유는 연구대상으로서 피험자의 피해를 방지하고 연구수행에 대한 연구자의 책임 그리고 연구진실성을 유지하기 위한 것이다. 연구윤리의 부재는 엉터리 논문을 양산하고 책임지지 않는 논문이 양산될 수 있다. 이러한 위험성은 최근에 사회적 이슈가 된 학자출신 장관들의 검증과정에서 나타났다.

대부분 관행으로 지금까지 해왔기 때문에 문제가 없다고 말한다. 하지만 표절 기준에 따라서 적용해보면 분명히 표절이라고 할 수 있다. 이러한 표절행위에 대하여 우리사회 또는 학계가 관대한 이유는 모두가 공범일 수 있기 때문이다. 동료 교수의 표절을 알고 있지만 말하지 못하는 이해관계, 정치적 관계 등 복합적인 관계망 때문에 한국 사회에서 표절에 대한 고발이나 고소가 많지 않다. 그 배후에서 이해관계가 작용하기 때문이다. 하지만 같은 밥을 먹는 사이에 표절을 제기한다는 것은 쉽지 않다. 자신의 모든 것을 포기하고 제기할 수밖에 없는 구조가 작동하기 때문이다.

특히나 내부고발자의 경우 배신자라는 암묵적인 낙인이 작용하여 학문 활동의 제약을 받는다. 왜냐하면 어디까지가 표절이고 인용인지 애매한 규정과 연구윤리에 대한 공부가 부족하기 때문이다. 모르고 표절을 범하는 경우가 대다수이다. 문제의 심각성은 표절에 대한 이해에도 불구하고 악용하는 사례가 늘고 있다. 연구비를 받고 제대로 연구를 하지 않고 자신의 이전 논문을 다시 발표한다거나 아니면 선행연구를 조합해서 짜깁기를 해서 연구결과로 보고한다. 이러한 행위는 분명 연구부정에 해당된다.

이 글이 지향하는 목적지는 체육학의 연구진실성 확보에 있다. 구체적인 목적은 첫째로 좋은 연구, 연구부정, 부절적한 연구에 대하여 탐구하는 것이며, 둘째로 체육학의 연구진실성 확보의 걸림돌에 대하여 알아보는 것이다. 그리고 셋째로는 체육학의 연구진실성 확보의 디딤돌을 제시하는 일이다. 연구방법은 연구진실성에 관련된 선행연구의 검토와 분석을 하는 것이다. 논의절차는 체육학의 연구 진실성 확보를 위하여 좋은 연구수행과 연구부정 그리고 부적절한 연구에 대하여 알아보고, 체육학에서 연구의 진실성 확보의 한계를 학력사회, 학위과정, 고비용의 문제에서 찾아본다. 끝으로 체육학의 연구 진실성 확보 방안을 제시할 것이다.

체육학의 연구진실성 확보

체육학이 학문적으로 지속적 성장을 위해서 반드시 해결해야 할 문제가 연구의 진실성 확보이다. 연구의 진실성은 좋은 의미로는 연구 부정행위(위조, 변조, 표절)가 없는 연구를 의미하지만 넓게는 인간 또는 동물을 실험대상으로 하는 연구에서 지켜야 할 윤리, 연구비의 정직한 사용과 함께 연구내용의 심사, 내부 부정행위 제보, 내부고발자 보호, 공동 연구윤리 등 연구자의 동려로서 지켜야 할 윤리까지 포함한다(김화진, 2006).

체육학회의 발전을 위해서는 우선 연구윤리강령과 지침을 마련하고 좋은 연구를 위한 회원들 간의 노력이 있어야 한다. 연구의 진실성을 확보하기 위해서는 좋은 연구가 어떤 것인지, 연구부정과 부적절한 연구가 어떤 것이 있는가를 알아볼 필요가 있다. 좋은 연구 수행을 위해서 반드시 필요한 핵심가치가 있고, 연구자가 해서는 안 되는 연구부정과 부적절한 연구가 있다. 이를 중심으로 알아본다.

1. 좋은 연구

좋은 연구는 책임 있는 연구 수행과 같은 뜻으로 연구 진실성의 확보를 말한다. 좋은 연구수행을 위해 연구자가 지켜야 할 핵심가치는 2006년, 한국학술진흥재단에서 발행한 연구윤리소개에 잘 정리되어 있다.

> 첫째, 정직성이다. 정직한 정보전달과 연구자 윤리 강령의 성실 이행을 말한다. 연구자 연구 강령의 준수를 하게 되면 책임 있는 연구 수행이라고 할 수 있다. 둘째, 정확성이다. 연구결과의 정확한 보고와 데이터의 최소 오차를 이용하는 것이다. 연구 상황에서 만나게 되는 유혹은 데이터의 활용 면에서 쉽게 발견된다. 데이터의 정직한 처리가 우선적으로 필요하다. 하지만 자신의 연구계획에 맞는 데이터를 조작할 수 있다. 자기의 연구목적에 부합되게 데이터 조작 및 통계 기법을 악용하는 사례를 들 수 있다. 셋째, 효율성이다. 현명하고 낭비 없는 자원의 이용을 말한다. 넷째, 객관성이다. 명확한 설명과 부당한 편견의 기피하는 것이다.

2. 연구 부정

연구부정 행위는 날조, 변조, 표절로 구분된다. 편견에 사로잡힌 연구, 통계와 실험장비의 오작동, 빈약한 연구 설계, 데이터 관리의 소홀 및 부주의, 학생지도의 무관심 등으로 나타난다(한국학술진흥재단, 2006).

날조는 연구 데이터를 가짜로 만들어 내고, 인위적으로 위조하는 것이다. 데이터는 충실하게 활용해야 하는데 연구자의 연구목적에 맞게 만들고, 고치는 것이다. 변조는 연구결과와 상반되는 데이터를 삭제하거나 은폐하는 경우를 말한다. 날조와 변조는 체육인문학 연구에서 거의 발견되지 않는다. 체육의 자연과학 영역에서 데이터를 날조하거나 변조하는 경우가 있다.

체육인문학 전공자가 주목할 측면은 표절이다. 체육인문학의 경우 텍스트를 중심으로 연구되기 때문에 표절이 종종 발생한다. 모르고 표절을 하는 경우가 많기 때문에 표절에 대한 공부가 절실히 요청된다. 연구자 자신을 지적재산권이나 표절시비에서 보호해줄 수 있는 것은 표절에 대한 이해뿐이다.

표절은 다른 사람의 아이디어를 인용표시 없이 마치 자기 것인 양 이용하는 것과 자기의 과거 저작물을 인용표시를 하지 않고 다시 새로운 저작물에 사용하는 것 역시 표절이다. 이외에도 이중게제를 들 수 있다. 이중 게제는 두 곳에 같은 논문을 게재하는 경우에 해당한다. 이중게제는 다른 말로 중복게재, 중복투고 등의 용어로 쓰인다. 일반적으로 표절은 다음과 같이 정의되고 있다.

> 표절은 의도적이든 비의도적의든 일반적 지식이 아닌 타인의 창작물이나 아이디어를 자신의 것인 것처럼 부당하게 이용하거

> 나, 자신의 기존의 창작물을 다시 이용함으로써 새로운 창작물로 보이게 하는 학문적 부정행위"라고 말할 수 있다. 표절의 대상은 대체로 타인의 저작물에 담긴 고유한 생각(아이디어), 독특한 표현(단어, 어구, 절, 문장, 그래프, 도표, 그림 사진 등) 연구 착상(가설)이나 방법(분석 체계 또는 논리), 이론 및 연구 결과, 데이터, 조사 자료 등이다(이인재, 2008a).

체육학 연구자들에게 필요하고 주의를 요하는 표절에 대하여 알아보자. 대체로 자기표절과 인용 표절이라고 하는 짜깁기를 들 수 있다. 자기표절이란 무엇인가. 자기가 썼던 과거의 글을 새롭게 사용하여 연구 성과를 늘려 승진이나, 임용에 연구업적으로 활용하는 경우이다. 인용 표절은 다른 말로 하면 짜깁기 표절이라고 할 수 있다. 엄격하게 보면 표절이라고 할 수 없고 수준 낮은 연구라고 할 수 있다. 하지만 이것 역시 엄격히 구분하여 표절이라고 할 수 있다. 논문이 인용표기를 엄격하게 지키고 있지만 인용으로만 논문이 구성되어 있는 경우는 표절이라고 할 수 있다. 짜깁기를 표절로 인정하는 고려대의 연구진실성 확보를 위한 연구윤리지침(안) 第39조의 예를 들어 보자.

> 짜깁기는 가장 빈번하게 일어나는 표절의 형태로 자신이 것이든, 남의 것이든 그 일부를 모아 출처를 밝히지 않고 결합하는 것이다. 즉, 타인의 저술 속에 있는 텍스트 일부를 조합하거나 단어를 추가 또는 삽입하거나, 단어를 동의어로 대체하여 사용하면서 원저자의 출처를 밝히지 않는 행위를 말한다.

앞의 글처럼 체육인문학 연구에서 가장 흔하게 발견되는 것이 논문 전체의 대부분을 인용으로 짜깁기와 바꿔 쓰기를 한 예라고 할 수 있다. 철저한 인용만 하면 표절 문제에서 자유롭다고 생각하지만 이 역시 표절에 해당한다. 세련된 편집만으로 논문이 되는 것이 아니라 자신의 독창적인 생각, 주장, 해석이 반영되어야 논문으로 인정받을 수 있다. 인용을 했는데 무엇이 문제이냐고 항변할 수 있지만 자신의 생각이 10%도 들어가지 않은 논문은 엄격하게 말해서 표절이다.

표절에 따른 도덕불감증의 확산이 우려되기 때문에 제대로 알고 연구를 해야 한다는 당위성과 연구진실성의 확보가 요구된다. 자신이 몰랐다고 표절행위가 무마되는 것이 아니다. 모르게 표절을 범해도 그것은 연구자의 책임이다. 연구윤리와 표절범위를 자세하게 공부해야 하는데도 이를 소홀히 했기 때문에 연구자의 책임이 크다. 모르고 표절을 할 수 있는 몇 가지 사례를 중심으로 알아보자.

공동저자의 순서에 관한 문제나 연구에 기여하지 않고 공동저자가 되는 경우를 들 수 있다. 특히 제1저자의 우선순위는 연구에 공헌도를 따져서 순서가 정해지는 것이 상식이다. 다른 경우는 연구에 기여하지 않고 공동연구자가 되는 경우이다. 연구에 직접적인 기여를 하지 않고 이해관계 때문에 공동저자가 되는 것은 위법행위이다. "우리나라 저자권법에도 직접적으로 창작 또는 저술에 관여하지 않는 저작자로 이름을 올릴 경우(예: 창작 또는 저술을 전혀 관여하지 않고 단순히 지도교수라는 명목으로 공동저자로 이름을 올리는 경우 등)에는 부정발행으로 처벌(법 제99조)을 받게 된다고 밝히고 있다." (이인재, 2008; 재인용)

- **사례 1** : 00대학 교수가 자신의 승진심사를 위해서 학교에 제출한 공동연구 논문이 표절로 들어난 사례이다. 그 결과 승진이 취소되고 징계를 받았다. 이 사례는 지도학생의 논문에 지도교수가 연구에 관여하지 않고 이름만 올렸을 뿐인데 결과적으로 공동저자이기 때문에 표절로 피해를 보게 된 경우이다. 이러한 사건은 앞으로도 발생할 개연성은 높다. 연구실적을 늘리기 위해 본인이 확인과 연구에 참여하지 않고 이름만 올리기 때문에 나타난 결과이다. 대학의 연구업적 요구, 연구비를 얻기 위해서 연구업적을 늘리는 것은 필요하다. 하지만 자신에 연구에 기여하지 않고 연구자 목록에 올리는 것은 무임승자와 같이 비윤리적 행위이다. 또한 학생지도에서 논문을 철저히 읽고 지도하는 태도가 필요하다.
- **사례 2** : 대학교육에서 발생하는 사례를 들어보자. 연구자가 00대학교 중간고사 대체 리포트를 받은 적이 있었다. 한참을 읽어보니까 어디서 많이 읽어 본 느낌이 들었다. 그래서 자료를 찾아보니까. 한 학기 전에 다른 대학의 강의에 제출했던 리포트였다. 이 리포트는 잘 썼다고 생각했기 때문에 잊지 않고 있었다. 그래서 두 리포트를 비교해 보니까 똑 같은 리포트였다. 인터넷에서 다운 받아 제출한 것임에 틀림없었다. 사실을 확인하기 위해서 인터넷상의 검색을 하였다. 그 결과 앞의 제출된 리포트가 매매되고 있음을 확인 할 수 있었다.
- **사례 3** : 대학원생의 학기말 리포트가 교수의 논문으로 투고된 경우이다. 저자가 학회지 편집을 할 때 투고된 논문 중에서 눈에 익숙한 제목과 내용을 확인할 수 있었다. 그 논문의 내용은 다른 연

구자에 의하여 이미 출판된 책의 내용을 그대로 표절 한 것을 알 수 있었다. 이 논문을 투고한 교수는 대학원생이 제출한 학기말리포트 중에서 잘 됐다고 생각하는 리포트를 체육철학회지에 투고한 것이었다. 적어도 이 논문이 표절했다고는 생각하지 못한 것 같다. 대학원생이 제출한 모든 것은 보호받아야 한다. 대학원생의 경우는 학기말 리포트를 죄의식도 없이 베껴서 제출한 비양심적 행동에 대하여 도덕적 비난을 받지 않을 수 없다.

3. 부적절한 연구

연구부적절 행위는 결과적으로 책임 있는 연구수행을 방해하거나 위배하는 행위를 말한다. 의도하지 않았지만 좋은 연구수행에 방해가 되는 잘못된 연구행위이다. 도덕적 책임은 면할 수 있지만 좋은 연구수행이라고는 할 수 없다. 고의적이지 않지만 왜곡된 논문은 부적절한 연구행위라고 밖에 볼 수 없다. 연구왜곡은 부적절한 연구행위에 포함된다. 서울대학교 연구윤리지침에 의하면 왜곡을 다음과 같이 규정하고 있다.

> 왜곡이라 함은 학문의 발전보다 개인의 이익을 위하여 고의적으로 연구데이터의 일부를 조장하거나 축소하여 진실하지 않은 결론에 도달하게 하는 행위로 연구부적절행위에 해당된다. 이외에도 연구데이터가 정확하더라도 연구자 개인의 이익을 위하여 고의적으로 연구결과를 왜곡하는 행위는 연구부적절 행위에 해당된다(서울대학교 연구윤리지침, 2008).

사회적 책임이 결여된 연구행위는 부적절한 연구행위이다. 표절에서 교묘하게 벗어나지만 좋은 연구라고 말 할 수 없는 연구이다. 사회적 기여 혹은 사회적 책임의식이 없고 다만 연구업적을 늘리기 위한 방법으로 연구 된 것뿐이다. 자신의 개인적 이익을 위한 연구라고 보면 된다. 사회적 비난과 사회적 책임에 관여 없이 일관되게 자신의 이익을 위한 연구수행이라고 할 수 있다.

이상과 같이 체육인문학의 연구 진실성을 확보하기 위해 좋은 연구 수행, 연구부정과 부적절한 연구로 구분하여 조사해 보았고, 좋은 연구에 필요한 핵심가치와 연구부정에 관련된 날조, 변조, 표절에 대하여 상세하게 알아보았다. 다음 장에서 표절부분에 내용을 좀 더 보충하기 위해서, 국내 체육인문학 분야에서 표절이 발생하는 사회적 구조의 문제에 대하여 알아본다.

연구진실성 확보의 걸림돌

연구의 진실성이 확보되지 않는 개인적 이유를 연구윤리에서 찾아보았다. 지금까지는 연구부정과 부적절한 연구가 개인의 문제에 맞추어 졌다면, 이제는 구조적 차원에서 그 원인을 밝혀져야 한다. 개인과 사회구조의 밀접한 관계 속에서 연구의 진실성을 확보하는데 걸림돌로 작용하고 있다. 어는 한쪽에 의해서 일방적으로 제한하는 것이 아니라 양쪽의 밀접한 관계 속에서 그 원인을 찾을 수 있다. 이하의 글에서 우리사회의 과잉된 학력사회, 허술한 학위과정, 고비용이라는 구조적 문제에서 그 원인을 찾아보았다.

1. 학력사회

대학원 체육학과는 지원자가 넘쳐난다. 반면에 다른 인문계열 대학원은 지원자가 점차적으로 줄어들고 있다. 왜냐하면 취업이 되지 않기 때문이다. 그렇다고 체육계열 대학원이 취업을 보장하는 것은 아니다. 특히나 고학력이 필요 없는 운동선수들도 석사와 박사가 많다. 독일 분데스리가 축구선수들은 학력이 초등학교가 전부인 선수들이 많다. 그들은 학력이 그들이 하는 일과 관련이 없기 때문에 힘들여 학위를 하려고 하지 않는다. 학위를 하기 위해서는 일반 학생들과 동일한 과정을 거쳐야 하기 때문에 운동선수에게는 힘든 과정을 구지 하지 않는다. 독일의 경우 운동선수라고 특혜를 주지 않기 때문에 선수들은 힘들게 학위를 하려고 하지 않는다. 그들은 학위와 관계없이 사회적 대우를 받으며 잘 살아가고 있다. 하지만 한국의 현실은 무슨 일을 해도 학력이 요구된다. 그 만큼 우리 사회가 학력사회임을 여실히 보여준다.

2. 학위과정

대학원 학위과정이 투명성과 객관성 그리고 엄정성을 가져야 한다. 학위과정이 어렵고 힘들어야 능력 있는 학생을 양성할 수 있다. 하지만 현실은 쉽게 학위를 할 수 있는 구조로 되어 있다. 결과적으로 허술한 학위과정이 연구부정과 부적절한 연구행위와 관련성이 있다. 연구부정에 의한 학위논문이란 짜깁기, 표절, 대필을 통해서 만들어진 논문을 말한다. 대학원 수업이 편하게 수업이 이뤄지기 때문에 이 같은 일들이 일어난다. 시험도 없고 대학보다 낮은 수업부담 때문에 쉽게 과정을 이수하게 된다. 현실은 어떻게 해서라도 쉽게 학위과정을 마치려고 한다. 너무 편하고 쉽게 학위과정을 넘어가려고 하기 때문에 학위논문을 작성하는데 어려움을 만나게 된다. 그것을 회피하는 과정에서 부적절한 논문이 만들어 질 가능성이 높아진다.

3. 고비용

대학원 수업을 들어가면 대학을 갓 졸업하고 학구열에 불타는 열정을 가지 학생을 만나기 어렵다. 즉 전업학생을 볼 수 없다는 점이다. 대개 어느 정도의 나이와 직장을 가진 학업과 생업을 병행하는 사람들이 대부분이다. 물론 그들도 학문에 대한 열정이 있음은 부인하지 못한다. 그들의 입학 동기는 거의 공부보다는 학위 취득에 있다. 학위가 필요한 이유는 학위를 통하여 사회적 지위와 경제적 이익을 얻을 수 있기 때문이다. 문제는 전업학생이 대학원에 들어와야 하는데 이들은 생존 때문에 또는 높은 수업료 때문에 대학원 진학을 포기한다. 그 결과로 생업과 공부를 병행하는 학생들이 대학원생의 주류가 된다. 장학금 수혜자를 늘려서 전업으로 공부할 수 있게 해야 한다. 이제는 공부에만 전념할 수 있는 대학원생이 필요하다.

이상과 같이 경로를 통하여 대량의 박사들이 배출되는 것은 학문적 발전을 보장하는 것이라고 믿고 싶지만 사실은 정반대일 수 있다. 부실한 학위논문과 기계적인 학위 양산이 나타날 수 있을 뿐만 아니라 대필이나 표절 등 부절정한 방법 등을 통해서 학위를 받는 경우가 발생할 수 있다. 양은 질적인 문제를 낳는다. 비슷한 학위논문은 거기서 거기인 논문들이 양산된다는 점이다. 이러한 맥락에서 보면 박사학위논문수의 증가는 발전보다는 정체내지는 후퇴의 가능성이 높음을 시사한다. 연구하지 못하는 박사들이 배출되는 것은 학계에 도움이 안 된다. 왜냐하면 연구자가 아니라 연구자에게 기생하게 사람만 양산하게 되기 때문이다.

연구진실성 확보의 디딤돌

체육인문학 연구는 이론연구이기 때문에 사회적 책임과 무관하다고 생각될 수 있지만 체육인문학 연구 자체가 이론으로만 끝나는 것이 아니라 직간접으로 사람들의 인식에 많은 영향력을 행사한다. 체육, 스포츠, 무용, 무도, 여가 등에 대한 사람들의 관심과 고민은 체육인문학 관련 논문들을 찾아 볼 수 있다. 그렇기 때문에 사람들이 생각하는 것에 기초적인 것을 제공하게 된다. 연구결과는 곧 현실에서 활용될 수 있다는 생각에서 체육인문학 연구의 진실성 확보 방안을 개인적 차원과 사회적 차원으로 구분하여 알아보자.

1. 인식전환을 위한 개인의 노력

우리가 하고 있는 연구가 지적유희로서 끝나고 마는 것이 아니라 체육, 스포츠, 무용, 여가에 대한 사회적 인식과 태도에 영향을 미칠 수 있다. 그렇기 때문에 체육인문학 연구자는 책임감을 가져야 한다. 연구가 연구로만 끝나는 것이 아니라 후속 연구자들이 계속해서 관련 연구를 하고, 일반인들은 연구 결과를 현장에서 활용할 수 있다. 이 때문에 책임감 있는 연구를 해야 하는 당위성을 갖는다. 책임감 있는 연구를 수행하는 것이 얼마나 중요한가를 이해하고 그 중요성을 받아들이는 태도가 요구된다. 중요한 것은 연구윤리에 대한 인식 전환이다. 이를 위한 개인적 노력의 과제를 몇 가지로 제시할 수 있다.

첫째, 연구윤리의 정립과 이에 대한 연구자들의 이해가 필요하다. 연구윤리가 존재하지 않는다면 연구자들이 연구결과라고 발표하는 것들을 어떻게 믿고 활용할 수 있을까. 신뢰를 얻기 위해서는 연구윤리 지침을 마련하고 이에 따르는 책임감 있는 태도가 필요하다. 모든 연구는 삶의 질과 복지의 향상을 목적으로 한다. 인류의 삶의 질을 고양하고 복지를 증진시키고 위한 연구들이 있었기 때문에 지금과 같은 문명의 혜택을 누릴 수 있는 것이다. 연구윤리에 대한 이해 없이는 좋은 연구를 하는데 한계를 가질 수 있다.

연구윤리만이 아니라 연구자의 도덕성의 강화가 요구된다. 높은 도덕성이 전제 되지 않은 연구들은 위험할 수 있다. 잘못하여 반인륜적이며 비인간화를 가져올 수 있기 때문이다. 과학은 가치중립적이지만 그 결과의 활용에 있어서 도덕성이 요구된다. 도덕성의 부재는 브레이크 없는 자동차와 같다. 편리함을 제공하지만 위험성이 공존하기 때문이다. 어떤 위험성이 발생할지 아무도 모르게 된다.

사회적 책임감을 생각해야 한다. 좋은 연구는 사회적 책임을 가지는 연구이다. 공공의 복지와 삶의 질에 기여할 수 있는 책임감과 실천을 고려하는 연구가 되어야 한다. 또한 인류의 삶에 악을 행할 수 있는 연구는 제한해야 한다. 공공의 이익을 위한 현실적 노력이 필요한 이유이다. 이론적 연구는 이론으로 존재하는 것이 아니라 사람들의 인식과 태도에 영향을 준다. 어떤 사고를 하느냐가 한 사람의 행동의 변화를 줄 수 있다. 체육인문학의 연구결과는 바로 체육, 스포츠, 무용, 여가, 무도에 대한 인식에 영향을 주기 때문에 좋은 연구를 해야 한다. 연구가 연구로서만 끝나는 것이 아니다.

표절은 관행이기 때문에 아무런 문제가 없다는 안일한 생각이 가장 큰 문제이다. 타인의 재산을 훔치는 것만이 절도가 아니라 타인의 아이디어나 창작물을 도용하는 것도 엄격히 절도라고 할 수 있다. 그동안 우리사회는 좋은 것이 좋다고 상호 이해관계 속에서 알면서도 묵인하는 관행이 존재해왔다. 하지만 사회가 변화기 때문에 타인의 지적재산권 보호에 엄격히 규제하고 있다. 관행이라는 생각은 이제 버리고 사회의 규칙에 맞게 책임감 있는 연구를 수행하는 것이 필요하다. 좋은 연구를 위해서 과거의 관행이라는 선입견을 버리고 새로운 인식을 가져야 한다.

모르고 했기 때문에 문제가 없다는 것은 무지의 소산이다. 이것은 연구윤리에 대한 무지내지는 지적 게으름 때문에 나타난 결과라면 더 윤리적 비난을 받을 수 있다. 이제는 연구윤리에 대한 공부를 통해서 자신의 지적 재산권을 보호받고 타인에게 피해를 주지 않도록 해야 한다. 알고 했거나 모르고 했거나 다 문제가 된다는 생각을 해야 한다. 우리의 연구행위를 보장받을 수 있는 것은 좋은 연구를 수행하려는 신념과 철저한 규칙준수에 있다. 올림픽에서 세계신기록을 수립해도 규칙에 벗어나며 인정받지 못하는 것처럼 자신이 지적 노동의 결과에 대한 보호와 인정을 받기 위해서는 연구윤리를 준수해야 한다.

2. 제도개혁을 위한 제도화 방안

좋은 연구를 위해서 필요한 것은 연구자의 윤리뿐만 아니라 제도적 장치이다. 일단 연구부정과 부적절한 연구행위의 방지가 필요하다. 이를 위해서는 윤리위원회를 구성하고 연구부정 관련자를 처벌하고 처벌을 강화해야 한다. 형식상의 처벌이 아니라 실제적으로 적용될 수 있는 구체적 처벌규정을 마련하고 이를 실행에 옮겨야 한다. 단지 형식적인 규정에 끝나는 것이 아니라 규정에 따른 처벌이 따라주어야 연구윤리는 실용성을 얻는다.

다른 하나는 연구윤리교육의 강화 내지 필수화이다. 대부분의 학자나 대학원생들은 표절에 대하여 잘 알지 못하고 표절이 문제 될 것이 없다는 입장이구 보면 표절에 대하여 무감각하다는 것을 쉽게 알 수 있다. 그 이유는 학부 때부터 베끼기와 짜깁기를 이용해 리포트를 제출해 왔기 때문에 무엇이 문제인지를 의식하지 못하는 도덕불감증에 빠져 있기 때문이다. 학부 때부터 표절에 대하여 불이익을 받도록 제도적 장치를 만들어 규제하고 교육을 통하여 표절은 범죄행위라는 강한 인식을 심어주어야 한다.

체육학 좁게는 체육인문학의 연구진실성을 확보하기 위하여 체육철학 교과목내에 연구윤리에 관한 항목을 설치하고, 학부생들이 교육 받을 수 있는 방안을 제공하는 것이다. 체육철학 전공자의 목소리를 낼 수 있는 기회라고 볼 수 있다. 그냥 방관하고 있으면, 연구윤리는 명목으로만 존재하고 사라질 수 있다. "체육연구윤리"라는 교과목을 개설하여 체육학 연구에서 필요한 연구윤리, 연구의 진실성, 좋은 연구, 연구부정, 부적절한 연구, 표절의 범위, 평가, 인용방법

등 좋은 연구를 위한 교육을 철저하게 시키는 것이 필요하다. 교육만이 사람을 변하게 한다. 무엇인 잘못된 것인지에 대한 교육을 통해서 자신의 연구물이나 창작을 보호 받고 타인에게 피해를 주지 않도록 교육해야 한다.

맺음말

이상과 같이 체육학의 연구진실성 확보에 대하여 알아보았다. 연구는 세 가지로 구분된다. 좋은 연구 혹은 책임감 있는 연구와 연구부정, 그리고 부적절한 연구이다. 좋은 연구는 정직한 연구를 말한다. 정확한 인용과 신뢰는 좋은 연구의 시작이다. 진실성과 정직성을 가진 연구들은 좋은 연구의 대표적인 경우이다. 상식과 양심에서 벗어나지 않은 연구를 수행하는 것 역시 좋은 연구의 기본이다. 부적절한 연구는 의도하지 않은 연구이지만 도덕적 비난에서 자유롭지 못한 행위라고 할 수 있다. 법적 책임은 없지만 도덕적 비난을 받을 수 있다.

반면에 연구부정은 범법행위이며 일종의 연구공동체와 국민을 상대로 한 사기라고 할 수 있다. 특히나 자신의 연구가 국가나 특정 단체의 연구비를 받고 수행되었을 경우에는 심각한 위법행위가 된다. 연구비를 주는 주체에 대한 연구자의 무책임한 행위라고 할 수 있다. 제대로 연구가 진행되지 않고 연구결과를 보고하거나 아니면 자신의 이전 연구의 결과를 보고하는 경우는 심각한 범죄행위이다.

관행이라고 모든 행위를 정당화 할 수 없다. 시간이 가면 새로운 기준에 따라야 한다. 세상은 변했다. 그렇기 때문에 새로운 시대의 기준에 따라서 처벌받을 수 있다. 과거에는 문제가 되지 않았는데 왜 이제 와서 문제라고 항변하여도 소용이 없다. 엄격한 표절기준에 의거해서 평가되기 때문에 어쩔 수 없다. 그렇다고 연구윤리나 표절 문제가 다른 이익을 위해서 악용되어서도 안 된다. 특히 상대의 약점을 찾아서 자신의 입지를 강화하거나 자신의 지위를 높이는데 이용하는 것 또한 문제가 된다. 학문 공동체와 공공의 이익을 위해서, 우선 자기를 기만하고 사회와 국가를 기만하는 행위에 대한 내부고발과 엄격한 검토 과정이 있어야 한다.

제대로 연구윤리나 표절범위에 대하여 교육하고 연구자 스스로 공부해야 한다. 과거에서 관행이라는 이유와 동업자라는 동려들의 묵인이 있었지만 지금은 엄격한 기준이 적용하고 있기 때문에 개인적 피해를 보지 않기 위해서는 연구윤리와 표절에 대한 공부가 필요하다. 특히 대학원생의 경우 연구윤리 교육을 통하여 철저하게 학습할 필요가 있다. 대학원 연구법 강의에서 연구기법만 강의하는 것이 아니라 표절과 연구윤리에 대한 교육이 강화되어야 한다. 알아야 표절에서 벗어날 수 있다. 체육학에서 연구윤리나 표절문제가 나타나는 것은 교육부재와 철저한 논문 검토가 미급하기 때문이다. 학위심사나 연구논문 심사에서 철저하게 표절인지를 가름 할 수 있는 충분한 선행연구의 검토와 전문성을 강화하는 일이 무엇보다도 필요하다.

더욱 우려되는 것은 연구부정은 표절을 넘어서 개인의 도덕불감증으로 확산될 수 있다는 점이다. 자신의 무엇을 잘못하고 있는지, 혹은 무엇을 잘못했는지 알지 못하는 도덕불감증에 걸리게 된다는 것이다. 특히나 대학생 시절부터 너무나 쉽게 인터넷에서 자료를 타운 받아 도용해서 제출하는 리포트는 자식의 지적 성장을 가로 막을 뿐만 아니라 도덕불감증으로 도덕성의 상실에 빠지게 한다. 철저한 연구윤리와 표절에 대한 교육부재 혹은 연구자의 무관심은 심각한 도덕불감증에 빠지게 한다.

한국의 대학생들의 경우 아무런 죄책감 없이 짜깁기를 해서 리포트를 제출하는 경우가 있다. 이 같은 행위가 잘못된 것이라는 문제의식을 갖지 못하고 있다. 지금과 같은 관행이 지속된다면 문제는 대학원으로 이어진다. 이들이 대학원생이 되고 학자나 교수가 될 경우에도 연구윤리를 무시하거나 표절을 할 개연성이 높아진다. 학부생부터 표절과 연구윤리교육을 강화해서 부정행위를 하지 않도록 교육과 감시가 있어야 한다. 이와 더불어 학부생의 리포트 역시 엄정한 검토를 통해서 표절이 발견되면 불이익을 주는 제도가 있어야 한다. 아무런 불이익을 주지 않으면 지금과 같은 표절이나 연구윤리 위반은 지속적으로 반복될 것이다.

우리가 경계해야 할 것은 표절예방과 연구윤리를 준수하는 일이다. 이와 같은 노력은 연구자 자신이 앞으로 당할 수 있는 피해를 사전에 예방하는 현명한 일이다. 지금 행하는 작은 연구부정이 나중에 심각한 문제가 될 가능성이 높기 때문에 연구윤리를 준수하는 습관이 필요하다. 습관은 무섭다. 처음부터 올바른 연구수행을 몸에 익혀야 한다. 연구윤리를 준수하지 않고 아무런 죄의식 없이 행하는 연구윤리 위반과 표절행위는 곧 일상적 행위가 될 수 있다. 엄격한 연구윤리 준수와 표절에 대한 이해를 통해서 자신의 독창적 연구와 아이디어를 보호받고 타인의 아이디어 또한 보호할 수 있어야 한다.

정직한 인용과 연구윤리 준수가 표절을 예방하는 지름길이다. 그렇지 않고 타인의 아이디어를 도용하는 것은 독창적인 연구를 가로막는 행위이다. 만약 자신의 연구결과가 누군가에 의하여 도용된다면, 밤을 지새우면 연구에 몰두하지 않을 것이다. 특히 인문학의 경우 문장 하나를 쓰기 위해 노력한 시간들을 생각할 때, 함부로 타인의 아이디어 도용이나 표절을 생각해서도, 있어도 안 된다.

제19장 | 스포츠의 생태학적 윤리

생태계의 문제

지구의 온난화 현상, 오존층 파괴, 산성비, 산림 황폐화 등으로 상징되는 환경 훼손의 문제는 과학자뿐만 아니라 모든 인간이 직면한 현대의 문제이면서 인간의 생존 터전에서 생명과 직결되는 문제이기도 하다. 이러한 환경파괴의 원인은 인간의 무절제한 개발 욕구와 대량 소비에서 비롯되었다. 즉, 소비증가는 생산의 증가를 자극하고 이는 경제규모로 확대되고 이를 통해 인류의 진보가 이루어졌기 때문에 생태계의 유한성의 자각이 제기되고 있다.

인간 삶의 환경을 위협하는 것으로 핵무기의 위협, 기아의 문제, 전쟁의 위험 그리고 물 부족 현상과 가정에서 음식물 쓰레기, 공장의 폐수 처리문제, 쓰레기 처리 등의 문제들이 있다. 뿐만 아니라 경기장 건설로 인한 산림파괴와 스키장 건립을 위한 산림훼손, 그리고 골프장의 농약오염으로 인한 생태계 파괴는 스포츠와 관련된 환경 파괴의 한 단면이다.

환경파괴의 원인은 인간중심의 세계관에서 찾을 수 있다. 인간중심의 세계관은 환경위기의 심각성은 물론 기술상의 미봉책으로는 해결이 불가능하기 때문에 인식전환이 이루어지지 않는다면 인류문명의 위협으로까지 작용할 수 있다. 미래의 인류의 구원을 위해서는 생태중심의 세계관으로 전환이 필요하다. 그러나 문제는 인간중심의 세계관이 지금까지 휴머니즘이라는 명분아래 우리시대의 최고이념으로 지배하여 왔기 때문에 인식전환은 좀처럼 어렵다. 이를 부정하는 것은 기존의 모든 학적, 제도적 체계의 전복을 의미하며 우리는 인식과 실천 전반에 걸친 획기적인 변화를 가져와야 한다.

그러므로 생태중심의 세계관으로의 전환이 필요하다. 이러한 세계관은 세계뿐만 아니라 스포츠문화에서도 역시 적용될 수 있다. 올림픽과 월드컵 그리고 이를 포함하는 모든 스포츠대회의 궁극적 목적은 인류의 평화와 공존공영이다. 그러나 이러한 세계적인 행사를 거시적인 차원이 아니라 미시적 시각에서 올림픽을 국가발전의 원동력의 기회로 보는 사고 체계의 문제점이 있다. 이러한 기본 사고에서 국가 권력을 등에 업고 개발이라는 명분으로 우리의 보금자리인 생태계를 파괴하고 대규모경기장이나 스키장 등의 스포츠시설을 건설하는 것은 수단과 목적이 전도된 것이다. 이런 맥락에서 이 글의 목적은 스포츠환경에서 생태계 파괴의 원인이 인간중심의 세계관에 있음을 알아보고 생태계 보전을 위하여 생태중심의 세계관으로의 전환이 필요함을 규명하는데 있다. 이와 더불어 실천적인 면에서 체육인들이 실천할 수 있는 대안을 제시하는데 있다.

인간중심의 세계관과 생태계 파괴

인간 중심주의 세계관은 인류의 문명을 발전시켜 온 것은 사실이지만 다른 측면에서 볼 때 그 한계에 직면하게 되었다. 예를 들어 지구를 살아있는 생명체로 간주하는 동양철학이나 가이후 이론은 인간 중심주의 세계관의 한계를 지적하고 있다. 심지어 인간을 지구라는 생명체에 기생하는 암세포로 비유하면서 인간이 자연파괴에 주범이며, 생태계를 위협하는 존재로 보고 있다. 이와 더불어 인간중심의 세계관은 다음과 같은 문제점을 가지고 있다.

첫째, 인간중심의 세계관은 우리의 경험적 현실에 비추어볼 때 타당하지 않다. 둘째, 인간중심의 세계관은 실천적인 면에서도 부정적인 결과를 낳고 있다. 셋째, 인간중심의 세계관은 도덕적으로 문제가 있다. 동물 또한 인간과 마찬가지로 쾌락과 고통을 느끼며 식물 또한 자신의 생존과 성장, 재생산과 관련해 자기 나름의 이익에 관심을 갖고 있다(P. Tayler, 1986 ; A Naess, 1992).

인간들은 자연을 도구로 이용하였다. 지금까지 인간들의 편리함을 위해서 자연의 파괴를 정당화하였다. 그러나 토양오염과 해양오염 그리고 오존층의 파괴로 자연의 이상기후를 초래하였다. 이러한 현상은 스포츠에서도 예외가 아니다. 올림픽이나 각종 경기는 지구촌 가족이 하나로 화합과 인류의 공존공영을 위한 의도적인 축제이다. 그러나 원래의 축제라는 의미를 상실하고 국가권력의 장이요, 자국의 이익을 위한 행사로 전락하였다. 올림픽을 위한 자연 파괴는 쉽게 발견할 수 있다. 가까운 예를 들어 1997년 한국의 전주, 무주 동계 유니버시아드 대회는 대회의 목적과 동떨어진 환경파괴의 문제를 가져왔다. 이와 같이 스포츠는 환경오염과 밀접한 관계가 있다. 국내의 좁은 국토 안에 들어서고 있는 수많은 골프장은 호사가들의 즐거움과 사교 그리고 정치, 사업의 장으로 자리 잡고 있다. 이로 인하여 파생되는 토양오염과 산사태는 가지지 못한 자들만의 피해로 전락된다.

더 이상의 환경 오염을 막기 위해서는 제도적인 장치가 요구되지만 문제는 골프인구의 대부분이 우리 사회를 이끌어 나가는 소수의 엘리트에 의해 집안 되기 때문에 골프장에 대한 규제가 어렵다는 것이다. 전국적으로 확장되어 가고 있는 골프장은 가진자들의 스포츠가 되고 있다. 반면에 그 역작용으로 가지지 못한 자들의 삶의 터전이 위협받게 되었다. 특히 골프장 인근 지력은 농약 오염으로 생태계 파괴와 산사태로 인한 피해를 당하는 경우를 흔히 볼 수 있다.

> "라이젤 카슨은 환경오염, 특히 살충제 살포에 의한 새로운 형태의 환경오염이 가져다주는 위험에 대한 우리들에게 다음과 같은 경종을 울려주고 있다. 즉 환경에 대한 인간의 공격 가운데 가장 놀란 만한 것은 대기, 토양, 강, 바다 등을 유독한 물질로 심지어는 죽음을 가져다주는 치명적인 물질로 오염시키는 일이다. 대부분의 환경오염은 생명을 지탱해주는 지구뿐만 아니라 생명유기체에도 해악을 가하는데 이 해악은 연쇄반응을 일으킴으로써 거의 방치할 수 없다"(황경식 · 김상득 역, 1995).

그러므로 인간이 자연에 대해서 가져야 하는 관계와 태도 역시 결정적으로 중요한 윤리적 문제로 다루지 않으면 안되게 되었다. 올림픽을 비롯하여 세계스포츠 대회와 환경 문제는 긴밀한 관계가 있다. 올림픽 대회를 준비하기 위해서 벌어지는 생태계 파괴는 극단적으로 말해서 개발이라는 명분으로 지구를 죽이는 행위이며 올림픽 시설을 건립한다는 명목으로 생태계를 파괴하고 있는 것이다.

이런 차원에서 많은 생태학자들은 올림픽은 환경 올림픽이 되어야 한다고 지적하고 있다. 이것이 지구를 살리고 인간이 자연과 더불어 살아갈 수 있는 터전을 보전하는 길이다. 세계가 있고 그 가운데 인간이 만들어 놓은 제도적 스포츠가 있다. 스포츠시설을 이유로 생태계 파괴를 정당화하는 논리는 바로 인간중심의 세계관에서 비롯되었다. 이것은 인간이 자연의 일부라는 것을 망각해서 비롯된 것이다. 따라서 생태중심의 세계관으로의 사고 전환이 필요하다.

생태중심의 세계관과 스포츠환경

서양의 지배적 이성을 통한 발전은 자연을 이용하여 인간 삶을 유용하게 하였다. 이것은 자연을 도구로 인식하는 데에서 비롯되었다. 즉 인간중심주의 세계관에서 자연에 대한 도전은 과학의 시작과 동시에 시작되었다. 과학은 인간의 생활을 편리하고 윤택하게 해 주었다. 그러나 오늘날에 우리는 환경문제라는 큰 장해 요소에 직면하게 되었다. 과학기술의 편리함 뒤에는 인간의 삶의 기본적 조건을 위협하는 일들이 있다. 즉 식수의 오염으로 먹을 물의 부족을 가져왔고, 대량소비 자체에서 발생하는 다량의 쓰레기 처리문제는 그 심각성을 말해준다. 또한 토양오염으로 땅은 죽어가고 산성비로 토양이 산성화되어 곡물 재배는 곤란하게 되었다.

> "인류의 생명과 실존의 문제로 이어지는 환경위기에 직면하여 우리는 무엇을 해야만 하는가? 라는 물음을 던진다. 이것은 두말할 나위도 없이 도덕적 문제이다. 그런데 환경위기의 도덕적 문제를 정확하게 파악하려면, 우리는 우선 환경위기를 야기하는 인간행위의 성격이 무엇인가를 제대로 이해할 필요가 있다. 그것은 기술행위이다. 생태학적 윤리는 인간의 기술행위로 인해 야기되는 생태학적 문제를 대상으로 한다. 우선 생태학적 윤리가 문제시되는 기술행위는 전통한계를 넘어선다. 이제 까지는 전통윤리의 도덕철학이 권리의 주체로서 인식되는 개인들 상호간의 관계를 정의의 관점에서 다루었다면, 생태학적 윤리는 인간이 자연과 관계를 맺는 행위와 연관된 가치와 행위규범을 해명하고 근거 짓고자 한다. 전통윤리의 관점에서 보면 자연에 대한 인간의 행위는 근본적으로 가치 중립적이기 때문에 엄밀히 말해서 인류의 실존조건을 위협한다면, 그 행위는 분명히 도덕적 문제를 야기한다. 여기에서 우리는 심각한 문제에 봉착하게 된다"(이진우, 1997 : 283).

이러한 제반사실은 인간중심주의 세계관에서 비롯되었다. 인간도 역시 자연 앞에서는 무력한 존재일 뿐이다. 자연과 인간은 동떨어진 것이 아니다. 인간은 자연의 일부이고 생태계의 지배에서 벗어날 수가 없다. 자연의 생태계를 파괴한 인간은 자연으로부터 재해를 벗어날 수가 없다. 인간도 역시 자연 앞에서는 무력한 존재일 뿐이다. 자연과 인간은 동떨어진 것이 아니라 인간은 자연의 일부이고 생태계의 지배에서 벗어날 수가 없다. 자연의 생태계를 파괴한 인간은 자연으로부터 재해를 벗어날 수가 없다.

이러한 현상은 스포츠에서도 예외일 수 없다. 스포츠관련 행상의 규모는 날로 거대화되고 있다. 대표적으로 올림픽의 거대화를 그 문제로 들 수 있다. 올림픽의 참가규모와 올림픽 시설을 증축하기 위한 목적을 합리화하기 위하여 자연 생태계 파괴는 개발이란 목적의 명분과 올림픽이라는 대명사로 정당화하고 있다.

한편, 동양에서는 자연과 인간이 하나라는 세계관이 중심적이었다. 그래서 천인합일의 사상이 지배적이고 자연의 순리에 역행하지 않으면서 자연의 질서를 내면화하여 자신의 내면의 질서를 유지했었다. 이러한 자연 친화적 세계관에서 보면 스포츠환경에서 생태중심의 세계관을 가지고 스포츠환경에서 실천할 수 있는 세 가지 실천적 대안을 제시 할 수 있다.

첫째, 대회규모의 축소와 기존시설을 최대로 활용해야 한다. 올림픽과 그 밖의 스포츠 경기 대회를 위한 경기장 건설로 인한 산림훼손이 더 이상 정당화되어서는 안 된다.

둘째, 체육인은 스포츠환경 감시원 역할을 한다. 즉 스포츠환경 파괴의 원인 제공자를 감시한다.

셋째, 그린 올림픽을 개최한다. 그린 올림픽은 기존의 시설과 자연을 최대로 이용하는 올림픽 대회를 말한다. 그리고 생태계 보전을 위하여 지구촌에 그린 올림픽의 정신을 고양시킨다.

생태계보전과 대처방안

생태계 보존과 스포츠문화의 번영을 지속시키기 위해서는 인간중심주의 세계관에서 생태중심의 세계관으로 전환해야 할 필요성이 있다. 이 같은 이유는 인간 중심주의 세계관은 자연을 개발대상으로 간주하여 자연파괴를 정당화시키는데 문제점이 있다. 이것은 인간도 자연의 일부분이고 자연이 곧 인간의 삶의 터전이 된다는 사실을 망각하는 것에서 기인한다.

이런 차원에서 자연파괴는 생태계 파괴이며 이는 인간 생명의 위협을 의미하는 것이다. 스포츠환경은 개발과 건설에서 벗어나 기존의 시설의 활용과 자연과 조화를 이루는 시설의 보전과 이용이 필요하다. 더 이상의 생태계 파괴를 막아야 할 것이다. 자연과 인간의 공존공영은 스포츠문화를 영원히 지속 발전할 수 있게 할 것이다. 이를 실천하기 위한 구체적 방법을 다음과 같이 제시할 수 있다. 스포츠 전공자 및 관련 종사자들을 포함하는 체육인들은 다음의 사항을 인식하고 이를 실천해야 한다. 첫째, 대회규모 축소와 기존시설을 최대한 이용한다. 둘째, 인간중심적 세계관에서 생태중심적 세계관으로 전환한다. 셋째, 운동선수가 스포츠환경 감시원(지킴이)의 역할을 한다. 넷째, 그린 스포츠대회를 개최하고 그린 올림픽 정신을 고양시킨다.

제4부 | 결승선 : 인간을 위한 스포츠

제4부는 7장으로 구성하여 스포츠를 통한 좋은 세상 만들기를 위한 다양한 의견을 제시하였다. 20에서는 이성의 스포츠의 한계에 대하여 알아보고 인간성의 회복을 위한 감성의 스포츠에 대하여 탐구하였다. 21장에서 운동선수들의 삶의 문제에 대하여 알아보았다. 22장에서는 스포츠의 고향 상실의 원인과 고향 회복의 방안들을 찾아보았다. 23장에서는 우리가 지향해야 할 미래 스포츠의 이념을 장자의 지미지락에서 찾아보았다. 24장에서는 '스포츠를 권하는 사회문화'의 정착을 통해서 우리 사회에서 술 문화를 사라지게 하고 스포츠문화가 환영받는 사회문화를 만들기 위한 방안이 제시되었다. 25장에서는 스포츠 맛을 통한 살맛 나는 세상 만들기를 위한 대안들이 논의되었다. 그리고 26장에서는 현대스포츠가 지향해야 할 이상적인 대안으로서 인간을 위한 스포츠를 의미하는 인간의 얼굴을 한 스포츠를 탐구하였다.

제20장 | 이성의 스포츠 vs 감성의 스포츠

우리교육의 자화상

체육은 인간교육에 있어서 매우 중요한 부분임에도 불구하고 학교교육에서 그 시수가 점차 줄어들고 있다. 그 이유는 학교교육이 인간형성을 목적으로 하는 인간교육이 아닌 대학입시를 준비하는 학원교육으로 전락하고 있기 때문이다. 교육은 이미 정상적인 궤도(제자리)를 이탈한지 오래되었고, 전인교육과 인간성 회복을 위한 교육의 목적은 오랜 구호에 불과하고 효용성과 대학 입시준비에 필요한 과목에 대한 비중이 점차적으로 증가 추세에 있다. 그 결과 머리만을 키우고 가슴을 키우지 않은 불균형의 교육이 진행되고 있다.

가정에서의 부모와 자녀간의 대화가 점차 줄어들고 아이들은 방과후 대부분의 시간을 학원과 텔레비전, 컴퓨터 게임으로 보내고 있다. 이러한 상황에서 아이들은 점차 감수성이 메말라가고 있다. 우리 사회 그 어느 곳에서 아이들을 위한 감성교육의 기회를 발견할 수가 없다. 학교, 가정, 사회 그 어디에도 아이들을 위한 정서교육에 대한 관심보다는 학원으로 아이들을 몰아세우고 머리 키우기 교육에만 관심이 있는 부모들이 대부분이다. 아이들에게 필요한 교육은 무엇보다도 따뜻한 감성을 키워 줄 수 있는 교육이다. 달리 말하면 인간성이 풍부하고 감수성이 있는 아이들을 키워야한다는 말이다. 이런 이유 때문에 많은 사람들이 인간교육에 대한 중요성을 인식하고 그 방안의 하나로 감성교육을 시켜야 한다고 주장하고 있다.

이와 같은 감성교육을 스포츠에서 찾아본다면, 감성의 스포츠라고 할 수 있다. 감성의 스포츠라는 용어는 일본의 체육철학자 아베 시노부가 처음으로 사용한 말이다. 그렇다면 감성의 스포츠의 목적은 무엇인가. 목적은 운동에서 필요한 기능향상의 교육에 있기보다는 정서교육을 통해 학생들의 정서를 풍부하게 하는 것이다. 이러한 맥락에서 지금까지 도구적 이성중심의 스포츠의 독주를 막기 위해서는 감성중심의 스포츠에 대한 논의가 있어야 할 것이다.

이러한 차원에서 이 글의 목적은 현 이성의 스포츠에 대한 문제점을 비판하고 인간성 회복을 위한 감성의 스포츠를 밝히는 데 있다. 그렇다고 이성은 나쁜 것이고 감성은 좋은 것이라는 이분법적 잣대의 칼날을 휘둘러 도구적 이성의 스포츠를 제거하려는 것은 아니다. 이성의 스포츠의 한계를 살펴보고 감성의 스포츠를 부분적으로 도입하여 상호보완적인 측면에서 감성의 스포츠가 필요함을 밝히려는 것이다.

이 글은 학교 스포츠교육이 당면하고 있는 교육과 평가의 문제, 인간성 상실, 승리지상주의, 결과주의 등의 문제점을 극복하고 지향해야 할 새로운 스포츠교육의 방향을 제시하는데 있다. 논의 절차로는 인간의 본성의 두 측면으로 이성과 감성에 대하여 알아보고, 감성의 스포츠를 재구성하고 기존 이성의 스포츠의 문제점을 살펴보며 이에 대한 비판을 통해 그 대안으로써 인간성의 회복을 위한 감성의 스포츠를 제시할 것이다.

이성과 감성

이성과 감성의 싸움은 인간의 정신내면 또는 정신과 육체 사이의 싸움으로서 신화적 인류사로 볼 때 다섯 번째로 등장하는 큰 싸움이다. 다섯 번째의 큰 싸움은 영웅적 인간들의 싸움, 인간들끼리의 싸움 그리고 우리가 주목하려고 하는 인간 내면의 싸움이다(Tiles, J. E, 1977 : 312~330).

고대 그리스 시대부터 철학자들은 감정과 이성, 느낌과 생각, 감성과 인식을 구분하여 왔다. 사람들은 인간에 대한 이런 대칭적 관점을 사실상 인간 정신 통제를 위한 내적 전쟁으로 보았다. 소크라테스는 이성만이 진리를 말한다고 보고 본능의 세계를 싫어했으며, 플라톤은 열정이나 욕망과 공포는 생각을 불가능하게 한다고 말했다. 그에게 있어서 감성은 길들여지지 않은 말과 같았고, 그 말의 고삐를 잡고 있는 마부는 이성이었다(원종철, 1999 : 173).

이처럼 이성과 감성은 인간의 의식을 구성하는 두 요소이다. 감성이 육체적이고, 동물적인 속성을 갖는다면, 이성은 정신적이고, 신적인 속성을 갖는다. 인간의 본성은 감성일까, 이성일까? 이 물음은 소크라테스 이래로 수많은 현자들에 의해 논의되어 왔던 철학의 중심적 테마 가운데 하나이며 여전히 미결인 채로 남아있다. 그러나 분명한 점은 이 두 속성 모두가 인간의 의식 속에 내재하고 있으며, 양자는 끊임없이 긴장관계를 유지하고 있다는 사실이다. 이점을 이론적 근거로 하여 인류문명의 전개를 설명하려고 했던 이는 프로이드이다. 프로이드에 따르면 서구 문명의 발달사는 이성이 감성을 억누르고 인간의 의식에서 패권을 장악해 가는 과정이다. 그는 "문명은 인간의 본능(감성)에 대안 영원한 억압에 기초하고 있다"(김인환 역, 1989 : 21)고 생각한다.

이러한 맥락에서 인간본성을 인지적인 부분과 기능적이고 정의적인 부분으로 나눌 수 있다. 이러한 광범위한 이분법 속에서 인지적이라는 용어는 사고하다, 알다, 추론하다, 이해하다, 관찰하다 등의 의미로 알려진 많은 정신의 행위를 포함하는 것으로서 받아들여진다. 한편 정의적이라는 용어는 느끼다, 좋아하다, 바라다, 욕망하다, 의도하다 등의 의미로 받아들여진다. 전자는 또한 머리, 지성으로, 후자는 가슴, 정서로 상징된다(Perry, R. P, 1956 : 70～71).

감성이란 용어는 역사상 수많은 철학자, 심리학자, 교육학자, 의학자들이 나름대로 그 의미를 부여해 온 어휘이다. 옥스퍼드 영어사전에서는 감성의 정확한 의미로서 마음과 감정 그리고 격정의 동요나 혼란, 즉 격렬하거나 흥분된 정신 상태라고 정의하고 있다. 대니어 골먼은 감성의 의미를 '하나의 감정과 그에 부수적으로 따르는 뚜렷한 사고 및 심리적, 생리적 상태와 일련의 행동경향'으로 규정하고 있다. 세상에는 수많은 감성들이 있고, 이의 혼합물, 변화된 양식, 미묘한 뉘앙스까지 따지면 그 수는 도저히 헤아릴 수 없을 정도이다. 다수의 학자들은 감성을 분노, 슬픔, 공포, 기쁨, 사랑, 놀라움, 혐오,

수치 등과 같은 것으로 간주하여 이를 기본 범주화하였다(황태호 역, 1996). 뿐만 아니라 감성에 대하여 두뇌 과학자인 Damasio(1989 : 84)는 뇌의 한 부분에서 육체로, 그리고 뇌의 다른 부분으로 신경과 체액의 통로를 통하여 촉발된 반응의 집합이라고 보며 아울러 느낌을 감성의 상태에서 기인한 복합적 정신상태라고 정의하고 있다(원종철, 1999 : 186).

이처럼 인간의 의식을 형성하는 감성과 이성의 대립 가운데 인류문명이 시작된 이후 지금까지는 이성이 우위를 확보하였다. 도구적 이성 중심의 경험론의 실증주의 패러다임에 입각하여 합리성과 객관성을 추구한 결과로 과학과 기술의 성장과 발전을 가져왔다. 그렇지만, 그 이면에서 감성의 메마름과 인간성의 상실이라는 희생의 대가가 있었다. 이러한 관점에서 스포츠에서도 기술과 기능의 향상과 기록 단축은 가져왔지만 그 이면에는 운동선수의 존엄성과 인간성의 상실을 가져왔다.

도구적 이성중심의 스포츠의 문제점에 대한 비판과 대안으로 새로 등장한 것이 감성의 스포츠이다. 감성의 스포츠란 수와 양보다는 의미와 질(체험) 중심의 교육이다. 학생들 개개인의 성취감, 감동, 심미의식, 창의성 등에 초점을 맞춘 교육의 일환이기 때문에 학생중심의 자유로운 표현과 활동을 통해 스포츠 그 자체를 느끼고 체험하도록 한다. 이하에서 도구적 이성중심의 스포츠와 그 한계를 제시하고 그 대안으로 인간성회복과 감성의 스포츠에 대하여 알아본다.

도구적 이성의 스포츠와 한계

독일의 프랑크푸르트 학파의 비판철학자인 아도로노에 의하면, 계몽사상의 세례로 인간은 이성의 눈으로 신의 그늘에 파묻혀 보이지 않았던 것들을 보기 시작했다. 교황이 종교적으로 뿐만 아니라 정치적으로도 지배하고 있는 현실은 더 이상 당연한 것이 아니었으며, 수천년 동안이나 유지되어 오던 신분질서는 질서가 아니라 굴레였다. 그래서 인간은 신성이 세속을 지배하는 것을 거부하며 절대왕정을 세웠고, 농노를 신분의 굴레에서 해방하고 자본주의를 세웠다. 이 과정에서 이성은 인간을 해방하는 강력한 무기였다.

그러나 인간은 이성을 단순히 신의 지배에서 벗어나게 해준 해방의 무기뿐만 아니라 만능의 무기로서 간주하게 되었다. 이성을 지닌 인간은 세계의 주인이며 지배자이다. 주인이며 주체인 인간은 대상인 자연을 지배하고 마음대로 좌지우지할 권리가 있다. 예전에는 신의 소유였던 자연은 이제 인간의 소유물이 되었으며 인간의 이성은 과거에는 신비와 두려움의 대상이었던 자연을 낱낱이 해부하여 그 정체를 밝히고 있다. 이렇게 이성은 인간이 자연을 지배하는 데 사용하는 중요한 도구가 되었다(김유동 외 역, 1996).

인간은 세계의 주인이므로 가장 존귀한 존재이다. 따라서 인간은 자기보존을 최우선의 가치로 삼으며 다른 모든 것은 그 가치를 위해 얼마든지 희생시킬 수 있다. 이것이 바로 휴머니즘이란 옷을 입고 등장한 사상이다. 인간은 주체이고 목적이며 다른 것은 대상이고 수단이다. 아도르노는 계몽의 변증법에서 '인간이 자연에서 배우고 싶어하는 것은, 자연과 인간을 완전히 지배하기 위해 자연을 이용하는 방법뿐이다'라고 비판한다. 이렇게 해서 인간의 이성은 다른 모든 것을 지배할 수 있으며 이성을 통하여 불가능한 것이 없다라는 절대적인 입장에 서게 되었다.

도구적 이성은 스포츠를 인간이 지배하기 쉽도록 수량화시키고 계산가능하며 측정 가능한 것으로 만들었다. 스포츠현상을 일방적으로 토막내어 관찰하고 분석하는 실증주의적 인식은 바로 도구적 이성의 대표적인 예이다. 눈에 보이는 사실만을 가치 있는 것으로 보는 실증주의적 인식은 눈으로 볼 수 있는 것을 재료로 해서 그것들 서로 간의 관계를 추론한다. 그런데 이러한 이성적 인식은 사유의 기능을 수행하는 이성 본래의 반성적 기능을 상실한 이성이다.

이성은 모든 것을 다 파헤쳐 알아내서 자신의 것으로 만들려는 경향이 있다. 알지 못하는 것이 없을 때 비로소 인간은 공포에서 벗어나며 세계의 주인이 된다. 그런데 이 알려고 하는 힘은 파괴적이다. 더욱이 대상을 남김없이 분석해 버리는 실증주의적 태도로 지식을 추구할 때 이성의 파괴적인 힘은 배가된다. 실증주의에 오염되어 반성의 기능을 상실한 도구적 이성은 초창기 계몽의 이념이었던 자유, 평등, 정의와 같은 도덕을 낡은 이념으로 치부하고 지배를 위해 공격과 파괴를 정당화하는 무기가 된다(김유동 외 역, 1996).

지식을 향한 맹목적인 힘은 대상이 질적인 측면을 버리고 양적인 측면을 취함으로써 모든 대상을 획일화한다. 따라서 도구적 이성은 자연뿐만 아니라 인간사회도 양화 시킨다. 자연을 관찰하고 분석하던 그대로 인간사회에도 적용된다. 그러므로 사용가치라는 상품의 질적 속성을 무시하고 오로지 교환비율만을 중시하는 자본주의는 도구적 이성이 만든 최상의 제도이다. 아도르노는 파시즘을 이러한 도구적 이성의 파괴적인 힘과 획일화를 추구하는 본성이 결합되어 나타난 현상이라고 파악한다.

스포츠는 성장과 발전만을 추구하고 그 과정 속에서 반성이 배제된 상태로서 지속되어 오고 있다. 현 상태가 지속되면 과학이 발전의 한계를 직면하고 있는 것과 같이 스포츠 역시 한계에 부딪치게 될 가능성이 높다. 그렇다면 스포츠 본래적 목적은 무엇인가? 이대로 지속된다면 스포츠는 방향을 잃고 인간성의 상실을 가져오는 인간교육의 부재에 직면하여 인간교육의 해체를 맞게 될 수 있음을 배제할 수 없을 것이다. 이런 차원에서 이성의 스포츠에 대한 한계와 그 대안으로 감성의 스포츠의 중요성이 제시되고 있다.

근대 이후 이성의 스포츠이라는 것은 도구적 이성중심의 스포츠를 의미한다. 또한 이성의 스포츠는 실증주의 패러다임의 산물인 객관성과 합리성 중심의 스포츠를 의미하기 때문에 모든 스포츠현상은 수와 양으로 환원될 수 있다고 믿는다. 이처럼 수와 양 중심의 스포츠는 교육보다는 운동경기의 성적향상을 위한 스포츠과학에 많은 기여를 했다. 그 결과 우리나라는 올림픽과 세계대회에서 많은 메달을 확보하여 한국 스포츠의 입지와 위상을 세계에 과시할 수 있었다.

그러나 수와 양 중심의 스포츠는 교육에서는 별로 큰 업적을 내지 못했다. 수와 양은 스포츠의 평가에서, 즉 점수를 주기 위한 시험에서 측정도구(초, 미터)의 잣대로서 학생들에게 주지과목의 공포를 재연시키고 있을 뿐이고, 일반학생들에게 환영을 받지 못하였고, 엘리트학생 운동선수들에게는 기록단축과 점수라는 잣대로서 숨통을 조이는 역할을 하였을 뿐이다.

지금까지 스포츠는 인간 움직임 현상에 대하여 도구적 이성에 의한 실증주의 패러다임만을 적용하여 대상(사실)을 객관화와 수량화 시켜왔다. 이는 다른 명칭으로 말하면 과학과 기술중심의 스포츠라고 말할 수 있다. 즉 이성의 스포츠라고 규정할 수 있다. 이것은 현상에만 초점을 두어 건강 증진, 체력 향상, 경기력 향상 등에 목적을 두었다. 반면에 스포츠 그 자체에서 경험하는 인간의 직관적, 주관적, 내재적, 예술적 및 인간의 의미적인 국면들인 인간 경험의 스포츠는 배제되어 왔다.

이 저서에서 도구적 이성 중심의 스포츠는 기존의 과학주의적 편향의 스포츠에 대한 또 다른 명칭으로서 사용될 것이다. 이것은 이후에 논의의 대상이 될 감성의 스포츠의 구별을 용이하게 하기 위함이다. 이성 중심의 스포츠는 인간 움직임 현상을 수량화 시켜왔다. 이러한 이성의 스포츠는 건강 증진, 체력 향상, 경기력 향상 등에 틀을 맞춘다. 이성의 스포츠는 인간교육의 목적을 잃고, 교육보다는 대외적 경기에서 승리하기 위한 훈련으로 변질되고 있다. 이러한 이유로 인해 스포츠의 과학주의적 맹신은 스포츠의 발전보다는 스포츠의 한계를 가져오는 계기가 될 가능성이 높다.

스포츠가 객관적인 평가에 의해서만 교육될 때, 스포츠의 근본적인 '인간움직임'의 본질적 의미는 점점 멀어지고 인간성을 상실하게 될 수밖에 없다. 이처럼 이성의 스포츠 중심의 교육과 평가만으로는 스포츠의 위기와 인간성 상실을 가져올 수 있다. 이는 인간 신체, 신체 활동을 객관적 분석의 대상으로 간주하여 교육과 평가가 이루어져 왔기 때문이다. 스포츠가 이처럼 과학적 교육과 평가에 편중될 때 인간의 감성과 정서 그리고 주체성 등의 생생한 측면은 망각될 가능성이 높다. 이러한 위기의식은 인간성의 회복을 위한 감성의 스포츠에 관한 논의를 요구한다.

인간성 회복을 위한 감성의 스포츠

오늘날 인류는 급격한 산업화와 정보, 전산화의 후기 산업사회를 맞이하였다. 도구적 이성철학이 낳은 기술적 합리성과 실증주의 철학 그리고 자본주의가 결합된 후기 산업사회에서 완성된 대량 생산으로 인해 대중의 대량소비 사회가 확립되었다. 대량소비사회에서는 문제들이 산재해 있다. 이성주의 인간들은 감각과 쾌락, 그리고 물신화에 길들여져서 도덕적 비판 능력을 상실하고 획일화된 인간으로 전락하여 인간성이 상실되기에 이른 것이다.

서구 합리주의 상징인 '이성'의 한계에 직면한 오류는 '감성'의 영역에 관심을 집중하게 하였다. 스포츠에서도 예외일 수 없는 상황에서 인간성 회복을 위한 구체적 실현방법과 현실 개선책을 생각하지 않을 수 없다. 스포츠는 현실과 유리된 세계가 아니라 현실과의 밀접한 관계에서 비롯되는 세계이기 때문이다. 스포츠에서 학습자들의 감성을 향상시키고 유지하기 위해서는 학습자들이 승패를 떠난 자기만족을 위한 신체활동, 그리고 상상력과 창의적인 수업 방식을 시행할 수 있도록 하는 교육이 요구된다. 이러한 관점에서 아베 시노부는 감성의 스포츠에 대하여 다음과 같이 정의하고 있다.

> "감성이란 지각이나 감각 등은 신체적 감각에 관계된 인간의 제반 충동에 의한 자연적인 욕구를 지칭한다. 말할 필요도 없이 인간은 이성과 감성의 두 가지 능력을 동시에 갖고 있지만 여기에 거론되는 감성의 스포츠론이란 감성에 시점을 둔 스포츠라는 뜻이다"(박흥식 역, 1993 : 112).

감성에 대한 또 다른 측면의 입장을 살펴볼 때, 스포츠에서 말하는 전인교육은 감성의 스포츠와 동일한 의미로 사용될 수 있다. 전인교육이란 지・덕・체가 균형 잡인 인간교육을 말한다. 이러한 인간교육은 인간을 감성과 이성 측면에서 구분하여 감성 교육과 이성교육의 조화와 균형적인 교육을 말한다.

> "아베는 감성의 스포츠는 인류란 공동체 의식의 앙양에 이어지는 원동력이 될 것을 원하고 있는 것이다. 이를 위해서는 강한 체력이나 의지력도 필요하게 될 것이다. 따라서 감성의 스포츠는 기쁨이나 즐거움이 갖는 가치를 추진해 가는 면과 현재 및 미래의 생활력을 높이기 위해 체력의 장에 있어서의 하드트레이닝도 이겨낸다고 하는 의욕적인 면도 동시에 내포된 것이 아니면 안 된다고 제시한다"(박흥식 역, 1993 : 118).

결국 인간 움직임의 교육인 스포츠는 인간의 정신적인 측면인 이성과 감성으로 구분하여 이성과 감성이 균형 잡힌 교육과 평가가 되어야 인간교육의 성립이 가능하다. 지금까지 이성 중심의 교육과 평가에 중심을 둔 교육으로 신체와 신체 활동을 객관화와 수량화의 틀만으로 인식하였다. 이로 인하여 인간의 주체성이 상실되는 결과가 초래되었다고 볼 수 있을 것이다. 그렇다면 스포츠교육에서 감성의 스포츠를 구체적으로 적용할 수 있는 내용은 어떤 것이 있을까? 이에 대하여 일본의 체육철학자 아베 시노부는 다음과 같이 말한다.

> "운동기능의 향상면에서 전체적으로는 약간 마이너스의 면이 있어도, 전학습자가 각자의 운동능력에 따라서 운동하는 것의 기쁨이나 즐거움을 맛볼 수 있는 체육수업의 설정, 이를 위한 지도자의 사질 문제도 물론 전제가 되지만, 보다 유효한 그룹학습이나 문제해결 학습의 검토, 학습지도 요령에 따르면서도 학습자의 흥미나 요구를 살린 교재의 선정, 승패를 다루는 시합의 남용을 피하고 스포츠의 장에 있어서의 동정이나 관용, 협조하는 바람직한 사회적 성격육성에의 노력들이 있다"(박흥식 역, 1993 : 116~117).

여기서 논하려고 하는 것은 이성의 스포츠와 감성의 스포츠의 우위를 가려내려는 것이 아니다. 단지 지금까지 이성의 스포츠 중심의 교육과 평가에 대한 지나친 편향으로 상대적으로 감성의 스포츠가 침체됨으로써 야기되는 현대 학교스포츠의 위기의 극복 방향으로 이성의 스포츠와 감성의 스포츠가 상호 조화가 이루어져야 한다는 것을 말하고자 하는 것이다. 그렇다면 감성의 스포츠의 효율성에 대한 의문을 해결하기 위하여 목적, 내용 및 방법, 교사의 역할에 대하여 알아보자.

첫째, 감성의 스포츠의 목적은 비인간화된 스포츠의 현실을 비판하고 무엇보다도 인간성의 회복에 있다. 스포츠에서 자연스러운 신체활동과 창의적인 표현을 통하여 감성영역, 즉 정서를 증감하는데 그 목적이 있다. 단지 학생들간의 과도의 경쟁을 조장하는 것이 아니라 서로간의 공생과 조화의 스포츠를 통해서 더불어 함께 하는 삶과 즐거운 삶을 영위할 수 있는 자질을 키우는데 또한 목적이 있다.

둘째, 내용 및 방법은 감성의 역할을 살린 교육방법들에서 찾을 수 있다. 우선적으로 체육수업에서 단체스포츠와 개인스포츠도 학생들의 적성과 기호에 맞게 적절하게 제공되어야 한다. 단체스포츠는 스포츠를 통해서 협동심과 공동체 정신을 함양시켜 주기 위하여 필요하고, 개인스포츠인 체조, 육상, 수영 등은 규칙준수와 페어플레이 정신을 함양시켜 주기 위하여 필요하다.

그리고 한 학생의 예를 들어 평가의 문제에 대하여 논의해 보자. 체육의 실기능력을 기록으로 평가한다면 던지기 평가에서 한 학생은 절대기준을 교육이전에 이미 넘어서고 있을 때 그에게 교육효과를 얻기는 힘이 든다. 왜냐하면 그 학생은 교육받기 이전에 만점을 확보했기 때문에 더 이상의 교육적 열의를 이끌어 내기가 어렵기 때문이다. 반면에 어떤 학생은 자신의 신체적인 한계를 극복하고 최선을 다했음에도 불구하고 기록이 저조하였을 때 그에게 어떤 점수를 주어여 하는가 하는 고민을 하게 된다.

이처럼 신체적 한계를 극복하고 성취감을 경험한 학생을 기록으로 평가한다면 그에게 돌아가는 점수는 낮을 수밖에 없으며 그로 인하여 한 학생에게 좌절감을 줄 수 있다. 이러한 폐단을 시정하고 스포츠교육이 감성중심의 교육으로, 학생들에게 감동과 정서가 생생하게 전달되는 교육과 평가방법이 제공되어야 한다.

셋째, 교사의 역할은 학생들이 체육시간을 통해서 신체활동에 대한 즐거운 몰입과 신체기법의 학습에 도움을 제공하는데 있다. 특히 교사는 신체활동에서 학생들에게 많은 감성적 단서를 제공할 수 있어야 하고 감성적 경험을 더 많이 체험할 수 있도록 돕는 조력자가 되어야 한다.

감성의 스포츠에서 평가방법은 주관적이라는 비판의 벽에 부닥치지만 교사의 주관성에 대한 신뢰를 우리는 되살려야 주어야 한다. 주관은 잘못됐다는 인식은 그 자체의 벽을 만들고 만다. 교사의 주관적 평가는 전체적인 관점에 의하여 학생들 개개인에 대하여 관찰되어 형성된 것이다. 그것은 경험의 총체적 판단의 결과이다. 물론 평가자의 주관에 내재된 양심이란 평가 틀이 형평성에 유혹되지 말아야 한다는 전제가 요구되며 이를 통해 교사의 주관적인 평가에 대한 복권이 필요하다.

결국 감성이 학습성과와 밀접한 관계가 있고, 감성지능이 뛰어난 아이들이 장래에 성공할 가능성이 많고 교육여하에 따라서 감성지능이 개발될 수 있다면 교육자들은 감성교육 프로그램을 적극적으로 개발해야 한다. 그래서 할 수만 있다면 그것을 학교의 교과과정에서 독립된 정규수업의 형태로 운영하든지, 또는 학습에서 감성의 역할을 살릴 수 있고, 감성교육을 염두에 둔 교육방법을 개발하여 교사들이 각 교과목을 가르칠 때 활용할 수 있도록 도와주어야 한다. 이렇게 한다면 정서적으로 균형 잡히고 의젓하며 사교적인 학생이 많지 않은 오늘날의 학교 풍토에서, 그리고 지식전달 위주의 우리나라 교육풍토에서 전인적 교육이 실현될 수 있는 이점을 살릴 수 있다고 본다(원종철, 1999 : 189).

이성의 스포츠와 감성의 스포츠의 조화

이상의 논의에서 저자는 이성중심의 스포츠를 성토하고 스포츠교육의 새로운 패러다임으로서 감성의 스포츠를 고찰하였다. 감성의 스포츠를 다른 말로 표현한다면 인간성의 회복을 위한 스포츠라고 말할 수 있다.

이와 같은 스포츠에서 말하는 움직임이란 정신을 배제한 육체만의 움직임이 아니라 정신과 육체, 양자의 총체적인 움직임을 의미한다. 따라서 지금까지 스포츠철학에서 논쟁의 쟁점이 되고 있는 정신과 육체에 대한 우위여부는 결코 비교의 대상이 될 수 없다. 이러한 문제를 해결하기 위한 지적 탐구는 시간을 낭비하는 것일 뿐이다. 뿐만 아니라 같은 맥락에서 이 글은 지금의 스포츠의 문제인 과잉경쟁, 승리지상주의, 기록과 결과중심의 교육과 평가에 대한 반성의 차원에서 이루어진 것이다.

현대스포츠에 대한 위기의 원인이 도구적 이성에 의한 이성의 스포츠에서 비롯되었다는 사실을 알아보았고 이를 대체할 수 있는 대안으로서 감성의 스포츠를 재구성하여 제시하였다. 여기서 감성의 스포츠는 정서교육의 일환으로 감정의 통제와 절제능력을 향상시켜 경기장과 교육현장에서 일어나는 비인간화의 경향을 극복할 수 있게 하는 것을 말한다.

지금의 스포츠는 인간 움직임 현상에 대하여 실증주의적 패러다임에 의하여 학생들의 신체활동을 객관화와 수량화의 틀로 이용하는 교육과 평가가 주류를 형성하고 있다. 반면에 움직임 활동에 직접 참여함으로써 학생들 자신이 체험하는 개인적, 경험적, 내재적, 예술적 및 직관적인 인간 경험의 교육적 측면들은 무시되고 이러한 과정들은 사실상 배제되고 있다.

현대 학교체육의 위기는 과도한 도구적 이성중심의 스포츠에 있다. 이와 같은 스포츠는 합리성에 지나치게 신뢰하는 실증주의에 대한 맹신에서 비롯되었다. 이러한 결과는 스포츠의 목적을 체력 향상, 건강 증진, 경기력 향상 등의 스포츠의 외재적 가치에 중점을 두게 하였을 뿐만 아니라 운동을 행하는 자의 내면의 흐름에서 얻어지는 느낌, 감동, 정서, 보람과 의미에 대한 교육과 평가를 중요하지 않게 생각하는 경향을 가져왔다. 이러한 편중된 교육과 평가는 현대스포츠의 문제점이며, 현대는 그 위기를 맞이하고 있다.

이를 해결할 수 있는 방법으로 체육교사의 주관성을 복권하여 인간 움직임에서 얻는 느낌, 정서, 감성 등의 내재적, 주관적인 체험에 대한 교육과 평가를 중심으로 한 감성의 스포츠가 강조되어야 하며, 이와 더불어 이성의 스포츠와 보조를 맞추어야 한다. 이러한 균형적 조화는 어느 한쪽의 극단을 막고, 이성과 감성의 스포츠가 새로운 모습으로 현대 학교체육의 위기를 극복할 수 있는 대안이 될 것이라고 생각한다.

제21장 | 학생선수를 생각한다

학생선수, 그들은 누구인가

이 땅에서 학생운동선수들의 삶에 대한 관심은 천안초등학교 축구부의 합숙소 화재로 인한 사망과 대학의 한 야구선수의 자살, TV에서 방영한 학생운동선수들이 생활하는 합숙소의 실상으로 시작되었다. 그것도 몇 달되지 않아서 망각의 늪으로 빠지고 말았지만 그래도 많은 사람들의 관심의 대상이 되었다는데 위안을 찾을 수 있을 것이다.

한국인의 냄비근성 때문인가 아니면 사고불감증, 도덕불감증 때문인지 명확하지 않으나 이제 이와 같은 유형의 사고에 너무 익숙해져서 사람들은 심각하게 고민하지 않는다. 이 나라에서 살아남기도 힘이 드는데 자신의 생존과는 전혀 관련이 없는 문제에 대하여 관심조차 가지지 않는 것은 어떻게 보면 당연한 일인지 모른다. 항상 그래 왔기 때문에 특별한 문제가 되지 않는 것처럼 보인다.

현재 한국의 현실에서 인권의 사각지대로 말할 수 있는 학생운동선수의 삶은 늘 관심에 대상에서 벗어나 있었다. 대개 학생운동선수들은 운동만 하는 아이들, 친구가 없는 아이들 아니면 매일 감독으로부터 맞는 아이들, 공부 못하는 아이들이라는 인식이 동갑내기 친구들과 우리들에게 그렇게 각인 되어왔다.

학생운동선수들은 민주주의 한국에서 살면서 인간이하의 대우를 받으면서 폭력에 노출된 특수한 집단이라고 할 수 있다. 일반 학생이 학교에서 교사로부터 매를 맞았다면, 그 학부모는 당장 학교로 달려와 관련된 교사에게 항의를 했을 것이다. 하지만 학생운동선수를 자식으로 둔 부모들은 감독에게 자식을 때려서라도 대학에 보내달라고 부탁하며 후원회를 결성하여 감독과 코치의 월급을 챙겨주는 것이 오늘의 한국의 모습이다.

수업에 한번 들어가지 않아도 졸업이 가능한 나라, 그렇다고 강의에 들어오지 않는다고 야단치는 교수님도 없고 선배도 없다. 낙제 점수를 받아도 졸업이 가능한 특별한 학사관리의 대상이기도 하다. 그렇게 결석을 해도 문제가 없다는 생각이 학생운동선수들에게 이제 상식이 되었다. 그래서 그들은 수업에 들어 올 생각조차 하지 않는다. 이제 결석하는 것은 별 문제가 되지 않는다.

우승을 위한다고 감독이 무차별 행사하는 체벌을 빙자한 폭력은 학생운동선수의 인격을 손상시킬 가능성이 높지만 여전히 행해지고 있다. 대학의 학생운동선수들에게 가장 심각한 고민 가운데 하나가 바로 취업이다. 프로스포츠 세계에 외국인 선수의 영입으로 국내 대졸선수들이 뛸 자리를 잃어 가고 있다. 운동만 해왔고 할 줄 아는 이 땅의 운동선수들은 갈 곳이 없어 오랜 훈련으로 만들어진 몸을 망치고 있다.

이제는 학생운동선수들의 삶에 대한 사회 전체의 반성과 비판을 해야 할 시기라고 할 수 있다. 대책 없이 시간이 지나면 저절로 해결되겠지 하는 막연한 기대는 이제 금물이다. 그동안 알면서 침묵하고 이를 당연하게 인식한 것이 문제라고 할 수 있다. 이 대로 방치한다면 학생운동선수들은 인간다운 삶을 살아보지 못하고 합숙소에서 경기력 향상이라는 목표를 향해서 자신들의 욕구를 죽이면서 잠과 운동 그리고 TV시청으로 하루의 대부분의 시간을 보낼 수밖에 없다.

학교 밖 세상과의 단절은 철창 없는 감옥에 갇히게 된 것이다. 이처럼 학생운동선수들은 비인간화 될 수 있다. 그렇기 때문에 운동선수들의 삶에 대한 관심은 빠를수록 좋다. 이런 차원에서 저자는 학생운동선수들의 문제들을 개인윤리학적 접근방법과 사회윤리학적 접근방법을 가지고 그 해법을 찾아보았다.

학생운동선수들의 문제에 대한 해법을 찾기 위한 연구방법으로 개인윤리학적 접근방법과 사회윤리학적 접근방법을 이용하였다. 개인윤리학적 접근방법의 특성은 도덕적 진리나 목적의 실현과 달성 또는 도덕적 문제의 해결을 개인의 도덕성 곧 개인의 의지의 자유와 결단에서만 다루기 때문에 도덕적 문제의 원인을 개인에게만 본다. 뿐만 아니라 개인의 도덕성의 사회적 영역에의 연장에 의해서 도덕적인 사회적 문제의 해결을 추구한다(고범서, 1993 : 38～43).

사회윤리학적 접근방법은 예측할 수 있는 결과 특히 사회적 결과를 현실적으로 문제삼고 추구하기 때문에 도덕적 행위나 문제의 사회적 원인을 문제삼고 그것의 극복을 추구한다. 이처럼 사회적 원인의 해결이나 제거를 사회적 정책이나 제도 또는 체계의 차원에서 추구하기 때문에 정치적 방법을 사용하여 윤리적 문제를 다룬다. 그 외에도 상황 및 콘텍스트와 관련성에서 윤리적 문제를 다루고 사회적 규범과의 관련성에서 윤리적 문제를 다루는 특성이 있다(고범서, 1993 : 43~54).

학생선수 문제의 해법 찾기 : 개인윤리학적 접근

학생운동선수의 문제에 개인윤리학적 접근방법을 적용하여 다음과 같은 네 가지의 해법을 제시하였다. 첫째, 소유적 삶의 지향에서 존재적 삶의 지향에로 둘째, 나와 그것의 관계에서 나와 너의 관계에로 셋째, 현상과 결과로서의 승리에서 실재와 의미로서의 승리에로 넷째, 운동기계에서 운동예술가에로 등이다.

1. '소유적 삶'의 지향에서 '존재적 삶'의 지향에로

이 땅의 학생운동선수들의 삶의 형태는 존재적 삶보다는 소유적 삶의 형식을 갖추고 있다. 대학진학, 국가대표, 세계대회 우승에 대한 학생운동선수들의 지나친 관심과 투자는 왜곡된 삶의 변화를 가져오게 하였다.

전국대회 4강 혹은 8강의 제도는 대학을 가기 위하여 운동선수들이 건너야 할 강이기 때문에 강을 건너지 못하면 익사(선수생활의 중단)할 수 있다. 그 만큼 전국대회 성적에서 "이겨야 산다"는 학생선수들의 강박관념은 그들 자신의 삶을 황폐화시키고 있다.

학생운동선수들이 지향하는 소유적 삶은 스포츠를 통해서 부, 권력, 지위를 달성하려는 것이다. 이에 비해서 존재적 삶은 스포츠 그 자체에서 자신의 전 존재를 던져서 자신의 소명 또는 잠재력을 실현하는 자아실현의 삶을 의미한다. 이는 스포츠 그 자체의 즐거움에 대한 차원에서 이해될 수 있다. 그렇기 때문에 현재 학생운동선수들은 소유적 삶의 지향에서 존재적 삶의 지향에로의 전환이 필요하다.

2. '나-그것'의 관계에서 '나와 너'의 관계에로

학생운동선수들은 선수와 감독, 선수와 선수들 간의 관계 맺음을 통해서 삶의 시작과 끝이 이루어지기 때문에 어떤 관계를 형성하고 있는지가 중요하다. 대부분의 경우 학생운동선수와 지도자의 관계는 하늘과 땅만큼이 아주 먼 거리감을 늘 유지한다. 그 이유는 거리감이 일종의 지도자의 권위를 나타내기 때문이다. 그렇기 때문에 감독은 자신의 권위를 이용하여 학생운동선수를 수단화 할 가능성이 높다. 이러한 문제는 선수와 감독간의 관계의 철학에 대한 잘못된 이해 때문에 발생한다. 이외에도 선후배간의 잘못된 관계를 형성하는 문제점도 지적할 수 있다. 이 문제에 대하여 정억순(2002)은 다음과 같이 지적한다.

"한국대학축구팀 내에서 헤이징 행위가 존재하고 또한 빈번히 발생하고 있음을 알 수 있었다. 32개의 헤이징 행위들 중에 언어적 폭력이 가장 빈번하게 발생되었다. 운동선수들은 다른 헤이징 행위들보다는 언어적 폭력에 의해 정신적으로 많은 감정이 상하고 불쾌감을 경험한다고 보고했다. 헤이징 행위는 대부분 기숙사에서 발생했고 특히 신체적 헤이징이 빈번히 발생했다."

이처럼 학생운동선수들에게 있어서 선후배간 또는 감독간의 문제는 철학자 마틴 부버가 말하는 <나－너>의 관계가 아니라 <나－그것>의 관계가 지배적이기 때문에 학생운동선수들의 비인간화 문제가 발생한다. 이 문제의 다른 원인은 지도자의 생존권이 보장되지 않는 상태에서 승리에 대한 강박 관념은 선수들에 대한 체벌로 나타나고 그것이 심화되어 폭력의 형태로 나타나는 것이다. 지도자와 학생운동선수의 <나와 너>의 관계와 수평적 관계 속에서 학생운동선수가 비인간화되는 것을 예방할 수 있다. 그렇기 때문에 <나와 그것>의 관계에서 <나와 너>의 관계에로의 전환이 필요하다.

3. '현상과 결과'의 승리에서 '실재와 의미'의 승리에로

학생운동선수의 도덕성 문제의 원인을 대부분의 학자들은 승리지상주의에서 찾고 있다. 이 문제에 대해서 나도 같은 생각을 가지고 있지만 문제의 본질에서 벗어나고 있다고 생각한다. 승리지상주의의 문제는 일종의 해석의 문제라고 볼 수 있다. 즉 어떻게 해석하고 인식하는가의 문제이다. 나는 스포츠에서의 승리를 두 가지로 해석하였다. 하나는 실재와 의미로서의 승리이고, 다른 하나는 현상과 결과로서의 승리이다.

현상과 결과로서의 승리는 전광판의 수량화된 점수가 경기 자체를 평가하는 것을 말한다. 전광판은 승리를 수량화함으로서 스포츠에서 얻을 수 있는 가치들을 계량화시켜 오직 승리만을 강요하는 승리지상주의 이데올로기의 상징이라고 할 수 있다. 이로 인하여 선수들의 상품가치는 고액을 넘어가고 선수들의 신체는 물신화된다. 나아가 돈의 논리가 선수들의 목적 가치를 전도하여 스포츠의 의미, 내적 가치보다는 외적으로 부여되는 영웅과 스타의식만을 부각시킨다.

이와 같이 현상과 결과로서의 승리지상주의는 스포츠의 본질적 가치를 상실하게 할 뿐만 아니라 교육적 가치, 미적 가치, 감동, 자아실현, 자아인식 등의 가치를 망각하게 된다는 것이다. 뿐만 아니라 스포츠의 도덕성이 상실하게 되어 학생선수들을 비인간화 할 수 있다. 이로 인하여 폭력, 도핑 등의 문제들이 발생하게 될 가능성이 높다.

실재와 의미로서의 승리는 스포츠에서의 승리에 대한 가치는 결과와 상관없이 그것이 담고 있는 의미의 진실성, 과정 그리고 내적 가치에 의해서만 평가되는 것을 말한다. 뿐만 아니라 학생선수 자신의 기술을 창조하는 기쁨과 자신의 의미를 부여하고 자신의 존재 가치를 깨닫는데 있다. 그 만큼 승리에 대한 부담감에서 벗어나 자유스러움을 만끽하면서 신체적 탁월성을 실현할 수 있다.

이상과 같이 이 땅의 학생운동선수들에게는 직업운동선수들과의 다른 교육적 가치와 심미적 가치, 감동과 자아를 실현할 수 있는 실재와 의미로서의 승리가 필요하다. 왜냐하면 스포츠에서의 승리는 자신의 신체적 한계를 극복하는 불굴의 인간정신의 시험장에서 개인의 평가기준을 의미하는 것이 더 가치가 있기 때문이다.

이를 실현하기 위해서는 앞으로 현상과 결과로서의 승리에서 실재와 의미로서의 승리에로의 전환이 필요하다. 실재와 의미로서의 승리를 의미하는 긍정적 승리지상주의가 이 땅에 넘쳐 난다면 학생운동선수의 삶이 풍부해 질 수 있다.

4. '운동기계'에서 '운동예술가'에로

만약 운동선수가 운동만 잘하고 공부를 하지 않는다면, 운동기계는 될 수 있어도 교육에서 말하는 전인은 불가능하다. 단지 농구기계, 골프기계, 스키기계 등의 전문운동선수는 될 수 있다. 운동선수는 하나의 종목에 대한 반복적인 연습과 연습을 통하여 기계처럼 완벽한 기술을 발휘할 수 있다.

이와 같은 노력을 통하여 운동기계는 될 수 있어도 운동예술가의 길과는 거리가 있다. 운동예술가는 운동을 하면서 자신의 개성과 창의성을 살려 즐겁게 운동을 하면서 자신의 잠재력을 발휘하는 사람을 지칭한다. 생각 없이 단지 감독이나 코치의 지시에 따라서 반강제적으로 운동을 하다보면 운동기계는 될 수 있을지 몰라도 운동예술가는 될 수 없다.

예를 들어 20세기 세계적인 축구선수로 펠레와 마라도나를 들 수 있다. 그러나 두 사람의 경우를 완전히 대조적인 인물로 평가받고 있다. 펠레는 예술가의 차원에서 그의 플레이에 대한 평가를 받고 사회활동 또한 브라질의 대통령 출마설까지 나올 정도로 인정받고 있는 인물이다. 이에 비하여 마라도나는 약물복용과 같은 개인적인 문제로 도덕성의 지적되어 운동기계는 될 수 있을지 몰라도 펠레와 같은 예술가의 차원으로 인정되지는 않는다. 그 차이는 사람됨의 문제에서 찾을 수 있다.

사람됨이란 도덕성과 덕 차원에서 해석될 수 있기 때문에 운동만을 통해서 이룰 수 있는 차원을 넘어서 공부를 통하여 얻을 수 있다. 공부는 사람됨의 공부로서 자신을 행위를 반성하고 비판할 수 있는 그런 사람됨의 공부가 필요하다. 따라서 학생운동선수는 운동기계보다는 운동예술가로의 전환이 필요하다.

학생선수 문제의 해법 찾기 : 사회윤리학적 접근

학생운동선수의 문제에 사회윤리학적 접근방법을 적용하여 다음과 같이 네 가지의 해법을 제시하였다. 첫째, 학과선택의 자유, 둘째, 대학입학체육특기자 선발제도의 개혁, 셋째, 학사관리 넷째, 경기운영방법, 다섯째, 학생운동선수의 육성방법 등이다.

1. 학과선택의 자유

학생선수는 학과선택의 자유가 있다. 이는 이제 물 건너간 일이다. 이 제도는 체육계열 학생들의 입시와 학업의 문제를 해결하기 위해 고안된 제도적 장치라고 할 수 있다. 그런데 이 제도 또한 그 자체적으로 문제점을 가지고 있다. 학생운동선수들의 학과선택의 자유를 현행 체육특기자의 동일계열 진학제도 자체가 막고 있다.

이는 체육특기자를 학생선수로 보는 것이 아니라 선수학생으로 인정하기 때문이다. 선수이전에 학생이기 때문에 학과 선택의 자율권이 보장되어야 한다. 현재와 같은 제도는 학생선수를 직업선수로 판단하여 배울 권리를 박탈하고 있다. 이로 인하여 다음과 같은 현상이 나타날 수 있다 :

"나는 수권도의 모 대학의 체육계열학과에 강의를 나가고 있다. 내가 강의하는 과목은 체육원리로 필수과목에 해당된다. 출석부에서 많은 학생의 명단이 있지만 실제로 수업에 참가하는 학생은 한 명에 지나지 않는다. 다른 학생들은 모두 체육특기자이기 때문에 운동연습 때문에 수업에 참석하지 못한다. 그런데 문제의 심각성은 내 강의를 듣는 학생이 체육계열 전공 학생이 아니라 다른 학과의 학생이라는 것이다. 그렇다면 나는 도대체 체육계열 학과에서 강의하는 것인지 아니면 다른 학과에서 강의하는지 혼돈이 들 때가 있다."

이와 같은 사례는 특수한 사항인지 몰라도 다른 대학교에서 생겨날 가능성이 높다. 그렇게 되면 체육계열 학과는 학생운동선수들의 졸업을 시키기 위한 과로서 이름만 있고 실제로 강의가 이루어지지 않는 유명무실의 과로 전락할 수 있다.

2. 대학입학 체육특기자 선발제도의 개혁

대학입학체육특기생 제도의 개혁이 필요하다(이학준, 1998 ; 김정명, 1999 ; 김동규, 1999 ; 손천택, 1999). 특기생 제도는 국가가 운동선수들에게 일정한 혜택을 주는 것이다. 그래서 학생운동선수들은 운동에 전념하여 운동하나로 먹고 살 수 있는 한국사회체계에 문제점이 있다고 볼 수 있다.

체육특기생 선발제도로 인하여 각 고등학교에서는 일반 학생을 위한 스포츠시설과 이용에 필요한 투자 혜택을 일부 선수들에게 한정하여 투자되는 문제점을 가지고 있다. 이 보다 더 큰 문제는 운동선수들의 학력 수준이다. 수업에 참여하지 않아도 결석으로 간주되지 않고 특히 전국대회 경기가 있는 기간에는 오전수업도 전폐하고 운동연습에 몰두한다. 그래서 학교 입장에서는 선수들이 입상을 하여 학교를 빛내주기를 바란다.

이러한 폐단을 예방하기 위하여 1994년 교육부는 체육특기생들에게 순응시험 최저점수제를 도입하여 200점 만점 기준으로 한 40점을 제시하였다. 현재는 80점 이상을 득점하여야 대학에 합격할 수 있다는 보완책을 제시하고 있지만 80점이라는 점수는 400점 만점에 1/5에 불과한 점수로 형식적인 차원의 제도적 장치에 불과하다. 그렇기 때문에 적어도 제도적 차원에서 해결방안을 찾는다면 적어도 200점 이상이 되어야 할 것이다.

공부하지 않고서는 체육특기생이라도 대학진학이 어렵다는 것을 학교, 감독 및 지도자 그리고 운동선수 자신들에게 인식시켜서 초등학교 때부터 공부하는 습관을 형성하도록 지도하는 것이 필요하다. 그래서 운동선수들은 수업에 참석하여 학습능력을 높이고 적극적인 학습 태도를 가질 수 있다.

3. 학사관리

학생선수들의 학업관리의 문제가 있다(손종열, 1998 ; 손천택, 1999 ; 김영환, 1999 ; 이상철, 1999. ; 박명기, 2003). 이 문제의 심각성에 대하여 이들에게 조금한 관심을 가지고 있다면 쉽게 알 수 있는 문제이다. 학생운동선수들이 초등학교에서 대학까지 수업참석이 불가능한 구조에서 이들에게 수업 참가를 강요하는 것은 그 자체로 모순이다. 공부는 체계적인 학습이 요구되기 때문에 기초가 부족한 학생운동선수들에게 수업참여를 강요하는 것은 그들의 학습능력을 고려하지 않은 무책임한 발상이라고 할 수 있다. 이러한 차원에서 김동규(2002 : 59～60)는 다음과 같이 지적하였다 :

"학생운동선수의 학업문제를 해결하기 위해서는 우선 대학입시에서 운동선수에게도 학업성적을 정상적으로 반영시키는 조치를 취해야 한다. 이러한 조치 없이 초·중등학교의 운동선수들에게 학업을 병행하라는 요구는 헛된 것이 될 수밖에 없다. 그러나 이의 시행을 즉각적으로 실시하게 되면 많은 희생자가 발생하게 된다. '공부하는 운동선수'는 하루아침에 되는 것이 아니기 때문이다. 따라서 시행 전에 실시 시기와 내용을 미리 공포하여 부작용을 최소화시켜야 한다."

이 문제를 해결하기 위해서는 초·중등학교부터 시작되어야 할 필요가 있다. 첫 단추를 잘 못 끼웠기 때문에 다시 원점에서 시작되어야 하는 이유는 공부의 특성상 체계적인 학습이 필요하기 때문이다. 현재 시행하고 있는 제도를 폐기하고 공부와 운동을 병행하는 제도적 장치의 보완이 필요하다. 이를 위하여 학생운동선수에 대한 일관된 정책과 이를 현장에서 실천하는 행정적 도움이 필요하다. 이러한 관점에서 다음의 내용을 알아보자 :

"학생운동선수들의 학업문제는 선수생활이후의 삶의 준비차원에서 필요하고 다른 차원에서 부상이나 경기력 저하로 중도에 운동선수를 포기할 경우를 대비하여 학사관리의 철저한 준비가 필요하다. 학과수업관리 운영과 관련된 특기자 제도의 파행성에서 탈피하여 정상적인 운영으로의 과감한 전환이 필요하다. 선수이기 이전에 학생임을 우선하는 미국이나 캐나다, 일본 등과 같은 스포츠선진국에서의 학원스포츠관리 운영체계는 바로 우리가 본 받아야 할 모델이라는 것을 간과해서는 안 될 것이다. 장기적인 안목으로 볼 때 이것은 진정한 의미에서 스포츠계의 발전이다(임수원·이정래, 2002).

거시적 차원에서 학생운동선수의 삶을 위한 방법으로 일부 종목(검도, 배드민턴) 등에서 실시하고 있는 선수참가의 제약을 학생운동선수들의 학력수준에서 찾는 것은 좋은 해법이라고 할 수 있다. 지금처럼 공부 못해도 대학을 갈 수 있다는 학생운동선수들의 인식에서 문제의 원인을 찾을 수 있다. 학생선수들이 공부를 포기하는 것을 막을 수 있는 제도적 장치로서 전국대회 참가자격으로 선수들의 학력을 제한하는 제도를 통해서 학생운동선수들이 공부하는 습관을 가지게 할 수 있다.

이외에도 초·중·고등학교의 선수들의 성적이 낮은 학생의 경우는 선수등록을 시키지 않는 방안을 생각해 볼 수 있다. 초, 중학교에서 운동선수를 뽑을 때 학교성적을 반영토록 하는 것은 초·중학교 때 운동선수가 실제 직업선수가 될 확률이 극히 작은데도 학교공부를 소홀히 함으로써 사회진출에 어려움을 겪는 것을 막기 위한 것이다.

예를 들어 프랑스 축구 산실인 클레르 퐁텐 국립 기술학교의 경우 학과성적이 일정기준에 미달할 경우 강제로 퇴소해야 하는 제도를 실시하고 있다. 이와 같이 초등학교에서 대학까지 일관되게 이 제도를 적용한다면 대학에서 강의를 참석하지 않는 문제를 해결할 수 있고 선수생활을 중단하는 은퇴이후의 직업선택의 폭이 지금보다는 더 확대해 지고 인간으로 최소한의 삶을 살아갈 수 있게 될 것이다.

4. 경기운영방식

학생운동선수들의 참가하는 경기에 대한 운영방식 자체의 제도의 수정과 보완이 요구된다(손종열, 1998 ; 손천택, 1999 ; 이상철, 1999). 현재 대부분의 경기가 봄, 가을에 집중되어 있기 때문에 학생들의 학업의 파행을 가져오는 것은 당연한 문제이다. 이러한 구조적 문제를 해결하기 위하여 몇 가지 대안을 제시할 수 있다.

대회를 주말이나 방학을 이용하여 개최하는 방안을 검토하고 전국규모의 대회숫자를 축소할 필요가 있다. 고등학교 운동선수들은 대학입학과의 연관되어 있기 때문에 너무나 많은 대회에 참가하는 것은 선수들의 학업과 대회참가경비, 시간낭비를 가져올 수 있다. 그리고 지역 리그제 또는 지역 분산개최를 도입할 필요가 있다. 지역자체의 리그제를 통해서 경기력을 유지하고 일년에 한번의 전국대회를 유치한다면 지역 리그제 또는 지역 분산개최가 가지는 장점을 활용할 수 있다.

이러한 차원에서 김동규(2002 : 60)는 다음과 같이 해결방안을 제시하였다. "고등부는 대회 수를 줄이고, 4강이나 8강이니 하는 제도를 없애야 한다. 대학의 진학은 각 대학이 자율적으로 설정한 경기 및 학업성적에 의해 결정되어야 한다. 또 하나 중요한 문제는 대회개최를 주말이나 방학을 이용하고, 지방 분산개최를 실시해야 하는 점이다. 경비문제 이외 시간의 낭비를 줄이자는 것이다."

이러한 방식은 NCAA의 경기운영방식을 벤치마킹 한 것이다. NCAA는 대회의 수 및 경기일수를 엄격히 통제와 대회준비를 위한 연습시간과 계절에 대한 규정을 엄격히 하고 있다. 그리고 지역별로 학교를 분류하고 각 대학별 경기수준, 학교의 규모에 따른 보유종목의 유사성 등에 따라 몇 개의 학교를 묶어 대교경기를 운영하고 있다.

이러한 관점에서 손종열(1998 : 180～188)은 다음과 같이 제안하였다. “경기방식에 있어서는 학교규모와 경기수준, 지역들을 감안하여 서울경기 등의 수도권, 충청도와 강원도의 중부권, 부산과 대구의 영남권, 전남과 전북의 호남권 등으로 권역별 혹은 규모나 기능수준에 따른 지역협회별로 리그제를 실시하되 각 리그별 상위 1, 2팀이 참가하는 종목별 참피언 결정전을 치르는 방안이 강구될 수 있을 것이다.”

이와 같은 리그제 방법은 국내 대학미식축구 경기에서 채택하고 있는 방식이다. 서울, 경기협회와 대구경북협회, 부산경남협회로 지역별 리그 방식을 사용하고 있으며 경기수준을 고려하여 각 지역리그에서 1부와 2부로 나누어 경기를 하고 있다. 자체리그에서 1부 리그 최하위팀과 2부 리그 우승팀이 경기를 통하여 1부와 2부 리그 팀을 결정한다. 또한 일년에 한번 전국대회를 개최하여 1부 리그 결승전과 2부 리그 결승전을 별도로 개최한다. 일년에 한번 최종으로 사회인팀의 우승팀과 대학 1부 리그 우승팀과의 대망의 국내 최강을 결정하는 김치볼을 하고 있다.

이처럼 현행 학생운동선수들이 참가하는 경기 자체의 운용방식을 학업에 피해를 주지 않는 한에서 마련되어야 할 필요가 있다. 현행의 제도는 학생선수보다 선수학생에 더 무게를 두고 있다. 학생선수는 직업선수와는 차이를 두어야 하고 이들의 학업을 존중할 필요성이 사회적으로 점차 요구되어 지고 있다. 학생선수의 배움의 권리를 경기운영방식이 막고 있는 실정이기 때문에 학생선수들의 학업보장을 위한 경기운영방식이 고려되어야 한다.

5. 학생선수의 육성방법

동물서커스에서 흔히 볼 수 있는 코끼리 묘기를 비롯하여 동물들의 묘기는 관객들에게 많은 박수를 받는다. 그 박수 소리의 크기에 따라서 무대 뒤에서 동물들이 받는 묘기훈련은 가학적이고 동물학대 수준이상이라고 한다. 동물들은 인간의 볼거리로서 즐거움을 주기 위해서 조련과정에서 상상을 초월하는 학대가 가해지고 그 학대가 없어지지 않는 것은 관람객의 박수 소리가 없어지지 않는 한 계속된다.

이와 같은 현상은 학생운동선수들의 경우에도 별반 다르지 않다. 동문회, 감독, 학부모, 학교, 국가를 위해서 학생운동선수들은 자유롭고 즐거운 삶이 제한 받는다. 동물도 아닌데 합숙소에서 집단적으로 숙식을 해결하고 운동을 한다. 학생의 향유할 수 있는 학교의 생활에서 벗어나고 운동만 하는 학생으로 격리되어 훈련되는 것이다. 그렇기 때문에 합숙소에서 괴롭힘과 선후배의 갈등은 끊이지 않고 지속적으로 나타나는 문제가 되었다. 이를 해결하기 위해서 합숙소의 폐지문제에 대한 진지한 고민이 있어야 한다.

365일을 합숙소 생활하는 것은 얼마나 삶이 피폐하고 단조로운 삶이라는 것에 누구도 이의를 제기하지 못할 것이다 : “개인시간의 부족, 상명하복의 서열관계, 공동기자재의 사용제한 등의 합숙생활의 문제점이 있음에도 불구하고 학생운동선수들은 합숙생활이 가지는 장점으로 숙식의 해결, 조직력 강화, 운동에의 전념 등을 들어서 합숙소 생활에 대한 불편을 감수한다(김석희, 2003 : 25).” 그러나 학생다운 삶으로 대학생활의 낭만과 교육관계 등을 위해서 합숙소에서 벗어날 필요가 있다. 이를 위하여 일반학생들과 어울리고 함께 생활

할 수 있는 토대가 형성되어야 한다.

맺음말 : 학생선수의 배려와 존중

학생운동선수, 그들의 정체는 무엇인가. 공부도 하지 않고 운동만 하는 이들의 정체는 과연 무엇인가. 학생선수인가 아니면 선수학생인가. 이 질문에 대한 대답은 학생선수가 우선한다. 공부와 운동의 병행은 사실상 어려운 문제인가 아니면 이상적인 생각에 지나지 않는가. 여하튼 학생선수의 문제를 해결하기 위해서는 개인의 자율성과 제도적 장치에 의한 강제력에 의한 균형과 조화가 필요하다.

그러나 제도에 의한 강제력만으로 근본적인 문제를 해결할 수 없다. 학생선수들의 자각을 통해서 수용하지 않는 다면 해결할 수 있는 방법은 요원하다. 학생선수들의 자율적인 학업과 운동의 병행을 한다면 문제해결은 그 만큼 간단하다. 적어도 대학을 적을 두고 있는 학생선수들은 분명 졸업을 하기 위한 형식적인 학위취득이 아니라 정당한 노력을 통해서 졸업할 수 있는 제도적 장치가 필요하다.

지금처럼 학생선수들이 공부하지 않아도 대학을 갈 수 있고, 졸업도 가능하다는 생각을 초등학교 시절부터 학생들이 갖게 되는데 근본적인 문제가 있다. 이와 같은 생각은 잘못된 생각이라는 것과 이제는 공부 못하면 대학진학은 물론 대회출전도 못하는 시대가 왔다는 사실에 대한 학생들뿐만 아니라 지도자들의 인식의 전환이 필요할 때이다.

그렇게 된다면 공부와 운동의 병행의 문제는 강제력보다는 자연적으로 이루어 질 것이다. 공부와 운동은 별개라는 지금의 인식은 사라져야 하고 공부와 운동은 함께 해야 한다는 것은 당연한 것으로 받아들여져야 한다. 공부를 못하면 처음부터 운동선수가 될 수 없다는 인식과 제도적 장치를 마련된다면 공부는 학생선수의 적이 아니라 친구가 될 수 있다.

앞으로 학생선수에 대한 개인적, 사회적 차원의 노력으로 학생선수가 되는 것에 대하여 부모들이 기피하는 대상이 아니라 사회적 존경의 대상으로 누구나 선망하는 인물로 인정되는 그런 사회를 점차적으로 우리에게 다가올 수 있도록 하는 노력이 필요하다. 그러기 위해서는 공부하는 운동선수를 만들어 가야 한다.

이를 위하여 개인적 차원의 방법은 학생선수 자신들이 존재지향의 삶, 나와 너의 만남의 관계, 실재와 의미로서의 승리, 예술가의 삶이 요구되어진다. 사회적 차원의 방법은 시스템의 개혁이 필요하다. 학과선택의 자유, 대학입학체육특기자 제도의 개혁, 학사관리, 경기운영방식, 학생운동선수의 육성방법이 필요하다. 이처럼 학생운동선수의 인간적인 삶을 위하여 개인적 차원과 사회적 차원의 균형과 조화가 요구되어진다.

제22장 | 스포츠의 고향상실과 회복

한국사회는 농업사회 속에서 자급자족하는 농업을 위주로 한 삶을 유지해왔다. 1960년대 근대화 과정에서 농촌의 삶은 피폐해지고 젊은 노동력을 가진 이들은 생계를 위하여 도시로 대거 몰려들었다. 그래서 도시는 인구의 팽창과 교통 혼잡 그리고 공기오염으로 안락한 보금자리의 위협을 직면하게 되었다. 대도시에 집중되어 살고 있기 때문에 주택, 교통, 교육 등 많은 문제점을 가질 수밖에 없게 되었다. 인구과밀화 현상은 사람들이 생존과 문화, 교육을 위해 도시에 모여 든 결과이다. 사람들은 배고픔을 해결했지만 고향상실증에 빠지게 되었다.

스포츠 역시 과학기술에 의하여 진보하였지만 고향상실증을 경험하고 있다. 근대화 이전의 스포츠는 상류계층의 전유물이었다. 그렇기 때문에 소수만이 스포츠를 즐길 수 있었다. 하지만 근대화 과정을 통해서 스포츠는 모두의 것이 되었다. 근대스포츠는 전문화, 제도화, 수량화 과정에서 파토스 요소가 상실되는 고향상실증에 빠지게 되었다. 즉, 경쟁과 기록중심의 스포츠가 진행되는 과정에서 스포츠의 본질이 상실하게 되었다.

이 상실은 전문화된 엘리트스포츠에서 나타난다. 선수들은 자기 성취를 통하여 스포츠에서 자기 자신이 주인이 되어야 한다는 생각을 잊고 있다. 남을 의식하지 않고 자신을 유희와 성취감을 경험할 수 있어야 운동하는 진짜 이유가 된다. 하지만 현실은 그렇지 않다. 다음의 글을 주목해보자:

> "인간에게 유용한 목적을 '어떻게 달성할 것인가' 하는 기술지만이 존중되고 인간의 '삶의 가치와 목적이 무엇인가'하는 목적지를 망각한다면 인류는 파멸을 면치 못할 것이다"(김용정, 1998).

이처럼 현대 엘리트스포츠에서 어떻게 하면 승리할 수 있고, 기록을 경신할 수 있는지에 대한 기술지만을 높이 평가하고 그것을 과도하게 추구하고 있다. 하지만 스포츠 하는 가치와 목적이 무엇인가에 대한 목적지에 대한 탐구는 점점 상실하고 있다. 그 근거로서 과잉된 승리욕은 폭력과 선수를 도구화하는 양상에서 발견된다. 엘리트스포츠의 경기력 향상을 위한 스포츠과학은 발전하고 있지만 스포츠인문학 같은 분야는 그 중요성에도 불구하고 여전히 제자리걸음을 유지하고 있을 뿐이다. 이러한 경향성이 바로 스포츠의 고향상실증에 빠지게 하는 사회적 분위기라고 할 수 있다.

인간들이 고향회귀를 꿈꾸는 것처럼 엘리트스포츠의 운동선수 또는 스포츠 역시 강한 고향회귀를 꿈꾼다. 하지만 현실은 그렇지 않다. 스포츠는 고향에서 점점 멀어지고 있다. 고향에서 멀어지는 것은 고향상실증에 빠졌음을 입증한다. 이러한 맥락에서 하이데거의 고향 개념은 스포츠에 있어서 고향의 의미를 반성해보는데 중요한 비판적 의식을 일깨워준다.

나는 스포츠의 고향회복을 위한 방법으로 하이데거의 고향개념을 이용하였다. 일차적으로 엘리트스포츠, 아마추어스포츠, 학교체육, 생활체육을 포함하는 현대스포츠에서 나타나는 고향상실에 관한 문제를 알아보고 그것을 바탕으로 고향회복의 길을 찾아보았다. 이 연구에서 말하는 스포츠는 현대스포츠 전체를 지칭하지만 특히 엘리트스포츠에 그 초점을 맞추었음을 밝혀둔다.

하이데거의 저서 '존재와 시간'에 나타난 고향개념을 이용하여 스포츠의 고향상실과 회복을 밝혀 보았다. 주로 하이데거의 관한 번역본과 2차 문헌을 중심으로 연구하였다. 논의 절차는 하이데거의 고향개념에 대하여 일차적으로 고찰하였고, 그 다음에 하이데거의 고향개념을 엘리트스포츠를 해석하는 분석틀로 사용하였다. 이어서 스포츠의 고향상실의 원인과 회복을 찾았다.

고향의 뜻

고향은 독일어로 하이마트(Heimat)이다. 농촌이고 도시 그 어디에서도 쉽게 접할 수 있는 것이 하이마트이다. 도시에 사는 사람들은 생활용품을 구입하기 위하여 주차장이 잘 구비되어 있는 하이마트에 자주 간다. 그곳은 현대 물질문화의 최고를 상징적으로 보여주는 상품이 즐비하게 진열되어 있다.

하이마트에 가서 소비욕구를 충족시켜도 충족되는 않는 또 다른 하이마트가 있다. 어떻게 보면 역설적이지만 소비하면 할수록 더욱 부족함을 가지게 된다. 그것은 내면의 하이마트인 고향에 대한 그리움이다. 설날이나 추석의 귀향행렬은 이제 보기 드문 놀라운 현상이 아니다. 교통체중을 알면서도 귀향을 멈추지 않는 것은 인간이 갖는 귀향에 대한 강한 욕구 때문이다. 하이데거는 다음과 같이 고향에 대하여 말하였다.

> "던져져 있음과 세계 내 존재 가운데 있는 인간 현존은 그 본래성이 비본래성에 의해 은폐되어 본래성을 잃어버렸고 따라서 실향한 상태이다. 그리고 고향인 본래성의 회복이야말로 철학자의 과제이고, 또 인간의 근본적인 지향 목표이다"(이기상 역, 1998 ; 이기상 · 구연상, 1998 ; 전광석, 1999, 피터 하, 2005).

하이데거가 말하는 고향은 존재를 지칭하기 때문에 고향상실은 존재망각을 의미하는 것이다. 세계내의 모든 동물 중에서 인간만이 존재이해가 가능하기 때문에 존재를 알 수 있다. 하지만 기술문명 속에서 인간은 존재망각으로 치닫고 있다고 하이데거는 말한다. 기술문명의 발전으로 고향은 도시화되어 가고 과거의 고향의 모습은 점점 사라지고 있다. 이에 대하여 박찬국은 다음과 같이 말한다.

> 하이데거는 현대 기술문명의 위기는 궁극적으로 이러한 고향의 상실에서 비롯되었다고 생각한다. 사람들은 고향을 상실한 데서 비롯되는 공허감과 불안감에서 벗어나기 위해서 끊임없이

> 기술을 개발하고 물질적인 소비와 향락을 추구한다. 사람들은 이 시대를 인류 역사상 처음으로 물질적인 풍요를 구가하고 있는 시대로 보지만, 하이데거에게는 그렇게 물질적 풍요를 추구한다는 사실 자체가 현대인들이 고향을 상실했다는 징표이며 그러한 물질적 풍요로 대체할 수 없는 본질적인 궁핍을 드러내는 징표이다. 이데올로기의 광적인 추구 역시 마찬가지다. 그것은 고향을 상실한 인간들이 잃어버린 고향을 이데올로기적으로 조직된 세계를 통해서 대신하려고 하는 몸부림에 불과하다(박찬국, 2004).

고향의 모습은 이제 지상 어디에도 존재하지 않는다고 할 수 있다. 과학기술에 의하여 사람들은 지속적 변화만을 추구하기 때문에 어제와 오늘이 또 다른 모습을 하고 있다. 고향은 마음속으로 자리를 옮겨 자리를 잡고 있을 뿐이다. 타향살이에 지친 인간들이 편하게 육신을 쉬고자 하는 마음을 늘 가지고 있다. 이 때문에 고향을 그리워하면서 언제 가는 타향살이를 접고 고향으로 가려고 한다. 고향은 우리가 귀향하고자 하는 지점이다. 고향은 존재의 안식처이며 자유를 안겨줄 수 있는 곳이다. 이에 대하여 철학자 이서규는 다음과 같이 말한다.

> 하이데거는 현대인의 처한 상태를 존재망각, 고향 상실성이라고 진단하고 있는데, 현대인은 쉽게 기술문명에 대한 맹신에 빠져들어 자신들의 실존을 가능하게 하는 터전인 존재를 상실하거나 망각하고 있기 때문이다. 이런 점에서 하이데거는 오늘날 우리가 가장 생각해야 할 것은 우리가 존재에 대해서 생각

하려고 하지 않는다는 사실을 자각하는 것이라고 역설한다. 하이데거의 시각에서 보자면 철학의 역할은 다른 것이 아니라 현대인의 기술문명 속에서 점점 상실해가는 실존과 존재의 의미를 음미할 수 있는 지평을 제공하는 것이라고 말할 수 있을 것이다(이서규, 2003).

스포츠의 고향은 무엇인가. 스포츠기술이 발달하면 할수록 엘리트스포츠의 경기력과 기록이 갱신되지만 결국에는 엘리트스포츠의 근원적인 놀이, 자연, 윤리적 성격 등을 상실하고 만다. 과학기술의 발달 속에서 운동선수들은 도구화, 수단화되기 때문에 운동기계가 될 가능성이 여전히 높다. 도구화된 운동선수는 자기존재의 의미를 온전히 상실할 수 있다. 이 말은 곧 스포츠의 고향상실을 의미한다.

하이데거 철학에서 고향은 일종의 존재진리를 의미한다. 우리 모두 타향살이에서 고향으로 돌아가고 싶은 강한 욕구를 내면화하고 있다. 스포츠의 고향은 우리가 지금까지 망각했거나 또는 잊고 있는 것들이 대부분이다. 스포츠의 고향을 형성하는 것은 스포츠의 놀이성, 자연성, 윤리성 등에서 찾을 수 있다. 이런 것들이 스포츠의 고향으로 스포츠 하는 인간을 향하게 한다. 하지만 엘리트스포츠는 기록과 경쟁중심의 도상에 있기 때문에 고향을 의미하는 것들이 스포츠에서 사라지고 있음을 알 수 있다.

스포츠의 고향상실

하이데거가 말하는 고향개념은 현존재의 근원적 상실을 함의하고 있다. 근원적 토대인 고향이 상실된 것은 스포츠 역시 예외가 아니다. 이런 맥락에서 고향상실을 스포츠에서 찾아보았다. 스포츠의 고향상실의 원인은 하이데거가 지적했던 바대로, 기술문명으로 인한 인간실존을 망각하는 것에 있다. 이것은 스포츠의 타락이라고 할 수 있다. 구체적으로 타락의 현실은 스포츠오락화, 선수를 도구화를 재촉하는 기록화, 과도한 경쟁을 유도하는 상업화 등의 모습으로 나타난다.

1. 오락화 : 놀이의 타락

놀이연구에 대한 요한 호이징하의 공헌은 실로 위대하다고 할 수 있다. 그는 인류의 문화는 놀이에 바탕을 두고 있다는 사실에 대하여 학문적인 접근을 처음으로 제시하였다. 인간을 놀이하는 인간이라고 규정하고 방대한 역사적 자료를 가지고 모든 문화 내에서 놀이의 흔적을 찾아내었다.

그의 연구에 이어서 로제 카이와는 놀이문화는 네 가지로 구분하여 인류의 문화를 분석하였다. 우리사회 역시 네 가지 정도의 놀이문화의 형태로 분류된다. 로제 카이와가 분류한 4가지 형식은 경쟁, 운, 모의, 현기증이다. 이 네 가지의 놀이본질을 가지고 우리사회의 놀이문화 더 나아가 엘리트스포츠를 진단하여 보자.

경쟁의 형태로 나타나는 놀이문화는 엘리트스포츠이다. 사회현상에서 이종격투기와 같은 과도한 경쟁을 유도하는 운동들이 사회의 관심을 받고 있다. 피를 보면서 열광하는 격투기에 사람들이 많은 관심을 가지는 이유는 현실의 스트레스를 해결하기 위함과 욕망을 정화시키려고 한 장치의 역할을 하기 때문이다. 경쟁의 과열된 엘리트

스포츠는 카타르시스의 역할을 하고 있다는 긍정적 시선도 있지만 이는 경쟁부분이 과열되어 나타나는 놀이의 타락이라고 볼 수 있다. 지나치지 않은 경쟁적 행위는 삶의 스트레스 해소와 욕망을 실현하는 중요한 장치의 역할을 할 수 있지만 과열된 경쟁은 문제를 만든다.

운의 형태로 나타나는 엘리트스포츠는 합법화된 스포츠도박이다. 인생은 한방이라고 하는 말이 일상의 우리 사회를 점유하고 있다. 스포츠복권의 광고가 우리 의식을 지배하고 있기 때문에 사람들이 현실적 삶에서 벗어나는 길을 복권과 스포츠도박에서 찾는다. 부자가 될 확률이 적기 때문에 부자가 되고 싶은 욕망의 실현을 복권과 도박을 통해서 해소한다. 대박은 개인의 능력보다는 운에 의존하는 부분이 많다.

문제는 적당한 복권 구입은 여가행위로서 가능하지만 그 정도가 지나치면 문제가 발생한다. 자기 재산의 상당 부분을 스포츠도박이나 복권에 투자하다 보면 가정경제의 파탄과 국가경제의 악 영향을 미칠 수 있다. 문제가 있다고 합법화된 복권과 스포츠도박을 금지하는 것은 해결책이 되지 못한다. 적당한 복권과 도박만이 우리들이 가지고 있는 운에 대한 욕구를 해소할 수 있다.

모의 형태로 나타나는 놀이문화는 탈 육체성스포츠와 미디어스포츠이다. 인터넷, TV 등의 미디어스포츠는 우리 놀이문화의 대부분을 점유하고 있다. 어린이들과 청소년들의 온라인 게임은 중독의 수준을 넘어 거의 일상화되고 있다. 온라인중독은 청소년들을 폐인을 만들고 깊은 생각과 진지함 고민을 하지 못하게 하는 경향이 있다. 이러한 중독현상이 청소년들은 사회적 범죄와 연결되어 나타나는 크고 작은 사건들에 주목할 수 있다.

현기증 형태로 나타나는 현상은 운동선수들의 약물복용이다. 경기력 향상이나 승리에 대한 강박관념에서 벗어나기 위해서 약물의 힘을 빌린다. 이러한 현상은 기록과 승패를 가르는 엘리트스포츠에서 나타나는 현상이다. 약물복용은 선수들의 건강과 생명위험, 공정성 문제 때문에 금지하고 있지만 여전히 약물복용의 문제는 사라지지 않고 새로운 물질이 개발되고 있을 정도이다. 이는 엘리트스포츠가 선수의 생명을 단축할 수 있음을 말해 준다.

이상과 같이 엘리트스포츠에 나타나는 놀이문화에 대하여 알아보았다. 지금 놀이문화는 타락의 징후를 보여주고 있다. 놀이문화의 타락은 과도한 집착과 과열 때문에 나타나는 현상으로 해석된다. 우리가 경계해야 할 것은 경쟁, 운, 모의, 현기증 등의 과열과 집착 그리고 편중된 놀이문화이다. 진단을 통하여 발견한 문제는 집착과 과열에 따른 놀이의 타락이다. 인간은 놀이하는 존재이고 모든 인간의 행위를 놀이행위로 볼 수 있다.

하지만 그 놀이정신의 중용적 발현이 요구되는 이유도 여기에 있다. 우리사회의 놀이문화의 건강지수를 일정한 거리를 유지하면서 보면 그리 높지 않음을 알 수 있다. 운동선수는 기록 그 자체로부터 자유롭지 못하다. 그 이유는 놀이의 과열과 집착 때문이다. 놀이의 타락에서 벗어나는 길은 놀이 그 자체를 즐길 수 있는 문화를 실천하는 것이다. 이것이 오늘 우리의 놀이문화를 포함한 스포츠문화의 숙제이다.

2. 기록화 : 맹목적인 기록추구

과학기술의 발전으로 인간 한계를 극복하고 운동경기의 기록을 바꾸어 왔다. 어떻게 보면 운동경기에서 기록갱신은 일종의 인간의 기록갱신이 아니라 운동장비의 기록갱신이라고 할 수 있다. 운동경기에서 인간이 기술에 대하여 의존하는 비율이 증가하는 현상을 발견할 수 있다. 이를 통하여 우리가 알 수 있는 사실은 인간의 생물학적 진화는 이미 끝났다는 것이다.

기록은 측정 도구의 발달에 의하여 지속적으로 향상되어 왔다. 이것은 인간의 생물학적 진화가 아니라 기술과 용구들의 발전 때문이라는 것을 입증해준다. 이미 인간의 기록은 인간들의 경쟁이 아니라 첨단 기술과 그 기술에 의한 용기구들의 경쟁이다. 결국 첨단 장비들에 의하여 운동경기의 기록은 지속적 성장을 가져오게 되었다.

기술문명이 엘리트스포츠를 지배하고 선수를 도구화하고 비인간화시키고 있다고 해서 기술문명을 부인하고 파괴할 수는 없는 일이다. 이미 우리는 기술문명의 바다에서 항해하고 있기 때문에 기술문명을 떠나서는 생존할 수 없게 되었다. 그렇기 때문에 기술문명을 즐기고 사랑할 수밖에 없다. 당장 우리에게 요구되는 것은 기술문명과 소통하고 화해와 상생의 길을 모색하는 길이다. 이 길이 선수들의 도구화를 해결할 수 있다.

이미 탈 육체성의 스포츠는 기술문명의 시대에 넘쳐나고 있다. 그러나 체육학내의 입장은 육체가 개입되지 않기 때문에 체육이나 스포츠로 볼 수 없다고 분명히 하고 있다. 기술문명의 시대를 항해하고 있는 우리에게 그것 자체를 부정할 수 있는 입장이 아니다. 열린 마음을 통해서 탈 육체성의 스포츠에 대한 관심과 수용 그리고 상생의 길에 대한 모색이 필요하다. 이미 e-스포츠, 유비쿼터스 스포츠, 사이버 스포츠 등의 탈 육체성의 스포츠가 넘쳐나고 있다. 이것을 방관할 수 없는 일이다. 세계대회 역시 대규모로 열리고 있을 정도이다.

엘리트스포츠는 기술발달에 의하여 외향적 발전을 하였다. 첨단과학을 통한 새로운 도구들의 등장은 세계 기록을 빠르게 교체하였다. 신기록은 회를 거듭할수록 향상되고 있지만 기술에 의한 기록은 인간의 기록이기보다는 첨단 장비의 의한 기록이라고 보는 것이 현실적 인식이다. 과학기술이 발전한 나라일수록 올림픽에서 많은 메달을 획득하는 것은 이제 자명한 사실로 받아들이고 있다.

오늘날 신기록 수립을 위하여 첨단 기술과 기구를 사용하여 경기를 하고 있지만 문제는 경기의 자연성, 놀이성, 윤리성이 상실된다는 것이다. 지나치게 기술에 집착하는 것은 운동선수의 운동에서 발견할 수 있는 놀이성과 유희성 그리고 신체성의 상실을 초래하게 된다. 그래서 기술을 의존하게 됨으로서 역설적으로 스포츠의 본래적 성격에서 점점 멀어진다.

기록에 대한 잘못된 인식구조 때문에 선수들은 비인간화되고 있다. 기술의 발달에 의하여 기록은 딜레마에 빠지게 되었고, 인간은 스포츠를 위한 존재하게 되었다. 적어도 스포츠는 인간을 위해서 존재하는 것인데 지금은 역으로 인간이 스포츠를 위해 존재하게 되었다. 이것은 기록의 단축을 위한 기술의 발달과 첨단 장비 때문에 점차적으로 스포츠의 본질은 역으로 상실하게 되었다.

운동선수에게 운동은 자신의 주체성과 성취감을 확인 할 수 있는 것이어야 한다. 남을 의식하지 않고 자아 혁신을 가져오는 몸의 성취를 경험하는 운동이 그래서 필요하다. 너무나 최고급이나 최신의 장비에 의존하다 보면 장자가 말하는 기심에 빠져서 타향에서 거리를 방황하게 될 수 있다. 이 말은 고향에서 멀어질 수가 있다는 말이다.

3. 상업화 : 신자유주의와 스포츠

신자유주의가 지배하는 사회에서 스포츠 역시 예외가 될 수 없다. 돈이 스포츠를 좌지우지한다. 돈이 광고와 스포츠중계에 침투하여 스포츠를 왜곡한다. 경기의 규칙변화는 경기 자체의 성격이 달라지게 한다. 지금 규칙들은 카메라의 초점에 맞혀 재미와 오락 중심으로 변경되고 있을 뿐만 아니라 빠르게 경기자체가 운영되고 있다.

미디어가 스포츠의 경기운영과 대회기간, 유니폼의 형태, 경기시간 등에 영향을 미치고 있다. 좀더 스포츠는 재미있는 오락화를 지향하게 되었다. 스포츠와 미디어가 서로 공생관계를 형성하면서 스포츠의 오락화가 진행되었다. 이런 관계에서 미디어는 스포츠에게 다양한 볼거리를 요구하게 된다. 기술과 약물의 남용의 관계 또한 이런 연관관계에서 나타나게 된 것이다. 인간 신체의 한계를 경험하게 되는 운동선수들은 기록 단축을 위하여 약물의 유혹에 빠지게 된다.

이미 많은 올림픽과 세계대회의 기록들은 약물을 통하여 기록되었다는 의혹에서 자유롭지 못하다. 그렇기 때문에 지금의 입장에서 선수들에게 신기록은 사실상 어렵게 되었다. 도핑 테스트의 엄격함과 기록 측정 장비의 발달에 의하여 기록갱신이 불가능한 상황이 되었다. 과거에 발견할 수 없었던 도핑물질을 발견할 수 있기 때문에 좀처럼 기술갱신이 어렵게 되었다. 그 결과 약물을 통한 수행능력을 강화시키는 과잉된 신체를 양산하게 되었다. 이처럼 도핑은 기록을 위한 인간 신체의 손상을 결과적으로 가져오게 되었다.

거대 자본에 의하여 야구, 축구, 농구 등의 엘리트스포츠는 활성화되었다. 선수들은 억대 연봉을 받고 대기업들은 자사 프로팀을 통해서 많은 광고효과를 보고 있다. 많은 관중을 끌어들이기 위하여 해외에서 우수한 선수들을 영입하게 되었다. 경기력 향상이라는 이점을 가지고 있지만 국내선수는 취업에 어려움을 겪게 되었다. 뿐만 아니라 스포츠의 양극화 현상으로 인기스포츠와 비인기스포츠의 구분을 가져왔다. 이 틀에서 운동선수는 일류와 이류를 엄격히 구분되고, 차등한 대우를 받게 되었다.

스포츠의 고향회복

기술문명과 스포츠의 관계는 비관론과 낙관론을 가질 수 있다. 비관론에서 보면 기술문명에 의하여 스포츠는 도구로 전락하여 유용성과 안정성을 확보했지만 놀이성은 상실되었다. 하지만 스포츠 하는 인간이 기술에 의하여 소외되고 비인간화되는 주된 이유는 스포츠에서 사유가 제거되었기 때문이다. 기술문명 시대의 사유 없는 스포츠는 고향상실증에 빠지고 존재의미를 망각하게 된다. 그렇기 때문에 우리는 두려운 안락함을 경험하게 되는 것이다. 이러한 맥락에서 스포츠의 고향회복을 놀이성과 자연성 그리고 윤리적 특성에서 찾아보았다.

1. 놀이성

우리사회에 팽배한 의식은 빠름에 대한 지향성이라고 할 수 있다. 빠름의 원인은 경쟁정신을 통해서 나타나는 의식작용에 바탕을 둔다. 너나 할 것 없이 모두 빠르게 산다. 전화 한번 하기조차 어렵다. 이 때문에 통화할 때에도 상대에게 통화 가능한지를 우선적으로 묻게 된다.

모두가 시간이 없다고 한다. 과연 시간이 없는 것인가. 아니면 마음이 없는 것인가. 우리가 물리적 시간에 쫓기다 보니 마음이 없게 된다. 마음의 시간은 경쟁정신과 관계가 깊다. 경쟁정신은 우리 의식의 기층을 지배하기 때문에 마음의 여유가 없게 된다. 그렇다면 왜 우리는 이러한 시간의 지배를 받게 되었을까.

시간의 지배를 받게 된 것은 우리의식이 경쟁정신에 지배를 받기 때문이다. 경쟁정신은 인간의 본성이라고 주장하는 이들이 생각보다 많다. 과연 경쟁정신이 인간의 본성인지를 확인해보자. 원시의 삶을 살고 있는 아마존의 원주민의 생활상에서도 경쟁보다는 협동을 통해서 생존을 유지하는 것을 볼 수 있다.

이러한 예에 대하여 반박하는 사람이 있다. 지금은 원시시대와 다른 문화를 가지고 있다고 반박한다. 지금도 경쟁보다는 협동을 통하여 더 큰 결과를 가져올 수 있는 일들이 우리 주변에 산재해 있다. 인간은 사회적 동물이기 때문에 경쟁보다는 협동이 더 필요하다. 그럼에도 불구하고 경쟁정신이 왜 우리시대 스포츠문화의 지배정신이 되었을까.

경쟁정신은 인간의 본성이기보다는 산업사회 이후에 인위적인 시장 경제에 의해서 조작된 의식이라고 할 수 있다. 사회 전체가 큰 시장이기 때문에 그 시장에서 무엇인가 팔아야 생존할 수 있게 되었다. 이 때문에 인간은 살아남기 위하여 빠르게 생존정신에 길들여지고 우리 의식은 경쟁정신이 점유하게 되었다.

경쟁정신은 본성이 아니라 후천적으로 주입된 의식일 뿐이다. 경쟁정신은 경제발전을 위주로 한 국가발전과 기업이익을 위한 차원에서 강조되는 사항이다. 얼마나 빠른 시간 안에 얼마나 많은 것을 만들어서 얼마나 많은 돈을 벌어들일 것인가에 관심이 집중된다.

능력, 성과주의에 의해서 연봉과 월급을 주는 것은 경쟁정신을 부추기는 기업의 노림수라고 할 수 있다. 물론 능력에 따라 연봉을 받는 것은 자본주의 속성이기 때문에 이것을 탓하려고 하는 것은 아니다. 이미 우리의 시스템이 자본주의 시장경제의 논리가 지배하기 때문에 효율성과 돈의 논리가 지배하는 것은 어절 수 없는 일이다.

하지만 아쉬운 점은 이러한 구조가 경쟁정신을 강조하게 되어 우리 의식을 점유해 버린다는 것이다. 경쟁정신은 생산력 증가라는 장점을 가지고 있지만 개인의 특성과 창의성을 상실하게 하는 단점을 가지고 있다. 그런데도 사회는 경쟁정신만을 강조하면서 창의적 인간을 요구하고 있다. 창의적 인간은 놀이정신에서 형성된다.

사회가 빠름을 지향하는 것은 모두 경쟁정신이 우리의 의식을 지배하기 때문에 나타나는 현상이다. 어떻게 우리는 경쟁정신을 가지고 살게 되었는가. 여러 가지 해석이 가능하지만 그 중에서도 엘리트스포츠에서 그 원인을 찾아보자. 엘리트스포츠는 경쟁정신을 강조한다. 근대화 이후 잘살기 위해서는 남보다 빠르게 살아야 한다는 것을 엘리트스포츠에서 강조하여 왔다. 그 주된 역할을 한 것이 과잉된 경쟁중심의 엘리트스포츠라고 할 수 있다.

엘리트스포츠의 목적은 승리와 기록향상이지만 사실상 경쟁력을 부추기는 역할을 해왔다. 엘리트스포츠는 누가 빠른지, 누가 멀리 뛰는지, 누가 힘이 강한지에 주된 관심을 갖고 있었다. 개인들의 스포츠참가를 통해 얻게 되는 체험은 안중에도 없었다.

대회에서도 기록이 주가 되기 때문에 기록이 저조한 선수들은 경쟁에서 탈락하고 스포츠세계에서 사라지게 된다. 운동선수 자신을 소외시킬 뿐만 아니라 경쟁정신이 타자를 소외시킨다. 스포츠가 인간을 위해 존재하는 것이 아니라 인간이 스포츠를 위해 존재하는 형상으로 왜곡되었다.

경쟁정신은 빠름만을 강조하고 경쟁적 인간을 지향하기 때문에 운동선수의 삶을 황폐화시킬 수 있다. 왜냐하면 운동선수들이 계속 경기에 출전해야 하기 때문이다. 하지만 놀이정신은 경기에 참가해도 승리에 대한 강박관념에서 자유로울 수 있다. 운동선수들이 놀이정신을 발휘할 수 있다면 창의적인 운동문화를 만들어 갈 수 있을 것이다.

엘리트스포츠에서 놀이정신을 살리기 위해서는 선수들이 과도한 경쟁정신 때문에 나타나는 선수의 도구와의 비인간화 정신을 사전에 차단해야 한다. 특히 승리지상주의에서 벗어날 수 있도록 승리에 대한 부담감에서 자유롭게 만들어 줄 수 있어야 한다. 이외에도 선수들이 즐기는 가운데 수준 높은 경기를 펼칠 수 있도록 하는 여건이 형성되어야 한다.

2. 자연성

> 하이데거에 의하면 인간이 가장 행복하게 살 수 있는 본질적 거처가 바로 자연이고 또한 인간이 언제나 되돌아 갈 수 있는 따뜻한 고향이 바로 자연이다(최양부, 1998).

이러한 입장에서 스포츠의 고향회복을 자연에서 찾아보았다. 현대 스포츠는 과학과 기술문명의 지속적 발전의 영향을 받고 있기 때문에 인위적인 스포츠용구들이 운동경기의 결과를 좌지우지한다. 그만큼 인위적인 것 때문에 자연성이 상실되고 있다.

특히 인터넷 문화의 등장으로 탈 육체성 스포츠가 나타나게 되었다. 탈 육체성 스포츠는 육체가 개입되지 않는다. 이와 같은 스포츠가 대거 등장하고 있다. 개인 컴퓨터 보급이 늘어나는 과정에서 자라나는 세대의 온라인 게임은 늘어날 수밖에 없다. 온라인 게임은 우리 시대의 젊은이와 아이들의 눈을 사로잡았다. 이로 인하여 신체활동이 없이 아이들은 게임을 즐기게 되었다.

첨단 과학 장비에 의존도가 심해지면 심할수록 스포츠의 참맛을 잃게 된다. 왜냐하면 과학 장비에 의존은 자신의 육체성을 배제하는 것을 의미하기 때문이다. 과학 장비는 안정성을 우선으로 하기 때문에 육체에 의존도가 높은 스포츠는 사라지고 있지만 반대 현상으로 팽창하고 있는 것을 목격할 수 있다. 육체성을 중심으로 하는 스포츠가 팽창하는 이유 또한 여기에 있다. 생생한 체험을 바탕으로 한 육체성 위주의 스포츠의 관심의 증가가 커지고 있다. 이는 고향이라고 할 수 있는 자연성에 대한 관심의 증가라고 할 수 있다.

좀더 예를 들어보자. 복싱이 많은 사상자를 내고 있지만 지금까지 폐지되지 않고 지속할 수 있었던 이유 또한 인위적인 것이 첨가되지 않은 자연성 때문이다. 원시적 형태 즉 인위적이지 않는 스포츠를 인간들이 갈구하기 있기 때문에 사라지지 않고 있다. 지금은 이종격투기 같은 육체성이 요구되는 경기들이 생겨나고, 체험관광을 지향하는 스포츠관광 또한 육체를 중심으로 한 원시적인 스포츠체험을 희구하기 때문에 나타나는 현상이라고 할 수 있다.

자연성 문제를 엘리트스포츠에 적용한다면 세계대회나 올림픽 같은 대회에서 운동도구에 대한 규제가 있어야 한다. 자연성을 살리기 위해서 용구와 용품에 대한 규제가 마련된다면 공정한 경쟁의 의미를 되살릴 수 있을 것이다. 기록경기에서 인간의 기록경신이 아니라 도구에 의한 경신이 되어서는 안 된다. 현재 엘리트스포츠에서는 장비의 과학화를 통해서 경기력에 영향을 미치고 있기 때문에 이에 대한 규제가 요구된다.

3. 윤리성

모든 스포츠가 상실하고 있는 것 중에 하나가 윤리이다. 이 윤리는 고대올림픽의 자세에서 발견할 수 있다. 고대 스포츠문화의 전형이라고 할 수 있는 올림픽게임은 신성한 신을 받들기 위한 제례경기에서 시작되었다. 고대 올림픽 게임에 참가한 모든 선수들은 윤리를 유지하고 경기에 임하였기 때문에 경건함을 가지고 있었다.

신자유주의의 영향으로 현대스포츠는 경제논리의 지배를 받게 되었다. 돈의 가치가 최고의 잣대가 평가되어 모든 것을 판단하게 되었다. 돈이 되는 스포츠를 위한 스포츠마케팅이 붐을 타면서 사람들이 이 분야에 몰려들고 있다. 엘리트스포츠 역시 오락과 볼거리에 집중에서 나타나고 있다. 이런 현상은 미디어가 스포츠를 지배하는 바람에 나타나게 된 것이다. 선수들의 유니폼, 경기방법 등 모든 것들이 미디어를 중심으로 이뤄지고 있다.

가볍고 빠름만이 넘쳐나는 사회에서 진지함을 통한 윤리라는 것은 과거적 유물만은 아닐 것이다. 너무 빠름을 지향하기 때문에 의미 자체가 상실되고 있다. 가벼운 속에서 윤리의 가치는 빛을 보는 것이다. 빠름은 결과만을 추구하다보면 스포츠를 왜 하는가에 대한 근원적인 이유 없이 기계적으로 스포츠를 하게 된다.

엘리트스포츠에서 윤리성의 상실되면, 빠름 속에 모든 문화가 함몰되어 저급한 문화가 팽창할 가능성이 높다. 그렇기 때문에 빠름과 가벼움을 중심으로 한 엘리트스포츠는 의미와 보람이라는 내적 차원의 가치를 상실하게 될 가능성이 있다. 이 때문에 진지함을 통한 윤리에 대한 관심이 점차로 요구된다. 그것이 엘리트스포츠의 지속적 성장의 길이라고 할 수 있다.

맺음말

하이데거에 의하면 인간이 돌아가고 안주할 고향은 기술과 지배욕을 통해 인위적으로 만들어지지 않는다. 고향이란 이미 있고, 그것은 자기를 은폐하면서도 또 개명하고 있다. 이와 같이 하이데거의 고향개념을 사용하여 스포츠의 고향상실과 회복을 탐구하였다.

스포츠가 고향을 상실하게 된 주원인을 놀이의 타락, 맹목적인 기록추구, 신자유주의 논리에 의하여 나타나는 과도한 경쟁과 상업성에서 찾아보았다. 이에 대한 대안은 스포츠의 고향회복이다. 그 결과는 다음과 같다.

첫째, 놀이성이다. 신자유주의는 경제적 효율성을 지배적 가치로 보기 때문에 경쟁정신이 스포츠를 지배하게 되었다. 과도한 경쟁정신 때문에 스포츠에서 놀이정신이 사라지고 있다. 스포츠의 고향회귀는 놀이정신을 회복하는데 있다.

둘째, 자연성이다. 과학문명과 기술발전으로 인위적인 용기구들이 많이 개발되었다. 장비의 발전은 안전성과 편안함을 주었지만 역으로 자연성을 상실하게 되었다. 자연성을 회복하는 방법은 도구에 의존하기보다는 육체를 바탕으로 한 스포츠에 참여하는 것에서 찾을 수 있다.

셋째, 윤리성이다. 미디어에 의해서 스포츠의 규칙은 변경되고 있다. 규칙은 스포츠 자체의 성격을 규정짓는다. 하지만 미디어의 의해서 스포츠 규칙 자체가 변경되기 때문에 고향을 상실하게 한다. 미디어에 의한 촉진 룰이나 중계방송을 위한 경기 시간변경 등이 그 예이다. 스포츠의 고향회복은 윤리성을 바탕으로 한 경기에서 찾을 수 있다.

이제 스포츠의 고향회귀를 준비해야 할 때이다. 현대스포츠는 스포츠의 본질에서 벗어나고 있기 때문에 스포츠의 고향이라고 할 수 있는 놀이성, 자연성, 윤리성 등을 추구하는 고향회복을 위한 노력들이 있어야 한다. 스포츠가 우리에게 무엇인가에 대한 숙고를 통하여 스포츠의 고향회귀를 위한 노력이 스포츠 그 자체와 스포츠 하는 인간들에게 요구되고 있다.

제23장 | 지미지락의 스포츠

장자는 사람의 이름이기도 하고 책의 이름이기도 하다. 누구나 알고 있지만 쉽게 장자라는 책에 접근하지 못하는 이유는 경전과 같은 닫힌 텍스트로 장자를 보기 때문이다. 장자라는 책을 어떻게 보느냐에 따라 다르게 보이겠지만 삶의 문제를 아주 잘 전해주고 있는 책이다. 장자의 사유는 현실 비판적이고 은유적이라는 특성 때문에 상징적 표현과 우화적인 글을 통해 자신의 정신세계를 잘 들어내고 있다.

장자는 전국시대라는 혼란한 시대에서 공자의 유학을 정면으로 비판하면서 유학에서 강조하는 인의예지의 성심에서 벗어나 허심에 이르는 절대자유를 찾고자 하였다. 그는 직접적으로 미나 예술에 대하여 꼬집어 분명하게 무엇이라고 말한 적은 한 번도 없지만 도의 관한 그의 사상 속에서 예술정신을 발견할 수 있다. 장자라는 책에서 그가 말했던 여러 이야기 속에서 예술정신을 보여주는 내용을 찾을 수 있다. 특히 장자는 이야기 중심의 표현을 통해 그가 추구했던 예술(가)정신을 들어내고 있다.

장자가 전국시대의 혼란한 시대에 태워나 유교적 사고가 지배한 당시 상황에서 지배적인 사유에서 벗어나기 위한 해체적 사유를 추구하였다. 해체적 사유는 장자의 첫 장 소요유편의 제목에 잘 들어난다. 소요유(逍遙遊)는 모두 놀이(遊)를 지칭하는 의미를 가지고 있다. 유(遊)는 자유로운 놀이이고, 거기에 지극한 아름답고 지극한 즐거움의 심미적 경지가 반영된 예술정신이 그대로 들어나고 있다.

이 점에서 단지 서양미학 이론을 스포츠에 적용하고 연구하고 있는 현재의 스포츠미학의 입장에서 동양의 예술정신 그 중에서 장자의 예술연구는 스포츠미학연구의 확장을 의미한다. 이미 장자와 노장의 예술정신과 미학연구에 관한 연구들은 철학에서 있었다. 우리가 동양의 장자라는 고전에 주목하는 이유는 장자이야기가 과거의 지혜로서 제한적이지 않고 현재에도 통용될 수 있는 지혜가 담겨져 있기 때문이다. 이 점을 다음의 글에서 확인할 수 있다.

> 무엇보다 중요한 것은 우리의 삶의 본문이고 [노자], [장자]가 우리의 삶에 대한 주석이라고 생각하는 일이다. 우리의 삶을 통해 읽어야지 고전을 억지로 읽으려 하거나 고전 속에 담긴 고원한 진리를 마치 신의 진리를 이야기하듯 전하는 것은 우리 시대에 적합한 [노자], [장자] 읽기가 못 된다......고전은 어려운 학적 이해의 대상 또는 종교적 대상에서 탈피하여 이제 누구와도 대화할 수 있는 이야기의 대상으로 바뀌어야 한다. 그것이 바로 우리들의 노자와 장자이야기를 만드는 일이고, [노자]와 [장자]의 이야기에 귀 기울여 삶의 현장에서 그 이야기를 재생하는 비결이 될 것이다(김시천, 2004: 150).

앞의 글에서 장자는 닫혀있는 경전이 아니라 열려 있는 이야기책이라는 것을 알 수 있다. 이처럼 장자를 삶에 대하여 이야기 하는 책으로 보고, 삶의 지혜를 장자에서 발견하는 일이 우리에게 남아있다. 특히 장자라는 책은 열려있는 지혜의 보고이기 때문에 스포츠철학을 연구하는 저자의 입장에서 장자의 이야기에 귀를 기울이게 된다. 장자에서 스포츠의 지속적 성장의 길을 발견할 수 있을 뿐만 아니라 현대 스포츠의 문제에 대한 다양한 진단과 처방의 길 또한 찾을 수 있다. 전제조건은 우리가 열려 있는 마음의 자세로 열려 있는 이야기 책으로 장자를 만나야 한다는 것이다.

이 글의 목적은 첫째, 장자의 예술정신을 찾아보고 둘째, 장자의 예술정신을 통해 스포츠의 지속적 성장의 길을 찾는데 있다. 장자가 추구하였던 지극히 아름다움(至美)은 영원하고 본질적이며 절대적인 미이다. 이것은 텅 빈 고요한 마음에서 얻을 수 있다. 연구방법은 장자의 저서 '장자'와 그의 철학에 대한 2차 문헌을 적절하게 인용하는 방법을 사용하였다. 연구절차는 우선적으로 장자의 예술정신이라고 할 수 있는 지미지락에 대한 기본적 개념을 검토하고, 장자의 지미지락과 스포츠에 대하여 알아본다. 이후에 장자의 지미지락과 스포츠의 지속적 성장에 대하여 탐구한다.

장자의 예술정신 : 至美至樂

장자의 예술정신은 지미지락이며 무아(無我)의 예술정신으로 표현된다. 무아의 예술정신은 인칭적 자아를 잊고 비인칭적 자아에서 발현되는 자유정신을 뜻한다. 이를 달성하기 위한 방법은 성수반덕이다. 이는 몸과 마음을 닦아 덕에 도달하는 것이다. 그 닦는 수양공부는 심재와 좌망공부이며, 이는 잊는 것이다. 잊음을 통해서 빈 마음 혹은 텅 빈 마음상태에 들어가게 된다. 그러면 성심은 사라지고 허심이라는 상태의 마음에 이르게 된다. 명경지수처럼 맑은 마음의 거울을 통해 세상의 진상을 있는 그대로 볼 수 있게 된다. 이렇게 하여 인간의 덕과 하늘의 도가 합일하게 되어 자유정신이라는 예술정신을 가지게 된다. 그 예술정신은 노닒(遊)이란 문자에서 들어난다.

> 노닒(遊)이란 장자가 제시한 독특한 개념이다. 遊란 자연의 이치를 자각하고 스스로의 본성을 깨달은 인간의 삶 속에서 이를 적극적으로 실현해나가는 자유로운 경지를 의미하는 말로 장자철학의 궁극적인 목표이다. 이러한 자유로운 노닒의 경지에서는 인식대상과 인식주체 사이의 넘을 수 없는 구분이 해소되므로 창작과 감상이 일치하며, 대상에 깃든 생명력의 측면에서 말하는 아름다움과 주체가 그것을 받아들여 향유하는 측면에서 말하는 즐거움이 한데 어우러진다. 그런 의미에서 인간이 도달할 수 있는 궁극적인 경지인 자유로운 노닒의 경지를 지극히 아름답고 지극히 즐거운 심미지 경지라고 말할 수 있다(박소정, 2001: 212).

지미지락은 지극한 아름다움과 지극한 즐거움이다. 지극한 아름다움이란 무엇인지? 지극한 즐거움이란 무엇인지? 알 수 있다면 스포츠미학의 기초를 구성하는 미적 관조와 태도에 도움이 될 것이다. 지미지락은 도에서 노리는 소요유(逍遙遊)를 의미한다. 도의 어긋나지 않으면서 아름답고, 즐겁게 노는 것이 장자가 추구했던 예술정신이다. 이런 맥락에서 예술정신은 일종의 놀이정신이다. 잘 놀기 위해서는 예술정신이 필요하다는 것을 엿볼 수 있다. 하늘의 도에 맞지 않는 놀이는 잘 노는 것이 아니다. 잘 놀기 위해서는 좌망과 심재공부를 통해서 허심의 상태에 도달해야 한다. 그래야 잘 놀 수 있는 준비를 갖추게 된다. 이하에서 장자 이야기에 등장하는 일상적 인간들의 지미지락의 경지를 알아본다. 그 중에서 우선 장자의 양생편에 나오는 포정이야기에 대하여 알아보자.

> 칼을 극히 미묘하게 놀리면 뼈와 살이 툭하고 갈라지는데 그 소리가 마치 흙덩이가 땅에 떨어지는 소리와 같습니다. 칼을 들고 일어서서 사방을 둘러보고, 잠시 머뭇거리다가 흐뭇한 마음으로 칼을 닦아 갈무리를 합니다. 문혜군이 말했다. 훌륭하다! 나는 오늘 포정의 말을 듣고 양생이 무엇인지 터득했노라(강신주 역, 2003).

포정이 이처럼 놀이로서 소를 대할 때 소가 본래부터 가지고 있던 본래의 모습, 하늘의 결(天理)을 훤히 볼 수 있었고 그에 따를 수 있었던 것이다. 하늘의 결 즉 세상의 참모습, 도를 보기에 주체와 대상이 소외되지 않고 물화(物化)할 수 있었던 것이다. 결국 장자가 말하고자 하는 유(遊)의 경지는 바로 이렇게 하늘의 결을 따라 하늘의 놀이에 참여해 노는 것이다(김태진, 2001: 9). 유(遊)의 경지는 장자 내편 소요유편에 처음으로 등장한다. 잘 노는 경지가 바로 유의 경지이다. 천의 도에 따라서 규칙을 지키면서 노는 것이 잘 노는 것이다. 주체와 객체가 합일 되는 놀이이다. 외물에 집착하면 주객이 합일되지 못하고 잘 놀지 못한다. 이점을 아래의 글에서 확인할 수 있다.

> 활쏘기에서 기왓장이 상품으로 걸리면 기술을 다 할 수 있지만 은고리가 상품으로 걸리면 떨리고 황금이 걸리면 혼미해진다. 기술은 동일하지만 아끼는 마음이 있어 외물을 소중히 여기기 때문이다. 무릇 외면이 중시되면 내면은 궁색해지는 것이다(기세춘 역, 2007: 383).

이처럼 외물에 사로잡히게 되면 성심의 상태에 빠지게 된다. 거울에 먼지가 가득 덮여서 세상의 도를 비추어 볼 수가 없는 것과 같다. 텅 빈 마음의 상태를 유지할 때 외물에 마음의 동요는 없고 명경지수와 같이 맑은 거울의 모습을 갖추게 된다. 이 때 하늘의 도라는 거울에 비치게 되어 세상이 있는 그대로 보여 진다. 활쏘기 역시 외물에 욕심이 마음에 차지하게 되면 활쏘기는 자유롭지 못하다. 자유롭게 활을 쏘기 위해서는 심재와 좌망공부를 통해서 텅 빈 마음을 유지해야 한다. 외물에서 흔들리지 않고 고요하고 맑은 마음의 상태를 가져야 한다. 이런 마음의 상태는 장자의 《달생편》에서 확인된다.

> 반드시 재계하여 마음을 고요히 하는데 재계 삼 일이면 모든 칭찬의 마음을 품지 않게 됩니다. 재계 오일이면 문득 제가 사지와 형체를 가지고 있다는 것조차 잊습니다. 이런 때는 공실도 잊고 기술이 전일하고 외부의 어지러움이 소멸됩니다. 그런 경지가 된 연후 산림에 들어가면 나무의 천성과 재질의 지극한 것을 볼 수 있습니다. 그런 연후 편종 걸이의 완성된 모습이 눈에 나타납니다. 그런 연후에 손을 대고 그렇지 않으면 그만둡니다. 그런 즉 나무의 천성과 저의 천성의 합해집니다. 작품이 신기로 의심되는 까닭은 여기에 있을 것입니다(기세춘 역, 2007: 383).

이상의 글에서 장자에 등장하는 포정과 재경이야기에 대하여 알아보았다. 이들은 모두 일상적 인간이지만 모두 장자에서 말하는 이상적 인간인 지인, 신인, 성인의 단계에 도달한 사람들이다. 이 모든 내용은 지미지락의 경지, 주객일치의 경지를 말해 주고 있다. 단지 技의 차원을 넘어서는 道의 차원에서 경지에 도달할 수 있음을 말한다. 도는 하늘의 도와 인간의 덕의 합일이다. 이를 통해서 천리를 따르는 지미지락의 경지는 들어난다. 장자의 예술정신은 지극한 아름다움과 지극한 즐거움 가운데 도에 맞추어 노는 것을 의미하기도 하며 자유정신, 도, 지미지락의 경지이기도 하다. 이하에서는 장자의 예술정신을 나타내는 지미지락을 도달하는 방법과 지미로서의 스포츠와 지락으로서 스포츠에 대하여 알아보고, 스포츠의 지속적 성장을 위해서 스포츠가 지향해야 할 길에 대하여 알아본다.

장자의 지미지락과 스포츠의 지속적 성장

장자는 예술에 대하여 말한바 없다. 그 만큼 장자의 예술정신을 찾는 작업은 무모하기 조차 하다. 하지만 희망은 있다. 장자 이야기 속에 여기저기 예술정신이라는 볼 수 있는 부분들이 산재해 있기 때문이다. 장자이야기에 대한 이해를 통하여 예술정신을 알 수 있다. 장자의 예술정신을 구명하기 위한 방법으로 장자의 도에 대하여 존재론적 인식이 우선된다. 장자의 도는 생성하는 도이며, 고정불변의 도가 아니다. 자유정신을 의미하는 장자의 도는 예술정신을 의미할 뿐만 아니라 예술인이 지향해야 할 목표이기도 하다.

> 절대자유에 이르기 위해 구체적으로 제시한 심재, 좌망 등 잊음의 방법도 놀이이고, 이 구체적인 방법을 통해 이르는 절대자유의 경지 또한 놀이로서의 유의 경지인 것이다. 그 때 이르는 유의 경지는 절대자유의 경지이며, 주체와 객체의 구분이 없어져 모두 하나 되는 물화의 경지인 것이다. 즉 유는 세상의 법칙이자 놀이의 규칙인 도를 따름으로서, 만물의 변화인 세상의 참모습을 보고 자신도 그 만물들과 하나가 되는 놀이인 것이다 (김태진, 2001: 9).

앞에서 알아본 장자의 예술정신은 지미지락에서 노닒을 의미한다. 이하의 글에서 스포츠에서 지미지락 찾아본다. 지미와 지락은 성심에서 벗어난 허심의 상태에서 도달하는 경지이다. 이 경지에 도달하기 위한 방법은 심재공부와 좌망공부가 있다. 스포츠의 지속적 성장을 위해서 지미로서의 스포츠와 지락으로서의 스포츠를 추구해야 함에 대하여 알아본다.

1. 至美로서의 스포츠

장자는 즐거움을 人樂과 天樂으로 구분하였다. 인락은 인간적인 즐거움을 말하여 인간과 조화를 통해서 얻게 되는 것이다. 반면에 천락은 인간의 본성에서 저절로 우러나온 즐거움이며 자연과 조화가 이룰 때 나타난다. 이는 장자의 자연미와 조화미를 지적하는 것이다. 이강수의 의하면 장자의 심미관은 다음과 같다.

> 외형보다 본질을 중시한다. 세속적인 것보다 탈속을 귀하게 여긴다. 허정한 마음으로 사물의 본성을 직관할 수 있는 미적관

> 조를 중시한다. 천지만물의 본체인 도와 개별 사물들의 본성인 덕에서 우러나온 소박미와 생동미, 조화미를 바람직하게 여긴다(이강수, 1997: 270).

지극히 아름다운 스포츠는 어떤 스포츠를 말하는 것인가? 경쟁과 힘 그리고 스피드에 의존하지 않거나 구속 받지 않으면서도 멋진 장면을 연출하는 스포츠이다. 이런 스포츠가 아름다운 스포츠라고 할 수 있다. 아름다움을 추구하는 스포츠는 수중발레, 다이빙, 리듬체조 등에서 보여주고 있다. 더 아름다움을 표현해야 승리하는 스포츠이다. 단순히 힘과 스피드의 경쟁을 통한 승리가 아니라는데 주목할 수 있다. 하지만 아름다움을 추구하는 미적스포츠 또한 행위자의 심적 상태에 따라서 추한 스포츠가 될 수 있다. 마음이 성심(成心)에 사로잡혀 있다면 그것은 아름다운 스포츠를 하고 있지만 추하게 보여 진다. 반면에 결과와 승리의 집착에서 벗어난 허심의 상태에서 행해지는 스포츠는 아름다움을 더 들어낼 뿐만 아니라 스포츠본질에 가까운 형태로 아름다운 스포츠의 모습을 보여준다. 이점에 대하여 조성식은 다음과 같이 말한다.

> 스포츠가 신체적인 특성에 기초하는 한 '보다 빠르게, 보다 높게, 보다 힘차게'란 본질은 유지된다. 그러나 스포츠를 통한 인간 신체의 조형미와 신체 기술의 예술적 구현을 도모하는 '보다 아름답게'도 중요한 스포츠본질로 간주되어야 한다.....여성 스포츠의 가치를 높이 평가하고 스포츠 세계의 중요한 요소로 보다 아름답게라는 스포츠본질은 간과될 수 없다. 단순한 힘겨

> 루기는 무력에 불과하고, 단순한 스피드겨루기는 경주에 불과하다. 힘과 스피드를 이용하더라도 다양한 기술의 응용과 조화로운 몸의 균형 등 보다 아름답게라는 요소가 충분히 적용되어야 한다. 스피드를 높이는데도 몸의 균형을 유지하고 힘을 적절히 사용하는 조형적 요소가 고려되어야 하기 때문에 보다 아름답게는 모든 스포츠의 중요한 본질이 되고 있다(조성식, 2003: 254).

스포츠는 잘 노는 것이지 잘 싸우는 것이 아니다. 싸우는 것은 전쟁이지 놀이로서 스포츠는 아니다. 잘 놀기 위해서는 어떻게 해야 하는가 그 방법은 도에서 노는 것이다. 이 말은 도에서 소요유 하는 것을 의미한다. 마음을 비우고, 모든 세속적인 것들을 잊고 도에서 노는 것이다. 결국 집착과 소유 그리고 욕망을 해체하고 빈 마음을 가져야 한다는 것을 의미한다. 승리, 기록, 결과에 대한 욕망에서 나를 잊는 공부가 필요하다. 그러기 위해서는 힘과 경쟁 그리고 스피드를 강조하는 스포츠에서 아름다움과 즐거움을 강조하는 스포츠에로의 전환이 요구된다. 지극히 아름다운 스포츠는 지극히 즐거운 스포츠이기도 하다.

2. 至樂으로서의 스포츠

지락으로서 스포츠는 승리, 기록, 결과 등의 외물에 의해서 즐거움이 좌우되는 것이 아니라 스포츠 그 자체의 몰입과 자기 주도적인 신체활동 속에서 찾을 수 있다. 1등을 하지 못해도 즐거울 수 있고, 좋은 기록을 내지 못해도 즐거울 수 있고, 결과가 나빠도 즐거울 수 있는 것은 외부의 보상에서 찾지 않고 내부의 마음의 상태에서 즐거움을 찾을 때 가능하다. 지극한 즐거움은 외물에 따라 오는 즐거움이 아니라 허심의 상태에서 찾을 수 있는 즐거움이다.

> 사람은 즐거워하는 것을 기꺼이 한다. 고통을 가져다주는 것은 피한다. 어렸을 때 하는 스포츠는 정말로 즐겁고, 긍정적이고, 많은 것을 가져다주는 경험이 되어야 한다. 하지만 정말로 뛰어난 재능을 가진 어린 선수들이 감독의 지나친 주문을 견디기 힘들어 하고, 부모를 기쁘게 해드려야만 한다는 것을 염려하는 사태가 너무도 빈번하다. 내가 감독이라면 난 우리 선수들이 즐거워하길 바랄 것이다. 선수들이 스스로 열성적이고 최선의 노력을 다하기를 원할 것이다. 스스로 향상되고 있다고 느끼며, 결과보다는 과정을 더욱 중요시하기를 바랄 것이다(최의창 역, 2004: 131).

앞의 글은 이 땅의 운동문화에서도 통용되는 모습이다. 전문선수들은 과연 스포츠에서 얼마나 즐거움을 경험하고 있을까. 승리와 기록만을 위해서 스포츠를 하기 때문에 즐겁지 못하다. 또한 스포츠를 자신의 소유의 삶을 영위하는 수단으로 생각하고 있기 때문에 즐겁지 않다. 그렇게 즐겁지 않아도, 고통스러워도 참고 계속 운동을 한다. 즐거움은 사라지고 맹목적인 기계적인 행위만을 하게 된다. 즐겁지 못하다고 그만 둘 수 없다. 어려서부터 스포츠만 해왔기 때문에 스포츠를 그만두면 할 것이 없다. 막연한 두려움 때문에 즐겁지 못해도 스포츠를 계속할 수밖에 없다. 이것은 스포츠 하는 즐거움의 상실이여, 스포츠 하는 의미의 상실이다. 그럼 스포츠는 뭘까?

스포츠는 규칙, 대근활동, 경쟁, 즐거움으로 구성되어 있다. 이 중에서 어느 한 가지라도 빠지면 스포츠라고 할 수 없다. 즐거움은 스포츠를 하는 중요한 요소임에는 틀림없다. 사람들이 스포츠에 빠져드는 것 역시 스포츠의 즐거움에서 찾을 수 있다. 스포츠의 즐거움은 다양하지만 그 중에서 지극한 즐거움은 과연 무엇인지 궁금하다. 저자는 이전의 연구에서 스포츠의 즐거움을 스포츠삼락으로 규정하고 쾌락, 희락, 열락으로 규정지어 정의 내린바가 있다. 특히 열락이 가장 즐거운 형태로 간주하였고, 이를 지향해야 한다고 강조한바 있다. 그 열락은 깨달음의 즐거움으로 나를 잊는 망아, 오상아의 경지에서 얻을 수 있는 것이다. 지금 스포츠에서 추구되는 즐거움이 과연 지락으로서 스포츠인지 알아보자.

> 오늘날 세속에서 행하는 쾌락에 대해 나는 그것이 과연 즐거움인지 또는 아닌지 알 수 없다. 내가 보기에는 세속의 쾌락은 군중의 손짓을 따라 죽도록 달리며 그칠 수 없는 것 같다. 그러면서 모두들 즐거움이라고 말하지만 나는 그것이 즐거움인지 또는 즐거움이 아닌지 알지 못한다. 그렇다면 과연 즐거움은 없는 것인가? 나는 무위만이 진실로 즐거운 것이라고 생각한다. 속세는 크게 고통스런 곳이다. 그러므로 지극한 쾌락은 즐거움이 없고 지극한 영예는 기림이 없다고 하는 것이다. 천하에 시비는 정할 수 없다. 그렇지만 무위만은 시비를 정할 수 있다. 지극한 안락은 몸을 살리는 것이며 오직 무위에서만 있을 수 있다(장자, 지락편, 기세춘 역, 2007: 366).

지극한 즐거움은 무위에서 가능하다. 스포츠세계에서 경험하게 되는 즐거움은 무아의 경지이며, 물아양망, 주객합일, 물아일치, 대상과 주관이 하나 되는 물화의 상태에서 인지하게 된다. 즉 기록이나 승리라는 욕심에 의해서 가려진 성심의 상태에서 이 모든 것을 좌망과 심재를 통해서 사라지게 한 이후에 도달하게 되는 움직임의 즐거움을 경험하게 된다. 자전거를 탈 때 자전거와 내가 하나가 되지 못하면 자전거는 넘어지고 만다. 승마에서 말과 내가 합일하지 못하면 말과 나의 욕구가 충돌하여 낙마하게 된다. 자전거와 승마는 떨어지면 즐거움을 경험하지 못한다. 일단 탈 수 있어야 즐거움을 얻을 수 있다.

선수의 우승에 대한 욕망과 함께 상실될 수 있는 것은 움직임의 즐거움 속에서 얻을 수 있는 어떤 미감의, 감각적인 즐거움이라고 했다. 관람자보다는 수행자의 입장에서 그는 경쟁강도는 행동이 초점을 제공하고, 그것이 우승의 선행 조건이 된다고 주장하면서 이러한 강도는 화가나 음악가 혹은 무용가들의 강도와는 달리 궁극의 수행을 추구하고 완전을 찾음에 있어서 선수의 기술을 완벽하게 한다고 설명했다. 경쟁의 강도 여하에 따라서 배우나 선수는 그들의 모션에 전적으로 집중함으로서 단 한 순간에 정점에 도달할 수 있고 수년간의 트레이닝의 시간을 한 개의 그릇 속에 농축하는 것이다(이진수 역, 1995: 172).

지락으로서 스포츠는 신체 활동적 욕구의 충족을 통해서 얻게 되는 쾌락도 아니요, 목적을 달성해서 얻을 수 있는 성취욕도 아니다. 깨달음의 즐거움을 표현되는 열락이다. 이는 장자에 의하면, 기교의 숙련을 거쳐 도의 경지에 오르는 기진호도의 방법을 통해 얻게 되는 즐거움이다. 형이하학의 기교의 숙련과정을 거쳐서 형이상학의 도의 경지에 이르게 된다. 이 때 神의 경지에 놓이게 되고 천리(天理)와 교감하게 된다. 그 가운데서 자연미를 보여주는 아름다운 동작은 표현되고 내적으로는 지극한 즐거움을 경험하게 된다.

> 진정한 아름다움(至樂)은 도(절대미)의 관조에서 나오는 것이며, 지극한 즐거움(至樂)은 이러한 진정한 아름다움에서 비롯되는 것이다. 그러므로 세상의 천박하고 변화무상한 일시적인 미나 그와 관련된 감각이나 관능만을 자극하는 즐거움은 참된 즐거움이 될 수 없다. 즉 절대미(道)를 관조할 수 있는 정신경계에서만이 지극한 미를 느끼며, 또한 진정한 즐거움도 마음껏 누리게 된다. 이는 또한 위대한 예술의 중요한 내용이자 효과이기도 하다(한흥섭, 1992; 191).

지미와 지락은 아무런 관련성이 없는 것처럼 보이지만 그것은 표현상의 차이 일 뿐이다. 지미는 겉으로 나타나고, 지락은 속으로 경험하게 된다. 지락은 내적 아름다움의 울림이다. 이것이 겉으로 표출된 것이 지미이다. 그래서 지미와 지락은 겉과 속으로 하나임을 알 수 있다. 지극한 아름다움 것은 지극한 즐거운 것이다. 이런 의미에서 지미지락은 같다고 볼 수 있다. 그렇다면 지미지락의 방법으로서 심재와 좌망에 대하여 알아보자.

3. 지미지락의 방법 : 심재(心齋)와 좌망(坐忘)

장자에 따르면 천지만물의 근원은 도이고, 사람의 근원은 덕이다. 성품을 닦아 덕을 되찾는 것이 목표이다. 그 덕은 허심(虛心)이라는 허의 지극한 상태에서 얻게 된다. 장자의 성심에서 벗어나 허심을 도발하는 방법은 심재와 좌망에서 찾을 수 있다. 심재는 마음을 닦아 정결하게 하고 허령하게 하는 공부를 말한다. 이 공부는 감관에서 심으로, 심에서 기로 점차 깊어지는 과정을 보여준다. 이 때 기는 포정해우에 이야기에서 말한 神처럼 마음의 심층에 있는 정신이다. 심재에 대하여 알아보자.

> 너의 의지를 전일하게 하라, 귀로 듣지 말고 마음으로 듣도록 하고, 마음으로 듣지 말고 귀로 듣도록 하라. 귀는 소리를 듣는 데 그칠 뿐이고, 마음은 표상된 관념에 맞추어 보는 데 그칠 뿐이다. 기라는 것은 허하여 물을 기다리는 것이다. 오직 도는 허한 상태에서 모인다. 허의 상태를 유지하는 것이 심재이다(장자, 인간세; 기세춘 역, 2007: 120).

마음을 비운다는 것은 선입견과 인칭적 자아에서 고정된 마음을 버리는 것을 의미한다. 우리의 마음은 온갖 감관에 의해서 길들여져 있다. 꽉 채워진 마음은 다른 것이 비집고 들어가지 못하게 한다. 그것이 극에 달하면 아집이라는 고집불통이 되기 때문에 타자를 수용하지 못하고 단절하는 소통부재의 결과를 가져온다. 심재는 마음을 재계하는 것이다. 모든 아집을 버리고 열려 있는 상태의 마음을 유지하는 것이 허심의 마음이다. 비어야 채울 수 있고, 비어야 받아들일 수 있는 이치다.

좌망은 좌치와 반대되는 말이다. 좌치는 허의 상태에 머물지 못하는 것을 말한다. 그러므로 좌망이 궁극적으로 지향하는 것도 심재와 같다고 할 수 있다. 하지만 표현되고 있는 내용에만 국한시킨다면 심재가 종합적임에 비하여 좌망은 부분적이라는 차이가 있다. 여기서는 다만 감성인식과 이성 인식을 버리라는 부정적인 주장만 개진되고 있을 뿐 심재에서 보듯이 그 이상의 경지에 대한 긍정적인 언급이 없기 때문이다. 사지와 몸을 허물이 버리고 일체의 감각기능은 배제하라는 것과 형체를 떠나고 지식을 버리라는 말은 동어반복이다. 사지와 몸의 허물을 버리는 것이 곧 형체를 떠나는 것이고, 일체의 감각기능을 배재하는 것이 곧 지식을 버리는 것이다(박원제, 1996: 127). 이 말은 장자의 대종사편의 공자와 안회의 대화에서 잘 들어난다.

> 안회가 물었다. 저는 진전이 있었습니다. 공자가 물었다. 무엇을 말하는가. 안회가 답했다. 저는 인의를 잊었습니다. 공자가 말했다. 잘 했다. 그러나 미진하다. 뒷날 안회는 다시 공자를 뵙고 말했다. 저는 진전이 있었습니다. 공자가 물었다. 무슨 진전인가? 안회가 답했다. 저는 예악을 잊었습니다. 공자가 말했다. 잘했다. 그러나 미진하다. 뒷날 안회는 다시 공자를 알현해 아뢰었다. 진전이 있었습니다. 공자가 물었다. 무슨 진전인가? 안회가 답했다. 저는 좌망에 들었습니다. 공자는 움찔하면서 말했다. 좌망이란 무엇을 말하는가? 안회가 말했다. 육신을 벗어나 총명을 물리치고 형체를 떠나 지혜를 버리고 큰 통철함에 대동함을 일러 좌망이라 합니다. 공자는 말했다. 대동하면 호오가 없고 조화하면 상집이 없으리니 과연 진실로 어질도다. 나도 네 뒤를 따르고 싶다(장자, 대종사; 기세춘 역, 2007: 182).

이처럼 심재와 좌망은 인간의 감성과 이성을 통하여 갖게 된 물질적 욕망과 과학적 지식에 의한 아집 의식에서 벗어나는 일종의 열린 마음의 상태이다. 우리의 마음은 시비, 차별, 이해, 득실 등의 관념으로 가득 채워져 있다. 빈틈이 없는 마음은 무엇을 수용하려고 하지 않는다. 이 때문에 타자와의 소통이 어렵고 주체의 변형 또한 힘들게 된다. 열린 마음을 가질 때 새로운 길과 만날 수 있고, 주체의 변형을 할 수도 있다.

장자의 심재와 좌망은 허심의 상태에 도달하기 위한 방법이다. 심재와 좌망을 통해 얻게 되는 경지는 허정한 마음과 물아양망(物我兩忘)의 경지이다. 차이점은 앞에서 말한 것과 같이 종합과 부분의 차이이다. 욕망을 추구하는 존재로서 인간이 욕망과 지식에서 벗어난 상태를 도달하는데 심재와 좌망이 요구된다. 과도한 욕망에 이끌려 본래적인 자기를 상실할 수 있기 때문에 허심의 상태가 필요하다. 허심에서 지미지락의 스포츠가 시작된다.

4. 스포츠의 지속적 성장

앞에서 스포츠가 지속적 성장을 하기 위해서는 지미지락으로서 스포츠의 길을 가야한다는 것을 알아보았다. 지미지락의 심미경지는 노닒에서 찾을 수 있는데 노닒은 도에 따라서 노는 것을 의미한다. 규칙을 지키며 노는 일종의 놀이정신이다. 현대 스포츠가 잊고 있는 것은 기록, 승리, 기록이라는 외물에 집착한 나머지 놀이정신을 잃고 있다는 것을 알 수 있다. 잊혀야 하는 것은 기록에 대한 집착과 강박관념인데 현실은 그렇지 못하고 있다. 우리가 찾아야 하는 것은 지극한 아름다움으로서 스포츠이다.

스포츠가 예술이냐, 혹은 아니냐 하는 논쟁에서 스포츠가 예술이 아니라는 입장에서 주장하는 내용이 있다. 특히 스포츠와 예술의 다른 점에 언급하고 있는 스포츠철학의 문헌에서는 항상 세 가지의 중요한 요소가 보인다. 스포츠의 경쟁적 특성, 기술적인 효율은 존중하나 스타일, 우미, 형태에는 관심을 기울이지 않는 것, 과정이나 주위의 상황에 대해서는 관심과 주의를 경주하지 않고 결과만을 추구하는 선수의 동기가 그것이다(이진수 역, 1995: 170).

이처럼 스포츠가 경쟁, 효율성, 결과에 집착하기 때문에 예술이 될 수 없다는 비판은 설득력을 갖는다. 경쟁, 기록, 결과에만 집착하면 할수록 도핑, 폭력, 오심 문제 등은 사라지지 않고 계속 나타날 수 있기 때문이다. 이로 인하여 스포츠가 비난이 대상이 될 수 있다. 이 문제를 해결하지 않고는 스포츠가 지속적 성장을 할 수 없다. 왜냐하면 기록과 경쟁만을 강조하면 인간을 혹사하거나 기계화, 비인간화 할 수 있기 때문이다. 이런 성심(成心)에 의해서 인간을 물신화해서 지배하고 착취한다. 이러한 조건에서 벗어나는 것은 아름답고 즐거운 스포츠를 하는 길뿐이다.

또한 스포츠가 직면할 세기의 위험은 산재해 있다. 스포츠역사에서 스포츠가 금지 된 경우를 살펴보면, 종교적 이유, 차별적 이유 그리고 환경적인 이유를 들 수 있다. 먼저 종교적 이유에 대하여 알아보자.

로마제국 말기와 중세에 접어들면서 몇몇 신학자들이 운동, 유희 그리고 스포츠에 대한 필요성을 인정한 것을 제외하면 대

> 부분의 성직자들은 체육에 대한 무관심과 부정적인 태도를 취하였다. 그리하여 각종 신학교의 교육과정에서 많은 스포츠와 경기는 삭제를 당하였다. 초기 기독교에서 체육을 반대한 근거는 스포츠행사에 이교도의 황제숭배의 성격을 띤 전통에서 비롯된 것이다. 그리고 신체활동이 영혼이 구제에 별 도움이 되지 않고 오히려 사악한 측면을 얻게 된다는 우려에서 반대한 것이다(노희덕, 1999: 92).

이처럼 중세시대를 지배한 기독교적 세계관으로 인하여 금욕주의가 제기되었을 뿐만 아니라 이 때문에 신체활동을 금지하게 되었다. 성차별적 이유 때문에 근대올림픽의 여성 참여와 신체활동에 대한 억압과 통제가 있었다. 지금은 스포츠가 환경파괴의 주범으로 인식되고 있다. 인간에서 직접적으로 유용한 것을 생산하지 못하고 환경만 파괴하고 있다는 비판이 제기된다. 스포츠가 '보다 빠르게, 보다 높게, 보다 힘차게' 등은 스포츠의 지속 발전성이 떨어지는 본질적 요소이기 때문이다. 스포츠의 지속적 성장을 위해서는 제한이 없는 지극히 아름답고, 지극히 즐거운 스포츠를 지향해야 한다. 이점에 대하여 다음의 글을 주목할 필요가 있다.

> 힘과 스피드는 인간의 한계가 존재하는 영역으로 '보다 빠르게, 보다 높게, 보다 힘차게'는 결국 제한적이다. 그러나 '보다 아름답게'는 인간의 창의성에 기초하기에 인간의 끊임없는 도전이 이루어지는 무한의 영역이다. 이제 가장 중요하고 의미 있는 스포츠본질로서 '보다 아름답게'를 추구하는 것이 여성스포츠에서는 물론 남성스포츠에서도 전개되어야 하고 가장 중요한

스포츠의 가치로 인식되어야 한다(조성식, 2003: 256).

스포츠가 빠름과 기록만을 추구하게 될 때 스포츠는 의미를 상실하게 될 가능성이 높다. 의미추구 없는 결과적으로 들어나는 기록에 집착하게 될 때 인간의 마음은 안정과 평화를 찾기보다는 거친 마음을 가지게 될 수 있다. 스포츠는 하는 궁극의 목적은 외면하고 표피적인 쾌락과 기록 그리고 빠름만이 스포츠의 전부가 될 위험성을 갖는다. 그것은 스포츠문화를 빈곤하게 하는 요인들이다. 현대 스포츠에서 잃고 있는 아름다움과 즐거움을 현대 스포츠는 찾아 나서야 한다. 그것이 스포츠문화를 풍요롭게 하고 지속적 성장을 도모할 수 있는 길이다.

맺음말

이상과 같이 장자의 예술정신은 지극한 아름다움과 지극한 즐거움 속에서 노는 것을 의미한다. 여기서 지미지락은 심미경지를 뜻하고 그 경지를 노닒(遊)에서 발견할 수 있다. 잘 놀기 위해서는 심재와 좌망이란 수양공부가 필요하다고 장자는 말한다. 심재와 좌망은 일종의 잊음의 공부이다. 잊음의 공부는 마음을 거울처럼 맑은 빈 마음, 즉 허심의 상태를 도달하게 하는 공부이다. 이 때 세상 만물이 거울에 반영되어 세상을 있는 그대로의 모습을 받아들이게 되어 자유로운 놀이를 하게 된다. 놀이는 규칙을 가지고 있다. 규칙 없는 놀이는 없다. 장자의 놀이 역시 규칙이 있다. 그 규칙은 道이다. 세상의 도라는 규칙을 지키면 놀게 될 때 자유로운 놀이를 하게 된다.

시인 천상병은 <귀천>이라는 시에서 산다는 것을 소풍놀이에 비유한 적이 있다. 학창시절에 소풍은 학생들에게 일종의 설렘과 기다림의 시간이었다. 획일적이고 통제되어진 학교생활은 자유와는 너무 단절되었기 때문에 학생들은 학교 밖을 동경한다. 학교 밖으로 나가는 길은 소풍이외는 다른 무엇을 찾을 수가 없었기 때문이다. 소풍은 잘 놀아야 한다는 생각이 지배적이다. 왜냐하면 오래 동안 학창시절의 아름답고 즐거운 기억으로 간직해야 하기 때문이다. 소풍이 끝나면 말없이 잊고 떠나야 한다. 그것이 운명이고 죽음을 향한 존재의 끝이다. 다음은 천상병 시인의 <귀천>이라는 시이다.

> 나 하늘로 돌아가리라.
> 새벽빛 와 닿으면 스러지는
> 이슬 더불어 손에 손을 잡고
>
> 나 하늘로 돌아가리라.
> 노을 빛 함께 단둘이서
> 기슭에서 놀다가 구름 손짓하며는,
>
> 나 하늘로 돌아가리라.
> 아름다운 이 세상 소풍 끝내는 날,
> 가서, 아름다웠더라고 말하리라……

위의 시에서 산다는 것도 놀이이고 스포츠 하는 것도 놀이라는 것을 알 수 있다. 하지만 현대 스포츠는 승리지상주의로 인하여 놀이정신이 사라져 가고 있다. 놀이정신이 사라진 스포츠는 기계적인 반복의 행위에 불과하다. 놀아도 잘 놀아야 된다. 잘 노는 것은 지극한 아름다움과 지극한 즐거움(至美至樂)의 심미적 경지를 체험하는 것이다. 그 至美至樂은 허심의 상태에서 심재공부와 좌망공부를 통해서 도달 가능하다. 그 공부가 끝나면 道(자유정신)에서 잘 놀 수 있게 된다. 그래야 지상의 소풍놀이에서 잘 놀 수 있고, 소풍이 끝나면 귀천할 수 있게 된다.

소풍놀이 중에 하나가 스포츠이다. 스포츠를 아름답고 즐겁지 못하게 하는 것이 바로 집착과 아집이다. 꼭 이겨야 한다, 꼭 기록을 내야한다는 마음이 스포츠를 아름답거나 즐겁게 하지 못하게 한다. 스포츠의 지속적 성장 역시 현재와 같이 빠름과 강함 그리고 기록에 구속되어서는 미래를 기대할 수 없다. 과거에도 종교적 이유와 정치적 이유, 성차별적인 이유 때문에 금지된 일이 있었다. 스포츠의 지속적 성장을 위하여 우리는 스포츠가 아름다움과 즐거움을 지향해야 한다는 평범한 진리를 장자철학에서 발견하게 된다.

장자철학에서 얻은 핵심은 "잊고 놀자" 혹은 '잘 놀다 가는 것'이라는 말이다. 지상의 소풍놀이에서 "잊고 잘 놀다" 가는 것이 인간의 삶(人生)이다. 잘 놀 수 있는 놀이터가 비일상적인 스포츠세계이다. 우리는 훌륭한 놀이터를 가지고 있다. 남은 것은 잘 놀면 되는 것이다. 이 놀이터에서 지극한 아름답고, 지극한 즐거움 가운데 노닐 때 장자가 말하는 至人이 될 수 있다. 그리고 스포츠의 지속적 성장도 기대할 수 있다. 결과, 승리, 기록에 대한 강박관념을 잊고 아름다움과 즐거움의 스포츠에서 노닒이 우리에게 필요할 때이다.

제24장 | '스포츠를 권하는 사회' 만들기

한국사회는 어떠한 사회인가

우리가 살고 있는 생존의 터전인 이 사회는 어떠한 사회인가 하는 의문들이 제기될 수 있다. 한국 사회는 IMF체제의 사회, 시장경제의 자본주의 사회, 후기 산업사회 등 여러 가지 수사적 표현을 빌려 규명할 수 있다. 이러한 경제적, 정치적 차원의 해석을 떠나 우리 사회를 사회·문화적으로 해석할 필요가 있다.

우리 사회의 한 단면을 볼 수 있도록 해주는 공동체 의식을 형성하는 매개체가 있다면 그것이 무엇이며, 그것을 통해 인간 대 인간, 인간 대 사회를 연결해주는 가장 이상적인 것이 무엇인가를 밝힐 필요가 있다. 그 이상적인 것이 술과 스포츠라고 조심스럽게 말할 수 있을 것 같다. 이러한 맥락에서 볼 때 지금까지 공동체 문화의 현실이 술에 의해서 지배되어 왔다고 말해도 과언이 아닐 것이다.

우리의 공동체 문화를 대변하던 '술 권하는 사회'의 문제를 지적하고 대안으로 새로운 공동체 문화의 방안으로 '스포츠를 권하는 사회'를 제시하기 위하여 한국 사회에서 술과 스포츠로 대변되는 공동체문화에 대한 올바른 이해가 요구된다.

특히 우리 사회는 이기주의와 개인주의적인 서구의 생활 형태가 정착되어 가는 사회분위기에서 공동체 문화의 상실이란 위기를 경험하는 시대라고 할 수 있다. 이때 새로운 공동체 문화로서 '스포츠를 권하는 사회 만들기'를 통해 사회 · 문화적 위기에 처한 현실에서 우리 모두에게 살맛 나는 삶과 새로운 공동체 문화를 형성하려고 하는 것이 이 글의 의도이며, 목적이다.

공동체 문화와 분석 틀

우리의 공동체 문화에 매개체인 '술 권하는 사회'의 문제점을 반성해보고, 그 대안으로 새로운 공동체문화로서 '스포츠를 권하는 사회'를 제시하고 양 문화의 비교를 통해서 궁극적으로 우리에게 필요한 새로운 문화는 무엇인가를 살펴본다.

이 글에서 전체를 조망할 수 있는 이론적 틀은 공동체란 무엇인가이다. 공동체란 관계의 망 속에서 얽혀있는 사람들이 한정된 무리로 구성되고 있고, 그 구성원들은 신념과 가치를 공유하고, 인간적이고, 자기이해 보다는 우애와 책임의식을 갖고, 구성원들을 단결하게 하고, 성원들 사이의 연대가 한 두 측면보다는 삶 전체의 관심과 정체성에 의존하여 그것을 형성하고, 성원들은 서로의 연대성을 형성한다(Daly, 1994 : 15). 이러한 개념은 따뜻함, 보살핌, 공유된 가치의 이해, 도덕적 책임, 사회적 일치와 연대, 시간과 공간의 연속성 등으로 압축될 수 있다(Phillips, 1993 : 3). 이와 같은 제반 조건이 충족되면 한 집단은 분명 하나의 공동체라는 전형을 보여준다. 하지만 이러한 조건 중에 어느 하나라도 충족시키지 못하면 공동체라고 할 수 없다. 이러한 맥락에서 우리나라의 대표적인 공동체문화로서 술 권하는 사회와 스포츠를 권하는 사회에 대하여 논의해 보자.

'술 권하는 사회'의 문제

우리 사회의 하루 술 소비율은 세계의 상위권에 속한다. 이것은 우리 사회가 '술 권하는 사회'로 향하고 있다는 것을 보여준다. 남성 술 소비율의 증가와 여성 술 소비량은 계속적으로 증가하고 있다. 술은 가정경제력과 건강에 악영향을 미친다. 물론 저렴한 가격의 적당한 음주는 이상적이다. 문제는 술 문화가 2차, 3차로 이어져 취할 때까지 마시는 것에 있다. 20대 초반 대학생들의 활동이 활발해지면서 공부의 피로와 스트레스를 술로 푸는 대학생이 늘어나고 있다. 그런 뜻에서 다음의 글에 주목하게 된다.

> "대한 주류공업협회가 지난 12월 1일 전국 7대 도시의 중고생 3천명과 14개 4년제 대학생 3천 명의 음주실태를 조사한 결과 남자중고생은 10명 중 8명 꼴인 78.5% 여중고생은 69%가 술을 마신 경험이 있는 것으로 나타났다. 음주 경험자 중 한 달에 한 번 이상 술을 마시는 학생은 26.4% 일주일에 한 번 이상 마시는 음주학생은 7%이다. 또한 대학생 중 음주자는 93%로 미국대학생의 음주비율(86%)보다 높게 나타났다"(동아일보, 1998년 12월 2일자).

이것은 우리 사회가 얼마나 술 권하는 사회로 가고 있는가를 단적으로 증명하는 사실이다. 그렇다면 왜 많은 사람들이 술을 마시는가? 가장 설득력을 얻을 수 있는 대답은 우리 사회의 빠른 변화와 과도한 경쟁체제 속에서 생존을 위해 긴장을 지속적으로 유지해야 하는 사회분위기와 이러한 일상에서의 탈출하고 싶은 본능이 발생하기 때문이다. 또 술이 아니면 인간관계를 불가능한 것으로 알고 술을 챔피언으로 숭배하였기 때문이며, 이에 대한 새로운 도전자가 나타나지 않았기 때문이다.

그러나 이제는 21세기의 문턱에서 우리 사회와 대학에서 술을 챔피언 자리에서 물러나게 해야 한다. 진정한 인간 관계를 위한다면 스포츠가 도전자로서의 패기를 살려 챔피언이 되어 그 역할을 대신하여야 한다. 그래서 대학과 사회가 '술 권하는 문화'에서 '스포츠를 권하는 문화'로 변화해야 할 것이다. 이런 관점에서 다음의 글은 주목 할만 하다.

> "과다한 알코올 섭취는 신체의 거의 모든 부분에 영향을 미쳐서 간질환, 위염, 췌장염, 고혈압, 중풍, 식도염, 당뇨병 그리고 심장병 등 많은 질환을 일으키는 것으로 보고되고 있다. 만성 과음자는 대다수가 알코올성 간질환, 알코올성 간경화, 알코올성 지방간, 알코올성 심근증, 알코올성 위염 등으로 사망할 확률이 높다…….우리나라 알코올리즘 유병율은 남 45.6%, 여자 2.2%로 특히 남자의 유병률이 높다"(서문희, 1997).

음주는 건강문제 뿐만 아니라 사회문제로 우리 사회에 엄청난 경제적, 사회적 손실을 초래하고 있다. 다음의 글에서 잘 알 수 있다.

> "한국보건사회연구원에서 1995년 한해 동안에 우리나라에서 음주와 관련하여 야기된 질병 및 각종 사고 의료비, 질병으로 인한 조기사망, 생산성 손실 등으로 인한 비용을 산출한 결과 알코올로 인한 경제적 비용은 1995년에 약 9조 7,840억 원으로 추정되었다. 이는 우리나라 GNP의 2.8%에 해당하는 액수이다. 알코올로 인한 사회경제적 비용을 주요 항목별로 살펴보면 질병 및 숙취로 인한 생산성의 손실비가 5조 8,611억 원으로 59.9%, 질병 및 사고로 인한 조기사망에 의한 손실비용으로 2조 8,774억 원으로 29.4%를 차지하고 있으며, 그 나머지 555억이 음주운전사고에 의한 재산피해와 경찰 및 보험행정 처리비용으로 집계되었다"(서문희, 1997).

앞으로도 생산성 수준의 향상과 함께 알코올 관련 사회적 비용도 크게 증가될 것으로 전망된다. 이에 대하여 다음과 같은 대책방안이 서문희(1997)에 의하여 제시되고 있다. 첫째, 알코올 판매 및 소비 조정을 통한 건강증진 기금의 조성이다. 둘째, 주류판매 면허제의 도입이다. 셋째, 알코올 남용 및 중독관리 관련 기관의 필요성이다. 넷째, 절주 운동을 위한 민간 단체활동의 지원이다. 사회운동 차원에서의 범국민적인 운동을 전개하여 폭탄주 돌리기, 2차, 3차 음주 등 과도한 우리나라의 음주문화를 건전한 방향으로 유도해야 할 것이다 이러한 차원에서 술 권하는 사회의 대안으로 '스포츠를 권하는 사회'에 대하여 알아보자.

'스포츠를 권하는 사회'의 모색

스포츠는 첫 만남을 의미 있게 하는 매개체로서 인간관계의 근본적인 역할을 수행한다. 스포츠 활동은 열린 마음으로 솔직, 상호 존중, 정직을 전제로 행하여지기 때문에 가식과 허식에 의한 형식적인 만남의 인간관계를 배척하고 자연스럽게 만남의 의미를 중요하게 여기는 계기의 장이 될 수 있다.

예를 들어 등산을 경험해 본 사람은 등산을 함께 하면 모르는 사람이라도 쉽게 친해질 수 있다는 것을 알 수 있다. 등산은 일단 동일한 목표를 가지고 시작하여 힘들고 어려운 일을 함께 경험하므로 그 속에서 인간의 정과 끈끈한 우정을 느낄 수 있기 때문에 등산이 사람과 사람 사이를 가깝게 만든다. 이처럼 스포츠는 친선과 만남 그리고 인간관계의 중요한 통로라고 말하지 않을 수 없다. 이러한 맥락에서 다음의 글을 주목할 필요가 있다.

> "컴뮤니티 스포츠의 이념을 생각해 보면, 스포츠 활동에 의해 체감된 주민의 상호 활동에 따른 집단적인 즐거움을 매개로 하여 연대성을 높이고, 건강하고 밝고, 명랑한 거리를 목표로 하는 운동에 공헌하고, 복지의 확대와 인간성의 회복을 생활 환경 전체에 있어 확대하여 가는 계기라고 할 수 있다"(한왕택 · 정태응, 1997 : 104).

공동체 문화적인 관점에서 해석한다면 하는 스포츠와 보는 스포츠의 구분은 더 이상 필요하지 않다고 언급되기도 하는데 그렇지 않다. 보는 스포츠는 자신의 마음의 벽을 붕괴시키고 타인과 사회에 동참하는데 결정적인 장애물이 될 수 있다. 함께 어울려 땀을 흘리고 그 가운데 연대를 할 수 있어야 한다. 물론 '붉은 악마'와 같이 응원을 통해 공동체를 만들어 내는 것이 좋은 예이다. 그러나 볼거리를 통해서만 연대의식이 형성된다는 데에 문제가 있다. 프로선수와 국가대표급 선수들의 경기가 아니라 대중 스포츠와 생활 스포츠의 입장에서 공동체 문화는 형성될 수 있다. 젊음이 왕성한 10~20대 이외의 연령에서는 공동의 응원문화를 만들어 낸다는 것은 사실상 어렵다. 그들 20대의 열정과 욕구를 기성세대들은 따라가지 못한다. 즉 자신의 마음을 열지 못하는 것이다. 이처럼 중년층과 노년층이 스포츠를 통해 새로 연대의식을 형성하기는 어렵다. 그러나 우리 사회의 일면을 들여다보면 조기축구회 등과 같은 소모임을 통해 지역을 연계하는 것을 볼 수 있다.

또한 사이버 공간을 통한 스포츠 네티즌들의 연대의식을 살펴볼 수 있다. 네티즌은 아주 솔직하다. 그것이 익명성 때문인지 몰라도 적어도 그들은 자신의 생각을 표출하고 남의 생각을 존중할 줄 안다. 스포츠 현장에서의 잘못된 군중의식을 바로잡고 상호연대주의의 깃발아래 모인 공동체가 하나 둘씩 늘어난다면 운동장이 스트레스 해소의 장이 아니라 자기 개성과 표현의 장으로 새롭게 탄생될 수 있을 것이다.

"맹목적인 편의를 숭배하는 소비문화에 이미 길들여진 우리 모두가 공동체문화에 반하는 삶을 살고 있다는 인식의 대전환이 없고서는 진정한 의미의 공동체 문화의 형성은 불가능하다.

그렇다고 개인과 공동체 사이의 갈등에 대해 무조건 공동체를 앞세우는 것만이 공동체는 결코 아니다. 그런 갈등을 공동 참여를 전제로 한 열려진 커뮤니케이션의 공간에서 해소할 수 있을 때에 바로 공동체 문화가 형성되어 있다고 말할 수 있는 것이다"(강준만, 1998 : 8).

공동체를 위한 스포츠의 역할을 수동적으로 보는 스포츠에서 찾기보다는 과감하게 운동장에서 땀을 흘리면서 참여하는 '행하는 스포츠'에서 찾아야 할 것이다. 스포츠를 한다는 것은 보는 대상으로서만 스포츠를 간주하는 것이 아니라, 쉽게 스포츠 속으로 들어가 스포츠의 의미(체험)를 얻을 수 있어야 한다. 이런 맥락에서 스포츠를 해석해야지 보는 대상으로 각 스포츠만을 보고 말하면 그것은 해석상에 오류를 범하기 쉽다. 전체를 볼 수 있는 눈은 스포츠에서 몸이다. 직접 체험하는 그 자체를 통해서 바른 해석이 가능하며 스포츠를 했다고 할 수 있다. 지금 당장 운동장에 뛰어나가 땀을 흘리면서 체험하는 것에서 공동체문화의 형성이 시작된다고 본다. 다음의 글은 스포츠에서 우리가 얻어야 할 것이 무엇인지를 나타내는 글이다.

"즐거움을 추구하는 것이 쉬운 것만 좇는 것이 되지 않고 땀으로 얼룩진 몸과 그 뒤에 진정으로 뼈를 깍는 노력, 그러면서도 재미와 즐거움을 만들어내는 것, 나이키 에어 조던을 신지 않았어도 숏 다리로 덩크슛에 도전하는 용기, 직업이 아닌 스포츠를 해내는 배짱, 자본과 국가의 코드로 얽혀진 스포츠를 구출하는 지혜, 그리고 스트레스 해소가 스포츠의 임무라고 여기지 않는 것, 이것들이 우리가 스포츠에서 건져야 할 욕망의 미시정치가 될 것이다"(문선영, 1998).

'스포츠를 권하는 사회'를 통하여 이웃, 친구, 가족이 함께 모여 스포츠를 즐기면서 상호간의 불신의 벽을 허물고 공동체 의식을 형성할 때 함께 더불어 사는 공동체를 만들 수 있을 것이다. IMF위기의 여파로 인한 너무나 과도한 현실의 압박에서 일순간 벗어나서 자기를 찾고 이웃과 함께 살아가야 한다는 의식을 찾아야 할 것이다. 이런 바탕에서 온 국민의 얼굴에서 미소를 볼 수 있고 나라 전체가 살맛 나는 세상이 될 것이다. 이와 같은 역할은 바로 스포츠, 그것도 생활체육, 동호인들을 중심으로 하는 동호인 중심 체육, 그리고 가족 스포츠를 활성화시킬 때 찾을 수 있다. 모두 함께 새로운 공동체문화를 만들어 가야 할 것이다. 스포츠가 우리 사회에 정이 넘치고 이웃과 삶을 더불어 산다는 의식을 되살리는 전통의 통로가 되어야 한다.

술 vs 스포츠 : 한판승부

한국사회에서 타인과 자신의 심리적 벽을 무너뜨리는 것 중에 대표적인 것이 있다면 그것은 술과 스포츠이다. 술은 한국인에게 없어서는 안 되는 문화적인 요소이며 자신이 가진 한을 풀고 울분을 삼키게 하는, 희로애락의 삶 자체와 일에서 빠질 수 없는 것이었다. 일상적으로 술은 우리의 문화행위의 한 부분으로 언제나 우리 곁에서 삶의 애환을 달래주며 자기의 역할을 해왔다.

그러한 술의 순기능을 비판을 하려고 하는 것은 아니다. 술은 언제나 마시는 주체의 통제와 절제를 통해서 그 본연의 임무를 다해왔다. 그런 술을 탓하려고 하는 것이 아니라 마시는 주체인 나와 우리를 성토하려고 하는 것이다. 술로 인하여 벌어지는 일은 무수히 많다. 자신의 도덕성을 무너뜨릴 수 있고, 인격 장애를 가져올 수 있고, 얼굴을 들지 못할 정도의 실수를 야기하여 사회적 고립을 당하게 되는 경우도 있다. 이 같은 일들은 물론 술 마시는 사람 그 자신의 통제와 조절의 실패를 말한다. 이런 위험성이 항상 내재해 있는 술은 지금까지 우리의 사랑하는 공동체문화로 인식되어 왔다.

> "그렇다면 공동체문화란 무엇인가? 그건 한 문화권 내에서 살아가는 사람들이 공동의 문제를 인식하고 공동의 이익을 추구하는 쪽으로 사회적 삶의 방향과 내용을 조정하는 것이 가능한 문화이다. 따라서 공동체문화는 언어 또는 커뮤니케이션의 문제이기도 하다. 의미와 가치의 창조에 있어서 참여의 공동 과정이 배제된다면 그건 결코 공동체 문화가 아니다"(강준만, 1998 : 7).

그러나 이제는 밀폐한 공간에서 술을 마시는 행위보다는 넓고 열린 공간에서 스포츠를 하면서 자신의 심리적 배타심이나 벽을 무너뜨리고 땀 속에서 타인과의 거리를 좁히고 관계 맺음을 통하여 함께 어울려 즐기는 문화를 생각하는 것이 이 시대에 진정 요구하는 새로운 공동체 문화가 아닌가 생각된다. 우리의 일상의 삶을 살펴보면 공동체의 문화보다는 컴퓨터를 중심으로 개인 중심의 문화를 형성하고 있다. 개인중심의 문화는 후기 사회산업 사회환경의 파생물이라고 볼 수 있다. 이는 곧 개인 대 개인, 개인과 사회, 개인과 자연의 단절을 가져오며, 고립을 시키고 있다. 이런 관점에서 다음의 글은 우리 사회를 잘 묘사하고 있다.

> "우리시대의 문명은 '개별화'라는 열병을 앓고 있다. 개별화가 발전의 척도가 되고 있다. '잘산다'는 게 무엇인가? 우선 지극히 개별적인 공간을 보장하는 아파트의 소유가 출발점이며, 가족구성원 개개인의 개별화를 보장하기 위해 아파트는 클수록 좋다. 그러고 나서 내가 원하는 때에 내가 원하는 곳으로 내가 원하는 방식에 의해 갈 수 있는 자동차가 개인별로 있어야 한다"(강준만, 1998).

자동차의 등장은 자신의 욕구를 충족시켜주고 자신의 고립화, 개인적인 성향을 강화시켜왔다. 반면에 공동체문화는 이제는 구시대적 산물로 인식되고 포스트모던문화로 대표되는 다문화와 다가치를 주장하는 이들의 목소리가 울려 퍼지는 시대에 우리는 살고 있다. 이러한 사회에서 진정 인간과 사회의 관계 맺음의 통로로 인식되어 온 술과 스포츠의 장단점을 고찰하여 과연 우리 삶의 정서에 긍정적인 관계를 제공하는 것이 무엇이 될까 하는 물음에 대한 답변을 찾아내기 위하여 술과 스포츠에 대하여 몇 가지 검토를 해보자.

첫째, 인간관계의 문제이다. 술은 인간을 빠른 시간 안에 서로간의 담을 허물고 진솔한 대화를 하게 한다. 문제는 서로간의 주량의 차이로 인한 문제가 생긴다는 사실이다. 어느 정도 술을 소비했을 때 그 사람이 마음의 벽을 무너뜨릴 수 있지만 동시에 과음이 된다면 우호적인 인간 관계가 아니라 적대 관계가 될 수 있는 가능성이 항상 있다. 과음으로 인해 주사가 일어날 수 있으며, 그것이 관계 맺음이 악 영향을 미칠 수 있다. 술은 긴장을 풀고 따뜻한 마음을 나누는 행위이다. 그런데 술 먹는 행위 자체가 삶의 즐거운 여가 문화적인 차원이 아니라 정치적 행위로 이용된다면, 접대용 술 문화는 의무적 행위로 연결되어 술 먹는 의미 자체를 왜곡시키는 결과를 가져올 수 있다. 그래서 대접하는 자와 대접받는 자의 분리를 통해 술 먹는 행위 자체는 계산된 논리에 의해서 규정된다. 그리고 2, 3차로 이어지는 술 문화는 학생에게는 다음날 공부에 직장인에게는 업무에 지장을 초래 할 수 있다.

반면에 스포츠는 첫 만남을 의미 있게 하는 매개체로서 인간관계의 근본적인 매개 역할을 수행한다. 스포츠 활동은 열린 마음 즉, 정직, 상호 존중, 상호이해를 전제로 행하여지기 때문에 가식과 허식에 의한 형식적인 만남의 인간관계를 배척하고 자연스럽게 만남의 의미를 중요하게 여기는 계기의 장이 될 수 있다. 예를 들어 등산을 경험해 본 사람은 등산을 함께 하면 모르는 사람이라도 쉽게 친해지는 것을 알 수 있다. 등산은 일단 동일한 목표를 가지고 시작한다. 힘들고 어려운 일을 함께 경험하기 때문이다. 그 속에서 인간의 정과 끈끈한 우정을 느낄 수 있기 때문에 등산이 사람과 사람 사이를 가깝게 만든다. 따라서 스포츠는 친선과 만남 그리고 인간관계의 중요한 통로가 아닐 수 없다. 따뜻한 만남 그리고 인간의 정을 경험할 수 있는 만남과 친선 그리고 공동체의 장이 되는 것이다. 반대로 스포츠에 대한 지나친 몰입은 여가로써의 스포츠가 하나의 일 또는 중독증세로까지 변화될 수 있는 가능성 또한 부인할 수 없다.

그러나 스포츠의 본래적 목적은 여가문화의 상호적인 공유에 그 의미가 있다.

만약 스포츠가 없었더라면, 첫 만남이 친숙함으로 이어지기까지는 긴 시간이 걸렸을 것이다. 왜냐하면 인간의 자존심은 높은 벽을 쌓고 경계하면 타인을 접근을 쉽게 용납하지 않기 때문이다. 또한 스포츠는 살아 있는 생생한 체험을 통해서 알 수 있는 문화라고 말 할 수 있다. 이런 전제하에서 동문 체육대회와 학교 체육대회와 같은 스포츠 행사에 좀 더 많은 참여자를 동원할 수 있는 프로그램을 개발하고 이용한다면 체험을 통한 단결과 화합의 장이 조성될 것이다. 이것이 스포츠가 가지는 매력이며, 열린 마음의 상태에 도달하게 하는 매개체로서의 역할이다.

둘째, 건강의 문제이다. 스포츠 활동은 가정 경제의 의료비 부담을 감소시킬 수 있다. 만약 가족 중에 한 사람이 중병에 걸렸다면 한 가정의 경제는 붕괴되기 쉽다. 그만큼 의료비는 큰 부담을 준다. 그러므로 가족 구성원의 건강은 가정 경제를 풍요롭게 유지하고 가정의 행복의 근원이 된다. 만약 사람들이 지속적으로 스포츠 참여를 통해 습관화, 체질화된다면, 많은 사람들은 평생체육의 바탕을 형성할 수 있고, 나아가 평생 동안 건강한 생활을 할 수 있다. 따라서 가정 경제의 의료비 부담은 그만큼 적어질 것이다. 가정의 모든 구성원이 건강할 때 가정 경제는 의료비 절감으로 윤택한 삶, 다시 말해서 살맛 나는 삶을 영위할 수 있는 열쇠를 제공받게 된다. 이를 좀더 구체적인 예를 들어 알아보자.

"국민들이 1년에 쓰는 의료비의 총액을 국민 총의료비라 부른다. 우리의 국민 총의료비는 91년에 10조 6천 5백 26억 원으로 10조원을 넘더니 95년에는 18조 8천 3백 85억 원에 이르렀다. 이 액수는 그 해 GDP의 5.35%에 해당한다. 국민 총의료비는 91년부터 95년까지 5년 사이에 연평균 15% 이상씩 증가하고 있어, 98년에는 적어도 20조원이 넘었을 것으로 짐작된다. 질병가운데 30~40%는 운동부족과 관련되어 있으며, 독일의 총의료비 가운데 20~30%를 국민들이 운동만 충분히 하고 있으면 줄일 수 있다고 한다"(시민체육, 1999년 1월호).

이러한 기틀은 학교에서 학교체육과 스포츠 활동의 지속적인 운영과 참여자 본인의 적극적이고 자발적인 참여 속에서 형성할 수 있다. 스포츠는 우리의 건강한 삶을 위한 예방의학으로 작용한다. 이에 반하여 술은 과도한 음주행위로 인하여 술로 인한 많은 질병에 걸릴 확률이 높다. 술 먹는 행위는 인간관계 맺음을 위한 것인데 도리어 건강에 해가 되는 경우가 많다. 물론 여기서도 적당한 음주는 몸에 이로우나 우리의 음주문화는 술 먹는 행위보다는 많이 마셔야 한다는 인식 때문에 과음을 하게 된다. 그래서 술병이라는 병에 의하여 생명이 악영향을 입게 된다.

셋째, 경제적 문제이다. 술 권하는 사회에 있어서 사람들은 의료비, 술값으로 많은 돈을 투여해야 한다. 그러나 스포츠는 무료로 즐길 수 있는 공간이 있다. 물론 상업스포츠 시설을 이용한다면 비용이 좀 들어가지만 술값보다는 저렴하게 들어갈 것이다. 술 문화는 술값이 문제가 아니라 술에 의하여 파생되는 제반적인 것들에 의한 비용은 상상을 초과할 수 있다는 점이다. 그래서 다음과 같이 단언할 수 있을 것이다. '술 먹고 남는 것은 술병이고, 스포츠를 하고 남는 것은 건강과 체력 그리고 즐거움'이다.

이상에서 술이 더 이상 우리들의 공동체 문화를 유지하고 인간관계를 돈독하게 하는 챔피언으로서 우리의 대학과 사회에서 숭배 받아서는 안 된다고 생각한다. 우리는 스포츠를 통하여 공동체 의식이 형성된다는 것을 누구나 긍정하는 사실임을 잘 알고 있다. 이것은 스포츠가 대학과 사회에서 공동체 의식의 함양과 인간관계의 증진을 위한 매개체로서 역할을 해 왔다는 것을 보여준다. 연대와 대동을 위한 행사로 체육대회는 빼놓을 수 없었다. 스포츠만큼 사람들과의 연결 고리를 이어주는 것은 찾아보기가 어렵다는 사실에서 저자는 '스포츠를 권하는 사회'를 만들어야 한다고 주장한다.

'스포츠를 권하는 사회' 만들기

이제까지의 논의에서 '술 권하는 사회'에서 발생되는 문제들은 여가문화의 범주밖에 있다고 할 수 있다. 근본적으로 술 문화를 부정하는 것이 아니라 그 동안 현대사회에서 나타나는 술 중심의 문화에서 발생한 문제들에 대하여 스포츠가 도전장을 던져보는 것이다.

지금까지 우리 공동체문제의 대표적인 두 문화를 비교하였다. 술 권하는 사회와 스포츠를 권하는 사회의 상호비교를 통하여 우리가 지향하는 새로운 공동체문화로서 '스포츠를 권하는 사회'를 제시하였다. 스포츠를 권하는 사회는 사회 구성원 모두가 스포츠를 통하여 나보다 남을 먼저 생각하는 이타주의와 도덕성, 협동심을 자연적으로 습득하게 되고 사회적으로 문제가 되는 도덕성 타락을 서서히 해결할 수 있는 사회를 말한다. 스포츠동호인들은 스포츠를 즐기는 가운데 페어플레이 정신과 도덕적 자질 함양의 기회를 갖게되어 건강하고 건전한 사회를 만드는 데에 일조하며 또한 원칙(질서)이 지켜지는 사회를 구성하는데 주춧돌의 역할을 할 수 있다. 이외에도 스포츠를 권하는 사회는 술 권하는 사회를 대신하여 인간관계, 가정경제, 그리고 공동체 문화로서의 사회전체를 인간들의 정감이 오고가는 아름다운 삶과 풍요로운 사회를 보장하는데 밑바탕이 될 것이다.

'스포츠를 권하는 사회'는 건강한 사회를 의미한다. 건강은 인간에게 가장 중요한 것으로 행복한 삶의 일차적인 전제 조건에 해당한다. 건강한 삶은 질병으로 인한 의료비용의 절감을 가져와 개인과 가정경제의 경제적 이익을 가져다준다. 한 인간의 건강의 약화는 돌이킬 수 없는 일인만큼 건강은 건강할 때 지켜야 한다. 육체가 건강한 사회는 국민의식 또한 건전하고 이와 더불어 건강한 사회 형성의 토대가 되는 것이다. 건강은 한번 잃으면 그것을 회복하는데 경제적, 정신적 손실을 가져온다. 그 만큼 병약한 국가는 국민의료비에 많은 돈을 사용하게 되기 때문에 예방의학 차원에서 '스포츠를 권하는 사회'만들기를 통해 의료비용의 절감을 가져올 수 있다.

'스포츠 권하는 사회'를 만들기 위해서는 직접 스포츠를 함으로서 효과를 확인하고 다른 사람들에게 권장하여야 한다. 건강한 사회는 건전한 생각을 가진 이들의 중심사회가 되는 것이다. 스포츠는 건강한 사회와 살맛 나는 사회를 형성하는 토대가 될 것이다. 우리의 새로운 공동체 문화로 스포츠가 그 역할을 대신하도록 권장하여야 할 것이다.

> "전자문명의 시대, 공동체문화가 와해되고 개인의 성만이 그 위용을 자랑하는 시대에 스포츠는 21세기에 물려줘야 할 가장 중요한 문화유산 중의 하나라고 강조된다. 새로운 문화행위로서 스포츠를 가꾸고 성장시켜야 한다"(한겨레21, 1994년 6월).

이처럼 스포츠는 21세기 새로운 공동체 문화로서의 역할이 점진적으로 그 중요성이 부각되고 있다. 이를 위한 일차적인 방법은 사회 전체의 많은 술집을 점차적으로 줄어들도록 하고 그 자리에 체육관, 볼링장, 피트니스 센터, 수영장, 테니스장이 점차적으로 증가하는 사회분위기를 형성해야 할 것이다. 그래서 직장인들이 퇴근과 동시에 야간 조명 아래에서 테니스를 치거나, 수영을 하는 사회를 만들어 가야한다. 이를 위해서 정부와 국민 전체의 인식전환과 시설투자에 대한 지원이 요청된다.

스포츠문화의 중요성이 점차로 부각되고 있는 상황에서 '스포츠를 권하는 사회'를 만들기의 일차적인 시작의 작은 실천은 사이버 공간의 스포츠 네티즌의 전형인 '붉은 악마'의 서포터들의 연대의식처럼 온 라인의 사이버네티즌들의 연대와 오프 라인의 현실 공간에서의 스포츠 소집단(클럽)모임을 통한 공동체 의식을 형성할 필요가 있다. 이와 병행하여 이웃과 친구, 가족 모두에게 스포츠를 모두 함께 하는 일이 무엇보다도 '스포츠를 권하는 사회' 만들기의 첫발일 것이다. 이러한 실천을 통한 '스포츠를 권하는 사회문화'의 정착을 통해서 우리 사회에서 술 문화를 점차적으로 사라지게 하고 스포츠문화가 환영받는 사회문화를 만들어 가야하고 이를 통해서 좋은 세상을 만들어 가야 할 것이다.

제25장 | ‘스포츠 맛’과 ‘살맛 나는 세상’ 만들기

IMF와 경제위기

IMF 이후 우리의 삶은 경제위기로 인하여 연속적인 어려움을 겪고 있다. 이러한 고난의 삶 속에서 중 하류층의 일부의 사람들은 이러한 상황에 대하여 죽을 맛 나는 세상이라고 자조 섞인 말들을 한다. 이러한 시대상황 속에서 어떻게 하면 사람들이 스포츠를 통하여 ‘살맛 나는 삶’을 조성할 수 있을까 하는 문제의식을 가지게 되었다.

이 문제는 쉽지 않은 문제이기 때문에 해결책을 정치, 경제, 사회 등의 다른 분야에서도 찾을 수 있겠지만 무엇보다도 저자는 스포츠에서 찾을 수 있다는 확신을 가지게 되었다. 이 확신은 스포츠에서 살맛 나는 삶이 어떻게 하면 가능할 수 있는지에 대한 풀리지 않은 문제로 남는다. 그 문제 해결의 실마리를 저자는 ‘스포츠 맛’에서 찾을 수 있다고 본다.

여기서 ‘맛’이란 순수 우리말로서 우리의 정서와 욕구를 내포하는 함축적 개념이다(배기수, 1981 ; 이학준, 1997, 1998). 우리말의 ‘맛’

이란 용어에는 일반적으로 두 가지 의미가 있다. 그 하나는 순수한 미각적 의미로서의 물건을 혀에 댈 때, 시고, 짜고, 달고, 매운 따위의 느낌을 의미하는 경우이며, 또 하나는 미각 이외의 다른 감각적 내지 관념적 의미로 전용되어 대상의 체험적 특질을 형용하는 경우이다(백기수, 1981).

이와 같은 '스포츠 맛'을 가지고 어떻게 스포츠의 체질화와 생활화가 이루어질 수 있으며 어떻게 그것을 통해 '살맛 나는 세상'이 만들어질 수 있는가 하는 가상 시나리오에서 출발하였다. 여기서 체질화라는 말은 몸이 체질화(육화)되어 하나로 된 상태에서 신체기법을 습득한 것을 말한다. 좀더 풀어 설명하면 반복적인 운동을 통해 운동기술(신체기법)이 몸에 배는 것을 말한다.

여기서 몸에 밴다는 것은 몸에 익숙하게 된다는 뜻이다. 예를 들어 자전거를 탈줄 안다는 것이 다른 시공간에서도 가능하다면 그것은 자전거에 대한 신체기법을 습득했기 때문에 가능한 것이다. 이처럼 몸에 익숙하게 되어서 잘 할 수 있는 상태를 체질화되었다고 할 수 있다. 물론 체질화는 생활화에 전 단계이다. 그러므로 체질화를 통해 생활화가 가능한 것이다. 이런 차원에서 교양체육은 체질화 단계에 해당하며 생활체육은 생활화 단계에 해당하기 때문에 둘의 구분이 가능하다. 이를 위하여 스포츠 맛의 체험을 유도함으로써 학교체육, 교양체육, 그리고 생활체육으로 연계시켜 스포츠의 체질화와 생활화를 가져 올 수 있다. 이는 곧 스포츠 맛을 통하여 '살맛 나는 세상'을 조성할 수 있음을 암시하는 것이다.

이 글에서 목적하는 바는 스포츠 맛에 대한 체험을 스포츠 발전

방향성의 토대를 제시하는데 있다. 나아가 어떻게 스포츠 맛을 생활화시킬 수 있는가를 구체적으로 기술하는데 있을 뿐만 아니라 스포츠 맛을 통해 살맛 나는 세상 만들기에 있다. 이것은 스포츠에서 행복을 규명하는 것을 의미하기도 한다. 논의 절차는 이론적 준거 틀과 연구방법에 대하여 알아보고, 스포츠 맛보기, 체질화, 그리고 생활화의 순서대로 알아본다. 이러한 고찰을 통해서 이 땅에 살고 있는 사람들에게 스포츠 맛을 통한 '살맛 나는 세상'을 만들 수 있다는 확신을 가지게 할 것이다.

스포츠 맛과 논의의 방향

이 글에서 논의의 방향을 결정하는 이론적 틀은 '스포츠 맛'이다. 이 맛을 가지고 우리나라 스포츠 현상에 대하여 고찰한다. 다시 말하면 스포츠 맛이 글 전체 논의에 중심 틀이 된다. 이는 스포츠 맛이란 색안경을 쓰고 스포츠 현상을 바라보는 일이다. 색안경에는 한계가 상존한다. 그 한계는 한가지 색으로 스포츠 현상을 바라보는 행위에 지나지 않으며 다른 빛깔의 색안경을 쓰고 본 세상과는 다르다는 것이다. 이와 같이 스포츠 맛이라는 색안경은 본 글의 장점이며 한편으로는 단점이 될 수 있다.

이론적 틀인 스포츠 맛에 대한 이해가 필요하다. 스포츠 맛은 스포츠 그 자체가 가지고 있는 살아 있는 독특한 지식체(앎)라고 말할 수 있다. 여기서 '맛'은 우리 순수 용어로서 그 속에 인간 욕구와 정서가 내재되어 있다. '맛'은 인식주체의 신체가 체험을 통해 얻을 수 있는 것이기 때문에 스포츠 그 자체의 맛을 한 번이라도 체험해 본 사람이라면 지속적으로 스포츠에 참여하여 스포츠 맛을 경험할 수 있다. 운동선수들이거나 비운동선수들이거나 스포츠에 매일 참여하는 것은 이런 '맛'을 느끼기 때문이다.

우리는 음식을 먹을 때마다 맛있는 음식에 젓가락이 가고, 입으로 향한다. 맛은 먹었을 때 인식 주체인 신체의 작용을 통해 체험되는 것이다. 이때의 맛은 주관적인 앎이며 암묵적 앎이기도 하다. 이 맛은 사람들이 각자 체험된 앎으로 인지하고 있음을 의미한다. 이와 같이 스포츠를 통해 얻어지는 인식 주체적 앎은 '스포츠 맛'이라 말할 수 있다. 다시 설명하자면, '스포츠 맛'은 체험을 통해 알 수 있는 것으로 음식의 맛과 이런 점에서 같다고 볼 수 있는데 '스포츠 맛'은 대근 활동을 통해 얻는 생생한 살아 있는 앎이라는 점에서 음식의 맛과는 다르다. 궁극적으로 이런 맛은 스포츠 참가자들의 지속적인 운동을 가능하게 하는 촉매제에 해당한다. 이것은 음식의 예처럼 맛있는 음식의 맛을 본 사람은 그 음식을 계속 찾는 것과 마찬가지로 '스포츠 맛'을 한 번 맛 본 사람은 지속적으로 스포츠 활동을 한다(이학준, 1997, 1998).

이 글에서 사용되는 스포츠, 학교체육, 교양체육, 생활체육에 대한 용어의 정의가 일차적으로 요구된다. 이러한 과정은 논의 전개의 판명과 명료화를 위해서 필요하다. 우선 스포츠의 정의는 객관적 정의와 주관적 정의로 구분할 수 있다. 이 글에서는 스포츠의 주관적 정의에 해당하는 이진수의 정의를 따를 것이다. 그는 스포츠란 '행복을 추구하는 신체기법의 총체', 혹은 '절정체험을 추구하는 신체기법의 총체'라고 말한다. 신체기법이란 신체를 가지고 있는 우리들의 생존의 구체적인 양상, 다시 말해서 신체화된 기술이다. 할아버지와 할머니가 아침에 공원에 모여 행하는 배드민턴의 기술도 '신체기법'이며 칠대륙 삼극점을 정복한 허영호의 등반기술도 모두 같은 신체기법이다. 행복의 추구, 절정체험도 같은 맥락에서 이해될 수 있다. 챔피언만이 갖는 행복, 절정체험이 아니라 우리들 보통 사람들이 찾는 그런 소박한 기법들, 그것이 바로 스포츠인 것이다(이진수, 1996 : 12).

학교체육은 사회체육에 대응하는 개념이다. 사회체육은 성인들이 여가시간을 이용하여 자발적으로 실시하는 체육활동에 반하여 학교체육은 정부가 정한 체육 목적에 따른 체육교육 과정을 학교의 책임하에 주로 학교 시설을 이용하여 자격 있는 교사가 일정한 연령에 도달한 피교육자를 대상으로 의도적, 계획적으로 이루어지는 체육활동을 의미한다. 다시 말하면, 학교라는 교육기관의 책임 하에 이루어지는 제도적 체육활동을 뜻한다(정응근, 1988 : 15).

교양체육이란 거시적 관점에서 학교체육의 범주 안에서 규정될 수 있지만 이 글에서는 교양체육의 중요성을 부각시키기 위하여 미시적 관점에서 세분하여 교양체육을 학교체육과 구분하여 사용한다. 대학에서의 교양체육은 교양교육의 일부분으로서 대학생이 갖추어야 할 공동적인 자질인 지적, 정의적, 신체적 조건의 발달을 궁극적 목적으로 해왔으며, 특히 교양교육이 의도하는 지, 덕, 체를 겸비한 전인적 인간상의 추구과정에서 신체적인 조건을 갖추도록 함으로써 지적, 도덕적 능력이 정상적으로 발휘하고 유지될 수 있도록 하여 교육전반의 목적과 부합되게 시행되어 왔다(김달우, 1989 ; 조한범, 1985 ; 최동진, 1995 ; 김영구, 1998 ; 양은석, 1999).

사회체육이란 체육의 한 영역으로 분류할 때 사용하는 용어이고 생활체육은 체육실천의 슬로건으로서 생활 속에서 체육을 즐기거나, 정책 수립의 차원에서, 또는 체육의 한 실천의 방법으로서 쓰이는 체육 목적의 측면에서 사용되는 용어라고 할 수 있다(임번장, 1992). 현재 학문적인 차원에서는 사회체육이란 용어를 사용하고 있는 반면, 실제 현장에서는 생활체육이란 용어를 사용하고 있다. 따라서 이러한 혼용되지 않기 위해서 명확한 용어 정의를 하는 것이 학계에 종사하는 학자들의 임무라고 생각된다. 생활체육은 기본적으로 사회체육과 동일한 개념으로서 주로 행정부에서 국민체육의 진흥을 위한 정책시행의 추진 내용을 개념화한 용어이다.

평생체육은 생활체육과 유사한 개념으로서 활동자가 전 생애를 통하여 참가하는 신체활동, 즉 평생을 통하여 이루어지는 체육활동을 의미한다. 평생체육은 신체적으로 체력이나 발육발달이 왕성한 시기인 청소년기뿐만 아니라, 학교 체육에서의 학습 내용을 토대로 성인기를 포함하여 노인기에 이르기까지 전생애주기에 걸쳐 활발하게 체육활동에 참가한다는 점에서 생활체육이나 사회체육과 비슷한 의미를 내포하고 있다.

그러므로 학교체육과 교양체육 그리고 생활체육은 연계적이고 상호보완적 관계를 유지하고 있어야 하며 학교체육은 교양체육과 생활체육의 활성화를 위한 기초적 바탕을 이루어 평생체육을 지향하는 토대가 되어야 할 것이다(김경숙, 1996, 1997 ; 김혜정, 김경숙, 1999).

이 글에서는 학교체육, 교양체육, 생활체육, 평생체육에 관련된 문헌과 자료를 수집 분석하였다. 그리고 일부는 스포츠 활동 참여자들에게 직접 인터뷰를 하여 현실감을 한층 강화하였다. 또 대학의 교양체육을 수강하는 학생들에게 교양체육의 이상적 방향은 무엇인가를 질문지에 답하는 형식을 이용하였다.

스포츠 맛보기 단계 : 학교체육

> "96년 서울 YMCA의 청소년 가출 실태보고에 따르면 설문조사 대상자의 77.4%가 가출 충동을 느껴본 적이 있다고 대답했다. 2,123명의 응답자 가운데 가출경험이 있는 경우가 15%(315명)였고, 3번 이상에서 10번까지 집을 나와본 경우도 115명이나 됐다. 가출 청소년들이 책임을 돌리는 대상은 일차적으로 자기 자신(38.6%)이지만 부모(30.4%), 사회제도(18.9%)가 집중적인 비난의 대상이라는 사실에 주목해야 한다. 우리나라 청소년 중 77%가 가출 충동을 경험하고 가출경험이 있는 청소년들은 연령이 낮아지고 특히 여학생이 급증하고 있다. 이들은 대개 주유소, 술집 등에서 숙식을 하며 돈을 번다. 돈을 벌어 남자들은 오토바이를 사고, 여자들은 유명 메이커의 옷을 사는데 돈을 쓰고 있다"(뉴스플라스, 1997년 4월 3일자).

이것이 오늘날 우리 사회의 청소년들의 삶의 한 단면이며, 이런 일을 흔히 볼 수 있다는데 문제의 심각성이 있다. 이러한 문제는 학교 교육에서의 그 근본 원인을 찾을 수 있다. 학생들은 학교 수업에 적응하지 못하고 방황과 일탈을 하고 있는데 학교에서는 이를 예방하지 못한다. 또 가정의 불화, 친구들간의 거리감, 불신 등이 총체적으로 작용하는데 청소년의 일탈의 원인을 찾을 수 있다. 이러한 청소년 문제의 심각성을 해결하지 못하는데 체육교육 역시 책임을 회피할 수 없다.

학교체육의 현실은 우리의 과거를 생각해 보면 문제의 심각성을 쉽게 발견할 수 있다. 체육시간은 질서 교육이나 아니면 공을 가지고 노는 시간이라는 인식이 지배적이었다. 그리고 운동은 운동 특기생이나 하는 것이라는 생각을 우리는 가지고 있었다. 학교체육 시설과 학교체육에 투자되어야 하는 돈은 단지 몇몇의 운동 선수들을 위해서 쓰여진다. 학생들은 학교체육 시설을 당당하게 사용하는 것을 쉽게 포기하고 그것을 당연하다고 생각한다. 그래서 보통 학생들은 학교에서 벗어나 길거리 농구에 열을 올리고 구경하기 위하여 농구장을 찾는 것이 현실이다. 학교에서 벗어난 학생들은 길거리 농구에 빠지는 것은 당연하다. 놀이 욕구가 가장 강한 시기에 길거리로 내몰리는 것이다.

초・중・고등학교의 체육 시간은 규율과 질서 교육 시간과 같이 경직된 시간이었다. 그래서 체육 시간은 즐거워야 할 시간임에도 불구하고 재미없고, 싫어하는 교과목으로 인식되어 왔다. 다음의 글은 학교체육을 경험한 학생의 말이다. 이 글은 학교체육의 현실을 사실적으로 묘사하고 있다.

"사실 1, 2학년 때의 체육활동 또한 한심스러울 정도로 형식적이었다. 판에 박은 듯한 반복되는 운동과, 시간의 절반을 차지하는 수업준비, 자유활동, 잡담을 마치면 한 시간이라는 수업은 끝나게 되어 있었다. 3년 동안 같은 선생님에게 수업을 받게 되는 경우에는 그 정도가 더욱 심했다. 내가 다녔던 학교도 예외는 아니었다. 우리는 3년 동안 같은 선생님에게 체육을 배워야 했는데 정말 지루하기 그지없는 수업이었던 것으로 기억된다"(강신욱 편저, 1996).

이것은 한 대학생이 학교체육에 대한 경험을 솔직하게 적은 글이다. 물론 재미있는, 추억의 학교체육을 경험한 이들도 있을 것이다. 그러나 우리의 현실은 앞에서 묘사하였던 그런 학생이 더 많다는데 문제의 심각성이 있다. 1990년 8월 27일 당시 문교부는 운동장 없는 학교의 설립을 추진하기로 최종 확정하여 그 해 9월에 학교시설 설비 기준령을 개정하겠다고 발표한 바 있었다. 이 문제는 체육계의 반발로 무산되었지만 이 같은 일은 학교체육의 중요성을 망각에서 기인한다. 다음의 글에 주목할 필요가 있다. 다음의 글은 대학에서 교양체육을 강의 할 때 수강한 한 학생이 '스포츠와 나'라는 과제에 대하여 제출한 내용의 일부이다. 이 학생은 미국에서 체육교육을 받은 일이 있는 학생이며 우리나라 학교체육 현실에 대하여 실감 있게 경험한 것을 알 수 있게 한다.

"한국의 중, 고등학교는 체육 수업이 일주일에 한, 두 번 밖에 없고, 그나마 고등학교 3학년이 되면 아예 없다. 그에 비해 내가 외국에 있을 때 미국 학교에서는 체육수업이 일주일에 3번 있었다. 그리고 수업내용도 한국에서처럼 형식적으로 이론만 가르치고 약간의 연습 시간을 준 다음에 시험을 보는 것이 아니라 선생님이 진심으로 학생들에게 예를 들어 야구는 얼마나 재미있는 스포츠인지 학생들이 몸소 체험할 수 있도록 같이 경기를 해 나가는 식이었다. 또한 학생들의 태도도 판이하게 달랐다. 외국에서는 선생님이 어떤 새로운 스포츠를 가르쳐 주면 강요하지 않아도 그것에 흥미를 느끼고 스스로 그 스포츠를 익히고 제대로 하려고 노력을 했었다. 그러나 한국의 학생들은 선생님께서 이론을 가르쳐 주고 나서 각자 연습할 시간을 주면 선생님의 눈을 피해서 여자 애들끼리 잡담을 하거나 아예 몸이 아프다는 핑계로 수업을 빠지곤 했다."

이러한 문제점을 해결하는 방안으로 학년과 반을 통합하여 모든 학생들이 자신의 기호에 맞는 종목을 자발적으로 선택하고 참여하게 함으로써 질서와 규율보다는 스포츠 그 자체로의 몰입을 통해 스포츠 맛을 체험 할 수 있게 배려해야 한다. 다시 말해서 학교체육은 곧 스포츠 맛보기의 초기 단계에 해당하기 때문에 이 단계에서 체육 교사의 교육방식에 따라서 학생들의 의식과 가치에 변화를 줄 수 있다. 그 만큼 교사들은 학생들의 체육관에 대한 영향을 주는데 그 책임은 막중하다. 현장 교사들의 학생들에 대한 관심과 노력이 스포츠의 생활화에 근원적인 기반으로 작용한다. 현장 교육에 심혈을 가진 교사들은 한국 체육의 발전을 위한 첨병 역할을 해야하는 것이다. 스포츠의 생활화는 바로 조기 교육을 통해 어느 정도 습관화되어야 하기 때문이다. 현장 교사의 노력이 한국 체육계의 사활을 책임지는 일차적인 책임이 된다. 이런 과정을 통해 학생들은 대학에 진학하여 교양체육에 능동적으로 참여하게 될 것이다.

스포츠 맛의 체질화 단계 : 대학의 교양체육

우리 사회의 하루 술 소비율은 세계의 상위중에 속한다. 이것은 우리 사회가 ‘술 권하는 사회’를 지향하고 있다는 사실을 보여 준다. 남자 술 소비율은 물론 여자의 술 소비량도 계속적으로 증가하고 있다. 그러나 술은 경제력과 건강에 악 영향을 끼친다. 물론 저렴한 가격의 적당한 음주는 가장 이상적이다. 문제는 술 문화가 2차 3차로 이어져 취할 때까지 마시는 것에 있다. 특히 20대 초반의 대학생들은 활동이 활발해지면서 공부의 피로와 스트레스를 술로 푸는 경우가 늘어나고 있다. 그런 뜻에서 다음의 글을 주목할 필요가 있다.

> “대한 주류공업회가 지난 12월 1일에 전국 7개 도시의 중고생 3천명과 14개 4년제 대학생 3천명의 음주실태를 조사한 결과 남자 중학생은 10명 중 8명 꼴인 78.5% 여중생은 69%가 술을 마신 경험이 있는 것으로 나타났다. 음주 경험자 중 한 달에 한번 이상 술을 마시는 학생은 26.4% 일주일에 한 번 이상 마시는 음주학생은 7%이다. 또한 대학생 중 음주자는 93%로 미국대학생의 음주비율(86%)보다 높게 나타났다”(동아일보, 1998년 12월 2일자).

이것은 우리 사회가 얼마나 ‘술 권하는 사회’로 가고 있는 가를 단적으로 증명하는 사실이다. ‘술 권하는 사회’의 성립은 대학 시절 우리의 선배들이 술 권하는 대학문화를 체질화했기 때문이다. 술이 아니면 인간관계를 맺고 유지하는 것을 불가능한 것으로 알고 있었고 술을 숭배하였기 때문이다.

만약 대학이 술 권하는 문화에서 스포츠를 권하는 문화로 변화한다면 지금보다 좀더 건전한 사회를 형성하게 될 것이다. 이와 관련하여 학기초 대학들의 게시판을 주목할 필요가 있다. 게시판의 대부분에서 동문체육대회, 학과 단합체육대회, 신입생 환영 체육대회 등에 대한 안내물 등을 볼 수 있다. 이것은 인간관계의 첫 만남에서부터 상호간의 친밀성을 유지하기 위한 역할을 스포츠에 맡기고 있다는 것을 시사한다. 이런 단면은 스포츠가 의사소통의 중요한 역할을 하고 있다는 것을 의미한다.

대학체육은 교양체육, 과외스포츠 활동, 선수중심의 대외 경기로 나눌 수 있다. 이중 교양체육은 전학생을 대상으로 하기 때문에 그 비중이 상당히 크다. 그리고 일단 몸으로 배운 것은 잊어버리지 않는 행동 중심의 체육은 교양체육을 통한 충분한 기능 연마로 행복을 추구하는 신체기법의 총체로서의 스포츠 맛의 체득이 가능하다. 또한 생활체육으로의 연계적이고 상호보완적 관계를 유지함으로써 학교체육은 생활체육의 활성화를 위한 기초적 바탕을 이루어 평생체육을 지향하는 지름길이다.

대학 교양체육의 목적은 선택된 스포츠 활동에 자발적이고 창의적으로 참여하여 자신의 건강을 유지·증진하고 사회적, 도덕적 정신을 배양함으로써 풍부한 대학생활과 사회생활을 영위할 수 있도록 하고 나아가 평생동안 스포츠 활동에 즐겁게 참여할 수 있는 태도를 기르는데 있다. 이러한 목적은 우리가 왜 교양 체육을 하느냐에 대한 충분한 근거가 된다. 교양체육은 즐겁고, 신바람 나고, 기다려지는 강의 시간이 아니라 의무적으로 이수해야 할 교양필수 아니면 교양

선택으로 유지되어 오고 있다. 이것은 교양체육에 대한 다양한 프로그램 개발의 부재와 학생들의 교양체육 과목의 중요성에 대한 인식 부족으로 기인한다.

대학 교양체육은 필수냐, 선택이냐의 갈등에서 학교마다의 재량에 따라 운영되고 있다. 어느 학교에서는 교양체육의 중요성에 대한 인식 부족으로 필수 과목에서 제외되었다. 그만큼 교양체육은 위기에 직면한 것이다. 이 문제는 학교 당국의 인식 문제에도 있지만, 교양체육의 담당자 그리고 참여자에게도 문제가 있다. 다음의 글은 교양체육에 대한 한 학생의 생각을 적은 것이다.

> "개인적인 생각으로 휴강은 담당교수님의 사정으로 인해 또 학교 행사로 인해 한 두 번 정도 있을 수 있다고 본다. 그러나 오랜 시간 수업을 하지 않게 되면 교수님이나 학생 모두 수업 준비 의욕을 떨어뜨리게 된다. 특히 2학기에는 각종 행사에 연휴해서 가세한 수업이 적은 데다가 몇 번의 휴강까지 겹쳐지면 수업 내용의 맥이랄까 분위기랄까 아무튼 수업 분위기 조성이 쉽지 않다"(강신욱 편저, 1996).

이 글은 우리나라 교양체육의 현실을 말하는 것이다. 교양체육에 자발적으로 참여하는 학생은 과연 얼마나 될까? 그냥 교양 필수과목이기 때문에 마지못해 수강하는 태도에서 교양체육에 대한 부정적 시각이 형성된다. 마음가짐부터 적극적으로 하여 스포츠를 배운다면 즐거움을 얻을 수 있다. 그런데 학점취득을 위한 참가라면 그것은 수강 학생에게 학적취득 이외의 별 의미가 없다. 다음은 교양체육

수업에 참가한 한 학생의 교양체육에 대한 자신의 경험을 기술한 것이다.

> "나는 요즘 빙상의 매력에 흠뻑 빠져있다. 특히 빙상의 스피드가 너무나 많은 기쁨을 안겨준다. 평상시 무료한 생활에서 벗어나 빠른 스피드와 스릴을 느낄 때는 다른 세계에서 살아가고 있는 듯한 착각을 느낀다. 그리고 하나하나 기술을 배우고 익힐 때마다 자신감을 심어주는 것 같다. 이때 성취감도 느끼는 것은 두말할 나위가 없다."

교양체육은 학교체육에서 스포츠 맛의 체험을 한층 강화시켜서 평생체육의 근간을 형성할 수 있는 좋은 기회일 뿐만 아니라 스포츠 맛의 체질화 단계이기도 하다. 체질화단계는 행복을 추구하는 신체기법을 체득하게 되는 과정이다. 체득은 정신과 신체의 체화를 통해 가능하다. 이 과정 중에 자신의 기호와 체력에 맞는 종목을 선정하여 그 스포츠에 몰입하여 맛을 지속적으로 유지하여 체질화가 될 정도로 꾸준히 운동을 해야한다. 왜냐하면 스포츠 맛의 체질화는 곧 스포츠 맛의 생활화로 전이되어 '살맛 나는 삶'의 기초를 형성하기 때문이다.

스포츠 맛의 생활화 단계 : 생활체육

> "한국 사회에서 위기에 빠진 것은 경제뿐만 아니다. 바로 정치, 경제, 사회 등 우리나라 전체가 위기를 맞고 있다. 또한 30

> 대 이내 재벌기업이 줄이어 파산하는 부도 도미노 사태가 일어나고 있다. 지금의 경제위기는 바로 급속한 고도성장의 후유증이다. 한국기업은 80년대의 3저 호황과 94, 95년의 엔저 호황을 겪으면서 온통 거품에 휩싸여왔다. 수익보다는 외형성장에 치우친 결과 자기자본 이율의 10%도 안 되는 부실 기업이 속출하고 있다"(뉴스 플라스, 1997년 9월 12일자).

한국 사회는 한보 사태를 비롯하여 대통령 아들의 비리문제 등 많은 사회 문제가 발생하였다. 수십억원의 뇌물 사건이 발생하고 사교육비가 공 교육비를 육박하고 있다. 심지어 자식의 과외를 위해 어머니들이 파출부로 나서고 있다. 그 가운데 서민은 삶에 대한 절망과 회의감을 갖는다.

생활체육은 학교체육과 교양체육의 최고 목적지로서 스포츠 맛의 체험을 체질화하고 나아가 생활화함으로써 항상 쾌적한 신체 조성과 살맛 나는 삶, 그리고 의욕적인 삶을 살기 위해 밑바탕을 형성할 수 있다. 그래서 전 국민이 스포츠 맛을 느끼고, 나아가 살맛을 경험한다면 스포츠가 삶의 질 그리고 복지에 이바지하는 역할을 다하는 것이 된다. 근린 체육 시설을 이용하여 스포츠 맛을 지속적으로 경험함으로써 살맛 나는 삶을 형성할 수 있다. 지속적인 운동의 생활화는 몸의 건강 도모와 여가 시간의 적극적 활용을 가능하게 한다.

> "미래 사회에 있어서 생활체육은 일반대중에게 신체활동을 위한 서비스를 제공함으로써 삶의 가치 구현에 대한 욕구를 충족시켜주는 필요 조건이 될 뿐만 아니라, 보다 풍요로운 삶을

향유할 수 있는 바탕을 마련하여 주는 역할을 담당하게 된다. 현재 생활체육 참여 인구는 동호회에 등록된 회원수가 130만 명이나 되며 매년 30%씩 성장하고 있고 이와 같은 생활체육의 보편화 현상은 보다 다양하고 전문화된 생활체육 정보에 대한 수요의 증가 현상을 수반하게 될 것이다"(국민생활체육, 1997년 4월).

최근에 일반대중의 스포츠 활동에 대한 관심의 증가로 인하여 스포츠 활동의 요구가 확대되고 여가시간의 상당부분을 스포츠 활동에 할애함으로써 스포츠의 대중화 현상이 가속화되어 스포츠 활동의 참여가 단순한 건강증진과 체력향상을 넘어서서 개개인의 삶의 질을 향상시키고 건전하게 여가시간을 활용하게 하여 효과적인 방법으로 범국민적 운동으로 스포츠의 생활화를 구성, 활성화하고 있다. 이와 같은 맥락에서 보면 개인이 추구하는 행복은 여러 가지 원인이 작용할 수 있지만 그 중에서도 여가활동 특히 생활체육을 중심으로 한 여가활동에 참여함으로써 증가시킬 수 있다.

관람스포츠의 양적 팽창, 근린 체육시설 완비, 스포츠 참여 공간 완비, 보는 스포츠에서 즐기는 스포츠로 전환, 모든 종목의 생활체육 동호인 육성을 추진한다면 중요한 정치적 선거에서도 생활체육 시설이 선거공약에 포함될 수 있다. 이는 국민의 행복추구권, 스포츠권리를 주장하는 것에 해당한다. 이를 통해서 희망하는 것은 전국토의 생활체육 시설화, 전 국민의 생활체육화이다. 결국 이는 살맛 나는 세상 만들기의 기초를 형성하는 것에 해당한다.

스포츠 맛과 살맛 나는 세상 만들기

행복한 삶은 살맛 나는 삶을 의미한다. 살맛 나는 삶을 위한 방안으로 스포츠 '맛'이란 용어를 가지고 논의하였다. 스포츠의 내재적 가치인 '원칙이 준수되고, 명랑하고 활기 넘치는 삶'을 영위하기 위한 방안을 사회의 모든 사람들이 누리게 된다면 살맛 나는 삶이 도래하지 않을까 하는 생각으로 살맛 나는 세상 만들기의 구성을 제시하였다. 이를 위하여 스포츠 맛보기로 학교체육, 스포츠 맛의 체질화로 교양체육, 그리고 스포츠 맛의 생활화로 생활체육에 대하여 알아보았다.

이 가운데에서 스포츠 맛보기 단계인 학교체육에 대하여 다시 한 번 생각해보자. 우리 속담에 '세 살 버릇 여든까지 간다'는 말의 의미하는 것처럼 습관은 제2의 천성이라고 할 만큼 중요하다. 초등학교에서 체육교사들은 스포츠를 최초로 경험하는 학생들에게 즐거움에 대한 체험을 하도록 프로그램을 제공하여 학생들로 하여금 스포츠에 대한 긍정적 이미지를 심어주는 데 역점을 두어야 한다. 만약 이 때에 부정적 이미지가 생긴다면 그것은 평생동안 스포츠 활동을 하는데 있어서 장애요인으로 남을 수 있다.

스포츠 맛을 통한 살맛 나는 세상 만들기의 내용을 좀더 구체적으로 살펴보자. 초등학교 시절에 스포츠 맛이 몸에 배이게 하고 중, 고등학교 시절에는 완전히 스포츠 맛을 체득하여 평생체육의 기반이 형성되도록 조성하여야 할 것이다. 왜냐하면 스포츠는 평생동안 즐거운(행복)삶을 영위 할 수 있는 여건을 만들어 주기 때문이다. 인생을 즐기면서 활기 넘치게 사는 것은 스포츠 활동을 통해서 얼마든지 가능하다.

학교체육을 통해 스포츠 맛을 본 학생들은 대학에서 교양체육을 통해 스포츠 맛을 체질화할 수 있는 좋은 동기를 가질 수 있다. 스포츠에 대한 긍정적 이미지를 가지고 지속적으로 스포츠활동에 참여함으로써 개인의 건강은 물론 사회의 건강 나아가 국가적인 의료비 절약을 가져올 수 있다. 이런 차원에서 스포츠 활동은 어느 정도 예방의학적인 차원에서 그 역할을 수행할 수도 있다. 이것은 이미 선진국 일본과 미국에서 입증된 사실이다.

생활체육은 스포츠 맛의 생활화 단계이다. 스포츠 맛을 경험하고 생활화하면 그것은 경직되고 무의미한 일상의 삶에 의미를 주며 삶의 액센트 역할을 할 것이며 건강과 함께 명랑하고 활기 넘치는 삶이 조성될 것이다. 살맛 나는 삶은 스포츠를 통해 더 얻을 수 있는 것은 다음의 항목이 될 것이다. 자아실현, 공동체의식 형성, 건전한 여가활동, 삶의 질 향상, 건강 증진 등이 그것이다. 이를 구체적으로 살펴보자.

첫째, 스포츠를 통한 자아실현을 도모할 수 있다(이학준, 1999). 스포츠 장에서 자신이 추구하는 신체적 탁월성이나 기술의 완벽성에 전력투구한다면 그 과정 속에서 성취감과 자신의 자아를 실현할 수 있는 기회를 획득할 수 있다. 이러한 과정에서 타인에 대한 배려와 나보다 남을 먼저 생각하는 태도를 형성하고 함양할 수 있는 기회를 제공받을 것이다.

둘째, 공동체 의식을 형성할 수 있다(이천희, 1996 ; 이학준, 1999). 팀 스포츠를 통해서 공동체 의식을 형성한 예는 특히 영국의 학교체육에서 잘 찾아 볼 수 있다. 영국은 학생들에게 팀 스포츠를 하게 하여 그들이 공동체 의식을 기르게 하였다. 이러한 예들은 우리 주변에도 찾아 볼 수 있다. 월드컵 축구 중계를 보면서 온 국민의 공동체 의식을 형성하는 것을 보았을 것이다. 그리고 대학의 게시판에 붙어있는 동문회, 향우회 등의 친선 체육대회를 통해서 첫 만남의 친밀감을 제공하고 일체감, 공동체의식을 위하여 스포츠를 이용하는 것을 볼 수 있을 것이다.

셋째, 건전한 여가활동을 영위할 수 있다(이천희, 1996). 미래의 인간생활에서 가장 문제 중에 하나가 될 것이 여가혁명이다. 여가는 이제 하나의 고민거리가 될 가능성이 높다. 인간의 일은 기계의 전산화와 자동화에 의하여 많은 남는 시간을 만들어 내었다. 따라서 인간들은 무료함을 소일하기 위하여 무엇인가를 해야 한다. 그때 인간들이 하는 즐거운 놀이는 스포츠가 될 수 있다. 바로 이때 스포츠 맛이 체질화되어 신체기법을 소유하고 있다면 스포츠를 통해 생산적인 여가활동을 할 수 있을 것이다.

넷째, 삶의 질 향상에 기여한다(김경숙, 1996 ; 문용, 1999 ; 한국체육학회, 1999). 삶의 질은 양에 대한 상대적인 개념이다. 질은 수량화 할 수 없으면 개념화 또한 의미가 없다고 본다. 주관적 관점에 따라 질은 규정될 수 있다. 이는 개인차에 의해서 질이 결정된다는 것을 의미한다. 또한 삶의 질은 주관적인 만족도와 긍정적 정서에 의하면 규정될 수 있다. 이처럼 스포츠 맛은 양적 의미가 아니라 질적인 측면을 강조하는 것이다. 따라서 스포츠 맛의 생활화로 생활체육이 활성화된다면 그 만큼 삶의 질 또한 향상 될 것이다.

다섯째, 건강 증진에 도움을 준다(최동진, 1995 ; 김경숙, 1996 ; 김혜정, 김경숙, 1999). 운동은 건강한 삶을 위한 하나의 방법으로 항상 강조되는 사항이다. 건강을 위해서는 균형잡인 식사와 규칙적 생활습관 그리고 적절한 운동이 필요하다. 우리가 스포츠 맛을 생활화한다면 건강은 즐거운 생활을 가져오는 부차적인 결과에 해당된다. 나아가 가정의 모든 구성원이 건강할 때 가정 경제는 의료비 절감으로 윤택한 삶, 살맛 나는 삶을 영위할 수 있을 것이다. 이를 좀 더 구체적인 예를 들어 알아보자.

> "국민들이 1년에 쓰는 의료비의 총액을 국민 총 의료비라 부른다. 우리의 국민 총 의료비는 91년에 10조 6천 5백 26억 원으로 10조원을 넘었고 95년에는 18조 8천 3백 85억 원에 이르렀다. 이 액수는 그 해 GDP의 5.35%에 해당한다. 국민 총 의료비는 91년부터 95년까지 5년 사이에 연평균 15% 이상씩 증가하고 있어, 98년에는 적어도 20조원이 넘었을 것으로 짐작된다. 질병가운데 30～40%는 운동부족과 관련되어 있으며, 독일의 총 의료비 가운데 20～30%를 국민들이 운동만 충분히 하고 있으면 줄일 수 있다고 한다"(시민체육, 1999년 1월호).

이처럼 지속적인 운동을 통하여 가정의료비 절약을 통한 가정경제의 풍요로움을 영위할 수 있을 것이다. 국민 개인의 건강은 나라를 건강하게 만드는 일이기도 하다. 건강한 국가와 건강한 삶은 '스포츠를 권하는 사회'의 토대 위에서 가능하다.

살맛 나는 세상을 위하여

'스포츠 맛'이라는 이론적 준거 틀을 가지고 우리나라 체육, 스포츠현상을 전체적으로 고찰해 보았다. 물론 이러한 고찰은 이상적인 측면에 한정되면 현실성이 없다는 비판을 받을 수 있다. 하지만 다가올 새 천년에 준비한다는 입장에서 '체육, 스포츠의 이상적인 방향'을 제시하는 일 자체는 의미 있는 일이 될 것이다. 우리가 미래에 대한 이상을 저버리지 않고 끝까지 지속적으로 실현해 나갈 때 그 이상은 먼 나라의 이야기가 되지 않고 현실적인 이야기가 될 수 있다.

이 글은 '살맛 나는 세상'을 만들기 위한 스포츠의 이상적 방향을 그려 본 것이다. '살맛 나는 세상'은 어떻게 하면 가능한가 하는 문제의식을 가지고 연구를 시도한 결과 행복을 추구하는 신체기법의 총체로서 스포츠의 맛을 학교체육, 교양체육, 생활체육에서 상호연관관계에서 지속적으로 추구하면 실현 가능하다는 생각을 전개하였다. '살맛 나는 세상'은 스포츠 맛을 통해 명랑하고 활기 넘치는 삶과 원칙(룰)이 준수되는 사회를 형성하기 위한 기저 위에서 전개 된 것이다.

스포츠 맛은 초기 학교체육에서 학생들 모두가 맛(체험)볼 수 있는 계기의 장을 제공해야 하고, 학생들은 이 장을 통해 스포츠 맛을 체득해야 한다. 여기서 체득은 행복을 추구하는 신체기법의 총체로서의 스포츠를 체험하는 것을 말한다. 이 체험은 교양체육 시간에 맛의 강도를 높이고 체질화하며 생활체육으로 연결하여 스포츠의 건전한 생활화를 이룩함으로써 완성된다. 또한 많은 인구가 여기에 참여한다면 평생체육과 함께 '살맛 나는 세상'이 조성될 수 있다.

이처럼 스포츠 맛은 많은 사람들이 스포츠에 지속적으로 참가시킬 수 있는 매개체라고 할 수 있다. 사람들은 스포츠에의 지속적인 참여를 통해서 건강의식을 증진시킬 수 있을 것이며 나아가 건전한 사회 기풍 조성에 기여할 것이다. 그만큼 한국 사회가 건전하고 원칙이 지켜지는 바탕을 형성하게 될 것이다.

이상의 고찰을 통하여 알 수 있는 사실은 스포츠 맛이 학교체육, 교양체육 그리고 생활체육으로 연계되어 활성화된다면 인간이 꿈꾸는 행복한 삶이 가능하지 않을까 한다. 또 스포츠 맛은 한 번 맛본 사람은 지속적으로 '맛'을 추구함으로써 평생체육을 추구하게 되고 스포츠 맛을 통해 명랑하고 활기 넘치는 사회를 만들어 갈 수 있고, 나아가 사회전체는 '살맛 나는 세상'을 형성 할 수 있을 것이다.

지금까지 논의한 사항은 체육의 이상적인 방향을 그려봤다. 학교체육, 교양체육, 생활체육은 인간의 행복한 삶을 형성하는 것인 만큼 우리는 스포츠에서의 행복 찾기를 통하여 살맛 나는 삶을 추구해야 한다. 이러한 이론적 근거는 실천의 문제에 따라서 성공과 실패가 달려있다. 물론 이와 같은 글은 너무나 주관적인 미래의 가상 시나리오가 될 수 있는 한계점을 가지고 있다. 하지만 우리가 체육, 스포츠에 몸담고 있는 이상 좀더 스포츠의 발전된 이상적 방향을 그려보는 것에서 의의를 찾을 수 있다.

제26장 | 인간의 얼굴을 한 스포츠

"얼굴은 측면, 외관을 뜻하는 라틴어 visus에서 유래되었다. 얼굴은 단순한 하나의 현상이나 사물이 아니다. 얼굴은 타자성의 기호, 즉 우리를 절대적으로 비켜 가는 것의 기호이다. 얼굴은 나와는 다른 내면성, 다른 자아, 다른 자유의 현존을 의미하며 그들의 삶을 표현한다. 레비나스에 따르면, 얼굴은 어떤 정체성도 거부하는 초월성의 기호이다. 얼굴만이 사랑과 분노를 표현할 수 있다. 우리에게 말하는 한 얼굴의 현존은 자아의 이기주의에 의문을 던지는 일종의 초대이다. 이런 의미에서 얼굴은 윤리적인 요구를 드러낸다"(이정우 역, 1996 : 203).

현대스포츠의 자화상

지금 스포츠는 어디를 향하여 가고 있는가. 과학화와 학문화로 인하여 스포츠의 위상은 높아만 간다. 그러나 그와는 대조적으로 스포츠의 실재는 좋게만 보이지 않는다. 좀처럼 운동선수들의 웃는 얼굴을 찾아보기 힘들다. 그 만큼 얼굴은 웃음을 상실한 무표정하고 금메달과 성적에 집착한 나머지 긴장되고, 욕구가 충족되지 않은 불만족스러운 모습으로 변모해 가고 있다.

운동선수를 포함한 스포츠 하는 우리의 모습은 주변인들에 대한 지적 열등한 의식과 그 의식 속에서 파생되는 초라함을 극복하려는 몸부림으로 지친 가운데 웃음을 상실한 모습이다. 즉, 학문적 열등감에서 탈출하기 위해서 과학화와 학문화를 위하여 무한질주 속에 달려왔을 뿐 잠시도 뒤돌아보지 못하였다. 이제 잠시 시간을 내어 우리의 모습을 되돌아보고 반추해 볼 때이다. 그렇다면 현재 우리의 얼굴(자화상)은 웃음을 잃어가고, 인간의 본래의 모습에서 벗어나고 있다고 볼 수 있지 않을까.

스포츠에서 상실한 웃음을 회복할 수 있는 길은 황금에 대한 욕망을 줄이는 길이다. 오직 금메달을 향하여 달려온 우리의 얼굴은 무표정할 수밖에 없다. 너무나 힘들게 앞만 보고 달려왔으며 오직 살길은 이길 밖에 없다는 굳은 신념으로 매진 한 표정이다. 이런 현상은 인간의 얼굴을 한 스포츠의 모습은 아니었다. 차라리 생존을 위한 몸부림처럼 정글의 약육강식에 비유될 수 있을 것이다.

이러한 의미에서 이 글의 목적은 웃음을 상실한 현대스포츠에서 웃음을 회복하기 위한 방법으로 인간의 얼굴을 한 스포츠에 대하여 다룬다. 인간의 얼굴을 한 스포츠는 엘리트스포츠, 학교스포츠, 생활스포츠 등을 모두 포괄하는 현대스포츠를 의미한다. 현대스포츠에서 웃음의 상실의 원인은 기존의 경쟁, 승리, 기록, 결과 중심의 스포츠에 있음을 알아보고, 웃음을 회복하기 위한 방법으로 상생, 의미, 감동, 과정중심의 스포츠를 제시할 것이다. 이를 위하여 논의 절차는 현대스포츠의 문제를 제기하고, 웃음의 상실과 회복을 위한 방법으로 경쟁에서 상생에로, 기록에서 감동에로, 승리에서 의미에로, 결과에서 과정에로의 순서로 논의할 것이다.

현대스포츠의 문제 : 웃음의 상실

현대 스포츠의 문제는 이론과 실천의 형태 모두에서 나타나고 있다. 이론의 문제는 학문의 세분화, 환원주의, 실증주의적 방법에 대한 맹신 등이다. 이에 비하여 실천의 문제는 경기스포츠의 타락, 선수들의 저연령화, 승리지상주의에서 비롯된 경기스포츠의 상업화, 선수들의 약물 복용, 승부조작, 선수의 비인간화 등이라고 할 수 있다(정웅근, 1990 : 김동규, 1992 : 정웅근 · 송형석, 1996 : 송형석, 2001 : Hyland, D, 1990 : Brohom, 1978 : Hoch, P, 1972 : Hargreave, J, 1982).

이러한 모든 문제는 스포츠 그 자체를 도구화하는 데에서 발생하게 되는데, 이는 결국 선수를 도구화하는 것을 의미한다. 도구화는 비인간화를 가져오며 이것은 인간성의 상실을 의미한다. 이런 이유 때문에 스포츠의 존재이유는 망각되어 왔는데 그 중에서도 스포츠에 직접 참가하는 운동하는 주체에 대한 존재망각이 큰 문제이다. 스포츠의 외부적인 장애로 인하여 진정 운동하는 주체의 존재의미는 사라지고 있다(정순철, 1986 : 이천희, 1995 : 송형석, 2001 : Riguer, B, 1981 : Hyland, D, 1990 : Simon, R, 1995).

지금의 스포츠의 현상은 '보다 빠르게, 보다 높게, 보다 힘차게' 라는 올림픽의 모토가 상징적으로 암시하는 것처럼 선수들이 신기록을 위하여 필사적으로 노력하게 하는 결과를 가져왔다. 그 이유는 아마도 인간존엄성 혹은 인간 중심의 사유가 제거된 상태에서 발생한 것이라고 볼 수 있을 것이다. 그 결과 스포츠는 경쟁, 기록, 승리, 결과 중심의 스포츠로 변화되었고 이는 아직도 진행중이다. 이러한 변화는 현대스포츠의 발전을 가져온 대신 '스포츠 하는 기쁨'과 스포츠의 의미를 앗아갔다(정순철, 1986 : 이진수, 1999 : Metheny, E, 1968 : Novak, M, 1976 : Hoch, P, 1972 : Morgan, W, & Meier, K, 1988).

그 다음으로 우리가 간과하고 있는 것은 운동선수 혹은 스포츠참여자들이 개인적으로 경험하게 되는 스포츠체험의 의미라고 할 것이다. 그 경험은 지금까지 단지 객관화의 중요성이라는 논리와 합리적이지 못하다는 이유로 배척 당해 왔다. 그러나 우리에게 중요한 것은 과학적인 결과보다 개인의 경험세계일 수 있다. 개인적, 혹은 예술적, 직관적인 경험세계에 대한 중요성의 망각은 운동선수를 움직이는 운동기계로 간주하기 쉽다(송형석, 1989 : 정응근, 1990 : 최충환, 1993 : 김홍식, 1994 : 강유원, 1996 : 김석환, 1996, Thomas, 1974 : Arnold, 1979 : Kleimann, 1980 : Gim, J. M, 1989).

이와 같은 위험을 예방하기 위해서는 운동선수 혹은 운동에 참여하는 사람들에게 인문정신을 함양하도록 하는 것(인간다움의 길에 대한 성찰)이 필요하다. 이러한 필요성의 제기는 단지 스포츠의 외적 가치에만 치중한 나머지 우리에게 중요한 내적 가치에 대한 중요성에 대하여 망각하고 있는 현실에서 비롯된 것이다. 이기적인 탐욕과 물량주의적 상품화가 난무하는 현대스포츠에서 우리들에게는 개인적 경험 세계와 자기의 정서적 영역의 확장이 보다 더 필요하다.

현대스포츠의 문제의 원인은 바로 경제적 효율성의 지나친 강조와 도구적 인간관계 그리고 맹목적인 승리의 추구를 종용하는 국가주의적 이데올로기와 자본의 상품화의 논리에 철저히 지배당하는데 있다. 이러한 현대스포츠의 문제에 대한 대안적인 방법의 하나로서 인간의 얼굴을 한 스포츠를 말 할 수 있을 것이다.

인간의 얼굴을 한 스포츠 : 웃음의 회복

이 장에서는 현대스포츠의 문제, 즉 인간의 얼굴에서 웃음을 상실하게 만든 원인이 경쟁, 승리, 기록, 결과 중심의 스포츠에서 있다는 것을 알아보고, 상실된 웃음을 회복하기 위한 방법을 상생, 감동, 의미, 과정 중심의 스포츠에서 찾을 것이다.

1. 경쟁중심에서 상생중심으로

현대스포츠의 윤리적 문제가 발생되는 근본적인 이유 중에 그 하나는 과도한 경쟁이라고 볼 수 있다. 경쟁은 운동선수 혹은 운동주체의 상호 우월성을 위한 공동의 노력이 없이는 윤리적으로 정당화 될 수 없다. 그렇기 때문에 과도한 경쟁은 선의의 경쟁처럼 그 자체가 가지고 있는 긍정적인 효과는 이미 상실되었고, 결과에만 중점을 두게 되었다. 이런 이유 때문에 스포츠에는 끊임없이 비윤리적인 문제들이 발생하게 되었다.

과도한 경쟁이 승리지상주의의 근원이 되는 것은 말할 필요도 없이 자명한 이야기이다. 과도한 경쟁은 승리하는 사람(팀)과 패배하는 사람(팀)이라는 이분법이 적용되어 즐거움을 향유하는 사람(팀)이 있는가 하면, 반대로 슬픔과 좌절에 빠지는 사람(팀)이 있게 된다. 이러한 과열의 경쟁의식을 어떻게 희석시킬 수 있는가 하는 문제가 가장 중요한 사항이다. 그 희석의 방법은 스포츠의 근본원리라고 할 수 있는 기존의 경쟁원리에서 공생 혹은 조화, 상생원리에로의 전환에서 찾을 수 있다.

또한 경쟁에 대한 견해는 상호간의 목적 달성에 긍정적 기여를 하는 선의의 경쟁에 대하여 높은 가치를 두고 있다. 그러나 이러한 경쟁의 수준이 지나치게 과도하게 된다면, 오히려 상호간의 불신과 방해 역할을 할 수 있다. 즉 상대 선수를 선의의 경쟁자로 볼 것인가, 아니면 적으로 볼 것인가 하는 것이 경쟁에 관한 상반된 견해를 갖게 한다.

이런 의미에서 인간의 얼굴을 한 스포츠를 위한 선행조건으로서 과도한 경쟁이 아닌 공생 혹은 조화, 상생중심의 스포츠로의 전환이 필요하다. 이러한 예는 택견의 무예동작 혹은 스포츠를 집중적으로 살펴보면 알 수 있는데, 그 속에는 상생과 조화의 원리가 중심 사상으로 용해되어 있다. 달리 말하면 나도 행복하고 상대도 행복하고, 나의 기술의 향상과 상대방의 기술의 향상을 도모한다는 의미이며, 모두가 승리자가 될 수 있다는 것이다.

기존의 경쟁중심의 스포츠에서 공생 혹은 조화, 상생중심의 스포츠로의 전환은 현대스포츠의 문제에 대한 일종의 구원의 방법이라고 볼 수 있다. 너무나 이분법적인 잣대로 승자와 패자를 구분하는 그 자체는 운동선수 혹은 운동주체를 비인간화시킬 수 있는 가능성이 많이 내포하고 있다. 모두가 승자가 될 수 있다면, 그것보다 더 좋은 방법은 없을 것이다. 상생중심의 스포츠는 상대를 위한 보조자 혹은 조력자의 역할을 상대가 서로에게 제공한다면 운동주체가 신체적 탁월성과 기술의 완벽성에 도달하여 좀더 인간의 얼굴을 한 스포츠에 접근할 수 있는 기회를 만들어 주는 것이다.

뿐만 아니라 상생원리는 운동하는 서로에게 즐거움과 기술향상을 제공할 수 있다. 이때에는 승자와 패자는 존재하지 않으며, 모두가 결국에는 승자가 되는 것이다. 서로의 목표를 성취하도록 돕는 행위가 바로 공생 혹은 상생원리이다. 공생 혹은 상생의 중심의 스포츠는 운동주체 혹은 운동선수들이 자신의 기량을 최대한 발휘하려고 노력하는 과정에서 체득되는 많은 의미들을 강조하다.

2. 기록중심에서 의미중심으로

현대스포츠는 점차적으로 기록중심의 스포츠로 변화하고 있다. 이런 이유 때문에 사람들의 주된 관심은 일차적으로 선수들의 기록에서 찾는다. 왜냐하면 그 기록에 의하여 프로 선수들의 연봉, 즉 몸값이 책정되기 때문에 다른 무엇보다도 기록에 관심이 집중될 수밖에 없다. 선수들에게 현상적으로 나타날 수 있는 성적은 기록밖에는 없기 때문에 선수들은 기록을 위해 경기를 임해야 한다. 그렇기 때문에 선수들에게서 스포츠 하는 즐거움이 많이 제거되었다고 볼 수 있다.

기록중심의 스포츠는 운동선수 혹은 운동주체들을 억압하는 구조가 되고 있다. 학교스포츠는 물론 현대스포츠가 대략적으로 기록중심의 패러다임 위주로 되어 있는데, 이것은 자본주의 시장경제와 유용성의 중심 논리에 의해서 생겨난 결과라고 볼 수 있다. 학생 혹은 선수중심, 수요자 중심의 교과편성과 지도체계가 이루어지지 않았기 때문에 발생한다고 볼 수 있다. 이러한 의미에서 다음의 글을 주목할 필요가 있다

"기록을 위한 과잉 경쟁이 격해지면서 신체의 훈련으로는 쫓아갈 수 없게 되었다. 인간의 생물학적 진화는 벌써 끝났다. 그러나 인간이 만들어 낸 스포츠는 고도화한 정보의 영역이 되어 신체의 자연을 넘기 시작하고 있다. 이러한 불균형을 없애기 위한 신체개조를 기술에 의존하는 일이 진행되어 가는 과정은 이상하지 않다. 그 개조는 과학적인 훈련의 정도에 그치지 않는다. 아나볼릭 스테로이드 등의 약물을 사용해서 근육증강을 도모하는 도핑이 확대되고 있다. 그래서 점차 고도화하는 스포츠는 이기기 위한 수단으로서의 도핑문제라는 귀찮은 짐을 내부에서 만들어 내 짊어지게 되었다"(손환외 역, 2000 : 147).

이제 기록은 더 이상 동일한 조건에서 경기가 이루어지지 않기 때문에 의미가 없다고 생각한다. 제1회 아테네 올림픽의 육상 100미터 경기에서 10초 3이라는 기록으로 한 선수가 우승을 했다고 가정한다면, 그 때 우승자의 복장과 신발은 분명히 지금의 첨단 과학장비와 과학적인 트레이닝과 용품(전문 스포츠 신발)의 혜택을 받는 선수와는 차이가 있을 것이다. 당시의 온도와 습도 그리고 풍속이 지금 세계 어느 곳에서 동일한 조건의 경기를 한다는 것은 사실상 불가능하다. 이러한 예는 멕시코 올림픽의 육상 멀리뛰기에서의 미국 육상 대표선수 빌롱의 기록에서 찾을 수 있다. 그는 멀리뛰기에서 8미터 90센티의 신기록 세웠는데 그 기록은 23년 후에나 경신할 수 있었

다. 그 이유는 멕시코의 고원이라는 지리적인 특성이 있었기 때문이다. 이러한 맥락에서 장-마리 브롱은 다음과 같이 말한다.

> "선수는 단지 수감자일 뿐이며 그들의 실력은 가능한 한 양적으로 통제되고, 평가되고, 기록된다. 하나의 체계로서의 자본주의는 인간의 상상력을 질식시키고 인간 신체를 무심한 생산노동에 짓눌러 넣는다. 그리고 스포츠가 그냥 체계의 논리에 복종하고 마는 것이다"(Brohm, J. M, 1978 : 175).

기록은 의미가 없는데도 불구하고 많은 선수와 코치 그리고 스포츠과학자들이 기록 단축을 위하여 노력하고 있다. 그 이유는 이미 인간의 생물학적 진화를 한계에 봉착하였고 기록 향상은 과학적인 연구와 장비 개량을 통하여 찾을 수밖에 없기 때문이다. 그래서 운동경기에서의 기록경신은 인간의 기록경신이 아니라 운동장비의 기록경신이라고 할 수 있다. 이러한 예는 수영의 전신 수영복, 자전거 바퀴의 변형, 탁구라켓의 변형 등 다양하게 찾아 볼 수 있다.

기록에 매달리는 또 다른 이유는 스포츠 저널리즘의 조작이라고 할 수 있다. 광고를 팔기 위해서, 관중을 동원하기 위해서, 아니면 신문사의 이익을 위해서 사람들의 관심을 집중시킬 수 있는 방법은 신기록이란 호기심을 자극하는 것이다. 이러한 이유로 기록은 지금까지 중시되고 있는 것이다. 이러한 현상은 운동선수들의 영웅 만들기와 신기록 조장을 통하여 기록에 대한 왜곡된 이미지를 국민들이 환상에 젖도록 마음속에 심어 놓았다고 볼 수 있다. 학교스포츠, 혹은 현대스포츠, 미디어 스포츠를 포괄하는 모든 스포츠는 인간의 얼굴을 한 스포츠로의 전환이 시급하며, 이를 위하여 기존의 과도한 기록중심의 스포츠에서 의미중심의 스포츠로의 전환이 필요하다.

이러한 맥락에서 메시니(Metheny, E, 1968)는 스포츠는 우리 인간에게 삶의 의미를 제공하는 체험적 가능체라고 말하였다. 인간은 많은 잠재력을 지닌 통일적 존재이며, 외부에서 객관적으로 관찰될 수 있는 신체 이상의 존재이다. 또한 유일무이하게 '정신'으로 파악할 수 있는 개체로서 '지금 여기에서'활동하고 있는 것이다. 따라서 1980년 이후 체육계에서는 운동 그 자체에 참여함으로써 갖게 되는 어떤 의미를 찾기 위해 스포츠체험 그 자체에 많은 관심을 집중하였다. 이에 대하여 최의창은 지금까지 신체활동은 의미의 주관적 측면만을 강조되었다고 비판하면서 객관적 의미, 즉 제도적 의미에 대하여 다음과 같이 강조한다.

> "의미의 개인적 측면은 행하는 사람이 느끼는 신체적 지각, 감각적 느낌 등의 운동 감각적 인식상태나 몰입, 절정경험, 충족감, 즐거움 등과 같은 심리적 정서 상태를 말한다. 이 측면은 매우 개인적인 성격을 지닌 것으로서 다른 사람과 공유하거나 다른 사람이 대신해서 체험해줄 수 없다. 반면에 객관적 측면은 체육활동 그 '자체가 가지고 있는' 의미로서 개인의 자신의 체험 속에 내면화시켜야 할 성질의 것이다. 객관적 의미는 개인마다 서로 다르게 가질 수 없는 것이며, 동일한 느낌을 얻게 되는 것은 필연적이다. 이런 의미에서 체육활동을 하나의 문화활동, 하나의 인간활동(a practice)으로 인식하게 만든다"(2000 : 233).

이상과 같이 살펴보았을 때 현대스포츠의 문제는 기록중심의 스포츠에서 찾을 수 있었다. 과도한 기록에 대한 몰두는 그 이면에 숨은 전략이 내포되어 있기 때문이라고 볼 수 있는데 그 하나는 민족주의, 즉 자국의 우수성을 세상에 알리기 위한 방법이다. 다른 하나는 흥행을 목적으로 하기 때문이다. 이 같이 기록에 대한 잘못된 인식구조로 선수들은 비인간화되고 있다. 인간자체의 진화는 이미 그 한계에 직면했다고 볼 수 있기 때문에 다만 기록향상을 위한 방법은 과학기술의 발달에 의한 첨단 용구와 장비를 개발하는 것에서 찾을 수 있다. 그렇기 때문에 기록중심의 스포츠에서 의미중심의 스포츠로의 전환이 요구된다.

3. 승리중심에서 감동중심으로

현대스포츠의 문제의 근본적인 원인들 가운데 그 하나로 승리지상주의를 말할 수 있을 것 같다. 그렇다면 왜 이러한 승리지상주의가 문제로 제기되는가. 승리지상주의가 문제가 되는 이유는 승리를 위하여 수단과 방법을 고려하지 않는다는 점과 공정하지 못한 경기조차도 승리를 위해서 정당화된다는 점에 있다. 게다가 이러한 현상은 사회 전체가 공정한 경쟁을 통한 승리의 중요성보다는 어떻게든 이기면 된다는 의식이 일반화되게 만들 수 있는 위험성을 가진다.

이러한 문제는 스포츠 전체의 책임 또한 크다고 할 수 있다. 승리지상주의 문제는 스포츠 자체 내에서 해결책을 찾아야 하는데 지금까지는 스포츠 외적인 문제에서 그 해결책을 찾아왔다. 왜냐하면 그 자체 내에서 해결책을 찾지 못한다면 그것은 자체적인 포기를 의미하기 때문이다. 이러한 승리지상주의의 한국적 실상은 다음의 글에서 확인할 수 있다.

> "살가죽이 찢어지는 듯한 통증을 혀를 깨물고 참아낸 히로시마 아시안게임 레슬링 100kg급 금메달리스트 송성일, 벼르고 별러 정밀검사를 받기로 한 날 아침 다시는 일어나지 못한 남자배구 대표팀의 김병선, 대표선발전을 앞두고 유명을 달리한 유도 남자 65kg급의 정세훈은 한국 스포츠의 영원한 '비극의 주인공'으로 남아있다"(스포츠서울, 1998년 8월29일자).

이와 같은 현상은 현대스포츠의 문제는 승리지상주의에서 비롯된다고 볼 수 있다. 승리지상주의는 승리를 유일한 절대가치로 인식하고 수단과 방법을 고려하지 않는 것을 의미한다. 수단과 방법 자체가 윤리적으로 문제가 되어도 결과적으로 승리하였다면 모든 것이 정당화된다. 승리를 위한 수단으로 도핑, 반칙, 폭력 등이 정당화될 수 있는 스포츠 현실에 문제가 있다. 이처럼 승리를 유일한 목적으로 보는 견해는 선수들을 비인간화시킬 가능성이 높다.

운동선수에게 현상적 결과로서의 승리가 충족되지 않는다면 사회시스템에서 살수가 없다. 즉 운동선수로서의 상품가치가 상실되어 더 이상 생존할 수가 없다. 그러나 승리는 살아남기 위한 것이지만 스포츠 행동의 전부인 것은 아니다. 이것은 결국 소유욕에서 비롯되고 경기 자체의 공허감을 초래하기 쉽고 선수 생명을 단축시킬 가능성이 높다.

예를 들어, 어느 대학의 운동부들은 학교의 대외적 광고와 이미지 홍보를 위한 투자 대상이다. 적은 투자로 많은 광고 효과를 얻을 수 있기 때문에 동문회 그리고 학교의 명예를 유지하기 위한 집단적 요구를 운동선수에게 강요함으로써 선수들은 개인의 자아실현의 욕구보다 집단적 욕구를 더 우선한다. 이로 인하여 선수들은 스포츠를 통한 자아실현과 신체의 탁월성, 자아성장의 기회를 사실상 상실한다. 반면에 현상과 결과로서의 승리지상주의의 지나친 집중은 약물복용, 속임수, 폭력 등 비윤리적 요인들이 발생되며 이 모든 것들이 승리를 위한 것이라고 정당화시킬 위험성을 내포하고 있다.

운동선수 혹은 운동주체가 승리에 관하여 어떤 관점을 가지고 스포츠를 행하는가에 따라서 스포츠는 게임이 될 수 있고, 혹은 전쟁이 될 수 있다. 게임으로서의 스포츠를 하는 사람들은 의미와 실재로서의 승리를 추구한다. 반면에 전쟁으로서 스포츠를 하는 사람들은 현상과 결과로서의 승리만을 얻기 위해 스포츠를 행할 것이다. 여기서 전자의 관점을 갖는 입장의 사람들은 운동선수 혹은 운동주체를 하나의 인격체와 예술가로 보는데 비해 후자는 운동선수 혹은 운동주체를 싸움터의 전사와 상품, 기계로 간주한다. 이처럼 승리의 목적을 어디에 두느냐에 따라 승리의 의미는 명확히 구분될 수 있다.

이상과 같이 살펴보았을 때 현대스포츠의 문제를 극복하는 대안 가운데 하나가 기존의 승리중심의 스포츠에서 감동중심의 스포츠로의 전환이다. 여기서 감동은 운동선수 혹은 스포츠활동에 참여하는 참가자들의 승리에 대한 인식을 새롭게 하는 데에서 찾을 수 있다. 달리 말하면 승리를 어떻게 볼 것인가 하는 문제가 바로 감동중심의 스포츠가 성립될 수 있게 하는 근거가 된다. 지금까지 승리가 결과와 현상중심에서 인식되었기 때문에 의미와 실제로서의 승리에 대한 인식이 상대적으로 부족하였기 때문에 많은 문제를 가질 수밖에 없었다.

이 외에도 학교 운동회의 축제적 성격의 부활을 통해서 감동중심의 스포츠를 형성할 수 있다. 학교 운동회는 지역사회의 모든 구성원이 함께 참여하는 지역의 한마당 축제로서의 역할을 할 수 있는 여건의 정비가 필요하다. 운동회는 학교와 지역사회, 가정을 함께 연결하는 중심체가 될 수 있다. 이 곳에서는 승리에 대한 지나친 강조를 억제하며 모두가 함께 참여하여, 모두가 즐길 수 있는 축제의 장을 만들어 가는 일이 필요하다. 현재의 운동회처럼 형식적인 행사를 지양하고 운동회가 지역사회를 통합하는 마을 혹은 동네의 작은 축제가 될 수 있다면, 감동중심의 스포츠는 자연적으로 형성될 수 있다.

4. 결과중심에서 과정중심으로

스포츠 현장에서 자주 볼 수 있는 장면 중에서 들을 수 있는 소리가 감독이나, 선수들간에 사용하는 굳 파울(good faul)이라는 용어이다. 우리말로 번역하면 좋은 반칙에 해당하는데 이는 상호모순을 가진 어울릴 수 없는 합성어이다. 그럼에도 불구하고 이런 용어가 자주 들을 수 있는 이유는 과정보다는 결과에 따라 모든 가치를 평가한다는 의미를 엿볼 수가 있다. 승리만을 위해서 수단과 방법을 가리고 않고 사용되는 모든 파울은 용납된다는 말이다. 만약 결과가 승리라면 과정의 잘못은 정당화되고, 또한 과정의 잘못은 승리를 위한 정당한 행위가 되는데 문제가 있다. 이처럼 결과중심주의에서 파생된 문제는 스포츠에서의 폭력의 문제로 나타난다. 그 구체적인 예를 살펴보자.

> "2000년 6월 25일 여자프로농구경기가 경주체육관에서 벌어졌다. 이때 현대건설과 금호생명의 경기가 끝난 후 경기 내용이 나빴다며 현대의 감독이 선수의 얼굴을 때려 고막이 찢어지는 상처를 입혔다"(중앙일보, 2000년 7월11일자).

이와 같이 폭력을 체벌로 미화하고 그 정당성을 옹호하는 분위기가 지속되는 스포츠계의 관행은 그것을 있을 수 있는 일로 치부하는데 문제의 심각성이 있다. 이와 같은 사건을 통해 우리는 운동선수 출신의 지도자들이 그들의 선수 시절의 경험을 되풀이하는 모순을 가지고 있음을 확인할 수 있다. 지도자들은 선수시절에 폭력은 부당하다고 생각하나, 그들이 지도자로 현장에 나가면 같은 행동을 되풀이하는 것은 모순이 아닐 수 없다. 그 같은 일은 사회, 학교, 회사 자체가 결과만을 평가하기 때문이며, 좋은 결과를 얻지 못하면 감독을 무능력한 감독으로 판단하기 때문이다. 그들 자신의 능력을 키우는 대신 빠른 효과를 얻을 수 있는 폭력을 행사하는 것은 결과적으로 그들 자신의 무능력을 입증하는 예가 될 수 있다.

체벌(폭력)은 선수와 지도자 상호 간의 불신에서 발생한다. 지도자는 선수를 불신함으로써 선수가 다른 생각을 하지 않고 실력향상에 매진할 수 있게 하기 위하여 폭력적 수단을 사용한다. 폭력을 사용하면 선수는 더 열심히 하고 실력도 향상된다는 믿음이 스포츠계에는 상식이 되어있다. 과거의 사례들로 보아 그 효과는 입증된 방법이다. 선수가 잘못하면 경고차원에서 간단히 언성을 높여 지도할 수는 있으나 폭력을 사용하면 선수와 지도자 사이의 믿음이 깨지게 된다. 연습이나 시합 후 폭행을 당하면 시간이 흘러도 그 상처는 쉽게 사라지지 않는다. 이것은 결국은 지도자와 선수 사이의 불신을 조장하게 되고 경기의 질도 떨어지고 좋은 성적을 기대할 수 없게 만든다.

선수와 지도자 사이의 신뢰를 회복하기 위해서 지도자는 선수의 능력을 믿고 다양한 방법의 지도가 필요하고 선수 또한 지도자에 대한 존경과 신뢰가 필요하다. 뿐만 아니라 지도자가 선수를 지도할 때 폭력적 수단을 사용하지 않고서는 문제 해결이 안 된다고 판단되면 선수 대표와 이야기를 하고 선수가 있는 가운데 그 선수에 대한 처벌 수위를 조절해야 한다. 이 방법이 제재를 받는 선수 또한 인정을 하고 받아들이는 민주적인 의사소통방법이라고 할 수 있다.

이런 문제들이 발생되는 근본적인 이유는 스포츠 그 자체를 즐기려 하지 않고 결과중심의 성적을 올리려는데 주된 목적이 있기 때문이다. 결과만이 좋으면 된다는 사회적 인식은 운동선수들을 운동기계로 만들어 놓고, 오로지 운동만 할 뿐 다른 건 생각할 수도 없게 만들었다. 코치나 감독들은 선수들의 실력을 최대한 끌어올리기 위해 강압적인 수단으로서 폭력(체벌)을 사용하고 선수들 역시 그것을 묵인한다.

이상과 같이 살펴보았을 때 인간의 얼굴을 한 스포츠를 위해서, 지도자들은 선수 양성에 있어 끊임없이 자신의 윤리의식 혹은 지도자철학을 잃지 않기 위해 노력해야 할 뿐만 아니라 선수들 역시 스포츠윤리 안에서의 페어플레이 정신과 스포츠정신을 고양해야 한다. 그리고 우리 사회 또한 결과보다 과정을 더 중요하게 생각하여 선수들의 정당하지 못한 승리보다 스포츠정신에 입각한 패배를 인정하고 최고보다는 최선을 높은 가치로 인식하는 분위기를 만들어야 한다. 이것은 결국 성적지상주의로 인한 결과중심의 스포츠가 퇴조하고 과정중심의 스포츠가 필요로 함을 의미한다.

인간의 위한 스포츠의 길

우리의 얼굴에서 상실한 웃음을 다시 찾을 수 있는 길은 물질적 욕망을 줄이는 길이다. 오직 부와 명성, 권력을 향하여 달려온 우리의 얼굴은 필연적으로 웃음을 상실할 수밖에 없었다. 너무나 힘들게 앞만 보고 달려왔을 뿐만 아니라 살길은 이길 밖에 없다는 굳은 신념으로 매진하였다.

그러나 그것은 인간의 얼굴을 한 스포츠의 모습은 아니라 웃음을 상실한 비인간적 모습과 물질적인 욕망의 늪에 빠져서 갈 곳을 찾지 못하는 스포츠에 불과하였다. 이처럼 왜곡된 현상 때문에 인간존중, 인간애의 스포츠는 현실적 삶에서 멀어져만 갔으며 우리는 그것을 추종하는데 너무 많은 시간을 소비하였다.

우리의 얼굴에서 상실된 웃음을 회복하고 인간의 얼굴을 한 스포츠를 만들기 위해서는 무엇보다도 웃음을 상실하게 한 문제의 원인을 찾아내고 그 대안을 마련하는 일이다. 웃음의 상실의 원인을 기존의 경쟁, 승리, 기록, 결과 중심의 스포츠에서 찾았고, 이를 극복하기 위한 방법은 상생, 의미, 감동, 과정중심의 스포츠에서 찾을 수 있었다.

상생 중심의 스포츠는 운동주체가 상호간의 기술과 인격 발달의 조력자로서의 역할을 하는 가운데서 모두가 승리자가 되는 것을 말한다. 감동 중심의 스포츠는 성적에 대한 억압과 착취에서 벗어나서 스포츠 그 자체를 통한 보람을 얻는 것을 의미한다. 의미 중심의 스포츠는 객관적 의미와 주관적 의미로 구분이 가능하다. 전자는 문화로서의 스포츠의 역할을 말하며, 후자는 스포츠에서 개인적 의미를 찾자는 것이다. 과정 중심의 스포츠는 결과 중심의 스포츠가 가져오는 폐단을 없애고 과정 그 자체의 체험을 중요하게 생각한다.

무엇보다도 우리가 잊고 있는 진실은 인간이 스포츠를 위한 존재하는 것이 아니라, 스포츠가 인간을 위한 존재한다는 사실이다. 우리가 무한대의 성장을 지향하는 가운데 스포츠에서 잊고 있는 것은 무엇이 우선적인 가치, 즉 가치의 위계질서이다. 가치위계질서의 파괴와 가치 전도의 혼란은 인간이 스포츠를 위하여 존재하도록 만들고 만들어가고 있다. 그것은 무엇이 중요하고 어떤 가치가 스포츠에서 우선 되어야 한다는 것에 대한 망각으로부터 비롯되었다.

물론 현대스포츠의 문제의 원인을 제도적인 측면에서 찾을 수 있으나 무엇보다도 그 제도를 주도하는 인간에게 가장 큰 원인이 있음을 알 수 있다. 이런 까닭으로 스포츠의 존재이유에 대한 우리의 망각 때문에 인간의 얼굴에서 웃음을 상실하게 만들었다.

앞으로 스포츠가 인간을 위해 존재하는 스포츠가 되기 위해서는 지속적인 인간과의 만남을 통해서 인간들에게 기쁨과 감동을 제공할 수 있어야 하며, 인간애와 인간존중 그리고 주체와 객체가 분리되지 않는 모두를 위한 스포츠가 되어야 한다. 이런 스포츠는 상생, 의미, 감동, 과정 중심의 인간의 얼굴을 한 스포츠에서 찾을 수 있을 것이다.

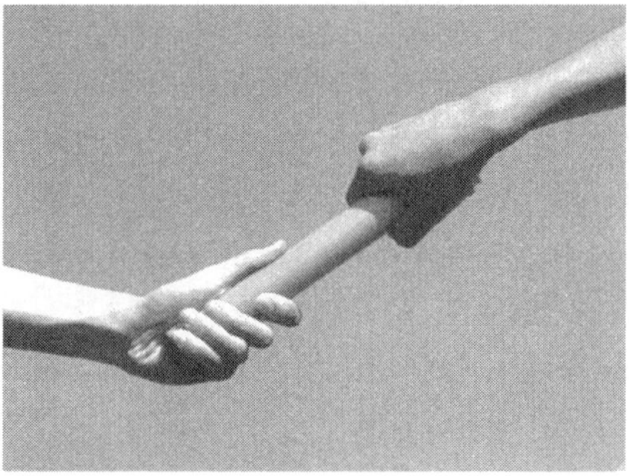

참고문헌

• 국내문헌

· 강선보(1992). 마르틴 부버의 만남의 교육. 서울 : 양서원.

· 강선보(1996). 교육에 있어서 죽음에 관한 문제. 교육진흥. 8(4).

· 강선보(1997). 죽음에 관한 교육적 논의. 사대논총. 고려대학교 사범대학. 21

· 강신복(2003). 학원스포츠의 현실과 개선방안. 새교육 6월호.

· 강신욱(1998). 운동선수 신체적 학대에 관한 실태조사. 한국체육학회지. 37(2).

· 강신욱(1999). 스포츠와 학교교육. 한국스포츠사회학회 정기세미나. 서울대학교 선경기념관.

· 강신욱(2003). 학교운동부의 운동과 학업 수행 및 운영 실태 조사. 한국체육학회지. 42(3).

· 강신욱 · 강미선(1999). 운동선수의 학업태만과 중도탈락에 관한 일례. 한국스포츠사회학회지. 12.

· 강신욱편저(1996). 운동장 없는 학교. 서울 : 태근.

· 강신주(2003). 장자: 타자와의 소통과 주체의 변형. 서울: 태학사.

· 강유원(1994). 스포츠 경쟁에서의 가치판단 연구. 한국체육학회지. 33(2).

· 강유원(1996). 스포츠에서의 경쟁적 운동경험의 체험적 분석. 미간행 박사학위논문. 세종대학교 대학원.

· 강준만(1996). 대중문화의 겉과 속. 서울 : 한샘.

· 강준만(1996). 서울대의 나라. 서울 : 개마고원.

· 강준만(1998). 우리 대중문화의 길 찾기. 서울 : 개마고원.

· 강준호(2007). 연구윤리 지침에 대한 윤리학적 고찰. 철학사상. 제24호, 111-142.

· 강호철(2004). 양태영, 오심 없었으면 금메달. 조선일보, 10면.

· 거린다 차다(2002). 슈팅 라이크 베컴. 서울: (주) 아론미디어.

· 고려대학교(1996). 문화－이미지의 세계. 고대문화 제44호.

· 고려대학교(2008). 연구진실성 확보를 위한 연구윤리지침(안). 제39조.

· 고범서(1992). 가치관 연구. 서울 : 나남.

· 고범서(1993). 변혁기의 사회윤리. 춘천 : 한림대학교 출판부.

· 고범서(1993). 사회윤리학. 서울 : 나남.

· 고범서(1994). 행복의 윤리학. 서울 : 소화.

· 고범서(1998). 포스트모던시대의 사회윤리. 서울 : 소화.

· 고범서(2002). 파워: 힘의 연구. 서울: 소화.

· 과기부(2006). 연구윤리, 진실성 확보를 위한 가이드라인(지침) 안

· 과학부 역(2006). 실천연구윤리. 서울: 과학부.

· 곽강제 역(1982). 철학의 의미. 서울 : 박영사.

· 곽경택(2002). 챔피언. 서울: (주) 크라이 픽처스.

· 곽형기(1989). 근대 학교체육의 전개양상과 체육사적 의미. 미간행 박사학위논문. 서울대학교 대학원.

· 국민생활체육. 1997년 4월호.

· 권덕주(1977). 장자의 예술정신. 미학. 4(1), 23-41.

· 권순용, 김방출(2003). 붉은악마 현상의 재해석: 포스트 월드컵 담론 비판. 한국체육학회지. 42(6), 165-177.

· 기세춘 역(2007). 장자. 서울: 바이북스.

· 김경근(1999). 대학의 서열 깨기. 서울 : 개마고원.

· 김경숙(1996). 학교체육, 사회체육, 엘리트체육의 협동체계 구축을 통한 균형적 발전추구에 대한 제언. 한국체육학회보.

· 김경숙(1997). 학교체육과 사회체육의 연계성 구축을 위한 방안. 한국스포

츠교육학회 동계세미나.

· 김경숙(1999). 방과 후 체육활동을 통한 학교체육과 사회체육의 연계성 검토에 관한 연구. 한국사회체육학회지 제11권.

· 김경용(1994). 기호학이란 무엇인가. 서울 : 믿음사.

· 김교빈 · 이현구(1993). 동양철학에세이. 서울 : 동녘.

· 김길양 · 박원임(1995). 여가속의 즐거움과 재미에 관한 고찰. 한국여가·레크리에이션학회지. 제12권.

· 김낙원 · 김선희 · 김경숙(1999). 학교체육 경험과 사회체육에 대한 인식에 관한 연구. '99년 한국사회체육학회 학술발표회.

· 김달우(1989). 대학 교양체육의 전개양상에 관한 연구. 서울대 체육과학연구소논집. 10(2).

· 김대군(2008). 연구자의 내부고발에 대한 윤리학적 고찰. 윤리연구. 제66호, 27-49.

· 김동규(1992). 현대 휴머니즘을 중심으로 한 체육, 스포츠의 본질 및 목표설정에 관한 연구. 미간행 박사학위논문. 한국체육대학교 대학원

· 김동규(2001). '몸'에 대한 성찰, 스포츠사회철학연구회 회보.

· 김동규(2002). 김동규 교수의 스포츠사회철학 담론. 경북 : 영남대학교 출판부.

· 김동규 · 전윤수(1998). 전국체육대회 운영방식의 개선을 통한 스포츠의 균형발전 방안. 한국체육학회지. 37(4).

· 김동훈(1999). 대학이 망해야 나라가 산다. 서울 : 바다출판사.

· 김동훈(2001). 한국의 학벌, 또 하나의 카스트인가. 서울 : 책 세상.

· 김문겸(1993). 여가의 사회학 : 한국의 레저문화. 서울 : 한울아카데미.

· 김병준(2006). 운동심리학. 서울: 무지개사.

· 김상봉(2003). 학벌타파운동의 철학적 기초. 제408회 목요철학세미나. 계명대학교.

· 김석환(1996). 테니스 경기경험의 현상학적 접근. 미간행 박사학위논문. 경북대학교 대학원.
· 김석희(2003). 대학체육문화연구(2) : 엘리트스포츠. 한국체육학회지. 42(3).
· 김성도 역(1995). 현대 기호학의 흐름. 서울 : 이론과 실천.
· 김수영(2008). 표절과 올바른 인용방법. 가정의학회지. 29(3), 167.
· 김시천(2004). 철학에서 이야기로: 우리시대의 노장 읽기. 서울: 책세상.
· 김양수(2007). 연구윤리와 가치. 철학사상. 제24호, 185-223.
· 김영구(1998). 대학 교양체육 활성화 방안에 관한 연구. 한국체육학회지. 37(3).
· 김영민(1996). 탈식민성과 우리 인문학의 글쓰기. 서울 : 민음사.
· 김영환 외(2002). 체육철학. 서울 : 연세대학교 출판부.
· 김영환(1999). 한국 대학 엘리트스포츠의 세계화 방안. '99대학 엘리트스포츠 진흥방안. 한양대학교.
· 김오중(1985). 현대스포츠의 경향. '체육'.
· 김오중(1988). 세계체육사. 서울 : 고려대학교 출판부.
· 김오중(1995). 스포츠 개념에 대하여. 한국여가레크리에이션 연구. 제12권.
· 김옥태 · 정용승 · 채재성(1999). 생활체육 참가자의 스포츠 참여 동기가 여가만족과 생활만족에 미치는 영향. 한국체육학회지. 38(3).
· 김용옥 역(1989). 老子 : 길과 얻음. 서울 : 통나무.
· 김용옥(1989). 노장철학 이것이다(上). 서울 : 통나무.
· 김용옥(1990). 태권도철학의 구성원리. 서울 : 통나무
· 김용옥(1995). 동양학 어떻게 할 것인가. 서울 : 통나무.
· 김용옥(1999). 노자와 21세기(上,下). 서울 : 통나무.
· 김유동 · 주경식 · 이상훈 역(1996). 계몽의 변증법. 서울 : 문예출판사.
· 김인환 역(1989). 에로스와 문명 : 프로이드 이론의 철학적 연구. 서울 : 나남.

· 김인희(1995). 스포츠의 목적존재로서 예술적 특징. 한국체육학회지. 34(1).
· 김정근 편(1996). 학술연구에서 글쓰기의 혁신은 가능한가. 서울 : 한울.
· 김정명(1995). 도덕성 회복과 체육의 딜레마. 제14회 국민체육진흥세미나. 한국체육학회.
· 김정명(1995). 진정한 '체육학'과 그 방법론. 한국체육학회보. 제62호.
· 김정명(1997). 체육학의 정체성과 그 방법론에 관한 초방법론적인 고찰. 한국체육학회지.36(4).
· 김정명(1999). 청소년의 인권 사각지대 : 체육특기생. 청소년연구. 6(2).
· 김정현(2000). 니체의 몸철학. 서울 : 문학과 현실사.
· 김 종(1999). 대학 엘리트스포츠 발전을 위한 재정 자립 방안. '99대학 엘리트스포츠 진흥방안. 한양대학교.
· 김종희(1999). 박정희 정권의 정치이념과 체육정책에 관한 연구. 미간행 박사학위논문. 한양대학교 대학원.
· 김주화(1993). Sportsmanship의 현상학적 접근. 전북대학교 교육논총 13.
· 김주화(1995). 스포츠의 도덕철학적 연구. 미간행 박사학위논문. 전남대학교 대학원.
· 김창남(1998). 대중문화의 이해. 서울 : 한울아카데미.
· 김창수(1976). 소크라테스에 있어서의 행복의 의미. 미간행 석사학위논문 연세대학교 대학원.
· 김충열(1995). 김충렬 교수의 노장철학 강의. 서울 : 예문서원.
· 김태길(1974). 윤리학. 서울 : 박영사.
· 김태진(2001). 놀이(遊): 장자의 꿈. 미간행 석사학위논문. 서강대학교 신학대학원.
· 김항인(2005). 연구자의 연구윤리 정립 방안. 국민윤리연구. 제59호, 145-168.

· 김혜정 · 김경숙(1999). 중, 고등학교 학생들의 학교체육과 사회체육의 연계에 관한 인식도 조사연구. '99년 한국사회체육학회 학술발표회 발표논문.

· 김화진(2006). 연구윤리정책의 방향. 연구윤리소개. 서울: 한국학술진흥재단.

· 김홍식(1994). 스포츠체험의 교육적 의미. 미간행 석사학위논문. 서울대학교 대학원.

· 김홍식(2000). 체육의 내재적 가치에 관한 선험적 정당화론 비판. 미간행 박사학위논문. 서울대학교 대학원.

· 남행웅 · 서진교(1995). 대학스포츠로부터 탈퇴한 운동선수들의 학교생활 적응과정. 한양대학교 체육과학회지. 15.

· 노희덕(1999). 세계체육사. 서울: 서울대학교출판부.

· 뉴스플러스. 1997년 4월 3일, 9월 12일

· 도성달 · 유병열(1996). 사회윤리 이론과 도덕교육. 성남 : 한국정신문화연구원.

· 동아일보. 1998년 12월2일.

· 문　용(1999). 노인의 생활체육 참가와 여가 유능감 지각과 생활만족도 간의 인과모형 개발에 관한 연구. 미간행 박사학위논문. 고려대학교 대학원.

· 문선영(1998). 스포츠를 통해서 건져야 할 것 : 스트레스의 해소인가, 욕망의 실현인가. 고대문화 제48호.

· 문시영(1996), 아우구스티누스의 행복의 윤리학. 서울 : 서광사.

· 문일지 역(1986). 움직임의 의미. 서울 : 탑 출판사.

· 문종민(1996). 스포츠행위의 윤리학적 고찰. 미간행 박사학위논문. 성균관대학교 대학원.

· 문종민 · 김범식(1995). 스포츠의 행위법칙과 도덕성. 성균관대 논문집. 과학기술 46.
· 문현병(1996). 프랑크푸르트학파의 사회비판 이론. 서울 : 동녘.
· 민관식(1993). 우리나라 엘리트 체육발달과 미래의 진흥방향. 한국체육대학교 제4회 학술대회.
· 민영숙 역(1992). 체육미학. 서울 : 동문선.
· 박광훈(1998). Merleau-ponty의 현상학적 신체관에 내재된 체육적 의의 고찰. 미간행 박사학위논문. 세종대학교 대학원.
· 박기동(1997). 강원도민의 스포츠체험 : 황영조 읽기. 『강원사회의 이해』. 서울 : 한울.
· 박기동(1997). 토론 수업을 위한 교수－학습 모형의 탐색. 강원대체육과학연구소 논문집. 제21호.
· 박기동(1999). <몸>의 교육학 : 글쓰기로 가로지르기. 강원대체육과학연구소논문집. 제22호.
· 박범수(2000). 장자에 있어서의 도의 예술정신. 미학. 28(1), 109-140.
· 박병기(1993). 포스트모던시대의 사회윤리학. 서울 : 인간사랑.
· 박소정(2001). 악론을 통해 본 장자의 예술철학. 미간행 박사학위논문. 연세대학교 대학원.
· 박영표 · 윤이중 · 정경희(1999). IMF관리체계 극복을 위한 국민생활체육의 역할. 한국체육학회지. 38(3).
· 박원재(1996). 도가의 이상적 인간상에 대한 연구. 미간행 박사학위논문, 고려대학교 대학원.
· 박이문(1980). 노장사상. 서울 : 문학과 지성사.
· 박이문(2000). 죽음에 대한 명상. 철학과 현실. 47.
· 박장호 · 이인제 역(1996). 윤리학 사전. 서울 : 백의.

- 박정근(1996). 스포츠 심리학. 서울 : 대한 미디어.
- 박정순(1995). 대중매체의 기호학. 서울 : 나남.
- 박정순(1998). 윤리학에서 감정의 위치와 역할. 철학. 제55호. 한국철학회.
- 박찬희(1990). 스포츠 도덕성 회복에 관한 연구. 미간행 석사학위논문. 연세대학교 대학원.
- 박현우(1987). Descartes 이원론 극복을 위한 Merleau-ponty 신체관의 체육철학적 고찰. 미간행 석사학위논문. 서울대학교 대학원
- 박홍규 역(2004). 오리엔탈리즘. 서울 : 교보문고.
- 박홍규(1998). 문화제국주의와 한국. 제314회 목요철학세미나. 계명대학교.
- 박홍식 역(1993). 체육의 철학적 탐구. 서울 : 성신여자대학교 출판부.
- 박희병 역(1997). 선인들의 공부법. 서울 : 창작과 비평사.
- 방 열(1997). 체육특기생 동일계 진학 제도의 문제점 및 개선방안. 엘리트스포츠 발전을 위한 정책대 토론회. 한국체육학회 · 올림픽성화회.
- 백기수(1981). 미의 사색. 서울 : 서울대학교 출판부.
- 백영미 역(1998). 죽음 너머의 세계는 존재하는가. 서울 황금가지.
- 서기원(2001). "황제 펠레와 악동 마라도나." 조선일보. 1월 4일자. 31면.
- 서문희(1997). 음주가 사회에 미치는 영향과 비용추계. 보건복지부 보건주보. 제1133호.
- 서울특별시(1999). 시민체육. 1월호.
- 성우제(1995). 농구이데올로기에 갇힌 10대. 시사저널 5.25.
- 손경원(2008). 연구진실성 확립을 위한 정부의 부정행위 규제의 방향과 과제. 윤리연구. 제66호, 51-74.
- 손종열(1988). NCAA의 Benchmarking에 의한 한국대학 Intercollegiate Sport System 정립. 미간행 박사학위논문. 고려대학교 대학원.
- 손진상 · 정진화(1998). 스포츠단체의 규칙과 운동선수의 기본권에 관한 연

구. 한국체육학회지. 37(2).

· 손천택(1999). 대학 엘리트스포츠의 발전적 조직운영 방안. '99대학 엘리트 스포츠 진흥세미나. 한양대학교.

· 손환외 역(2001). 스포츠를 생각한다. 서울 : 홍경.

· 송해룡 편저(1997). 스포츠커뮤니케이션. 서울 : 전예원.

· 송형석(1989). 체육의 예술성에 관한 연구. 미간행 석사학위논문. 서울대학교 대학원.

· 송형석(2000). 스포츠와 인간. 대구 : 이문출판사.

· 송형석(2001). 왜 몸인가. 제46회 체육사상연구회 세미나 발표자료.

· 송형석(2001). 육체사의 재음미. 한국체육학회지 제40권.

· 송형석(2004). 사회문화적 관점에서 본 스포츠와 건강. 한국체육학회지. 43(1).

· 송형석 · 양진방(1996). 체육·스포츠에 관한 철학적 연구경향. 서울대체육연구소논집. 17(2).

· 송형석 · 정웅근(1996). 스포츠인간학 구성에 관한 기초연구. 서울대학교 체육연구소논집.

· 송형석(2006). 축구의 매력, 어디서 나오는가. 축구장 밖 축구이야기. 서울: 화정평화재단, 평화연구소.

· 스포츠서울. 1998년 8월29일자.

· 신경림 · 안규남 역(1994). 체험연구 : 해석학적 현상학의 인간과학 연구방법론. 서울 : 동녘.

· 신석초(1941). 멋說. 문장. 3월호.

· 신일철 편(1998). 프랑크푸르트학파. 서울 : 청람.

· 신광영(2006). 표절과 연구윤리. 한국학술진흥재단 홈페이지 연구윤리정책연구 세미나 자료.

- 신동민(2003). 붉은악마의 사회통합적 역할에 관한 연구. 미간행 석사학위논문. 한국외국어대학교 정책과학대학원.
- 심광현(1993). 탈근대적 문화정치. 서울 : 문화과학사.
- 안민석(2002). 체육개혁을 위한 사회학적 논의. 한국스포츠사회학회지. 15(1).
- 안상진(1979). Martin Heidegger의 실존적 사유와 존재의 사유. 미간행 박사학위논문. 서울대학교 대학원.
- 양해림(2000). Merleau-ponty의 몸의 문화현상학. 몸의 현상학. 서울 : 철학과 현실사.
- 오도광(1999). 교육부 외청으로 체육청이 신설되어야 한다. 한국올림픽성화회 회보. 제3호. 한국올림픽성화회.
- 오생근 역(1994). 감시와 처벌. 서울 : 나남.
- 오욱한(2001). 한국사회의 교육열 : 기원과 심화. 서울 : 교육과학사.
- 오율자(1994). 춤에서의 신명체험에 관한 연구. 미간행 박사학위논문 단국대학교 대학원.
- 오정석(1994). 체육적 앎에 관한 연구. 미간행 박사학위논문. 서울대학교 대학원.
- 오진탁 역(1990). 감산의 노자풀이. 서울 : 서광사.
- 오진탁 역(1990). 감산의 장자풀이. 서울 : 서광사.
- 오진탁(1987). 장자의 도를 통해서 바라보는 기술문명. 『현대의 위기 동양 철학의 모색』.서울 : 예문서원.
- 오진탁(2004). 죽음, 삶이 존재하는 방식. 서울 : 청림.
- 우정길(1997). 죽음교육에 대한 실존주의적 고찰. 미간행 석사학위논문. 고려대학교 대학원.
- 원융희(1998). 술, 악마의 유혹인가 성자의 눈물인가. 서울 : 아카데미북.

· 원종철(1999). 감성의 본질과 학습 그리고 교육적 활용. 교육학연구. 37(3).
· 유근직(1999). 식민지 체육교육과 한국인의 신체형성에 관한 역사적 고찰. 한국체육학회지. 39(2).
· 유선영(1995). 커뮤니케이션과 문화. 서울 : 성균관대학교 출판부.
· 유호종(2001). 떠남 혹은 없어짐 : 죽음의 철학적 의미. 서울 : 책 세상
· 육종술(1996). 미국 대교경기에 있어서 NCAA의 역할과 과제. 한국체육학회 학술발표회.
· 윤여탁 · 이형일(2001). 사회변화에 따라 형성된 신체적 담론이 학교체육에 끼친 영향. 한국체육학회지. 40(1).
· 이 한(1998). 학교를 넘어서. 서울 : 민들레.
· 이강수(1997). 노자와 장자 : 무위와 소요의 철학. 서울 : 길.
· 이강수 외 5명(1995). 욕망론. 서울 : 경서원.
· 이규문(1995). 대교경기의 효율적 운영방안에 관한 연구. 평생체육연구소 학술세미나. 충북대학교 사범대학 평생체육연구소.
· 이규호(1975). 사람됨의 뜻. 서울 : 제일출판사.
· 이기상 역(2001). 존재와 시간. 하이데거. 서울 : 까치.
· 이기상(2001). 남의 말로 학문해서야. 조선일보. 10월 26일자.
· 이기상(2001). 알기 쉬운 우리말로 학문합시다. 조선일보. 10월25일자.
· 이동연 외(1998), 스포츠, 어떻게 읽을 것인가. 서울 : 삼인.
· 이동연(2002). 붉은 악마와 서포터즈 문화. 당대비평. 19, 198-215.
· 이래화(1993). 현대스포츠의 병리. 대구: 경북대학교 출판부.
· 이민수(1998). 멋의 본질과 군인의 멋. 서울 : 봉명.
· 이상률 · 양운덕 역(1993). 오늘을 위한 프랑스 사상가들. 서울 : 청아.
· 이상률 역(1991). 소비의 사회. 서울 : 문예출판사.
· 이상률 역(1996). 문화와 소비. 서울 : 문예출판사.

- 이상연 · 안민석(2004). 학생선수들의 수업결손에 대한 정책대안 연구. 한국체육학회지. 43(3).
- 이상철(1999). 21세기 한국 대학 엘리트스포츠의 뉴 패러다임. '99 대학 엘리트스포츠 진흥 세미나. 한양대학교.
- 이성용(1999). 한국 사회학자의 존재이유. 사회과학자의 글쓰기. 서울 : 일신사.
- 이순형(2005). 붉은악마와 월드컵. 서울: 서울대학교 출판부.
- 이왕주(1998). 철학살이 철학풀이. 서울 : 문예출판사.
- 이용인 · 이대형(1993). 체육특기자의 진로경향과 육성책에 관한 연구. 충남대학교 체육과학연구지.
- 이욱열(2004). 스포츠의 정치학. 서울: 21세기교육사.
- 이인재(2008a). 연구부정행위로서 표절과 올바른 글쓰기. 물리학과 첨단기술. 봄호.
- 이인재(2008b). 연구윤리 확립을 위한 인용과 표절의 이해. 윤리연구. 제66호, 1-25.
- 이인재(2008c). 학술적 글쓰기에서 표절: 무엇이 쟁점인가? 화학세계.
- 이인재외(2007). 인문, 사회과학분야 표절 가이드라인 제정을 위한 기초연구. (정책연구-2007-024-BNC기획)
- 이정우(1997). 가로지르기 : 문화적 모순과 반 담론. 서울 : 민음사.
- 이정우 역(1992). 아리스토텔레스－생애와 사상. 서울 : 종로서적.
- 이정우 역(1996). 철학사전. 서울 : 동녘.
- 이정학(2000). 스포츠와 카타르시스적 기능에 대한 철학적 접근. 한국체육학회지. 39(3), 53-66.
- 이정희(1990). Aristoteles의 德(arete)론. 미간행 석사학위논문. 고려대학교 대학원.

- 이종원(2002). 제5공화국 스포츠정책연구. 미간행 박사학위논문. 연세대학교 대학원.
- 이진경(1997). 근대적 시공간의 탄생. 서울 : 새길.
- 이진수 역(1995). 스포츠철학. 서울 : 교육과학사.
- 이진수(1990). 신라화랑의 신체사상연구. 서울 : 보경문화사.
- 이진수(1996). 한국고대스포츠연구. 서울 : 교학연구사
- 이진수(1999). 일본무도연구. 서울 : 교육과학사.
- 이진수(1999). 체육에서의 몸 닦기. 서울대학교 체육연구소논문집. 19(2).
- 이진수(1999). 한국양생사상연구. 서울 : 한양대학교 출판부.
- 이진수(2001). 한국체육사상사. 서울 : 한양대학교 출판부.
- 이천희(1992). 인간의 감성과 스포츠 미. 움직임의 철학 : 한국체육철학회지. 1(1).
- 이천희(1995). 스포츠현장에서의 윤리와 도덕교육. 움직임의 철학 : 한국체육철학회지. 3(2).
- 이천희(1996). 스포츠의 철학적 탐구. 서울 : 고려대학교 출판부.
- 이학래(1994). 대학 운동선수들의 생활실태와 개선방안. 대학스포츠의 발전방향과 과제. 대한 대학스포츠위원회.
- 이학래 · 고재곤(1994). 대학 운동선수들의 학교실태와 개선방안. 한국체육학회지. 33(3).
- 이학준(1995). 열린 교양체육에 대한 연구. 한림학보. 제140호
- 이학준(1998). 스포츠에서의 三樂: 쾌락, 희락 그리고 열락. 한국체육학회지. 37(2), 9-18.
- 이한우 역(1992). 도덕적 인간과 비도덕적 사회. 서울 : 문예출판사.
- 이한우 역(1995). 해석학이란 무엇인가. 서울 : 문예출판사.
- 이한규(2006). 아프리카 축구와 탈식민주의. 축구장 밖 축구이야기. 서울:

화정평화재단, 평화연구소.
· 이현주(1988). Aristoteles의 덕론에 관한 연구. 미간행 석사학위논문. 고려대학교 대학원.
· 이호근(2003). 스포츠문화 : 훔쳐야 사는 사회. 움직임의 철학 : 한국체육철학회지. 11(1).
· 이호연(1994). 하이데거의 죽음(Tod)에 관한 연구. 철학연구. 고려대학교 철학연구소. 18.
· 이희승(1956). 멋. 현대문학. 3월호.
· 이희승(1959). 다시 멋에 대하여. 자유문학. 2월호.
· 일간스포츠 1999년 10월 20일자
· 임번장(1991). 생활체육의 개념 및 필요성. 스포츠과학 제36호. 한국체육과학연구원.
· 임번장(1992). 미래사회와 생활체육. 국민체육진흥세미나. 한국체육학회.
· 임번장(1996). 여가와 삶의 질. 한국여가레크리에이션학회 학술 세미나자료집.
· 임수무(1997). 장자의 공부론. 동서철학. 제29집.
· 임수무(2002). 공부(工夫). 제397회 목요철학세미나 자료.
· 임수원 · 이정래(2002). 고등학교 운동선수의 중도탈락과 학교생활 적응상의 문제점 및 대책. 한국스포츠사회학회지. 15(2).
· 임철진(1994). 스포츠 경험의 내재적 가치에 대한 연구. 한국체육학회지. 33(2)
· 임태성 · 채재성(1999). 한국의 경제침체와 생활체육의 전망 및 과제. 한국체육학회지. 38(2).
· 장문호(1985). 장자사상의 미학적 연구. 미간행 박사학위논문. 동국대학교 대학원.
· 정대현외(1996). 감성의 철학. 서울 : 믿음사.

- 정동호 · 이인석 · 김광윤(1986). 죽음의 철학. 서울 : 청람.
- 정무영(1989). Aristoteles의 정의론 연구. 미간생 석사학위논문. 고려대학교 대학원.
- 정범모(1997). 인간의 자아실현. 서울 : 나남.
- 정순철(1986). Martin Buber의 철학사사상이 학교체육에 주는 의미. 미간행 박사학위논문. 한양대학교 대학원.
- 정용각 · 오성기(1995). 스포츠에서의 최적의 경험과 즐거움. 제33회 한국체육학회학술발표회.
- 정응근(1988). 2000년대를 향한 학교체육활성화를 위한 연구. 서울대학교 체육과학연구소논집. 9(1).
- 정응근(1990). 메를로 퐁띠의 인식주체적 신체가 갖는 체육적 의의. 미간행 박사학위논문. 서울대학교 대학원.
- 정응근(1997). 체육학 지식론의 문제점과 대안. 한국체육학회보. 제69호.
- 정응근 · 박현우(1995). 과학적 스포츠 윤리학의 기초 정립을 위한 새로운 시각. 서울대 체육연구소논집. 16(1).
- 정준영 역(2001). 스포츠, 그 열광의 사회학. 서울: 한울 아카데미.
- 정준영(2003). 열광하는 스포츠 은폐된 이데올로기. 서울: 책세상.
- 정철수(1997). 학원 엘리트스포츠의 현황과 문제점. 엘리트스포츠 발전을 위한 정책 대 토론회. 한국체육학회 · 올림픽성화회.
- 정홍섭 역(1997). 도덕지능. 서울 : 해냄.
- 정희영(1998). 야구장에서 농구장까지 : 볼거리의 숙명. 스포츠, 어떻게 읽을 것인가. 서울 : 삼인.
- 조민환(1991). 노장의 미학사상에 관한 연구. 미간행 박사학위논문. 성균관대학교 대학원.
- 조민환(1997). 중국철학과 예술정신. 서울: 예문서원.

- 조선일보. 2001년 6월. 7, 8, 9일자.
- 조성식(2003). 성 평등을 위한 장으로서의 스포츠변화. 한국체육학회지. 42(4), 247-257.
- 조용만(1959). 멋이라는 것. 고대신문. 2.18.
- 조원규 역(2001). 몸 숭배와 광기. 서울 : 여성신문사.
- 조윤제(1958). 멋이라는 말. 자유문학. 11월호.
- 조윤제(1962). 한국인의 멋. 한국의 발견. 12.
- 조은희(2008). 논문발표와 연구윤리: 부정행위와 합리적인 연구 사이에서. 물리학과 첨단기술. 봄호.
- 조정옥 외(1993). 사회철학대계 3. 서울 : 믿음사.
- 조주희(1978). Heidegger와 Sartre에 있어서의 죽음의 실존적 해석. 미간행 석사학위논문. 고려대학교 대학원.
- 조치훈(1996). 멋의 연구. 한국학 연구. 조지훈 전집 8. 서울 : 나남.
- 조혜정(1996). 탈 식민지 시대 지식인의 글읽기와 삶 읽기 1. 서울 : 또 하나의 문화.
- 주간조선. 1997. 6.19.
- 중국철학회(1997). 현대의 위기 동양철학의 모색. 서울 : 예문서원.
- 중앙일보. 1998년. 5월20일자.
- 중앙일보. 2000년 7월11일자.
- 진교훈 역(2001). 우주에서의 인간의 지위. 서울 : 아카넷.
- 차인석 역(1997). 일차원적 인간. 서울 : 삼성문화사.
- 천상병(1999). 저승 가는 데도 여비가 든다면. 서울: 답게.
- 체육사상연구회(1998). 체육사상연구 1997. 세미나자료집.
- 체육사상연구회(1999). 스포츠의 철학적 이해. 서울 : 태근.
- 체육청소년부(1992). 국민생활체육진흥 10개년 계획.

· 체육청소년부(1992). 지역사회 생활체육 활성화를 위한 모형개발.
· 최동진(1995). 대학교양체육의 새로운 발전방안. 한국체육학회지. 34(1).
· 최명관 역(1984). 니코마코스 윤리학. 서울 : 서광사.
· 최미란 · 이종영(1999). 운동선수의 아노미와 적응행동 및 일탈행동의 관계. 한국체육학회지. 38(1).
· 최선철(1996). 스포츠 윤리적 행위 준칙으로서의 스포츠맨십이 갖는 효과. 미간행 석사학위 논문. 서울대학교 대학원.
· 최영옥(1984). 체육학영어강독. 서울 : 선일문화사.
· 최영창(1976). 아리스토텔레스의 행복에 관한 연구. 미간행 석사학위논문. 고려대학교 대학원.
· 최의창(1999). 체육의 역연금술. 서울 : 태근.
· 최의창(2000). 체육교육의 목적과 의미의 두 측면. 교육학연구. 38(2).
· 최의창(2001). 읽는 스포츠의 매혹 : 사사적 글 읽기를 통한 스포츠 이해. 스포츠과학. 12(3). 한국체육과학연구원.
· 최의창(2002). 체육의 역연금술(2판). 서울 : 태근.
· 최의창 역(2003). 마인드 스포츠. 서울: 무지개사.
· 최재희(1984). 서양윤리사상사. 서울대학교 출판부.
· 최정호(1997). 멋과 한국인의 삶. 서울 : 나남.
· 최창신(1998). 구조기능주의적 관점에서 IMF시대 스포츠. 스포츠과학. 제63호.
· 카토쿠니히코(1999). 스포츠는 몸에 나쁘다. 서울 : 예예원.
· 표재명 역(1978). 나와 너. 서울 : 문예출판사.
· 피천득(1997). 맛과 멋. 멋과 한국인의 삶. 서울 : 나남.
· 피천득(1997). 멋. 멋과 한국인의 삶. 서울 : 나남.
· 하남길 · 권판근 역(1997). 페어플레이 : 스포츠와 교육에서 윤리학. 서울 : 21세기교육사.

· 한겨레 21. 1994년 6월.
· 한국교육신문사.
· 한국체육학회(1997). 21세기 국민체육진흥 장기발전구상. 제16회 국민체육진흥회세미나.
· 한국체육학회(1999). 복지사회구현과 국민생활체육. 국민체육진흥세미나.
· 한국체육철학회 연구윤리 규정(안). 2008년 5월 1일 제정
· 한국학술진흥재단(2006). 연구윤리소개. 서울: 한국학술진흥재단.
· 한기언(1971). 멋의 교육철학적 해석. 교육학연구. 9(2).
· 한기언(1975). 멋의 교육철학적 구조. 교육학연구. 13(3).
· 한기언(1985). 멋의 논리와 기초주의의 의미. 학술원논문집. 24.
· 한기언(1988). 한국인의 교육철학. 서울 : 서울대학교 출판부.
· 한기언(1996). 사회의 변동과 가치관 확립. 서울 : 한국정신문화 연구원.
· 한상덕(1991). 교양체육 개선방향에 관한 기초 조사연구. 한림대학교논문집. 9.
· 한왕택(1996). 스포츠 산업학 개론. 서울 : 태근.
· 한왕택 · 정태웅(1997). 컴뮤니트 스포츠론. 서울 : 태근.
· 한홍섭(1999). 장자의 예술정신. 서울: 서광사.
· 함정혜(1994). 스포츠와 체육에서의 윤리 체계. 움직임의 철학 : 한국체육철학회지. 1(1).
· 함정혜(2003). 올바른 대학 운동선수 육성을 위한 개선방안에 관한 연구. 한국유산소운동과학회지. 7(1).
· 함정혜 · 김영선(2000). 운동하는 몸의 반성적 고찰. 한국체육학회지. 39(1).
· 함정혜 · 김영선(2004). 현대 운동문화의 가치비판. 한국체육학회지. 43(1).
· 홍성표(1999). 학교체육의 강화 및 체계적 관리방안. 한국올림픽성화회 회보. 제3호. 한국올림픽성화회.
· 홍영의 역(1999). IQ와 EQ를 높이는 86가지 스포츠이야기. 서울 : 일송미

디어.

· 황병주(2002). 박정희 시대축구와 민족주의: 국가주의적 동원과 국민형성. 당대비평. 19, 145-167.

· 황정현(2007). 아리스토텔레스의 체육사상(7): 카타르시스를 중심으로. 한국체육학회. 46(6), 66-72.

· 황태호 역(1996). 감성지능(상, 하). 서울 : 비전코리아.

• **외국문헌**

· Ardrey, R.(1966). The territorial imperative. New York, Atheneum.

· Arnlod, Peter. J(1983). Three Approaches Toward an understanding of sportsmanship. Journal of the philosophy of sport. vol.10.

· Arnold, P. J.(1979). Meaning in Movement, Sport and Physical Education. London : Heinemann.

· Beckett, A(1984). Philosophy. Chemistry and the Athlete. New Science. 103.

· Benjamin, Lowe(1971) The Aesthetics of sport : statement of problem, Quest

· Brohm, J. M(1978). Sport : A Prison of measured time. London : Ink Links.

· Brown, W. M(1980). Ethics, Drugs and Sport. Journal of the philosophy of sport. XI.

· Caroly Thomas(1980) The Perfect Moment : characteristics of an Experiential Aesthetic, Aesthetics and Dance, Reston, AHPERD.

· Coakley, J. J.(1986). Sport in Society : Issues and Controversies. Colorado Springs : Time Mirror/ Mosby College Publishing.

· D. T. Suzuki(1962), Zen Buddhism, New York : Martin's Press.

· Damasio, A(1994). Emotion in the perspective of an integrated nervous system. Brain Research Review. 26.

· Eric Dunning(1999). Sport Matter: sociological studies of sport, violence and civilization. Routedge.

· Feezell, Randolf M(1989). Sportsmanship. Journal of philosophy of sport. vol. 13.

· Fraleigh, Warren,, P(1984). Performance-Enhancing Drugs in Sport : The Ethical Issue. Journal of the philosophy of sport. XI.

· Fromm, E(1947). Man for himself. New York. Holt, Rinehart and Winster.

· Geoff Hare, Hugh Dauncey(1999). The coming of age: France '98'. Football culture and identities, (eds.) Gary Armatrong, Richard Giulianott. London: Macmillan Press Ltd.,

· Gibson, B. A. & Polly C. R. & Thoma J. B.(1982). Death Education : A Concern for the living. Indiana : Phi Delta Kappa Educational Foundation.

· Gibson, John H(1993). Performance verses Result : A Critique of values in Comtemporary Sport. Albany : State university of New York Press.

· Gim, J. M. (1989). Physical Education as Artful Knowing. Dissertation of the Ohio state University.

· Golman, D(1995). Emotional intelligence. What it can matter more than IQ. NY Bantam book.

· Grupe, O(1985). The Problem of Doping or the Influence of Pharmaceutics on Performance in sports from the standpoint of Sport Ethics. SNIPES. Journal. 8.

· Hargreave, J.(ed)(1982). Sport, Culture and Ideology. London : Routledge & Kegan Paul.

· Herrison, K.(1999). Sport in America higher Education. Paper presented in '99 International Seoul Sport Science Congress Preceeding.

· Hoberman, J. M.(1989). Sport and Technological Image of Man. in philosophic inquiry in sport. edited by Morgan and Meier. Champaign, Illinois : Human Kinetics.

· Hoch, P.(1972). Rip off the big game : The exploitation of sports by the power elite. New York : Anchor Doubeday.

· Ho-Kun Yi(1995). The mind /body problem in Western culture : Ethical implication for sport. Dissertation of the Ohio State University.

· Hyland Drew A(1978) Competition and Friendship. Journal of the philosophy of sport. V.

· Hyland, Drew(1990). Philosophy of sport. New York : Paragon House.

· Jeong, Eugsun(2002).The Status of Hazing in South Korea University Team Sports. Philosophy of Movement : The Journal of korean Philosophic Society for Sport and Dance. Vol.10. No.2

· John Dewey(1968). Art as Experience, New York : Carpricaon Books.

· Kathleen M. Pearson(1973) Deception, Sportsmanship and Ethics. Quest XIX.

· Keating(1973). The Ethics of competition and Its Relation to some Moral problem in Athletics.

· Keating(1988). Sportsmanship as a Moral Category from philosophic inquiry in sport. Human Kinetics Publishers. Inc. champaign TL.

· Kleimann, Seymore. (1980). Art, Sport and Intention. Proceeding of the national Association for physical education.

· Kretchmar R. S(1994) Practical Philosophy of Sport. Chmpaign, IL. Human Kinetics. 김창용 · 안용규 · 김홍식 역(2001). 실천 및 현장중심의 스포츠철학. 서울 : 대한미디어.

· Lawrence A Wenner(Ed)(1989). Media, Sports & Society. Sage Publication.

· Lehman Craig. K(1982) Can cheaters play the game? Journal of the philosophy of sport. VIII.

· Leonard II(1993). A Sociological Perspective of Sport. Macmillian Publication Company.

· Lorenz, K.(1966). On Aggression. New York. Harcourt Brace.

· Martin Heidegger(1953). Sein und Zeit. Max Niemeyer. 소광희 역(1995). 존재와 시간. 서울 : 경문사.

· Maslow, A(1971) The Farther Reaches of Human Nature, New York Viking Press.

· McInTosh(1979). Fair play Ethics in sport and Education. Heinmann London. 하남길 · 권판근 역(1997). 페어플레이 : 스포츠와 교육에 있어서의 윤리학. 서울 : 21세기 교육사.

· Menninger, K.(1960). Recreation and mental health. In Recreation and psychiatry, edited by L. New York, National Recreation Association. 8-18.

· Metheny, E.(1975). Moving and Knowing in sport, dance and physical education. Peek Publication.

· Mihyle Csikzentmihayi(1975) Beyond Boredom and Anxiety, San Francisco : Jossey Bass.

· Miriam, Gray(1996). The physical Educator as Artist, Quest.

· Moorcraft, D(1985). Doping : The Athlete's View Dilemmas and Choices. Olympic Review.

· Morgan, W.,& Meier, K(Eds) (1988). Philosophic inquiry in sport. Champaign. IL : Human Kinetics.

· Niebuhr(1960) Moral Man and Immoral Society. New York : Charles Scribner's Sons.

· Novak, M.(1976). The Joy of sports. New York : Basic Books, Inc., Publishers.

· Perry, R. B(1956). The Humanity of Man. New York : George Braziller. Inc.

· Phillips. D. L(1993). Looking Backward : Princeton University.

· Rellan Y, R(1982). A Winner and a Gentleman. The times.

· Riguer, B.(1981). Sport and Work. New York : George Braziller. Inc.

· Robert L. Simon(1984). Good Competition and Drug-Enhanced Performance. Journal of the philosophy of sport. XI.
· Robert L. Simon(1991). Fair Play, Sports, Values, and Society. Westview Press.
· Robert, M(1975). Sport as experience. Quest.
· Schilling, Chris(1993). the body and Social theory. Sage London. 임인숙 역(1999). 몸의 사회학. 서울 : 나남.
· Silverman Hugh J(Ed) (1990). Post modernism-Philosophy and The Art. Chapman and Hall,
· Simon R. L(1991). Fair Play : Sports, Values, and Society. Westview Press.
· Simon, R. L.(1985). Sports and Social values. Englewood Criffs, NJ : Prentice Hall. 여인성 · 함정혜 역(1995). 스포츠와 사회가치. 서울 : 보경문화사.
· Song, Hyeong-Seok(2007). Peace through Soccer: Anticipation, Reality, and Consideration of the Possibility. The 2007 Global Forum on Civilization and Peace. 82-97.
· Suzuki, D. T(1962). Zen Budhism. New York : Martin's Press.
· Thomas, C(1974). Toward an experiential aesthetic : Journal of the philosophy of sport. 1.
· Thomas, C(1983). Sport in a philosophic context. Philadelpia : Lea & Febiger. 이진수 역(1995). 스포츠철학. 서울 : 교육과학사.
· Tiles, J. E(1977). The Combat of passion and reason philosophy. vo l52.
· Van Mannen, John(1988). Tales of the Field : On Wright Ethnography. Chicago and London : The University of Chicago Press
· Weiss, Paul(1969). Sport : A Philosophy Inquiry Carbonbale IL : Southern

Illinois University Press. 이진수 역(1992). 스포츠의 철학적 모색. 서울 : 교학연구사,

· Zeigler, Earle(1985) Ethics and Morality in sport and education : An Experiential approach. Journal of the philosophy of sport. vol. XII.

• 원문출처

· 제1장. 한국체육학회지, 37(3). (1998, 9)

· 제2장. 한국체육학회지, 42(4). (2003, 7)

· 제3장. 움직임의 철학: 한국체육철학회지, 10(2). (2002, 12)

· 제4장. 움직임의 철학: 한국체육철학회지, 11(1). (2003, 6)

· 제5장. 제37회 한국체육학회 학술발표회. (1999, 10)

· 제6장. 움직임의 철학: 한국체육철학회지, 4(2). (1997, 6)

· 제7장. 한국체육학회지, 45(1). (2006, 1)

· 제8장. 한국체육학회지, 36(2). (1997, 6)

· 제9장. 한국체육학회지, 47(5). (2008, 9)

· 제10장. 한국체육학회지, 37(2). (1998, 6)

· 제11장. 제36회 한국체육학회 학술발표회. (1998, 9).

· 제12장. 한국체육학회지, 37(1). (1999, 3)

· 제13장. 한국체육학회지. 45(4). (2006, 7)

· 제14장. 한국체육학회지, 37(2). (1999, 6)

· 제15장. 움직임의 철학: 한국체육철학회지, 9(2). (2001, 12)

· 제16장. 한국체육학회지, 45(6). (2006, 11)

· 제17장. 한국체육학회지, 37(1). (1998, 3)

· 제18장. 한국체육철학회 국제학술대회 자료집. (2008, 8)

· 제19장. 움직임의 철학: 한국체육철학회지, 10(1). (2002, 6)

· 제20장. 한국체육학회지, 40(1). (2001, 3)

· 제21장. 한국체육학회지, 42(5). (2003, 9)

· 제22장. 한국체육학회지, 45(2). (2006, 3)

· 제23장. 한국체육학회지, 46(4). (2007, 7)

· 제24장. 한국체육학회지, 39(3). (2000, 8).

· 제25장. 한국체육학회지, 38(4). (1999, 12)

· 제26장. 한국체육학회지, 40(4). (2001, 12)

찾아보기

스포츠 속으로 2판

2004년 8월 30일 1판 1쇄 발행
2007년 3월 5일 1판 3쇄 발행
2010년 3월 10일 2판 1쇄 발행

지은이 · 이학준
펴낸이 · 조승식
펴낸곳 · 도서출판 **북스힐**

출판등록 · 제 22-457호
142-877 서울시 강북구 수유2동 258-20
대표전화 · 02-994-0071
팩시밀리 · 02-994-0073
E-mail · bookswin@unitel.co.kr

ISBN 978-89-5526-673-3

값 18,000원